フィールドワークの技法

問いを育てる、仮説をきたえる

佐藤郁哉

新曜社

妙美、健哉、悠大、茉央に

はじめに

この本は、フィールドワークという調査方法のエッセンスと具体的な技法の詳細について紹介した実践的な手引き書です。主な読者として想定したのは、社会学、人類学、心理学あるいは経営学といった学問を学ぶなかで現場調査をおこなおうとしている人たちや、ジャーナリストや民間調査機関の関係者など現場取材や聞きとり調査をおこなう必要のある職業に従事している人々などです。わたし自身の専攻は社会学ですが、比較的広い範囲の読者を想定していることもあって、できるかぎり専門用語を使うことは避け、一種の読み物としても読めるように心がけました。

本書は今から十年ほど前に上梓《じょうし》した『フィールドワーク――書を持って街へ出よう』(二〇〇六年に増訂版上梓)の続編にあたります。(もっとも続編とはいっても、この本を読む上で前著の内容が前提知識として絶対必要だというわけではありません。) 前著でもこの本と同じように現場調査の技法や方法のあらましについて解説していますが、二冊の本のあいだには、**マニュアル的性格、体験談的要素、ストーリー性**という三つの点で大きな違いがあります。

マニュアル的性格

『フィールドワーク』では全編を通して、次の二つの疑問に対する答えを提供することをめざしています。

- **フィールドワークとは何か?** (What)
- **なぜフィールドワークなのか?** (=なぜ、ある種の問題や社会現象に関してはフィールドワークが最適の調査法なの

か?)(Why)

これに対して本書で中心になっているのは、次のような疑問に対する一連の答えです。

・どのようにして実際にフィールドワークをおこなえばいいのか?(How)

これまで十数年にわたって学部や大学院で調査法に関する授業をおこない、また企業などで社会人対象のセミナーをおこなってきましたが、そのような場で寄せられた質問の多くは、現場調査の具体的なテクニックに関わるものでした。以下にいくつか例をあげてみます。

「聞きとりの記録は、どうやってまとめればいいのでしょうか? テープレコーダを使った場合には、全部についてテープ起こしする必要があるのでしょうか?」

「現場の人々とはどのようなスタンスで関わっていけばいいのでしょうか? 現場の人々と全く同じように『なりきる』ことはフィールドワークにおける究極の目標だと言えるのでしょうか?」

「現場調査においては、どのような時にどのようにしてメモをとればいいのでしょうか? 現場の人々の目の前でメモをとってもいいものですか?」

「書きためたフィールドワークのデータをどうやって整理して報告書としてまとめていけばいいのでしょうか?」

この本では、このような、現場調査をおこなうなかで直面する数々の疑問や悩みを解決する上で参考になるようなヒントやアドバイスをできるだけ多く盛り込むようにつとめました。この点で、本書はフィールドワークのマニュアルであり、また「ハウツー物」としての性格をもっていると言えます。

体験談的要素

もっとも、昔から何度も指摘されてきたように、フィールドワークについていわゆる「クックブック」風のマニュアルをつくることはほとんど不可能です。というのも、いくつかの定石《じょうせき》やルールを杓子定規《しゃくしじょうぎ》にあてはめることほど現場調査がもつほんらいの性格から遠いことはないからです。フィールドワークにおいては、むしろ、その場その場の状況にあわせて臨機応変《りんきおうへん》に対応し、またさまざまなやり方を適宜《てきぎ》組み合わせていくことの方が大切なのです。(この点で、フィールドワークは、決められた手順やルールからできるだけ外れないようにする必要があることの方が多い統計調査やサーベイ調査とは対照的な性格をもっています。)また、比較的広い範囲の読者を想定する場合であっても、現場調査全般について最大公約数的な手順や方式を説明するというのは、あまり意味があるとは思えません。

それもあって、前著『フィールドワーク』では、ハウツー的な事柄については、テープレコーダやカメラあるいはパーソナルコンピュータなどの機器類を使う際に注意すべき点やカードやファイルなど基本的な文房具の使い方についての解説にとどめておきました。これに対して本書では、もう少し踏みこんで、具体的な調査の進め方や細かな技法についても説明しています。ただしこれは、どのような問題や対象についても適用可能な一般的な手順やテクニックについて解説する、というような説明の仕方でありません。むしろ、わたし自身の現場調査の事例をベースにしてその体験から学んだことや気づいたことの方に重点をおいています。

その意味で本書は、体験談としての性格をもっています。個人的な経験について活字にすることについては、かなりためらいもありましたが、今回あえてそれに踏み切った主な理由の一つは授業やセミナーで出てくる質問のかなりのものが個人的な経験に関わるものだったからです。たとえば、「わたしは今学校（企業、地域社会、施設……）でフィールドワークをしていてこんなことで悩んでいるんですが、先生の場合はどうだったんでしょうか？」というような質問です。

これまで取材をおこなってきたのが暴走族や現代演劇という、どちらかといえば特殊な対象であるため、最初のうちはそこで試してみた技法やそれにまつわる体験談はそれほど役に立たないのではないかとも考えていました。しかし、実際には受講者の多くは、こちらが意外に思えるほど、わたしの個人的な経験やその時々に必要に迫られて考え出した調査テクニックの底にある基本的な考え方や発想をくみ取って、彼（女）ら自身の課題についてのフィールドワークに生かしているようです。

実際今思い返してみても、わたし自身、かつて大学院時代に調査の進め方で思い悩んでいた時に何にもまして参考になったのは、師匠や先輩からいただいた、生きた体験にもとづくアドバイスでした。またそのような時に必ずといってよいほど読み返したのは、アメリカの社会学者ウィリアム・ホワイトによる名著『ストリート・コーナー・ソサエティ』の巻末にある、体験談風の「方法論的覚え書き」です。（『ストリート・コーナー・ソサエティ』は、この後本書でも何度か登場します。）

もちろん、わたし個人の体験だけではあまりにも狭すぎます。それで、この本では、体験談的な解説だけでなく、これまでに刊行された何冊かのフィールドワークの実践報告や現場調査に関する教科書などを参考にしながら、一般的な注意点やアドバイスとして指摘できるポイントについてもできるかぎりつけ加えるようにしました。また、最近は個々のテクニックや対象についてすぐれた解説書が何冊も出てきていますので、本書の巻末には日本語で読めるものを中心にした文献ガイドを設けています。

ストーリー性

体験談であるからには、ある程度ストーリー性も必要になってきます。『フィールドワーク』は、もともといくつかのキイワードを中心にしてある研究領域について紹介するシリーズの一冊だったこともあって、各項目は「一話完結型」で独立しており、どこからでも読み始められるようになっています。これに対して、本書では、全体としてゆるやかな一つのストーリーとなるような構成にしました。

具体的には、まず第1章でわたしがこれまでおこなってきた調査の体験を全体の話のマクラにした上で、第2章以降については、それぞれの調査技法をフィールドワークという作業の全体の流れに沿って理解できるように工夫してみました。つまり、本書全体の構成としては、現場《フィールド》における社会生活に参加しそのなかで一定の位置を占めて調査を進めながら（第2章）、次第に問題《リサーチクエスチョン》を整理して明確なものにしていき（第3章）、現場観察の結果についてフィールドノートをとったり（第4章）、聞きとり（第5章）を通して集めた記録を分析して最終的にフィールドワークの報告書である「民族誌」を書きあげる（第6章）、という流れになっています。

もっとも、一方ではできるだけ各章が一種の「ショートショート」として独立して読めるようにも工夫しました。というのも、読者のなかには、さし迫った事情から今すぐ特定の調査技法についてのヒントを得たいと思っている人や、現場密着型のフィールドワークではなくむしろ聞きとりなどを中心にした調査を実施しようと思っている人もいるだろうと思われたからです。そのような読者の存在も考慮に入れて、本書の執筆にあたっては、全体としてゆるやかなストーリーとなる一方で、同時に各章を独立して読むこともできる、いわばショートショートが何篇か集まってできた連作小説のような構成を意識しました。

繰り返しになりますが、フィールドワークの方法をレシピ集や「クックブック」的な意味でのマニュアルにしてしまうことには、ほとんど意味がありません。また、**実際に調査をおこなう前に方法論についての本を読んでばかりいるのは、あまり賢明なやり方だとは言えません。**キイボードに触れたこともないのにマニュアルを読んでいるだけでパソコンの使い方が上達するはずがないように、一度も水につかったこともない者が泳ぎ方について解説した本ばかり読んでいても泳げるようになるはずもないのです。同じようなことが、現場調査についても言えます。わたしのシカゴ大学時代の恩師ジェラルド・サトルズ教授は、授業資料「フィールドワークの手引き」の中で次のように書かれていますが、わたしも全く同感なのです。

> 何にもまして、フィールドワークというのは一つの技芸《わざ》なのであり、本を読むだけで学べるようなものではないということを肝《きも》に銘じておく必要がある。ブロック工の修業のようなものである。コツをつかむためには、まず自分の手でやってみなければならない。試行錯誤もあれば、事前に練習しておく必要もあり、徒弟修業の期間もある。この技芸《わざ》の多くの部分は口伝《くでん》や模倣を通して教えられるものであるし、いまだ明らかになっていない側面もかなりある。実際にやってみる前に、フィールドワークに関して書かれた本を読むのにあまり時間を費やさないことである。

この本についても、定石をおぼえたり「お作法」のようなものを身につけることを期待して一行一行熟読するというような読み方は、まったくふさわしくないでしょう。（**特に第4章で解説しているフィールドノーツの書き方に関しては、とりあえず一六四ページまで読んだらいったんこの本をどこかにしまっておいて、残りの部分については、実際にフィールドノーツを書く実習をしてみてから読み進めることを強くおすすめします。**）著者としては、むしろ、実際に現場調査にとりかかる前に一通りざっと目を通しておいて、また後で必要な部分をひろい読みする、というような読み方や、フィールドワークをおこなう上で何か迷った時や悩んでいる時に参考となる手がかりやヒントを求めて読む、というような読み方をしていただけたらと思っています。

フィールドワークに関する授業を担当していて一番不便に感じるのは、現代の日本社会について日本語で書かれた民族誌を受講生に読んでもらおうと思っても、適当な文献がなかなか見つからないことです。もしもこの小さな本が、そのような状況を少しでも好ましい方向で変えていく一つのきっかけになるようなことがあれば、著者としてこれ以上の幸せはありません。

謝　辞

現場調査をおこなう上で出会う人々は、フィールドワーカーにとって何らかの意味での師にあたることが少なくありません。なかでも、現地の人々、つまりインフォーマントの方々が最も大切な師匠であることは言うまでもないでしょう。さまざまな事情から、ここで一人ひとりのお名前をあげることはできませんが、これまでおこなってきたフィールドワークのなかでお世話になった、各地の刑務所や少年院に収容されていた人々およびそれぞれの機関の職員の皆さん、京都の暴走族＝「ヤンキー」たち、仙台のジャズ・バンドのメンバー、水戸のアマチュア劇団のメンバー、東京の演劇関係者の皆さん、そして日本および米国の出版関係者の皆さんに心からお礼を申し上げたいと存じます。

フィールドワークでは、ふつう「現地」の人々の考え方や独特の言いまわしを他の言葉に置き換えていきます。その「文化の翻訳」をおこなう上では、東北大学時代の恩師である故安倍淳吉東北大学名誉教授、大橋英寿東北大学教授、細江達郎岩手県立大学教授、菊池武剋東北大学教授、大江篤志東北学院大学教授、堀毛一也岩手大学教授から、「実地研修」のようにしていただいたご指示やアドバイスが大きな意味をもっていました。また、五年あまりの留学生活を送ったシカゴ大学時代の恩師ジェラルド・サトルズ・シカゴ大学名誉教授（Professor Gerald Suttles）には、フィールドワークの基本的な方法論と民族誌の文章作法について、まさに手取り足取りご教示いただきました。

この本は、わたし自身のフィールドワークの体験だけでなく、いろいろな大学や企業などでおこなってきた講義やセミナーを通して受講者からいただいたフィードバックにももとづいています。その意味では、受講者の方々もまた、わたしにとっての師であったと言えます。とりわけ、提出したフィールドノーツや演習レポートを本書に引用させてもらった（元）学生諸君には、この場をかりて感謝の念を表明させていただきたいと思います。

フィールドワークの成果は最終的に民族誌というモノグラフの形で発表されます。民族誌は、なかなか採算ベースに乗りにくいジャンルの出版物ですが、今回本書を出させていただいた新曜社は、二〇年ほど前に暴走族に関する二冊のモノグラフを出版する機会を与えてくださいました。その後も同社からは、フィールドワークに関する解説書一冊と二冊の翻訳書を出させていただきました。つまり本書は、わたしにとって六冊目の本にあたるわけですが、これまでと同様今回も、編集担当の塩浦暲さんには、本書の表記や構成などいろいろと著者のわがままを聞いていただきました。

そして、この本は、財団法人一橋大学後援会および国際交流基金からの資金の提供による、社会科学評議会および全米学術団体評議会の安倍フェローシップのサポートを受けて、二〇〇〇年春から二〇〇一年夏の一年半にわたってプリンストン大学で客員研究員として米国の芸術文化政策についての研究を進めていた際の副産物として生まれたものです。長期にわたる海外研修の機会を与えていただいた一橋大学大学院商学研究科の皆さん、とりわけ佐久間昭光教授と伊丹敬之教授に感謝の念を捧げます。また、プリンストン大学で研究を進めるにあたっては、同大学社会学科前学科長ポール・ディマジオ教授（Professor Paul DiMaggio）、現学科長トマス・エスペンシェイド教授（Professor Thomas Espenshade）、芸術文化政策研究センター所長スタンレイ・カッツ教授（Professor Stanley Katz）、同センター、アソシエィト・ディレクターのスティーブン・テッパー氏（Dr. Steven Tepper）には、ひとかたならずお世話になりました。あらためてここで感謝の念を表明させていただきたいと存じます。

二〇〇二年一月　国分寺にて

著　者

用語解説

・参与観察

現地社会の生活やその社会における活動に参加しながらおこなう一種の「**密着取材**」ないし「**体験取材**」的な社会調査法。詳しくは、第2章参照。

・民族誌《エスノグラフィー》

「**フィールドワークの成果をまとめた報告書**（モノグラフ）」と「フィールドワークという調査の方法あるいはその調査プロセスそのもの」という二つの意味があるが、本書では、主に一番目の意味で使っている。詳しくは、第6章参照。

・インフォーマント

フィールドワークにおける調査対象者。「情報提供者」などという訳語もあるが、むしろ「友人」や「師匠」としての意味あいが強い場合も多い。詳しくは、第2章参照。

・フィールドノーツ

日本ではふつう「**フィールドノート**」と単数形になるが、これでは、「野帳」という訳語が示す「調査地で見聞きしたことを書きとめた帳面」（つまり正確には「フィールド・ノートブック」）という意味と「**調査地で見聞きしたことについてのメモや記録**（**の集積**）」という意味の区別があいまいになってしまう。本書の議論の中心は後者にあるので、あえて一般にはあまりなじみのないフィールドノーツという用語を用いることにした。詳しくは、第4章参照。

・ノーツ

フィールドノーツとほとんど同じ意味で用いている。

・アンケート

質問票調査ないし質問紙調査を指すフランス語起源の俗称。正式の用語とは言えないが、一般に流布しているので、本書では引用符の中に入れて使ったりしている。

・サーベイ

さまざまな意味があるが、本書では質問紙を使っておこなういわゆる「**アンケート調査**」および**質問票を用いておこなう一問一答式ないしそれに近い形の聞きとり調査**の両方の意味で用いている。

・ヒアリング

聞きとりないしインタビューを主体とした社会調査法の俗称であり、一種の和製英語。

目次

第2章 他者との出会いと別れ

――人間関係としてのフィールドワーク

第3章 「正しい答え」と「適切な問い」——問題構造化作業としてのフィールドワーク

第Ⅱ部　技法篇

結 論 214

第5章 聞きとりをする
――「面接」と「問わず語り」のあいだ 219

コラム

装幀＝山崎一夫

図表目次

第Ⅰ部　方法篇

第1章
暴走族から現代演劇へ[1]
――体験としてのフィールドワーク

遊◉機械／全自動シアター舞台写真（『僕の時間の深呼吸』より）
写真提供：遊機械オフィス

アカデミックな世界には、フィールドワーカーの個人的な経験に関しては黙殺すべきだ、という申し合わせでもあるようにさえ見えた。じじつ、調査法について何か書いてあったとしても、たいていの場合は、断片的な情報にすぎないか、フィールドワーカーが現地社会に入った時点で既に最終的にどんな調査結果が出るかについて明らかに知っている場合に用いるような方法について書いてあるにすぎなかったのである。実際に現場でフィールドワーカーが経験する失敗や混乱、あるいはまた個人的な思い入れといったものについて率直に語った体験談を見つけるのは不可能に近かった。

――ウィリアム・ホワイト『ストリート・コーナー・ソサエティ』

暴走族についてのフィールドワークをしたことがあります。二〇代の最後の頃、二八歳から二九歳にかけてのことです。およそ一年間にわたって暴走族グループの活動に参加しながらおこなった**参与観察**研究の成果については、『暴走族のエスノグラフィー』（一九八四年）、『ヤンキー・暴走族・社会人』（一九八五年）という二冊の民族誌として発表し、一九九一（平成三）年にはその二冊の内容をまとめた上で新たな考察を加えた『カミカゼ・バイカー』をシカゴ大学出版局から上梓《じょうし》しました。

それから八年後、最初の本を出した年から数えれば一五年あまりの歳月を経て一九九九年の夏には、一九八〇年代から九〇年代までにかけての現代演劇界の動向を主なテーマにした『現代演劇のフィールドワーク』が刊行されることになりました。これは、三〇代半ばから四〇代前半までの約七年半をかけておこなったフィールドワークの報告書、すなわち「**民族誌**《エスノグラフィー》」です。さきにあげた三冊の本は基本的に同じ対象を扱ったものであり、これを全体として一つの調査報告書《モノグラフ》と考えると、『現代演劇のフィールドワーク』は二番目のモノグラフということになります。もっとも、わたしにとっては暴走族研究がはじめてのフィールドワークというわけではありません。また、これまでおこなってきたフィールドワークのなかには、暴走族と現代演劇以外を対象にしたものがいくつかあります。

二二歳の頃から現在までの二〇年以上にわたっておこなってきたこれらのフィールドワークの概要を、調査時期、調査地と対象、調査者の役割、技法、主な発表形態という五つの項目についてまとめてみたのが、次のページの表です。

ここでは、この表を参考にしながら次の三つのポイントを中心に民族誌的調査の経験をあとづけることを通して、フィールドワークという調査法に含まれるさまざまな問題について考えてみたいと思います。

①対象（者）との出会い
②方法と技法の模索
③語り口の変化

表1・1 これまでおこなってきたフィールドワークの概要

調査時期	調査地・対象	フィールドワーカーの身分・役割	主な技法	主な発表形態
1977年	西峰少年院*	大学院生・「先生」	質問紙・面接	学術雑誌論文・修士論文
1978~79年	東崎少年院*	大学院生・「先生」	質問紙・面接・観察（カード式ノーツ）	学術雑誌論文・修士論文
1979~80年	北山刑務所*	大学院生・「先生」	質問紙・面接	学術雑誌論文
1980年	南坂少年刑務所*	大学院生・「先生」	質問紙・面接	未発表
1983~84年	**京都・暴走族**	**「おっちゃん」・「カメラマンさん」・「インタビューマンさん」・「学生」**	**参与観察（手書きノーツ）・インタビュー・質問紙**	**学術雑誌論文・博士論文・単行本（『暴走族のエスノグラフィー』・『ヤンキー・暴走族・社会人』・*Kamikaze Biker*）**
1986年	仙台・ジャズバンド	大学助手・「ジャーマネ」	参与観察（手書きノーツ・ワープロノーツ）・インタビュー	未発表
1987~88年	水戸・アマチュア劇団	大学助教授・「先生」	参与観察（ワープロノーツ）	未発表
1991~98年	**東京・プロ劇団**	**大学助教授・「佐藤先生」・「佐藤さん」**	**参与観察（パソコンノーツ）・インタビュー**	**学術雑誌論文・単行本（『現代演劇のフィールドワーク』）**

*注　表中の矯正施設名はすべて仮名

対象（者）との出会い

矯正施設における聞きとり調査

「この子たちが『外の世界』で実際にどんな生活をしていたのかどうにかして知りたい。この子たちと少年院の外で実際に会ってみたい」――フィールドワーク的な調査は、修士一年の時に西峰少年院（仮名）でおこなったものが最初です。それ以来足かけ四年にわたって各地の少年院や刑務所で調査をおこなってきましたが、そのたびに、このような思いが次第に強くなっていきました。一九八三（昭和五八）年から八四（昭和五九）年にかけて京都のある暴走族グループを取材対象にして参与観察法によるフィールドワークをおこなった背景にも、矯正施設で調査をしていた際に感じていたもどかしさがあります。

矯正施設をフィールドとする調査をおこなうようになる上での最も重要なきっかけは、学部時代に大学の図書館で『東北矯正科学研究所紀要』という一冊の報告書をたまたま目にしたことにあります。

その報告書には、後に師事《しじ》することになった安倍淳吉東北大学教授を中心とする大学の研究者数名と何名かの矯正施設職員からなる研究チームが一九五〇年代に東北各地の少年院や刑務所でおこなった調査プロジェクトの研究成果が盛り込まれていました。「**東北学派**」とも呼ばれたその研究チームのおこなった主な調査研究には、被収容者（矯正施設に収容されている人々）の生活史の検討を通して仙台市のアンダーワールドの動向とその歴史的変化について分析したり、刑務所の内部に形成されるフォーマル、インフォーマルな組織のダイナミクスをとらえる研究などが含まれています。

東北学派の報告書は、当時在籍していた大学の心理学科における基本的アプローチであった実験心理学にどうしてもなじめないものを感じていたわたしにとっては、きわめて新鮮で魅力的なものに思えました。もともと心理学専攻を希望したのは、高校時代からフロイトの本を読んだりしていて、生身の人間を丸ごと知りたいというきわめて素朴な関心をもっていたからでした。そのような関心をもつ者にとっては、ある種の実験心理学に特有の、もっぱら人間の知覚や感覚のみに焦点をあてたり、動物のアナロジーで人間をとらえようとするアプローチは、自分のほんらいの関心からはほど遠いものに思えてならなかったのです。結局、大学を卒業する時には就職か進学かについてはかなりの迷いがあったものの、最終的に大学院進学を決意した時点では、それほど迷うこともなく進学先として東北大学文学研究科の心理学専攻を選ぶことになりました。

大学院に進学してからもっぱらおこなっていたのも、東北学派の社会心理学的な理論的枠組みと方法論に沿った調査研究でした。その中心になったのは、少年院や刑務所に収容されている人々の生活史の検討に焦点をおいた非行や犯罪の事例研究です。進学する以前に抱いていた期待にたがわず、それらの研究を通して実に多くのことを学ぶことができました。特に、わたしの施設調査にニギヤカで頼もしい助っ人として応援にかけつけてくださった先輩たちの実践的なアドバイスやその方々が身をもって示してくださった現地の人々との対応の仕方は、現場調査の醍醐味《だいごみ》について体験を通して学ぶ上で大きな意味をもっていました。また、両親が学校教師という典型的なミドルクラスの家庭に育った著者にとっては、矯正施設に収容されている、それとは対照的な境遇で生活を送ってきた人々との出会いは驚きの連続でもありました。

もっとも、その一方で、それらの人々と矯正施設という（あまり適切な表現ではないかも知れませんが）「塀《へい》の内側」で対面し、その人生や犯行・非行歴について聞きとりをするという調査方法に関して次第に物足りなさを感じるようになってきた、ということもまた事実です。面接調査の際に本人の証言を通してしか聞き出すことのできない事実に果たしてどれだけの信憑性《しんぴょうせい》や資料的価値があるのか、という疑問が常に頭を離れなかったのです。

これに加えて、矯正施設の中での聞きとりという、ある意味でアンフェアとも思えるやり方に対して居心地《いごこち》の悪さを感じていました。被収容者との面接の際には、わたしの身分が大学院生というものであるという点については繰り返し強調していたのですが、それでも「先生」という言葉で呼ばれることが少なくなかったのです。その居心地の悪さやうしろめたさは、七九年の冬から八〇年の春にかけて北山刑務所で聞きとり調査をおこなっていた時に頂点に達しました。北山刑務所は成人施設であり、わたしの父親と同じくらいの年齢の人たちを含むかなり年輩の人々も収容されていましたが、一介《いっかい》の大学院生にすぎないにもかかわらず面接の際にその人たちから「先生」と呼ばれることは、かなりの心理的負担になりました。特に、やむにやまれぬ事情から殺人事件を起こしてしまった五〇代の人に「先生」と呼ばれた日はかなり落ちこんでしまい、その気分は、その後半年以上にわたって続きました。

博士課程の途中で渡米してシカゴ大学で社会学を学ぶようになったのも、対象者との関係性に関して施設調査の際に感じていたそのようなうしろめたさが非常に重要な意味をもっていました。「フィールドワーク」という方法について強く意識するようになったのも、そのうしろめたさと調査方法についての疑念が自分の中で処理できないくらいに大きくなっていた頃でした。**（もちろん、これはあくまでもわたしの個人的感情の問題であり、このような形の犯罪や非行に関する調査研究それ自体がもつ研究上の価値や社会的価値とは全く別問題です。じじつ、わたしが当時のやり方を「アンフェア」だと感じた主な理由の一つには、満足な研究成果をあげられなかった自分の未熟さがあります。矯正施設が犯罪や非行について研究する上で戦略的なフィールドであり、また、東北学派によるものを含め、実際にこれまで日本でも海外でも理論的にも実践的な意義という意味でも数々のすぐれた研究がおこなわれてきたことは決して忘れてはならないでしょう。）**

暴走族についての民族誌《エスノグラフィー》的調査

留学のために渡米したのは一九八〇（昭和五五）年、二五歳の時です。そのとき日本から持っていった数少ない本の中には、その前年に出版されたばかりの『暴走族一〇〇人の疾走』という、暴走族の青年たちの証言集がありました。その本がシカゴへの引っ越し便に含まれていたのは、特にはじめから学位論文の研究対象として暴走族を考えていたからというわけではありません。施設における聞きとり調査とは対照的なやり方でジャーナリストが証言を集めたその方法、そしてまた証言内容そのものに関心があったからなのです。

暴走族活動それ自体に関心があったということもあります。施設調査における面接調査で出会った三百余名の人々の中には、いわゆる「暴走事犯《じはん》」ないし何らかの形で暴走族グループの活動に関わっていた青年たちが三〇数名含まれていました。わたし自身は決してたくみなバイク乗りであったとは言えませんが、当時自分でも大きめのオートバイを乗り回していたこともあって、集団で暴走行為を繰り返す彼らの行動には興味をひかれるところが少なくなかったのです。

はじめは漠然としたものでしかなかった暴走族に対するこのような関心は、およそ二年半にわたってシカゴ大学で社会学関係の授業を受け、また犯罪社会学や都市社会学あるいは青年心理学関係の文献にあたっていくなかで、次第に明確な調査計画として固まっていきました。結局、八三年のはじめに暴走族を主たる調査対象とした「プロポーザル」（学位論文のための研究計画書）を提出し、その年の春にはフィールドワークのために帰国することになりました。宮城の実家で暮らしながら歯の治療をしたり大阪の知人の家に居候したりして過ごした一ヶ月ほどの準備期間を経て実際に現場調査を始めたのは、五月に入って京都市左京区のアパートを借りてからでした。

フィールドが京都でなければならないという特別な理由があったわけではありません。もちろん、暴走族グループが活動していそうな土地であることは最低の必要条件でしたが、学部時代にあまりいい印象をもっていなかったこともあって、東京だけはフィールドとして選びたくはありませんでした。またフィールドワークをおこなうのならば、自分にとってあまりなじみのない土地にしたいという気持ちもあって関西を選んだのでした。もっとも、関西のどこに行けば暴走族の青年たちに会えるのかという点に関して確かな事前情報があったわけではありません。京都のある大学には東北大学の先輩の一人が奉職《ほうしょく》されていたのですが、それ以外は全く知り合いもいませんでしたし、コネクションもありませんでした。今思えば実にいい加減なフィールドの選定の仕方であり、実に無謀な試みとしか言いようがありませんが、こうして京都の街でのフィールドワークが始まったのでした。

当然のことながら、このようないい加減な見通しで始まったフィールドワークがはじめからスムーズにいくはずがありません。また、この時痛感したのは、施設調査の際に自分がいかに「スポイル」されていたかということでした。施設調査の場合には、施設を管理する機関から許可さえいただければ、聞きとりの対象者は施設側から「あてがって」もらえるわけですが、街角における調査の場合は徒手空拳《としゅくうけん》で臨むしかありません。結局、暴走族グループのたまり場を訪れては、そこに集まる青年たちに話しかけるというような体当たり的な試みから始めることになりました。右京区を主なテリトリーとする右京連合という暴走族グループの、週に一度の「集会」に定期的に参加するようになったのは一九八三（昭和五八）年の八月からでしたが、それまでの三ヶ月間はさまざまな暴走族グループとインタビューの約束をしてはすっぽかされるという体験の繰り返しでした。

この三ヶ月間は、一年三ヶ月あまりのフィールドワークのなかでも最も精神的につらかった時期です。また、右京連合の集会に参加することを許されてからも、なかなか暴走族グループのメンバーたちの信頼を得ることはできず、ようやく何人かのメンバーに「ツレ（友達）」と呼ばれるほどに親しくなれたのは、フィールドワークも終わりに近づいてからでした。しかし、反面では、インフォーマントとの関係性という面での精神的な負担は、施設調査とはくらべものにならないほど軽いものでした。何しろ、この時のわたしを「先生」と呼ぶ者など誰一人としているはずもないのです。わたしは、下手なバイク乗りの「おっちゃん」であり、何とかして「卒論のようなもの」をまとめようとしている「学生」なのでした。その意味では、少年院や刑務所で調査をしていた時のような居心地の悪さやうしろめたさを感じることはほとんどありませんでした。もっとも、その反面、当時盛んに出版されていた暴走族に関するジャーナリスティックな出版物の連想から、暴走族グループのメンバーたちが最終的な出版物の性格を一種の写真集としてとらえたがり、またわたしのことを「カメラマンさん」と呼ぶことには閉口《へいこう》しました。「**インタビューマン**」というのは、とりもなおさず、そのようなインフォーマント側から与えられる役割規定のレッテルに対抗するために、苦しまぎれに編《あ》み出した造語です。

現代演劇のフィールドワーク

はじめに書いたように、京都で「インタビューマン」としておこなったフィールドワークの成果は、最終的にシカゴ大学に提出した学位論文および三冊の民族誌として公表されることになりました。これらの著作の基本的な問題設定は、次のようなものです――「暴走族活動を何らかの心理的ストレスや社会的病理の表われとしてではなく一種の『遊び』の要素をもった逸脱行為としてとらえ、その具体的な内容を探るとともに、暴走族の『遊び』を成立させている社会的背景を明らかにする」。当時はその基本的な研究テーマに関して一応の成果をあげることができたと思っていましたが、同時に、二冊目の本をまとめた頃から、調査方法やもう一つの研究テーマについての疑問や不満がわいてきました。

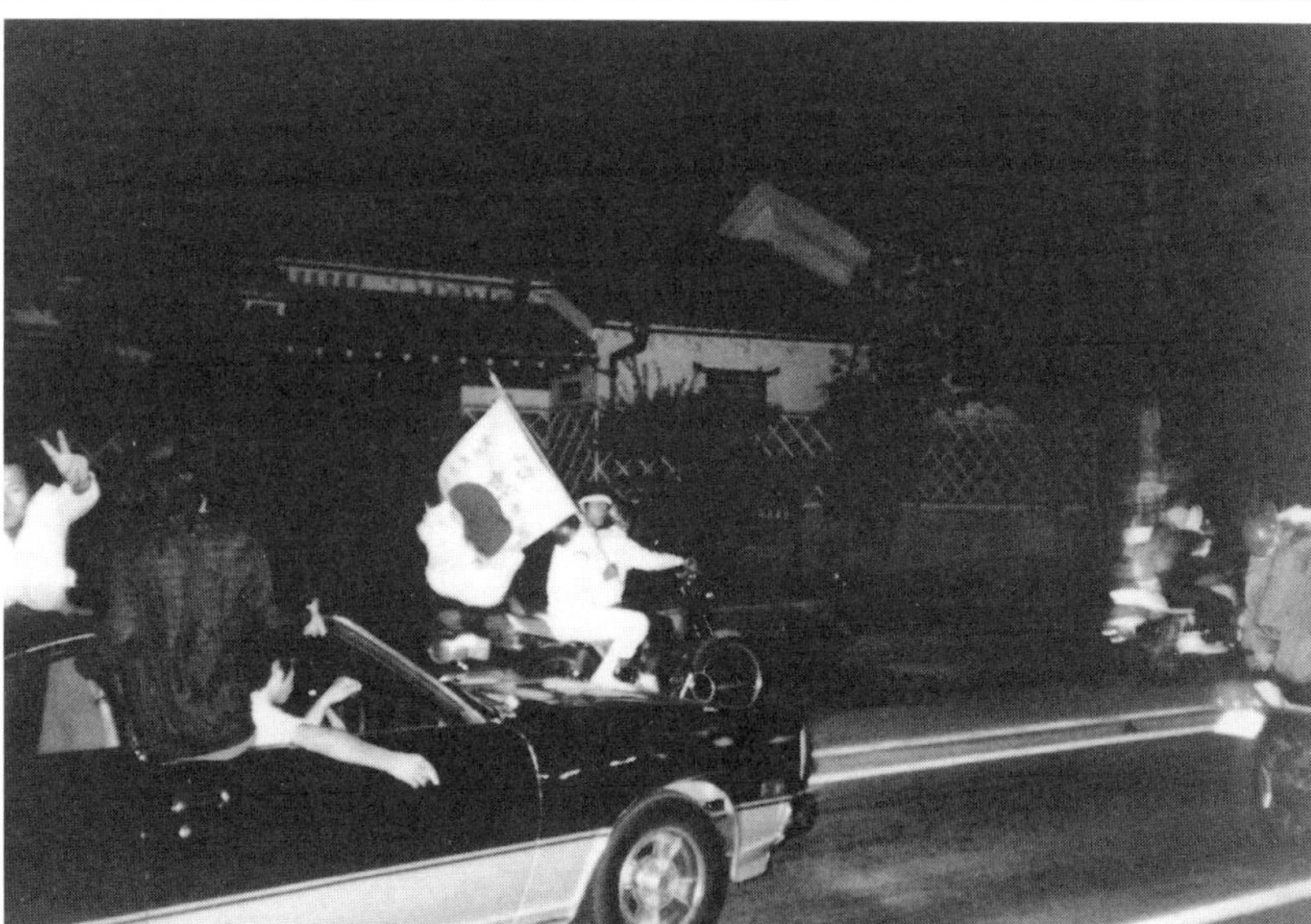

右京連合の暴走シーン

研究テーマに関する方の不満は、『暴走族のエスノグラフィー』と題した最初の本の副題が「モードの叛乱《はんらん》と文化の呪縛」であることと密接に関連しています。この副題には、次のような意味あいをこめたつもりでした――「若者がいかにサブカルチャー的な叛乱を起こしたとしても、しょせんそれは『釈迦《しゃか》の手』のような大きな文化の枠組みの呪縛からは逃れられない一時的なファッションないしモードのような逸脱にすぎず、文化や社会の枠組みを変えていく力にはなりえない」。今このように書いてみてもその安直さに気恥ずかしくなりますが、執筆時に漠然と感じていたこのテーマに関する不満は、その後日本語と英語で二冊の本を書いていくなかで次第に大きなものになっていきました。

暴走族の民族誌の次に書いた調査報告書《モノグラフ》の対象が小劇場演劇になった背景にも、この不満があります。小劇場演劇というジャンルの演劇活動は、八〇年代から九〇年代にかけて観客市場規模の拡大と国や自治体による公的助成の拡充という二つの大きな変化を体験しましたが、これはサブカルチャー的な現象として始まった芸術表現が制度化されていくプロセスをめぐるさまざまな問題について考えていく上で、うってつけの対象でした。実際、『現代演劇のフィールドワーク』では、「大きな文化や社会の枠組みに回収され尽くすことなく、むしろその枠組み自体を変えていく上で芸術活動が秘めているポテンシャル」というものが主要なテーマの一つになっています。

小劇場演劇に本格的に取り組む前におこなったアマチュアのジャズバンドとアマチュア劇団における参与観察研究は、いわば、そのような問題意識を明確化し、また、方法および技法の面での試行錯誤をおこなうための「エチュード」であったとも言えます。

方法・技法の模索

「黒い報告書」から民族誌的リサーチへ

「週刊誌に出てくる『黒い報告書』のようなものを修士論文にしていいのかね？」——これは修士論文を読んでいただいたある矯正施設関係者の方のコメントです。このコメントは、フィールドリサーチの方法論や民族誌の語り口をめぐってその後二〇年近くにわたって繰り返してきた試行錯誤の出発点になりました。

一九七九（昭和五四）年に東北大学に提出した『矯正施設の動的構造と被収容者の適応過程』と題された修士論文は、西峰少年院と東崎少年院に収容されていた少年たちの事例研究であるとともに、それぞれの少年院における組織過程とその変容に関するケース・スタディでもありました。既に述べたように、矯正施設での聞きとりの作業を通して得られた生活史データについては、その自己証言の「裏をとれない」ことが最も大きな問題点でしたが、組織のケース・スタディに関しては、観察記録をいかに組織化し体系化していけばいいか、という点がどうしても解決できない問題として残りました。

矯正施設関係者の方から「黒い報告書」的な表現という指摘を受けたのは、修士論文で試みた、東崎少年院で起きた脱走事件や同少年院における生活の一コマを自分なりに一種のドキュメンタリータッチで描いた部分でした。修士論文自体は、聞きとりの結果や質問紙調査のデータの分析が中心であり、論文としては比較的オーソドックスな記述が大半を占めており、ドキュメンタリータッチの部分は全体の一〇分の一もありません。

この記述のもとになったのは、B６判のいわゆる「京大カード」を専用のバインダーで綴《と》じたものに書きつけていた**フィールドノーツ**です。（「フィールドノート」ではなく、「フィールドノーツ」です。この点については、第4章で詳しく解説します。）この観察記録は全くの我流でつけていたきわめて断片的なものであり、今読み返してみても、とうてい信頼にたる民族誌データとして使えるようなものではありません。また、その修士論文の記述自体、あまり質の良くない報道記事や小説の記述をまねたような箇所が多く、その意味では、「黒い報告書」という形容はあたっている部分がないわけでもありません。自分としてもそれほど自信があってそのような記述を修士論文に盛り込んだわけではないのです。現地調査の体験を通してどうしてもそのような記述の仕方でしか表現できない現実があると思えてならず、その思いを一度実際に文章の形にしてみたくて、いわば「及《およ》び腰《ごし》」で論文の中に入れてみたのでした。したがって、「黒い報告書」という批判に対してもその時は特に反論もせず半分納得してしまったようなところがあります。しかし、その半面、どうしても納得できない部分もあったことも事実です。そして、それらの記述箇所に関する同じようなコメントを修士論文の口頭試問の際にいただいたこともあって、現場における観察記録の方法論に関する疑問は次第に大きなものになっていきました。

矯正施設という組織の中で直接自分の目や耳で見聞きした人々の行動や発言、あるいは特定のエピソードや「事件」を「科学的」で「客観的」な形で記録するためにはどのようにしたらいいのだろうか？　また、その記録の集積はどのようにしたらシステマティックに分析することができるのだろうか？　師や先輩からは面接記録のまとめ方や現地での対象者の人々との接し方などについては貴重なアドバイスをいただきましたが、これらの問いに関してだけは確たる答えを得ることはできませんでした。

文献にあたってみても、確かな答えを見つけることはできませんでした。それどころか、日本の研究者が書いた「**質的調査**」に関する文献を読むたびに裏切られたような思いをすることが少なくありませんでした。たとえば、当時日本における「質的調査法」による代表的な研究とされていたある論文は、修士論文を書く前に読んだ時には自分自身が将来研究生活を送っていく上でのモデルの一つにしようと思ったほどの感動をおぼえたのですが、その論考を矯正施設におけるフィールドワークの体験を経てあらためて読み直してみた時には、方法上、理論上のさまざまな問題がいやでも目について、かなり色あせたものに見えてきてしまいました。同じようなことは、七〇年代後半に出版され当時話題を呼んでいた社会調査に関する解説書についても言えます。一見**定性的調査**と**定量的調査**の両方に注意深く目配りしてあるように見えたこともあって、修士論文の執筆で悩んでいた時にはバイブルのようにさえ思えたのです。しかし、これも、実際に修士論文をまとめてみると、その本に書かれている「定性・定量的思考の関連」図式が、本当の意味で社会調査の体験をふまえているのかどうか少し疑わしく思えてきました。

　留学を決意した一つの理由は、このような日本における質的調査をめぐる議論のレベルの低さにある——と書いてしまうと、いかにも潔《いさぎよ》い感じがしますが、実際には、留学を決めたのはそれほど確かな見通しがあってのことではありません。むしろ、調査方法という点でこの先どのようなやり方をしていけばいいのかという点で途方《とほう》に暮れており、またさきに書いたような、対象（者）との関わりという面での行きづまりもあって、「アメリカに行きさえすれば、この閉塞《へいそく》状況がどうにかなるのではないか」という、きわめて漠然とした思いの方が強かったのです。つまり、「いざ、アメリカへ」という潔い決意にもとづく留学では決してなく、むしろ、「日本から逃げ出したい」という、かなり「カッコ悪い」動機の方が強かったのでした。

　さいわいなことに、以上のような、日本で感じていた疑問や不満は、シカゴ大学における恩師であるジェラルド・サトルズ教授の教えを受けることでかなりの程度解決されることになりました。サトルズ教授は、スラムにおける二年あまりの**参与観察**にもとづくすぐれた**都市民族誌**的研究で知られる、根っからのフィールドワーカーです。とりわけフィールドノーツ記録の取り方を主眼とした観察実習を含むフィールドワークの方法論に関する授業は、修士論文の執筆当時から抱いていたもやもやを解消する上で大きな助けとなりました。

「民族誌《エスノグラフィー》」というのは、サトルズ教授の「都市民族誌――状況的および規範的説明図式」という論文ではじめて知った言葉です。この論文を読み、またその中で紹介されているいくつかの都市民族誌を読みあさっていくなかで、徐々に自分が「黒い報告書」的な記述を通してやりたかったこと、すなわち現場での観察記録を中心にしたリサーチの概要が見えてきただけでなく、その作業を言い表わすのに最もふさわしい言葉を見つけることができたように思えてきました。編集担当の方がかなり難色《なんしょく》を示したのにもかかわらず、自分にとってはじめての著書のタイトルに「エスノグラフィー」という、当時日本ではあまり知られていなかった言葉をあえて使わせていただいたのも、そのような思い入れがあったからに他なりません。

実際、暴走族の取材は、シカゴ大学においてサトルズ教授の指導のもとにおこなったフィールドワーク実習で学んだ方法や技法の応用であったと言えます。暴走族グループの集会やその他の場面の観察記録をA4判罫線《けいせん》入りのルーズリーフにシャープペンシルを使って手書きで書きつけていく時には、サトルズ教授が授業資料として配布した「フィールドワークの手引き」を何度読み返したか知れません。[2] 最終的にフィールドワークの結果を単行本や学位論文としてまとめる際には、フィールドノーツ以外に、インタビューの内容をテープ起こしした記録や質問紙の集計結果も参考にしました。しかし、そのコアとなる議論の部分において最も重要な役割を果たしたのは何といっても、A4判で五〇〇ページ以上におよぶ現場観察の記録なのです。

リサーチツールの開発

いかに自分なりにある程度納得できる形で現場観察の結果を記録することができるようになったとは言っても、それで矯正施設における調査の時以来感じていたフィールドワークの方法論に関する疑問が全て解消されたわけではありません。

どのようにすれば観察記録をより事実に即した確実なものにすることができるのか？　また、それをインタビュー記録や文書資料など、現場調査の過程で蓄積されていくことになる、実に雑多なデータや資料と組み合わせてモノグラフの形にまとめていくためにはどうすればいいのか？　このような疑問は、日本語による二冊の民族誌と英語で書いた学位論文および単行本の原稿を書いていく作業の中で次第に大きなものになっていきました。一年あまりのフィールドワークを経て民族誌を仕上げることができたのも、一つには京都で運よく協力的なインフォーマントたちにめぐり会えたということがありますが、それに加えて学位論文の執筆という作業に特有の「火事場の馬鹿力」的パワーによるところが大きかったのです。もう少し正直に言えば、これら四篇の著作は、方法論的な問題のかなりの部分について目をつぶることではじめて書くことができたという一面があるのです。

実際、一九八六（昭和六一）年にシカゴ大学に暴走族をテーマにした学位論文を提出して帰国し、次の研究テーマについて模索していた頃になると、暴走族研究の際には棚上《たなあ》げにしていた方法論に関わる問題が再びクローズアップされてくることになりました。

暴走族の次に選んだテーマは、芸術をめぐる社会的基盤とその変化というものです。学位論文のテーマとは全く異質のテーマを選ぶにあたっては、学位授与式を終えてシカゴを離れる際にサトルズ先生からいただいた次のようなアドバイスが大きな意味をもっていました。

博士号を取ったのはいいけれど、それ以降、学位論文で書いたのと同じテーマを重箱《じゅうばこ》の隅《すみ》をほじくり返すように研究して結局一生終わってしまう研究者というのが、世の中には結構多いもんだよ。たしかに一度学位論文としてまとめたテーマだから研究しやすいということはあるだろうけど、それじゃああまり面白くないだろう。だから、イクーヤ［サトルズ先生は、わたしの名前をよくこのように発音されていた」、次のテーマを選ぶ時には、暴走族とはかなり違うテーマを選んだ方がいいと思うね。これから読むための文献リストだって、今までとは全く違うものを作ってみてね。

もっとも、さきにふれように、ジャズバンドや劇団に関する研究と暴走族研究とのあいだには全く連続性ないし関連性がない、というわけではありません。芸術を対象にした文化社会学的研究にもさまざまな問題領域がありますが、わたしが特に関心をもっていたのは、サブカルチャーとして始まった芸術運動の命運《めいうん》でした。暴走族も一種のサブカルチャーであると言えますが、その下位文化のもっていた衝撃性はマスメディアによって繰り返しとりあげられていくなかで薄まり、また陳腐《ちんぷ》なものになっていき、より大きな文化の枠組みの中に取り込まれていきます(「文化の呪縛」!)。また、そのサブカルチャーを担っていた「ツッパリ」であり「ヤンキー」である青年たちも、そのほとんどは二〇代の前半までには社会人として「落ち着いて」いき、通常の社会構造の中に回収されていくことになります。これに対して、芸術運動や芸術活動のなかには、サブカルチャーとして始まりながら、最終的により大きな文化の枠組みや人々の現実認識のあり方を変えていくものがあります。また、芸術活動に関わっている人々のなかには、「大家《たいか》」となることを拒否して常に前衛的な表現に挑戦し続けていく人々が存在します。既にふれたように、現代演劇のなかでも特に小劇場演劇というジャンルに焦点をあてたのも、このジャンルの演劇とそれに関わる人々がある意味でいかに「落ち着く」ことを拒否していくか、という点に関心があったからに他なりません。

このようなきわめて漠然とした問題関心は、東北大学で助手をつとめていた頃にアマチュアのジャズバンドの活動に「ジャーマネ(マネージャー)」として関わりながら参加した経験や、その後赴任《ふにん》した茨城大学のある水戸市でアマチュアの劇団に俳優やスタッフとして参加しながらフィールドワークをおこなっていくなかで徐々に具体的で明確な問題設定の形をとっていきました。九一年春には水戸から柏市に居を移し、同じ年の八月からは東京のある中堅のプロ劇団の活動に制作見習いとして関わりながら参与観察を始めましたが、これも、調査課題《リサーチクエスチョン》がある程度構造化できたという感触が得られたからに他なりません。[3]

もっとも、リサーチクェスチョンが明確なものになっていくことと、その設問に対する答えの確かな裏づけとなるような資料やデータを示せることとは、また別の問題です。特に、暴走族調査の結果をモノグラフとしてまとめる前後から明らかになってきた、フィールドノーツの定性的データとしての性格という問題は、解決がきわめて困難な難問として浮上してきました。つまり、〈アンケートに対する回答などとは違って集計や計算などという一定のルールにしたがった定型的な（決まり切った形での）データ処理になじまない「非定型的」なフィールドノーツやフィールド日記のような文書データをいかにして整理して構造化し、民族誌を書きあげていく上での基礎データとして活用していけばいいのか〉という問題です。

この問題の解決の糸口は、ジャズバンド研究の途中からフィールドノーツをワープロ専用機で作成するようになってからある程度見えてきていました。さらに、東京でプロ劇団の調査を始めた前後からは、パーソナルコンピュータを本格的にフィールドノーツの作成と分析に導入するようになっていきました。また、第4章で見ていくように、フィールドノーツ自体の記述の仕方についても、プロ劇団における参与観察を始めてほどなくして、ある程度自信をもって作業を進められるようなフォーマットを確立することができました。そのような試行錯誤を繰り返すなかで最終的には、厚さ四センチメートルほどのA4判のバインダーにして一六冊のフィールドノーツ、一一冊のフィールド日記、四冊のインタビュー記録などのほか、四段のファイルキャビネットに一杯の資料が蓄積されることになりました。

調査をおこなっていた九〇年代はじめから後半は、ちょうど「バブル経済」の崩壊や芸術に対する公的助成の拡充など、芸術をめぐる社会状況が目まぐるしく変化していった時期であったこともあって、結局当初の三年をはるかに越える七年半あまりの長丁場《ながちょうば》のフィールドワークになりました。その間、一九九二（平成四）年には『フィールドワーク』という現場調査に関する入門書的な解説書を、九八（平成一〇）年には『方法としてのフィールドノート』（好井裕明、山田富秋と共訳）という翻訳書を刊行しました。これは、以上のような方法論をめぐる模索の派生物であったと言えます。特に、『フィールドワーク』に関して言えば、それまで現場調査を進める上で必ずしもまともに考え直す作業をしてこなかった調査方法やテクニックに関する問題についてまとめることができて、自分自身の頭の中を整理する上でも非常に役立ちました。この意味で、現代演劇に関する調査は、調査の作業それ自体とその調査のためのリサーチツールの作業が同時進行的に進むという形をとることになったのでした。

語り口の変化

混成ジャンルとしての民族誌

「イクーヤ、まずシーンの描写から始めるんだ。ジャーナリストが書く記事の場合と同じだよ。どんな理論的枠組みで研究したかなんて書くのはもっと後でいい。博士論文の時だったら約束事の一つだし長々とそんなことを書く必要もあるだろうけど、本にする時は全く別なんだ」――『カミカゼ・バイカー』を書くにあたってサトルズ先生からいただいたアドバイスは、そのおよそ十年前に矯正施設関係者からいただいた「黒い報告書」についての批判的コメントとは、ある意味でまるで正反対のものでした。わたし自身、それ以前に『暴走族のエスノグラフィー』と『ヤンキー・暴走族・社会人』を執筆していた頃には、**シカゴ学派**民族誌の文体やジャーナリストのハンター・トンプソンが書いた『ヘルズ・エンジェルス』などを手本にして、ドキュメンタリータッチの描写や不正暴露ジャーナリズム的な文体を試みていましたが、サトルズ先生のアドバイスで、そのような語り口を採用したことが決して間違った選択ではなかったことが確信できたのでした。

『フィールドワーク』で強調したポイントの一つでもありますが、**民族誌というのは、ほんらい旅行記、ルポルタージュ、学術文献、小説などさまざまなジャンルの文章の特徴をあわせもつ混成ジャンルの文章であり、文学と科学という二つの領域にまたがる性格をもっている**のです。最近日本でもアメリカにおけるフィールドワークの第一人者の一人ヴァン－マーネンが書いた『フィールドワークの物語』をはじめとして、民族誌の文体論に関する本の邦訳が刊行されるようになってきましたが、これはとりもなおさず、民族誌のもつこのような性格に対する認識が高まってきたことを反映していると考えることができます。（わたしたちが『方法としてのフィールドノート』を訳出したのも、同じような問題意識にもとづいていることは、言うまでもありません。）

この二〇年あまりのあいだに自分が書いてきたさまざまな種類の文章を読み返してみると、「学術論文」としての形式や体裁にこだわったものから徐々にルポルタージュおよび物語としての民族誌の文体にシフトしてきたことがよく分かります。さきに述べたように、修士論文ではドキュメンタリータッチの文章表現を試みてはいますが、論文全体から見ればそれはごく一部にすぎず、大方《おおかた》の部分を占めているのは、科学論文としての体裁《ていさい》を整えるために通常よく使われる道具立てです。それはたとえば、論文を書いたのは自分一人であるにもかかわらず「われわれ」という主語がやたら出てくる傾向であったり、主語をあいまいにして客観的事実を淡々と報告するかのように見せかけるための受動態の多用であったり、さほど必要もないのに小数点以下の数字を並べた表を使おうとするような傾向です。このような傾向は、修士論文以外では、当時学術雑誌に発表したいくつかの論文にも見られます。今これらの論文を読み返してみると、自分がいかに背伸びをしていっぱしの社会科学者を気取って「若書き《わかが》」をしていたかがよく分かります。

「若書き」であるという点に関してだけ言えば、二九歳の時に上梓することになった『暴走族のエスノグラフィー』もさほど変わりはありません。実際、この本を今読み返してみると、小生意気で鼻っ柱《ぱしら》だけが強く、自分の姿を身の丈《たけ》以上に見せかけようとあがいている二〇代終わりの頃の自分自身を目の前にしているような気がして、気恥《きは》ずかしくなってしまいます。もっとも、この場合に自分が見せかけようとしている語り手としての姿は、「客観的」で「科学的」な事実を淡々と報告する取り澄《す》ました社会科学者としてのそれというよりは、世の不正を糾弾《きゅうだん》するジャーナリストのそれにかなり近いものがあります。主な批判の対象となっているのは、ほとんど無根拠のままに〈非行や犯罪の温床であり、諸悪の根元である暴走族〉あるいは〈学歴コンプレックスにもとづく欲求不満にかられて暴走行為に走る青年たち〉というステレオタイプ化されたイメージをたれ流すマスメディアであり、そのステレオタイプの真偽について検証するどころかむしろ補強する研究を発表しているようにさえ見える研究者たちでした。

　このようなジャーナリスティックな語り口をベースにした文体は、二作目の『ヤンキー・暴走族・社会人』でも『カミカゼ・バイカー』でも基本的には同じであり、その後のわたしの文章に見られる一つの基調になっています。そのせいもあったのでしょうか。ジャズバンドを対象としたフィールドワークの結果の一部を、当時所属していたある心理学系の学会誌に投稿した際に不採択となり、その審査プロセスについて抗議した時には、編集委員長をされていた方から次のような一節を含むご返答をいただくことになりました――「……科学論文としての体裁、つまり**問題**、**方法**、**結果**、**考察**といった体裁をとっていなければなりません」。ご返答全体は、こちらに対して誠意を尽くされた実にリーズナブルなものであり、今読み返してみると納得できる点が少なくありません。しかし、生意気ざかりだった当時は、この部分に特に反発をおぼえて、ご返答を受け取ってからほどなくして学会事務局に退会届けを提出したものでした。

語り口と読者のタイプ

「黒い報告書」について述べた際にふれた点にも関連しますが、ジャーナリスティックな語り口を採用してきた主な理由の一つは、そのような語り口でしか表現できない社会的現実が存在しているはずだ、という確信に近い思いがあったからです。もう一つの理由は、自分の書いた民族誌を研究者や専門家だけでなくより広い範囲の人々に読んでもらいたいという願望があったからでもあります。特に今では、**現場取材においてお世話になったインフォーマントの人々には文体や言いまわしという点に関してあまり抵抗感や違和感をおぼえずに読んでいただけるのが一つの理想**だ、と考えています。その上で現場の人々から、民族誌に盛り込まれた分析や解釈についてのフィードバックをいただきたいと思っているのです。

フィールドワークは、ある意味で、調査対象となる「現地社会」や「現場」に身をおいて、そこで暮らす人々とのあいだでおこなう無数の対話や会話にもとづいています。しかし、その対話や会話のプロセスは、ともすれば、現場の人々が発する無数の声をフィールドワーカー自身の声で——しばしばかなり強引な形で——まとめあげてできあがる民族誌の刊行をもって終わりということになりがちです。わたしは、これは決して望ましい傾向だとは思ってはいません。民族誌《エスノグラフィー》は、むしろフィールドワーカーと現場の人々との対話や議論にとっての新たな出発点になるべきなのです。

実は右の段落の文章は、『現代演劇のフィールドワーク』の序文の一節とほとんど同じなのですが、果たして同書や暴走族に関するモノグラフにおいてその目論見《もくろみ》が十分に達成できたかどうかについては、実はそれほど自信がありません。実際、『暴走族のエスノグラフィー』の時に元暴走族メンバーの一人からもらった内容に関するコメントらしきコメントと言えば、唯一《ゆいいつ》「結局、親とかＰＴＡに読ませる本やろ」というものがあるだけでした。また、同書は出版後に弟にも一冊送り、また結婚直前には妻にも進呈しましたが、二人とも「長いし、何だか難しい」と言って全部読み通してはくれませんでした。

『フィールドワーク』を執筆する時にははじめての試みとして「ですます調」で書いてみましたが、これも、入門書であるという以外に、自分が専門的な内容をどれだけかみ砕いて書けるものか試してみたかったからです。また、この本を書いた際には、もう一つの試みとして一つひとつの項目を書きあげるたびに妻に文章をチェックしてもらうということをしてみました。社会科学に関しては専門的な訓練を全く受けていない彼女にとって分かりにくい表現があったら、それについてはできるだけ別の言葉で言いかえるように心がけました。さいわいこの二つの試みはある程度効果があったらしく、この本は、著者であるわたしが意外に思えるほどにいろいろな大学やその他の研究機関などで教科書として採用していただいているようです。

もっとも、『フィールドワーク』はあくまでも入門書的な解説書です。同じような試みが特定の対象を扱った民族誌的モノグラフについても応用可能かどうかは、また別の問題です。『現代演劇のフィールドワーク』の場合も、ジャーナリスティックな語り口を意識的に採用し、また専門的な用語などについてはできるだけかみ砕いて説明するようにしましたが、実際にそうしてみて、それには明らかに限界があることが分かりました。扱うテーマの性格から言ってもですます調はあまりふさわしくありません。また、調査研究のテーマについて深く掘り下げていくために採用した社会科学的な視点について万人に理解できるような形に「翻訳」した上で解説し、さらにその前後の比較的平明な記述の部分と文章の流れとして不自然なところなく組み合わせるのは、ほとんど不可能であることがよく分かりました。[4] 実際、今回は『フィールドワーク』の場合とは違って、妻の「校閲《こうえつ》」を経たのは序章の最初の箇所だけであり、その他の部分については最初から彼女のチェックを受けることはあきらめていました。

そういえば、『フィールドワーク』では本文については「ですます調」で書いた上で妻のチェックを受けたのですが、脚注については彼女のチェックは一切受けず、「である体」でかなり専門家を意識した内容にしました。同じように、『現代演劇のフィールドワーク』でも、本文と注の文体についてはかなり意識して書き分けました。この点で示唆に富むのは、代表的なシカゴ学派社会学者の一人であり、また多くのすぐれた弟子を育てたことでも知られているエベレット・ヒューズの「社会学者と公衆」と題された講演です。[5] ヒューズは、この講演において、コミュニケーションの相手となる人々のタイプ——研究対象となった人々、研究者仲間、一般の公衆——に応じて社会学者が使い分けるべき三種類の言語について論じています。たしかに、一冊の本で全ての読者を対象とするのはしょせん不可能な試みであり、異なったタイプの読者には異なった語り口による何冊かの本、あるいは書物や論文以外のメディアを含むさまざまなルートを通じて、フィールドワークの結果について報告すべきなのかも知れません。

フィールドワーカーのスタンス

想定する読者の種類以外にも民族誌の語り口を規定する要因にはさまざまなものがありますが、その中でも最も重要なものの一つに著者のフィールドワーカーとしてのスタンスがあることは言うまでもありません。民族誌の著者は、研究者、調査者、現場の社会への一時的参加者などいくつもの役割を担っていますが、民族誌のなかには、そのそれぞれの役割にともなう、さまざまな相手に対するスタンスやそれらの人々との関係性が否応《いやおう》なしに反映されることになります。

暴走族についての三冊の本と『現代演劇のフィールドワーク』は、ジャーナリスティックなものを含む語り口という点では一見似かよっていますが、実は両者のあいだには一つ大きな断絶《だんぜつ》があります。前三冊の場合には、フィールドノーツの断片を引用したり、暴走族青年の心情を代弁するような口調を用いたりしており、あたかも著者が暴走族の一員であるかのような語り口となっています。巻末には隠語リストを掲げたりもしており、暴走族サブカルチャーの探訪《たんぼう》記事といった趣《おもむき》もあります。これに対して、『現代演劇のフィールドワーク』の場合には、フィールドノーツからの直接的な引用は一切ありませんし、付録としての隠語リストもついていません。また、暴走族についてのモノグラフには、随所に「わたしは実際にその現場にいた」「わたしはその一員だった」[6]というような「現場存在証明（不在証明《アリバイ》の逆）」の主張が散りばめられていますが、『現代演劇のフィールドワーク』では、それは最小限度のものにとどめられています。

　これは、フィールドワークの作業のなかで主に関わりをもった対象の違いにもよります。つまり、暴走族に関する民族誌の場合には特定の暴走族グループが対象であったのに対して、現代演劇の場合には、明治期以来の動向を含む現代演劇界の動向が対象になっているのです。実際、現代演劇について七年半あまりの歳月をかけておこなったフィールドワークの作業のなかでは、途中でその軸足《じくあし》を特定の劇団での参与観察研究から演劇界全体の動向に関する調査へと移したのですが、それ以前に調査資金のサポートをいただいた助成財団に提出した中間報告書では、フィールドノーツの一部を引用したり、特定の劇団との関係性を強調したりしているのです。

　矯正施設における事例研究、暴走族についての取材、現代演劇に関する調査などさまざまなフィールドワークの作業のなかでは、否応《いやおう》なしに現場の人々と密接な関係をもつことになりました。それらのフィールドワークの経験は、フィールドワーカーとしてのわたしの人生そのものをかたちづくる重要な契機《けいき》の一つになったと言えます。それはまた、それぞれの時期に書いてきた民族誌の文章にもさまざまな形で反映されています。たしかに他の種類の書物と同様、あるいはそれ以上に民族誌という著作は、フィールドワーカーの現地社会におけるスタンスを反映するだけでなく、フィールドワーカー自身の人となりを何らかの形で表わすものであると言えるでしょう。

結論

数年前に出版された、民族誌の文章作法に関する翻訳書の帯に次のようなフレーズがあったのを見た時には、唖《あ》然《ぜん》としてしまいました——「今や猫も杓子《しゃくし》もフィールドワーク」。あまり品のいい表現だとは言えませんし、つくった人のセンスを少し疑いたくなるようなキャッチコピーですが、それ以上に、この宣伝文《コピー》と現実とのあいだのギャップを思ってあきれ返るとともにかなり憂鬱《ゆううつ》な気持ちになったのでした。

たしかにフィールドワーク関係の解説書や翻訳書の数は最近になって確実に増えてきており、以前とくらべれば調査手法としてのフィールドワークは市民権を得てきてはいると思います。しかし、「猫も杓子も」というほどのブームになっているとはとうてい思えません。また、肝心の民族誌的著作の絶対数やその水準という点でもいまだ深刻な状況にあります。何しろ、フィールドワークに関する授業を担当していて、学生に何か日本語で書かれた民族誌を読んでもらおうと思っても、現代の日本社会について扱ったもので参考になるような民族誌があまりないのです。この状況は、この二〇年あまりのあいだほとんど変化はないと言ってよいでしょう。また、海外ではかなり一般的な用語として通用している「エスノグラフィー」自体、日本ではいまだにそれほど一般的なものになっているとは言えません。

一方、現在欧米の多くの大学では、フィールドワークをはじめとする方法論が既に社会学系の学部や大学院における定番のカリキュラム項目の一つになっています。また、現代社会についての民族誌に関しても、それらの授業で使用する教科書や参考書として何冊もの本が指定できるだけの十分な数が刊行されています。

この点に関連して興味深いのは、欧米では「フィールドワーク」よりはむしろ「エスノグラフィー」の方が現場調査の報告書およびその調査のプロセスそのものを指す言葉として使用される傾向がますます強くなってきている、ということです。これは、一つには、「エスノグラフィー」の方が、動物行動学や地学など自然科学系の学問領域で用いられるフィールドワーク的技法と区別して社会科学系の現場調査であることを明らかに示せるためであると考えられます。しかし、それに以上に重要な理由としては、単にデータや資料を集める上での調査技法というだけでなく、その結果をさきにあげたような混成ジャンルとしての独特の性格をもつ報告書としてまとめあげていくプロセスについての関心が高まってきていることがあげられるでしょう。たしかに、「フィールドワーク」にかえてエスノグラフィーという言葉を使うことによって、**「調べかつ書く」技法としてのフィールドワーク**の性格は、より鮮明に浮かび上がってきます。

フィールドワークの過程で書かれるテクストには、実にさまざまなものがあります。現場でのメモ書き、それらのメモをもとにして清書したフィールドノーツ、フィールド日誌、インタビューの内容を文字に起こした記録、調査の結果をまとめ学術雑誌に発表される論文……。そして、それらの集大成として民族誌があることは言うまでもありません。実際、一連のフィールドワークの作業は民族誌の原稿の脱稿《だっこう》をもって一応の終着点に到達し、フィールドワーカーは自分が研究対象としてきた一つの世界を描き切ることができるのだと言えるでしょう。読者の側からすれば、一冊のモノグラフを読み通すことによって、その世界におけるフィールドワーカーの経験を追体験することができ、その思いを我が物のように感じることができます。そして、民族誌の最も熱心な読者のなかには、将来みずからがフィールドワーカーとなり民族誌を書くであろう人々がいることは言うまでもありません。

最近欧米のフィールドワーカーの手になる民族誌の翻訳が次々に刊行されるようになってきたのは、その意味で喜ばしい傾向です。わたし自身、日本で大学院生活を送っていて調査方法についての悩みを抱え絶望的な気持ちになっていた時にウィリアム・ホワイトの『ストリート・コーナー・ソサエティ』の訳本を読んだ時には、暗闇《くらやみ》の中で一筋の光明《こうみょう》を見いだしたような思いがしたものでした。しかし当然のことながら、日本の読者にとって——つまり学生にとってもわたし自身にとっても——すんなり入っていけるのは、やはり「コーナヴィル」を舞台にした「ドク」や「チック」が登場人物となった民族誌の物語よりは、東京や大阪などの街を舞台にして、たとえば「昭良」や「公雄」「聡」という名前のキャラクターが登場する民族誌の物語の方でしょう。

実際、欧米の場合にフィールドワークが一種の「産業」と呼べるほどに盛んにおこなわれているのは、単にこの技法を大学の授業などを通して学べる機会が日本にくらべて格段に多いという理由だけによるとは考えにくいものがあります。それよりは、むしろ、将来のフィールドワーカーを含む広い層の読者にとって、自分自身が住む社会について母国語で書かれた民族誌を目にすることができる確率がはるかに高いという点が非常に重要な要因として考えられます。日本においてフィールドワークが一時的な小さなブームの段階を越え、またフィールドワーカーが分厚い層として形成されるためには、日本語で書かれた質の高い民族誌的モノグラフが続々と刊行されていくことが不可欠の条件となります。その時にこそ、**一つの調査技法であるだけでなく世界認識の方法でもあるフィールドワークという調査法**は、はじめて日本社会の中で確固とした市民権を獲得することになるでしょう。

第2章

他者との出会いと別れ

――人間関係としてのフィールドワーク

暴走族・右京連合レディス

ドクはその賭場《とば》を仕切っていたチチ、チチの友人たち、賭場の客たちにわたしのことを「友達《だち》っこのビル」と言って紹介してくれた。わたしはドクと一緒に、何人かの男たちが椅子に腰かけたり話をしているキッチンに行ってみたり、もう一つの部屋でサイコロ博打《ばくち》を眺めたりした。

そこでの話題の中心は、ギャンブル、競馬、セックスやその他などだった。わたしは、主に聞いているだけで、できるだけフレンドリーでかつその場の話題に関心があるように見えるようにつとめた。……ドクが言っていたように、特にわたしが誰かという点に関する質問はなかった。もっとも、ドクが後で話してくれたところによれば、わたしが手洗いに行っていたあいだにイタリア語でかなり激しいやりとりがあり、ドクはその場の男たちにわたしがFBIの捜査官ではないということを分からせねばならなかったということであった。ドクは彼らに、とにかくわたしはドクの友人なのだときっぱり断言し、彼らも、結局それで納得したのだという。

ウィリアム・ホワイト『ストリート・コーナー・ソサエティ』

現地の社会《フィールド》におけるフィールドワーカーの役割というのは、かなり奇妙なものです。フィールドワーカーは、現場の当事者でなければなかなか得ることのできない知識や情報を求めて準《じゅん》メンバーあるいは仲間の一人として現地の社会生活に参加します。しかし、その一方では、同時にそれを記録し分析するという作業を通して現地の人々とは一歩距離をおいたスタンスをとらざるを得ません。「身内」の一人になろうとしながら一方では「よそ者」としての構えをとり続けることは、フィールドワーカー自身にとっても非常にストレスのかかることが多いものです。もっとも、同じようなことは現地の人々についても言えます。というのも、見方によっては一種のスパイのようでもあり、非常に怪《あや》しげな存在に見えるフィールドワーカーをどのように受け入れていくかは、現地の社会にとって大きな問題になるからです。

実際、フィールドワークで最初に直面する問題は、現地の社会に受け入れてもらえるかどうかという**アクセス**の問題です。また、いったん現地の社会に受け入れられた後も、どのような立場や役割で調査を進めていけばいいのかという問題は常に存在します。さらにこのような特殊な**役割関係**や人間関係からくる**ストレス**にどう対処すればいいかという点についても考えていかなければなりません。

アクセス

実際にフィールドワークをおこなう際の最初の関門は、調査や取材をおこなうことについて現場の人々から許可をもらえるかどうかという問題です。このアクセスの問題は、対象となる社会のタイプ、つまりそれが企業組織や学校のようなフォーマルな組織なのかアマチュアのジャズバンドや暴走族グループのような自然発生的な集団なのか、それとも公園や街角の雑踏のような公共の場なのかなどによって大きく異なります。

公共の場のようなケースは全く別の話になりますが、それぞれの社会にはたいていの場合、外部からやってきた調査者の人柄や調査目的を値踏《ねぶ》みし調査や取材の可否について判断し決定する権限と責任をもつ門番のような役割を担う人が存在します。そういう人のことをよく**ゲートキーパー**と呼びます。ゲートキーパーは、一人であるとは限りません。というのも、わたしたち自身が所属している集団や組織について考えてみればよく分かるように、外から見れば一つにまとまって見える組織や社会でも、その中にはインフォーマルな集団や派閥《はばつ》のようなものが存在することが多いからです。したがって、いったん調査を始めた後でも〈誰と誰に、どのようなルートを通じて「話を通して」おけばいいのか〉という点については、よほど注意して見きわめていく必要があります。

もっとも、それは実際に調査が開始できてからの問題です。とりあえずは、現場の社会に最初にアクセスする上でのカギを握るゲートキーパーが誰であるかを慎重に見きわめた上で、その人から許可を得なければなりません。また、その最初のゲートキーパーが誰であるかは、その後の調査や取材の方向や得られる知識や情報の内容と質にとっても決定的な意味をもつことが少なくありません。というのも、当分のあいだ現地の人々にとっては、フィールドワーカーには「○○さんが紹介した人」「○○さんの知り合い（友達、お客さん、弟子……）」という印象がついてまわることになるからです。

つまり、最初のゲートキーパーは多くの場合同時にフィールドワーカーにとっての一種の**スポンサー**や「紹介者」としての意味をもつことになります。そのスポンサーないし紹介者自身が同時に最も有力な情報提供者である**インフォーマント**――この言葉についてはもう少し後で詳しく説明します――になる場合もありますが、調査や取材が一面的にならないようにするためには、他の人たちにもインフォーマントになってもらう必要があります。

わたしがこれまでおこなったフィールドワークの例でいえば、アクセスおよびその際のゲートキーパーの役割という点に関しては、少年院や刑務所などの矯正施設と呼ばれる組織と暴走族集団はきわめて対照的なケースであったと言えます。矯正施設における調査の場合には、フォーマルなルートを通して施設長（少年院長、刑務所長）に正式にお願いして許可をいただいたのですが、[1]暴走族集団を取材した際には街角で偶然出会った暴走族の「レディス」（女性の暴走族）のリーダーを介して暴走族グループの幹部だった青年に紹介してもらい、最終的にはその青年が現場取材におけるスポンサーとしての役割を果たしてくれました。

少年院――フォーマルな組織の場合

ツテをたどる

第1章でも述べたように、はじめて少年院で聞きとりによる調査をしたのは、東北大学の修士課程に入って間もない一九七七（昭和五二）年の春のことでした。それから八〇（昭和五五）年の夏にシカゴ大学に留学するために渡米するまでの三年あまりのあいだに少年院と刑務所それぞれ二施設でフィールドワークをおこなっています。北山刑務所と西崎少年院の場合は数ヶ月にわたる、いわゆる「通い」の調査でしたが、東峰少年院（七八年と七九年の二回）と南坂少年刑務所の場合は、いずれも大学の夏休みを利用して二ヶ月ほど現地の宿舎に泊まり込んでおこなった「住み込み」型の面接調査でした。どの場合も、施設長から正式に許可をいただいた上で調査に入っています。それぞれの矯正施設に調査をお願いにうかがう際にも、指導教官や当時地元の大学で教員をされていた先輩に付き添っていただいて矯正施設にうかがい、調査の趣旨（聞きとりによる非行の事例研究）や調査期間の目安などについて説明させていただいてから調査を始めています。

学生という身分ではありましたが、その際には背広とネクタイ姿でうかがったことは言うまでもありません。調査を始めてからあらためて調査の概要についてまとめた書類を提出したこともあります。要するに、いずれの場合も、調査を開始する上でのゲートキーパーは、それぞれの施設長だったわけであり、職員の人たちにとってわたしは、たとえば少年院の場合だったら、「院長の知り合いのところの学生」という位置づけになります。

矯正施設に限らず、学校にせよ企業にせよ、フォーマルな組織の場合を舞台として現場調査をおこなおうとする場合には、たいてい同じように組織の長（校長、社長、支店長……）や上層部の人々による正式な許可が必要になるでしょう。もっとも、その組織の長が実質的なゲートキーパーなりスポンサーになるとは限りません。大規模な企業で調査をおこなうような場合には、一応その会社の事業本部長クラス以上の人々には報告するでしょうが、実質的にはその調査に関連の深い部署の長が直接のゲートキーパーになることの方が多いでしょう。[2]

言うまでもなく、組織のトップからフィールドワークについての許可が得られた場合の第一の利点は、とりあえず調査自体が始められる可能性が非常に高いということです。また組織のトップその人がスポンサーになった場合には、通常では不可能な、組織内のさまざまな部署に対するアクセスが容易になることも考えられます。実際、わたしが一九七七（昭和五二）年という時点で最初に矯正施設に調査に入れたこと自体、当時の状況を考えれば一種の奇蹟《きせき》ともいえる出来事でした。というのも、その前年の七六年には「鬼頭《きとう》判事補偽《にせ》電話事件」が起きており、全国の矯正施設は、どのようなタイプのものであれ、外部からの研究依頼に対してはきわめて慎重にならざるを得ない状況にあったのです。（実際、西崎少年院で調査を開始する前後には、いくつかの施設で面接調査を断られています。）

この事件自体は、当時京都地裁の判事補であった鬼頭史郎が検事総長の名前をいつわって三木武夫首相に電話をかけ、ロッキード事件[3]への政治介入に関して言質《げんち》を引き出そうとしたものであり、矯正施設とは直接の関係はありません。矯正施設にとって深刻な問題として受けとめられたのは、むしろ、鬼頭判事補がこの事件以前におこない、後に職権乱用罪に問われた行為です。つまり、彼は、それ以前に、網走刑務所を訪れて戦時中に政治犯として収監されていた共産党の宮本顕治元議長に関する書類を「職務」といつわって閲覧していたのでした。

そのような事件があった直後にいかに学術研究が目的であるとはいえ、まだ大学院に入りたての院生による住み込み型の調査が可能になるためには、施設長の方々の英断《えいだん》が無ければとうていかなわなかったでしょう。このような微妙な時期に少年院や刑務所における調査が可能になった背景には、その他にも主に二つの要因があったと考えられます。

一つは、当時の東北地方の「矯正界」の幹部クラスの層にはわたしがその当時所属していた東北大学の卒業生が相当数いらっしゃった、ということでした。実際、わたしが調査をおこなった四施設のうち三施設の施設長ないし次長は東北大学の先輩にあたる方々でした。さらに、さきに述べたように、それぞれの施設にうかがう際には、同じく東北大学出身である指導教授あるいは先輩に付き添っていただきました。

つまり、当時のわたしには、東北地方の矯正施設に関してはきわめて有力な「**ツテ**」があったと言えるのです。

調査報告書のイメージ

もう一つの重要な要因は、第1章でもふれたように、かつて東北大学の教官と矯正施設のスタッフを中心とする研究グループは、昭和二〇年代から三〇年代にかけて刑務所や少年院を舞台として、かなり大がかりなフィールドワークをおこなったことがある、という点です。これに加えて、わたしの東北大時代の先輩の何人かは、その後も卒業論文ないし修士論文に直結する研究の一環として矯正施設で面接調査や質問票によるサーベイ調査をおこなっていました。この点で、施設長の方々には、わたしが**現場調査を通して最終的に作成する調査レポートがもつ学術報告書としてのイメージ**がつかみやすかったと言えるでしょう。

同じようなことは、わたしが渡米直前に調査に入らせていただいた南坂少年刑務所についても言えます。この場合は、同刑務所のある部署の課長をされていた方とのご縁がきっかけでした。その課長とはじめてお話させていただいたのは、犯罪心理学関連の学会の地域大会の懇親会の席でした。同課長とは、その後何度かお目にかかって調査の趣旨を説明させていただき、また、同刑務所の所長もそうした研究に関してはご理解のある方だったこともあって、最終的に調査をおこなうことができたのでした。同課長には、その大会でわたしがおこなった発表を聞いていただいていましたが、これによってわたしが南坂少年刑務所でおこなう調査の結果として最終的に作成する報告書の内容についてのイメージが形成しやすかったと言えるでしょう。

矯正施設のようなフォーマルな組織の場合に限らず、以上の、二つのポイント、つまり「ツテ」というポイントと最終的な調査報告書についてのある程度明確なイメージの提示というポイントは、現地社会へのアクセスという問題にとって重要なカギとなります。また、両方ともフィールドワーカーの「**得体《えたい》の知れなさ**」という問題と密接な関連をもっています。

矯正施設というのはかなり極端なケースでしょうが、どのような社会においても、多かれ少なかれ、外部の者にはみだりに接触させるべきではない、その組織や集団に関わる内密の情報や構成員のプライバシーに関わる情報が存在します。フィールドワークの目的が必ずしもその組織や集団の「機密」や「秘密」に類する情報あるいは特定のメンバーのプライバシーに関わることがないような場合ではあっても、現場の生活に密着しておこなう調査を進める際には、どうしてもその種の情報に接触する可能性は高くなります。[4] ましてや、フィールドワーカーというのは、通常どのような形にせよ、その調査結果をさらに広い範囲の人々の目にさらす可能性のある報告書を発表することが予想される存在なのです。フィールドワーカー自身の動機は善意のものであっても、報告書の読者のなかには現場の人々から見ればかなり不本意な形でその報告書の内容を引用する者がいるかも知れません。

現地社会へのアクセスにおいて、**有力な「ツテ」を探す**こと、そしてまた可能な場合には**調査報告書の概要につ**

いて説明できるような資料（たとえば、調査項目と調査技法をリストアップしたもの）**を用意しておく**こと、という二つのポイントは、まさにこのフィールドワーカーとその調査のプロセスに関して、現場の人々が抱きがちな不安や懸念《けねん》を少しでも和《やわ》らげ、一定程度の信頼を得る上できわめて有効な方策なのです。もちろん、その際に示した資料は一種の契約書にあたるわけですから、最終的に公表する報告書がその資料に書かれた範囲から著しくはみ出すようなことのないよう十分に配慮すべきであることは言うまでもありません。また、可能な限りは、報告書を公表する以前に現地の人々に草稿をチェックしてもらう必要があります。

フィールドワーカーの邪魔者性

有力なツテを得ることと報告書についてのイメージを提示することは、現地社会へのアクセスに関するもう一つの主な障害であるフィールドワーカーの「**邪魔者性**」に対する抵抗感を和らげる上でも効果的かも知れません。

現地の人々の立場にたって考えてみれば分かることですが、フィールドワーカーというのは、とかくその場の円滑な社会生活の流れを阻害する、実に邪魔っ気《け》で目ざわりな存在になりがちです。何しろフィールドワーカーは、たいていの場合、その現場でおこなわれていることについてほとんど知識がないからこそ、そこで一種の新参者《しんざんもの》としての修業を積みながら生きた知識や情報を獲得しようとするのです。言うまでもなく、どのような社会でも新参者ないし新人の訓練や教育というのは、時間や労力がかかるものです。もっとも、本物の新人であったならばその訓練期間の後にはそれにかかった時間と労力を補ってあまりあるほどの有力な戦力になるかも知れません。これに対して、フィールドワーカーというのは、「ちょろちょろしていて目ざわりで邪魔っ気《け》なだけだと思ったら、いつの間にかあいさつもなしに消えてしまう」、実に厄介な存在なのかも知れないのです。

特に仕事の量が多くしかも製品の管理や顧客に対する対応などに神経を使わなければならない職場のような場合

には、この「招かれざる新参者」に対する抵抗は相当なものがあることでしょう。この点からしても、組織の上層部の誰かが信頼をおいている紹介者によるツテは有効です。また、調査報告書に関していえば、単に「無害」であるだけでなく、むしろ組織に対して何らかの貢献となることが期待できるようなものであったならば、これほど効果的なことはないでしょう。たとえば、その組織に新しい情報をもたらしたり、コンサルタントによる組織に対する外部評価に匹敵するような意味づけをもつような報告書です。

じじつ、わたしが単独あるいは先輩とともにおこなった矯正施設における調査研究に対して施設長の方々が理解を示してくださった背景には、組織内部の資源やマンパワーだけではまかないきれない研究機能の活性化を期待していただいたという面もあるようです。たとえば、東崎少年院と南坂少年刑務所でフィールドワークをおこなった際には、わたしは業務の上で研究活動に関連の深い部署に「預けられる」ような形になり、また、施設長からは、その部署に所属していた、わたしと年齢の近い職員の方とペアを組んで作業を進めるように、という指示をいただきました。また東峰少年院で一年目におこなった調査研究の結果に関しては、わたしとペアを組んでいただいた職員の方と連名で地域学会の大会で発表をおこなっています。

もっとも犯罪心理学を専攻して間もないわたしに、現場に直接フィードバックできるような目ざましい成果が報告できるはずもありません。その後にうかがったお話などから判断すると、どうやら実際には、施設長のご配慮のなかには、実質的な研究成果というよりは、その種の活動をおこなうことそれ自体による組織全体の職員モラール(志気)の向上という目的もあったようです。

交際範囲を拡《ひろ》げる

職員の方とペアを組ませていただいたことは、結果として、組織のトップが最初のゲートキーパー兼スポンサーとなった時にありがちの、**交際範囲**に関わる問題を解消する上でもきわめて有効でした。実際、矯正施設の場合に限らず、組織のトップから理解が得られてとりあえずアクセスが可能になるということは、組織の他のメンバーから協力が得られるかどうか、ということとは全く別の問題なのです。いわば「トップダウン」の形で調査が可能になったような場合には、フィールドワーカーは、部下の動向を探るために管理職サイドから送られたスパイのような存在としての疑いをかけられることだってあるかも知れません。たとえば、学校を対象にしてフィールドワークをおこなおうとして学校長にスポンサーになってもらったような場合などには、そのような点に対して特に配慮しておく必要があるでしょう。つまり、「校長の知り合い」という印象をあまり強くもたれると、校長と一部職員のあいだに対立がある場合や組合が強い学校のような場合には、教員からの協力を得る上ではマイナスに作用する可能性が高いのです。

東峰少年院や南坂少年刑務所の場合、わたしに対するイメージは特定の部署に「預けられた」段階で既に「院長（所長）の知り合いのところの学生」だけでなく「○○課の見習い」というものが加わっていました。さらに特定の職員の人とペアを組ませていただいた時から、これに加えて「○○君の仲間」という全く別の、他の職員の人たちにとってはいっそう親しみやすいイメージが加わっていったと考えられます。[5]（もっとも、ペアとなっていた人たちとは研究活動だけでなくかなり頻繁《ひんぱん》に一緒にお酒を飲む機会もあったこともあって、たいていの場合はわたしは「○○君の研究仲間」というよりは、「○○君の飲み仲間」というような印象をもたれていたようです。）またこの時点で、他の多くの職員の方との関係においては、ペアを組ませていただいた職員の人がスポンサーとなりました。

以上のように、特に大きな組織の場合には、最初のゲートキーパー兼スポンサーは組織のトップあるいは上層部の誰かではあっても、実際に組織内でフィールドワークを進める際には、どこかの部署に「預けられる」こともよくあると思います。調査トピックが組織のトップや上層部の行動そのものにある場合は別ですが、そうではなくて、むしろ組織全体の行動や組織全体を舞台として得られる知識や情報に主な関心があるような場合には、預けられた部署とその部署のキイパースンを介して、**できるだけ交際の範囲が偏らないようにする必要**があるでしょう。

問題関心の推移と施設調査の限界

今こうして振り返ってみると、あらためて自分がどれだけ多くの人々のご厚意に支えられて、当時アクセスそれ自体がほとんど不可能に近かった矯正施設という組織で調査することができたのかということを思い知らされます。その当時も決してそのことに鈍感だったというわけではないのですが、それでも、わたしの心の中では次第に施設でおこなう調査に対する疑問が自分で処理しきれないくらいにふくれあがってきました。第1章でも述べたように、その中には聞きとりによる非行・犯罪研究の限界という問題と、対象者との関係性という二つの問題が大きな比重を占めていました。さらに、これらの問題に加えて、組織論的な問題への関心の移動という点も大きな意味をもっていました。

最初に西崎少年院で調査をおこなった時の問題関心は主に非行の事例研究であり、少年院ではそこに収容されている少年たちとの面接が調査活動の中心でした。しかし、職員の人々の勤務形態と同じようなパターンで少年院に通ったり住み込みで調査を進めていくなかで、次第に職員集団のあり方や法務省管轄《かんかつ》の矯正施設がおかれている制度的な位置づけをも含めて、組織論的な問題に関心が移ってきたのです。実際に修士論文には海外で「プリズン・コミュニティ論（刑務所社会論）」などと呼ばれている議論も少しは盛り込みましたが、最初にゲートキーパーである施設長の方々にお約束した研究内容が主に非行や犯罪の事例研究であることもあって、その部分は自分から見てもかなり不満足なものに終わっています。

実際、欧米ではいくつか研究例がありますが、さまざまな事情から日本の場合には、収容されている人々の矯正処遇という問題との関連を越えて組織としての矯正施設それ自体を研究の対象とすることは、その当時も現在でも半ば不可能に近いものと思われます。また、正式な許可をもらって調査をおこなうような場合には、最初の「契約」内容から大きく外れた調査トピックを研究することは、信義上も道義上も決して好ましいことではないでしょう。

一九八〇（昭和五五）年にアメリカに渡ってシカゴ大学で学ぶようになったきっかけの一つには、このような、自分の本来の問題関心と実際に現場でおこなうことのできる調査の内容とのミスマッチがあったこともまた事実です。アメリカにおける二年半あまりの大学院の課程を終えて帰国したのは一九八三（昭和五八）年の春です。シカゴ大学社会学部に提出する博士論文のテーマとして暴走族を選び、その五月から京都の街角で始めた体当たりの現地取材は、矯正施設でおこなってきた調査とはかなり趣《おもむき》を異《こと》にするものでした。

暴走族・右京連合——自然発生的な集団の場合

セイコとの出会い

「おっちゃん、うちらもうすぐ卒業やし、写真撮《と》ってや！」。京都の街角で、仲間のトシコとともに真っ赤な色のオートバイに乗ってけたたましい爆音をたててやってきたセイコに声をかけられたのは、一九八三年六月末のことでした。セイコは当時一七歳でその頃京都の暴走族グループの一つである右京連合レディスの「アタマ（リーダー）」をしていましたが、セイコに声をかけられたことが暴走族に関するフィールドワークの最初のきっかけになりました。もっとも、セイコ自身が右京連合に関する取材のゲートキーパーだったわけではありません。すぐ後で述べるように、セイコからは、それから約一ヶ月半後に、以前に右京連合の幹部クラスで活躍していて当時は既に暴走族活動から引退していたエイジを紹介してもらいました。実際にはそのエイジが、その後一年近くにわたっておこなうことになった暴走族に関するフィールドワークにおける実質的なゲートキーパー兼スポンサーになってくれたのでした。

セイコと出会ったのは、京都の河原町通りの三条と四条のあいだにある蛸薬師《たこやくし》と呼ばれる一角です。時刻は深夜の十一時をまわっていました。わたしがそんな時間に蛸薬師にいたのは、そこが暴走族グループや「ヤンキー」と呼ばれる青年たちのたまり場の一つだという情報を得ていたからです。そこに集まってくる青年たちと同じように、自分もそのあたりをぶらぶらしていれば、どこかの暴走族グループと接触ができて本格的な「密着取材」が始められるのではないか、という漠然とした見通しでほぼ毎日のように蛸薬師に通っていたのでした。実際、セイコから声をかけられた時も、そこで「タマって」いた何人かの青年たちと世間話をしていました。

その場の雰囲気からあまり浮いた様子に見られないようにということで、服装としてはジーンズにTシャツ、その上にはサファリスーツを羽織《はお》っていました。どこかのグループの活動に本格的に参加する前にその場所に関する資料を集めておきたいということもあって、常時メモ帳とカメラを持参していました。カメラは一眼レフのものであり首から下げていましたが、これは単に記録用というだけではありません。いかにある程度ラフな服装をしていたとはいえ、一〇代から二〇代の若者が中心の深夜の蛸薬師に、もうすぐ三〇歳になろうという、彼らからすれば「おっちゃん」でしかないわたしのような人間が長時間うろうろとしているというのは、明らかに場違《ばちが》いにしか見えないでしょう。しかも、その「おっちゃん」は、彼らにインタビューをさせて欲しいというのです。最初から「フィールドワークを通して暴走族についての博士論文を書くつもりなんやけど……」というような説明をしてもとても分かってもらえるとは思えませんでした。かえってよけいに怪しまれるのがオチでしょう。それで、彼らにとってその場でそのような行動をとる人間の身分について最もよく理解できるだろうと思われた、「ジャーナリスト」に近い格好をすることにしたのです。セイコが最初にわたしに声をかけてきた時に撮影の話をしたのも、明らかに、わたしが首に下げていたカメラからの連想に違いありません。

セイコの求めに応じて、後部座席にトシコを乗せてスズキの四〇〇CCのバイクにまたがったセイコの写真を撮り、また、わたしの名刺を渡してから、彼女としばらくその場で立ち話をすることができました。（彼女とは、当時おぼえたてのかなり下手クソな京都弁で会話をしましたが、セイコはそれについては特に奇異に感じてはいなかったようです。）セイコによれば、彼女は一五歳の頃から暴走族グループの活動に参加していて、今は京都市右京区を主なテリトリーとする暴走族グループのレディスの「アタマ」をしているのだが、彼女もその他数人のレディスのメンバーも「もう一七やし、オバンやし」、その活動から「卒業」することに決めた、ということでした。卒業にあたっては、何か記念になるイベントをしたいのだが、それにはジャーナリストによる「撮影会」がうってつけだと思われるので、もしわたしがそうならば是非来て欲しいということでした。

わたしの方からは、自分は決してジャーナリストなどではなく大学院生であり、暴走族について「卒業論文のようなもの」をまとめるために京都に来ているのだ、と説明をしました。この説明をセイコがどの程度理解してくれたかについてその時はよく分かりませんでしたが、セイコは、わたしに次のように言って再びバイクにトシコを乗せけたたましい爆音をたてて河原町通りを北の方向へと去っていきました――「ほな、そのうち連絡するし！」。

実際にセイコからわたしのアパートに電話がかかってきたのは、それから一ヶ月近くたった七月下旬のことでした。

「もしもし、うちこのあいだ蛸薬師で会《お》うた右京のレディスやけど、写真撮ってくれへん。うちらもうすぐ解散するし、写真撮りたいんやけど……」

セイコにこう言われた時は、思わず自分の耳を疑いました。何しろ、それまで蛸薬師で出会った、何人もの自称暴走族の青年たちと取材の約束――「今度誰々に紹介したるわ」「ほな、明日また来るし」……――をし、また彼らにはその当時左京区に借りていた1DKのアパートの住所と電話番号が書いてある名刺を渡しておいたのですが、その約束が果たされたことは一度もなかったからです。実際、セイコがわたしに言った「そのうち連絡するし」という言葉も正直なところそれほど期待をかけずにいたのであり、実際に彼女から電話がくる頃まではほとんど忘れかけていたほどでした。

初期のアクセスにおける失敗

もっとも、街角の青年たちが約束を守らなかったのも無理はありません。いかに一見ジャーナリスト風の格好をしていたとはいえ、彼らにとってわたしは「得体の知れない」存在であることに違いはないのです。わたしが彼らにしていた説明、つまり「卒論のようなものを書こうとして暴走族を取材している」という説明も、彼らにはいかにも怪しげなものに見えたに違いありません。実際、街角でうろつきはじめる以前には、もっと「正攻法」のやり方でツテをたどって暴走族グループに接触しようと思っていましたが、それにも失敗していました。

そのツテというのは、次のようなものです。当時京都のある大学には東北大学の先輩が助教授として奉職《ほうしょく》されていたのですが、その教え子の一人に暴走族グループの暴走行為に何度か参加したこともあるクルマ好きの青年がいたのです。その学生が卒業論文（先輩と一緒にわたしも彼に対する卒論指導に関わりました）で暴走族をとりあげるということだったので、彼が知っている暴走族集団のメンバーを紹介してくれるように頼んでいたのでした。実際にその大学生が、かつてある暴走族集団に所属していた二〇代の青年をわたしのアパートに連れてきてくれたのは、そのアパートで暮らすようになって一月《ひとつき》ほどたった八三年五月末のことでした。そのまま三人でわたしのアパートの部屋で話をするなかでその青年は、一応わたしの身分や取材の意図についてある程度理解してくれたようでした。

（蛸薬師が暴走族やヤンキーたちのタマリ場の一つであるというのも、その場で出てきた話題の一つでした。）しかし、その後何度か彼に電話で連絡してみても生ま返事を繰り返すばかりで、こちらのインタビュー依頼についてもはかばかしい返事はもらえませんでした。それどころか、ある元レディスの女性が昔の知り合いを何人か紹介してくれるという手はずになっていたにもかかわらず、彼からその女性に対して、わたしと接触するのはやめた方がいいという電話があって、結局その線からの接触をあきらめざるを得なくなったこともありました。ここにいたって、わたしに対する青年の不信の深さを思い知らされ、最終的に、その青年を介しての暴走族グループへのアプローチは断念することにしました。

直接本人から聞き出したわけではありませんが、今となってみると、この青年の気持ちもよく分かるような気がします。一応わたしの立場や身分については理解してもらえたとしても、大学院の「卒業論文」というのは彼には実感として理解しにくかったことでしょう。また、自分や自分の友人や知人について何か報告書を書かれるということで、プライバシーを暴《あば》かれるのではないかという懸念《けねん》をもったのかも知れません。

この青年の他にツテという点で接触した人のなかには、暴走族関連の事件を報道したことのある本職のジャーナリスト二名もいます。一人は地元紙の記者であり、もう一人はその記者の方から紹介していただいたフリーのジャーナリストです。実際に直接お目にかかってお話をうかがってみると、地元紙の記者は、警察発表にもとづいて記事を書いたことがあるだけであり、またフリージャーナリストの人も既にその頃には暴走族グループとは接触がなくなっていたということで、結局、この線からツテを求めるというやり方もあきらめざるを得ませんでした。

街角でうろうろしながらそこにやってくる青年たちから話しかけられるのを待つ、といういわば体当たりで運まかせのアプローチは、このような八方ふさがりの状況の中で苦しまぎれに考えついた方法でした。（もっとも、これは決して特殊なアプローチではなく、海外では「街角社会」に関する調査に際してよく試みられてきた方法です。）

エイジとの出会い

セイコから電話がかかってきたということは、その無手勝流《むてかつりゅう》のやり方がどうやら実を結びそうになっているらしいことを意味します。わたしとしては、もちろん、一も二もなくセイコの依頼に応じて、彼女から指定された日に右京連合が当時タマリ場にしていた右京区のロッテリアに行くことを約束しました。セイコから電話があった日の日記には、次のように書いています。

ついに待望の電話がきた。まさに『今泣いたカラスがもう笑った』だ。昨日一日極度に落ちこみ、今日も横になっていても［フィールドワークの先行きが］不安で目がさえ、寝返りをうちながらゴロゴロしていたのだ。……七月二七日［最初セイコから指定された日］は真剣勝負。今までの経験・失敗を生かして、このcontactを大切にすること！

セイコがその直前にある交通事故にまきこまれたこともあって、実際の「撮影会」は、予定よりも二〇日ほど後の八月も半ばを過ぎた頃になってしまいました。それに先だって「話を通しておく」ためにセイコから紹介してもらったのが、エイジという、髪に短めのパンチパーマをあてた、筋肉質で非常に精悍《せいかん》な感じのする二十代前半の青年でした。エイジのその時の服装は、濃紺のTシャツと同色のスラックスで、Tシャツの上には、薄手の黄色のブルゾンというものでした。

セイコによれば、エイジは、既に暴走族活動からは引退しているものの、現役時代は右京連合の幹部クラスとして活躍していたということでした。わたしはエイジに対して、かつてセイコに対してしたのと同じような内容の自己紹介をしました。つまり、自分はシカゴ大学の大学院生であること、将来暴走族に関する本を出版するつもりではいるが、あくまでも「卒業論文のようなかたい本」になるだろう、というような説明です。また、「できるならば今回のように写真を撮るだけでなく、毎週の集会にも参加させてもらい、またメンバーにインタビューさせてもらえないだろうか」と頼んでみました。

このわたしの説明を聞いてエイジは少し怪訝《けげん》そうな表情をしていましたが、特に彼の方からの質問はなく、わたしに対して次のように言いました――「まあ、ええんちゃいますか」。その言葉が果たして取材についての正式の許可であるかどうかは明らかではありませんでしたが、わたしとしては、とりあえず集会に参加することについてだけは了解してもらえたのだろうと思うしかありませんでした。後で分かったことですが、直前まで右京連合の現役の「アタマ」をしていたトシキがその頃はある事件で少年鑑別所に入っていて、結局OBであるエイジがわたしの取材の可否を判断するゲートキーパーとして最もふさわしいということになったらしいのです。

その時点では、果たしてこれで本当にその後も続けて取材ができるのかどうかについては全く自信がありませんでしたが、ともあれ、こうしてわたしの集会通いが始まりました。

集会とはいっても、当時はリーダーが不在だったこともあって、メンバーたちは、ただ決められた時間（午後九時ないし九時半）の前後にロッテリアやその向かいにあったケンタッキー・フライド・チキンの店にやってきてタマっているだけでした。わたしの方はといえば、最初のうちは、駐車場にタマっている青年たちがつくる輪の隅《すみ》の方で彼らと同じように立ったり腰をおろして彼らの話に耳を傾けたり、彼らと一言《ひとこと》ふたこと会話を交わす程度でした。右京連合の現役メンバーたちのほとんどが一六歳から一七歳だったこともあって、はじめのうちは共通の話題がそれほどあるわけでもなく、しばらくのあいだはかなり居心地《いごこち》の悪い思いをしていました。現役のメンバーも、OBである「エイちゃん」が一応わたしの集会への参加を認めたようだということを承知していても、わたしがやろうとしている「取材」の内容がもう一つよく理解できず、不信の念を抱いていたようです。

なかには、わたしが警察に内通しているのではないかと疑っていた青年もいたようです。実際、集会に参加するようになって三ヶ月ほどたったある日にメンバーの一人がわたしに語ってくれたところによれば、彼らのうちの何人かは集会が終わった後わたしがバイクで左京区のアパートに帰るまでずっとそのあとをつけていき、「途中で警察署に入らへんかどうか」監視していたということでした。

わたしに対するこのような不信の念も、実際にわたしがまっすぐアパートに帰っていくのを確認できたことや、ある意味で平均的なメンバー以上に律儀《りちぎ》に集会に参加し少しずつその場の風景にとけ込んでいくなかで次第に解消されていったようです。さらに、これについては、エイジが果たしてくれた役割も大きかったと言えます。というのも、OBの一人としてちょくちょく集会の場に顔を出していたエイジは、その中にわたしの顔を見つけると独特の人なつっこい表情で「佐藤さん、また来てはんの？」などと話しかけ、またよく近くのラーメン屋や飲み屋に誘ってくれたからです。また、エイジやその他そこにいあわせていた数人のOBたちと一緒に集会を途中で抜け出して飲みに行った後に、再びエイジたちと一緒に集会の場所に行ってみたこともあります。こうして、わたしは現役の青年たちから「カメラマンさん」「インタビューマンさん」――この言葉については後でもう少し詳しく説明します――だけでなく、「エイちゃんとよく飲みに行ったりしているオッチャン」というような印象でとらえられていったのでした。

このようにして、エイジはわたしの右京連合に関する取材におけるゲートキーパーであるとともにスポンサーとしての役割を果たしてくれ、また、現役メンバーだけでなく右京連合のOBに対する取材に際してもスポンサーとしての役をつとめてくれました。というのも、エイジとどこかに飲みに行く時には、よくエイジと同世代やさらにその上のOBと一緒になることが多く、その場でエイジに紹介してもらったOBに後になってからインタビューさせてもらうことも少なくなかったからです。

制度的関係とネットワーク的関係

街角の青少年集団に関するフィールドワークという点に関しては、アメリカの社会学者ウィリアム・ホワイトによる『**ストリート・コーナー・ソサエティ**』があまりにも有名です。ホワイトの場合は、ボストン北部にあるイタリア人居住区のノートン団という青年集団のリーダーであったドクが、ノートン団だけでなくその地域社会全体についての調査をおこなう上でのゲートキーパー兼スポンサーとしての役割をつとめました。その点からすれば、エイジはわたしにとってドクのような存在だったと言えます。ドクもエイジもそれぞれの集団においてリーダー的立場にあったという点では、矯正施設のようなフォーマルな組織の長と同じような位置づけであると言えないこともありません。もっとも、両者のあいだには大きな違いもあります。

一方のフォーマルな組織の場合は、まさに「少年院長」や「社長」「事業本部長」といった正式の肩書きがあり、またそれに対応するように、フィールドワーカーやその紹介者の側でも「大学院生」や「大学教員」という官僚制的な組織の中の位置づけが背景となることが多いものです。アクセスに関しても、その「組織 対 組織」の制度的関係を前提として調査活動の意味や意義が判断され、その可否《かひ》が決定されることが多いでしょう。

これに対して、青少年ギャング集団のような集団の場合には、一応リーダー的な役割はありますが、それはあくまでも自然発生的でインフォーマルなものであり、また現地社会の人間関係においては、むしろ個人と個人のあいだのネットワーク的な関係の方が重視されます。フィールドワーカーについても同様です。どんな大学の「先生」であろうが「学生」「院生」であろうが現場の人々にはさほどの意味はもたず、むしろ、フィールドワーカー（たとえば佐藤、ホワイト）とゲートキーパーである現地社会の特定の誰か（エイジ、ドク）とのあいだの「個人 対 個人」[6]の関係がどのようなものであるか、が最も重要な関心事であることの方が多いでしょう。その他の人々との関係も、その二人のあいだの関係によって判断されることの方が多いでしょう。その意味で自然発生的な集団の場合には、頼りになるゲートキーパーやスポンサーが誰であるかを見きわめることは、フォーマルな組織におけるフィールドワークの場合以上に、調査や取材のカギを握る上できわめて重要な事柄になります。また、そもそものような人物に出会えるかどうかは偶然に左右される部分も多く、一種の「賭《か》け」としての要素を含むことになります。この意味で、京都でエイジにめぐり会えたということはわたしにとって何物《なにもの》にもかえがたい幸運だったと言えるでしょう。

まとめ

ここにあげたのは、少年院や刑務所の矯正施設と暴走族集団という、たった二つの事例であり、ここから現地社会へのアクセスという問題に関して何か一般論や結論めいたものを引き出すことはあまり意味がないでしょう。ただ、この問題に関してこれまで文献などで指摘されてきた点をも考慮して、ここで一般論として言えることが少なくとも三つあります。一つはフィールドワーカー自身のもつ**異人性**《いじんせい》というポイントであり、二つ目は調査報告書としての**民族誌の性格**という問題であり、三つ目は**アクセスのあり方が明らかにする現場社会の特質**というポイントです。

矯正施設における調査研究について述べた時に指摘したように、現場調査をおこなう際には、フィールドワーカーというのは、現地社会にとって多かれ少なかれ「よそ者」なのであり、最悪の場合は排除すべき「異物」としてとらえられることさえある、という点について肝《きも》に銘《めい》じておく必要があります。すぐ後で解説するように、実はこの**異人性**は、当事者のものでもなく完全な局外者のものでもない戦略的な**第三の視点**を得るためには必須の条件の一つでもあるのですが、今まさに現場に受け入れてもらえるかどうかという微妙な段階では、異人性は重大な障害になりかねません。これまであげてきた、「得体の知れなさ」や「邪魔者」としてのイメージを少しでも和《やわ》らげるための工夫《くふう》、たとえば、できるだけ有効なツテをたどること、場違いにならないような服装をすること、調査意図について現場の人々に理解できるような説明を用意しておくことなどは、ほんの数例にすぎません。アクセスに関してそれぞれのフィールドには外からはうかがい知れない特有の難しさがあり、また一種のタブーのようなものもあるかも知れません。したがって、可能な場合には、同じような研究対象について書かれた民族誌や、以前にその対象についてフィールドワークをしたことのある経験者に相談しておく必要があるでしょう。

　この異人性という問題に密接に関わっているのが、アクセスに関わる二つ目のポイント、すなわち最終的な**報告書の基本的な性格について現地の人々がもつイメージに対する配慮**というポイントです。現地の人々にとってフィールドワーカーというのは、ただ単に「調べる人」だけではなく、「自分（たち）について何かを書く人」なのです。わたしがおこなってきたフィールドワークでは、矯正施設の場合には非行・犯罪心理学に関する学術論文、暴走族グループの場合にはジャーナリスティックな出版物（ないし「写真集」）というものが、それぞれ基本的なイメージとしてありました。同じように、一般にゲートキーパーに限らず現地の人々が最初にフィールドワーカーに接した時に最も関心をもつのは、最終的に発表される報告書の中で「自分たちの組織や集団がどのように描かれているか」であり、また、「自分自身がどのように描かれているか」であるでしょう。（実際、発表された民族誌を現地の人々に進呈した時にまずその人たちがはじめに探すのは自分たちの名前や写真であることは、ほぼ間違いないでしょう。）自分たちの姿が不本意な形で描かれることはもちろん我慢のならないことですが、さらにその報告書が自分たちの組織や集団にとって有害なものであることは、とうてい許せるものではないでしょう。既に述べたことではありますが、アクセスをめぐる交渉の段階では、この点についての不安や懸念《けねん》を少しでも減らすための慎重な配慮が必要であることは言うまでもありません。[7]

　最後のポイントとしてあげられるのは、アクセスのあり方は**現地社会の構造的特質**——たとえば、リーダーの権威性、役職の相対的位置づけなど——がどのようなものであるのかを見きわめる上で、きわめて貴重な機会になる、ということです。前節の最後の部分でもふれたことではありますが、ゲートキーパーが誰であるかについて確認する方法一つをとってみても、矯正施設と暴走族グループとでは、事情がかなり違ってきます。ある社会に対するアクセスがどのようにして成立していったのか、あるいはアクセスに際してどのような困難に直面したのかについて分析していくことは、その社会がどのような特質をもっているかを見きわめる上でまたとない絶好のチャンスになるのです。

フィールドワーカーというのは、現地社会にとって一種の異物としての性格をもちます。中身についてまだよく分かっていない液体にある種の薬品を試薬ないし異物として混入しその反応を見ることによって、その成分が判定できることがあるように、フィールドワーカーという異物によるアクセスに際して現地の人々が示す反応は、その社会のありようをまざまざと映し出す鏡になるのです。[8]

役割関係

現地社会にアクセスできた後でただちに直面するのが、その場における人間関係のマネジメントという問題です。言うまでもなく、現場調査に際してはゲートキーパーやスポンサー以外の**インフォーマント**とも良好な人間関係を保《たも》ち、**ラポール**（信頼関係）を築いていかなければなりません。これは、別名**参与観察**とも呼ばれるフィールドワークのなかでも最も難しい問題を含むプロセスです。もっとも、参与観察とは言っても、フィールドワーカーと現地の人々とのあいだの関係は常に一定のものであるとは限りません。むしろ両者の関係は調査期間を通して参加と観察のあいだを揺れ動くのが最も一般的なパターンであると言えます。

インフォーマントとラポール

自己紹介と印象のマネジメント

これまでこの本の中に出てきた「参与観察」や「民族誌」などをはじめとして、フィールドワークという方法に関してはいくつか特徴的な用語があります。**インフォーマント**というのも、その代表的な例の一つです。これは、現場調査における調査対象者のことであり、一般の辞書などを引いてみるとよく「(口述)資料提供者」などという訳語があげられています。しかし、これまで現場調査をしてきた実感からすると、むしろ「友人」や「師匠」という言葉のもつ語感の方が近いことがよくあります。

もっとも、それは相手とかなり親しくなってからの話です。ゲートキーパーの面識を得て現場で取材をおこなうことについて一応許可が得られたとしても、それとその他の人々との関係がどのようなものになるかというのはまた別の問題です。学校や企業のようなフォーマルな組織の場合には、定例会議のような場で一斉《いっせい》にかなりの範囲の人々に紹介してもらえるかも知れませんが、地域社会や街角の青年集団のような自然発生的なグループの場合には、誰か未知の人に会うたびに自己紹介しながらインフォーマントになってくれそうな人々の範囲を徐々に広げていかなければなりません。

その際、注意しておかなければならない重要なポイントの一つは、**自分の身分や立場と自分がおこなおうとしている調査の概要について、相手がある程度理解し納得できるような説明の仕方を考えておく**ことです。日常生活でも見知らぬ相手と最初に出会った時には、同じようなことが要求されることが多いものですが、これは、社会学用語で「**印象のマネジメント**」などと呼ばれる作業やプロセスと密接な関連をもっています。もっとも、ふつうの日常生活でわたしたちが出会う人々には、フィールドワーカーのように将来わたしたちについて何らかのレポートを書くと思われる相手というのはそう滅多《めった》にいるものではありません。また、調査の場合に限らず人とのつきあいにおいては、第一印象が非常に重要な意味をもつことは言うまでもありません。その意味でも、現場調査においては自分の身分と調査内容について相手に納得してもらえるような簡潔な説明を用意しておく必要があります。

この点に関して最も苦労したのは、暴走族集団についてのフィールドワークの時でした。アクセスが困難だろうと思われたこともあってわたしが採用したのは、「暴走族について取材をおこなうジャーナリスト」のような服装であり、またカメラなどの小道具でした。前に述べたように、これが暴走族集団のメンバーには、もっぱら「写真集に自分の写真を載せてくれるかも知れないオッチャン」として受け取られたのです。これについてはセイコやエイジに対しては、レディスの「撮影会」の前後に、自分の書こうとしているのは決してそのような種類の本ではない、というような説明はしていたのですが、その場でメンバーの一人ひとりに対してそのような説明ができるはずもありません。

実際、その後集会に参加したり京都の街角でたまたま右京連合のメンバーに出会ったりするたびに、彼らがわたしを「カメラマンさん」と呼ぶのには閉口しました。そのたびにわたしの側からは、わたしが書こうとしているのは「卒論のようなもの」であって写真集ではないことなどについて時間をかけて説明しなければなりませんでした。また、集会に参加する時にはできるだけカメラを持っていかないようにもしました。それでも、「カメラマンさん」という呼び名はなかなか消え去るものではありませんでした。また、わたしのことは右京連合以外の暴走族グループのメンバーにも噂として伝わっていたらしく、たまたま集会にそのような青年たちが顔を出すと、彼らもやはりわたしのことを「カメラマンさん」と呼ぶのでした。

「インタビューマン」というのは、暴走族の青年たちがわたしに対して与えるそのような役割規定に対抗するために、苦しまぎれに考えついた一種のキャッチフレーズです。「カメラマンさん」と話しかけられたら、「いや、ちゃう。インタビューマンやで」と返すことにしたのです。いかにも珍妙《ちんみょう》な言葉ですが、フィールドワークの意図について長々と説明するよりは、はるかに効果的でした。じじつ、そのうち、少なくとも右京連合のメンバーに関しては、わたしのことを「カメラマン」と呼ぶ者は一人もいなくなりました。

同じようなことは、フィールドワーク一般についても言えるでしょう。というのも、何らかのツテをたどってゲートキーパーと接触してアクセスに関する許可を求める時には、比較的長い時間をかけて調査の趣旨などについて説明できるでしょうが、その他の人々との出会いにおいては、通常それほど時間をかけてそのような事柄について説明できるものではないからです。したがって、現地社会で本格的に調査を始める前後には、一種のキャッチフレーズとして使えるような、できるだけ簡潔な説明を考えておく必要があるかも知れません。[9] また、現地にはさまざまなタイプの人がいることが考えられます。したがって、その種の説明は毎回同じものである必要はなく、相手に応じて何通りか考えておいた方がいいでしょう。

友人としてのインフォーマント

フィールドワークを通して生きた知識を身につけまた価値のある情報を入手するためには、現地の人々とのあいだに友好的な人間関係と信頼関係、すなわち**ラポール**を築きあげていかなければなりません。言葉をかえて言えば、現地のインフォーマントとのあいだに単なる「顔見知り」という範囲を超えた友人関係を形成していかなければならないのです。

この点において、フィールドワークという調査方法は、俗にアンケート調査などと呼ばれることの多い、質問票を使った**サーベイ調査**などの場合とはきわめて対照的な性格をもつことになります。サーベイ調査の場合は、調査の対象者については「回答者」という用語をあてることが多く、質問票に答えを記入してもらうだけという関係が中心になります。当然のことながら、郵送によるサーベイのようなケース、あるいは質問票調査の実施や質問票の回収作業に際してもっぱらアルバイト要員があたるような場合には、調査者と調査の対象者は一度も顔をあわせることなどありません。これに対して、フィールドワークにおいては、相手とかなり濃密な人間関係を築きあげるなかで、現地の人々からその社会特有の知識や情報について教えてもらうことが重要な作業になります。したがって、現場調査においては人間関係のマネジメントが非常に重要な問題になってきます。

現地社会において良好な人間関係をつくりあげそれを維持していく上で注意すべき点に関しては、基本的には、わたしたちが職場、学校、家庭などで日常経験する人間関係において注意すべき点やルールとほとんど同じものです。嘘をつかない、裏切らない、約束を守る、相手を傷つけるような言動は控える……。人間関係に関しては数え切れないほどの「当たり前」のルールや心得《こころえ》がありますが、それは十分承知しているはずなのにともすればそのルールから外れた行動をとってしまうのが、人の常ではあります。また、こちらが意図していなかったにもかかわらず、ふと口にした言葉やちょっとした仕草で相手の気分を害したり、傷つけてしまうことも日常よく経験することです。言うまでもなく、通常の人間関係のマネジメントに関わるこのような心得やルールについては、この小さな本の範囲をはるかに越えており、最終的には実体験と試行錯誤を通してみずから学んでいくしかないところもあります。

もっとも、フィールドワークにおける人間関係については、日常生活における以上に特に慎重な配慮が必要なポイントがいくつかあります。

第一に、**現地の社会が派閥《はばつ》や党派のようないくつかのグループに分かれて相互に対立している場合の対応の仕方**というポイントがあげられます。企業における派閥的な対立や労使間の対立、学校における管理職クラスとその他の教員のあいだの対立、大学における学部学科間の対立、あるいは地域社会に見られる旧住民と新住民の対立など、例をあげればキリがないほどです。また派閥とまではいかないまでも、特定の誰かと誰かのあいだに個人的な利害の対立や感情的な対立が存在していることもよくあります。フィールドワーカーは基本的に現地社会においては一種の「客分《きゃくぶん》」なのですから、ごく常識的には、できるかぎりそのような集団間あるいは個人間の対立からは距離をおいて中立的な立場をとる方が賢明《けんめい》でしょう。しかし、日常生活でもよくあるように、そのような態度が「八方美人《はっぽうびじん》」的であるとして、結局どのグループからも信頼してもらえなくなってしまうことも十分にありえます。

したがって、この種の問題はまさに「ケース・バイ・ケース」であり、一般的なルールや正答と言えるような対処の仕方はないのだとも言えるでしょう。もっとも、とりあえず指摘できるのは、既に存在している**対立関係をあおるような言動はつつしむべきだ**ということです。特に、なるべく中立的な立場をとるようにしながら対立する双方の集団や個人のあいだを行き来《き》しているうちに、いつの間にか一方が他方についてもらした悪口や陰口を伝えるメッセンジャーになってしまった、ということがないように十分に注意する必要があります。

次に、**現地の人々に対して必要以上の「借り」や「貸し」をつくらない**、という点も重要なポイントです。フィールドワーカーはただでさえ、その社会に客分ないし「居候《いそうろう》」として厄介になり、また頻繁にインフォーマントから日常的な質問に対する答えやインタビューという形で情報を提供してもらっているという事実それ自体によって、インフォーマントに対して大きな借りをつくっています。もちろん、もし将来できあがる現場調査の報告書が現地の人々にとっても有意義な情報をもたらすものであることが容易に予想できるものであったならば、この借りを最終的に民族誌という形で返す見通しも立ちやすいのでしょうが、それはごく稀《まれ》な例であり、ふつうは借りの方が圧倒的に多いものです。そういう場合には、たとえば、現地社会で必要とされている作業のなかで自分でもできそうなことがあったら、それを率先《そっせん》して手伝うということで幾分《いくぶん》なりとも貸し借りの印象を和らげるというやり方もあります。たとえば、ウィリアム・ホワイトは、ボストン北部にあるイタリア系住民居住区で「イタリアン・コミュニティ・クラブ」の活動に参加していた時にはそのクラブの書記をつとめたことがあります。これは、単に現地の人々に対する借りの一部を返すことができただけでなく、その活動の詳細な記録をとることができた、という点で一石二鳥の効果をもっていたと考えることができます。（この例については、第5章でまたとりあげます。）

一方では、逆に現地の人に対して必要以上の貸しをつくらない、という点も重要です。特に金銭の貸し借りに関しては、よほど慎重であるべきです。これについては、やはりホワイトが自分の体験について解説しています。彼はボストンのイタリア系住民居住区で調査をしていた時に何度かお金を貸したことがあるのですが、中にはなかなかそのお金を返せない人もいて、結局その人たちとは何となく疎遠《そえん》な仲になってしまったのだそうです。[10]

わたしも一度だけですが、あるところでフィールドワークをしていて、似たような経験をしたことがあります。金額自体は大したものではなかったのですが、むしろ相手の方がそれでわたしに遠慮してしまって、結局いつしかよそよそしい関係になってしまいました。「友人にお金を貸すべきではない。貸してしまうと、貸したお金と友情の両方を無くしてしまうだろうから」――昔からよく言われることですが、現場調査についても全く同じことが指摘できるのです。

最後に、**調査活動そのものがインフォーマントとの関係をギクシャクしたものにする可能性**についてもあらかじめ考慮しておく必要があります。フィールドワークがうまくいっている時には、現地の人々はともすればその事実を忘れて、まさに他の仲間と同じような扱いをしてくれるものです。しかし、フィールドワークという作業には、フィールドワーカーが純粋な「身内《みうち》」なのではなく実は「よそ者」なのだという事実をまざまざと思い出させる瞬間がつきものです。その典型的な例には、たとえば、インフォーマントにまとまった話を聞きたいと思ってインタビューを実施するような時や、フィールドワーカーが目の前でメモ帳を取り出して何かを書きはじめたような時です。このような時に現地の人たちは、仲間の一人だと思っていたフィールドワーカーが、実は「いつかはここから出ていって自分（たち）のことを世間一般に報告する人」なのであることに思いいたります。実際、インフォーマントの誰かに喫茶店などで聞きとりをさせてもらっている時には、「で、これ、結局どんな形で書くんですか？」と聞かれたりすることがあります。また、相手の目の前でメモをとったりすると、そのメモ帳をのぞきこまれることもよくあります。

とはいっても、自分が将来報告書を書くのだという事実をうやむやにしたり否定するような発言は原則的にはすべきではありません。また、第5章でも解説しますが、相手の目の前でメモをとることはどのような場合にもタブーだというわけでもありません。ただ言えるのは、フィールドワークをおこなう際には、その種の取材には友人関係にヒビを入れかねない活動がつきものだという点について、慎重な配慮が必要だということです。

師匠としてのインフォーマント

現地社会でフィールドワーカーが明らかによそ者に見えるのは、フィールドワーカーが現場の人たちから見てあきれるほど初歩的な質問や一見きわめて馬鹿げた質問を繰り返したり、人の目の前でメモをとったりするからなのですが、そのような行為は、その社会の新人であったならばむしろごく当たり前の行為だとも言えます。また、見習い期間であったならば、相当馬鹿げた質問も許されますし、少々その場の常識から外れた言動も大目に見てもらえます。これまで見てきたように、現場調査、特にその初期におけるフィールドワーカーは、その社会における「新人」のような立場や位置づけになることが多いものです。実際、異国の地でおこなう場合にせよ、自分が生まれ育った国の中にある特定の組織や集団の活動に参加しながらおこなう場合にしても、それまであまりなじみのなかった異文化の中に入りこんでその場の慣習を学んでいくフィールドワークというのは、いわば**文化的な子供時代の再現**であり、成人してから体験する一種の再教育あるいは**再社会化**のプロセスであるとも言えます。

そして、ある意味で最も理想的なインフォーマントは、その何も知らず、「西も東も分からない」ナイーブなフィールドワーカーに対して現地の常識や作法について根気よく教えてくれる**師匠**や先生のような人々です。どのような社会であっても、たいていは、新人や新参者に対してその社会で生活していくために必要な知識や技術、わきまえておくべきマナーなどについて教える役割を担う人たちが存在するものです。たとえば、会社の新入社員向けの研修担当者、学校のクラブの先輩、引っ越した先の先輩格の隣人などです。人生のさまざまな局面においてどのような師匠や先輩にめぐり会えるかは、まさに運によるところが大きいものですが、フィールドワークについても全く同じことが言えます。

もっとも、先輩や師匠がどのような教え方をしてくれるかは、教えを受ける際のこちら側の態度にもよります。頼まれもしないのに大学の授業で習ったばかりのことや本で読んで知った生半可《なまはんか》な知識を現場でひけらかすような態度は、フィールドワークにおいては最もふさわしくない行動だと言えるでしょう。現場で——実人生においても同じでしょうが——好感をもって迎えられるのは、むしろ**自分の無知を率直に認めて現場の人々から謙虚に学ぼうという姿勢**です。実際、日本でおこなわれたすぐれたフィールドワークのなかには、実は、外国人研究者によってなされたものが少なくありません。[11] これは単にいわゆる外国人コンプレックスによるものではなく、本当に初歩的なことから学ぼうというフィールドワーカーの謙虚《けんきょ》な姿勢が評価されたことにもよると考えられます。

同じような点が聞きとりについても指摘できます。第5章で聞きとりの技法について解説する際にもまたふれますが、あらたまったインタビューの場合だと、ともすれば「聞き出す」あるいは「情報を収集する」という、どこかしら高圧的な印象を現地の人々に与えがちです。[12] これに対して、現場における見習い生という役割をとっている場合には、実質的に同じ質問をするのでも、むしろ逆にインフォーマントの方がワンランク上の師匠のような役割になって、フィールドワーカーの方がその師匠から「**教えを受ける**」あるいは「**アドバイスを受ける**」という言い方がふさわしいものになります。[13] したがって、ある程度時間をかけて現場調査がおこなえるような場合には、性急《せいきゅう》に正式のインタビューを始めたりしないで、見習いとして「弟子入り」させてもらうことから始めた方がいいでしょう。

わたしがおこなってきた現場調査の例で言えば、インフォーマントとのあいだの師匠-弟子関係が最も明確だったのは、一九九一（平成三）年の夏から七年半ほどにわたっておこなった現代演劇についてのフィールドワークでした。この場合は、ある劇団の事務所に制作担当見習いとして通うことからフィールドワークが始まりました。[14] これは、何と言ってもわたしがそれまで演劇について全くと言っていいほど無知だった、という理由によります。実際、同じ時期にその劇団に一緒に見習いとして入ったのは、当時演劇部に所属していた大学四年生の女性と映像関係の専門学校に通っていた男子学生でしたが、わたしの演劇や劇場に関する知識はその二人にくらべてもはるかに貧弱なものであり、公演の本番当日にヘマをしでかして劇団主宰者から注意を受けたり、皆の前で「大胆な質問」をしては劇団のメンバーの失笑《しっしょう》を買ったりしていたものでした。

それでも、二年半ほどにわたってその劇団の事務所に通い、のべで九本にのぼる演劇公演関連の事務処理や裏方の補助作業を体験するなかで、何とか舞台に関する基本的な用語をおぼえることができ、また、若手の劇団を中心とする演劇界の主だった顔ぶれや劇団間の関係をある程度把握できるようになりました。この体験や知識は、その後調査の範囲を広げて複数の劇団の比較研究をおこなった際に非常に役に立ちました。

その基本的な見習い期間の師匠にあたるのは、その劇団の制作チーフをしていた人です。その方には、事務所や劇場などの場で折にふれて演劇制作に関わる基本的な知識について教えていただきましたが、さらに、その人があるカルチャーセンターで演劇制作業務に関わる講座をもっていた時には、わたしも受講生の一人として参加しました。この時には、現場でいろいろ教えを受けていた時には気がつかなかった点も含めて、より体系的な形で制作業

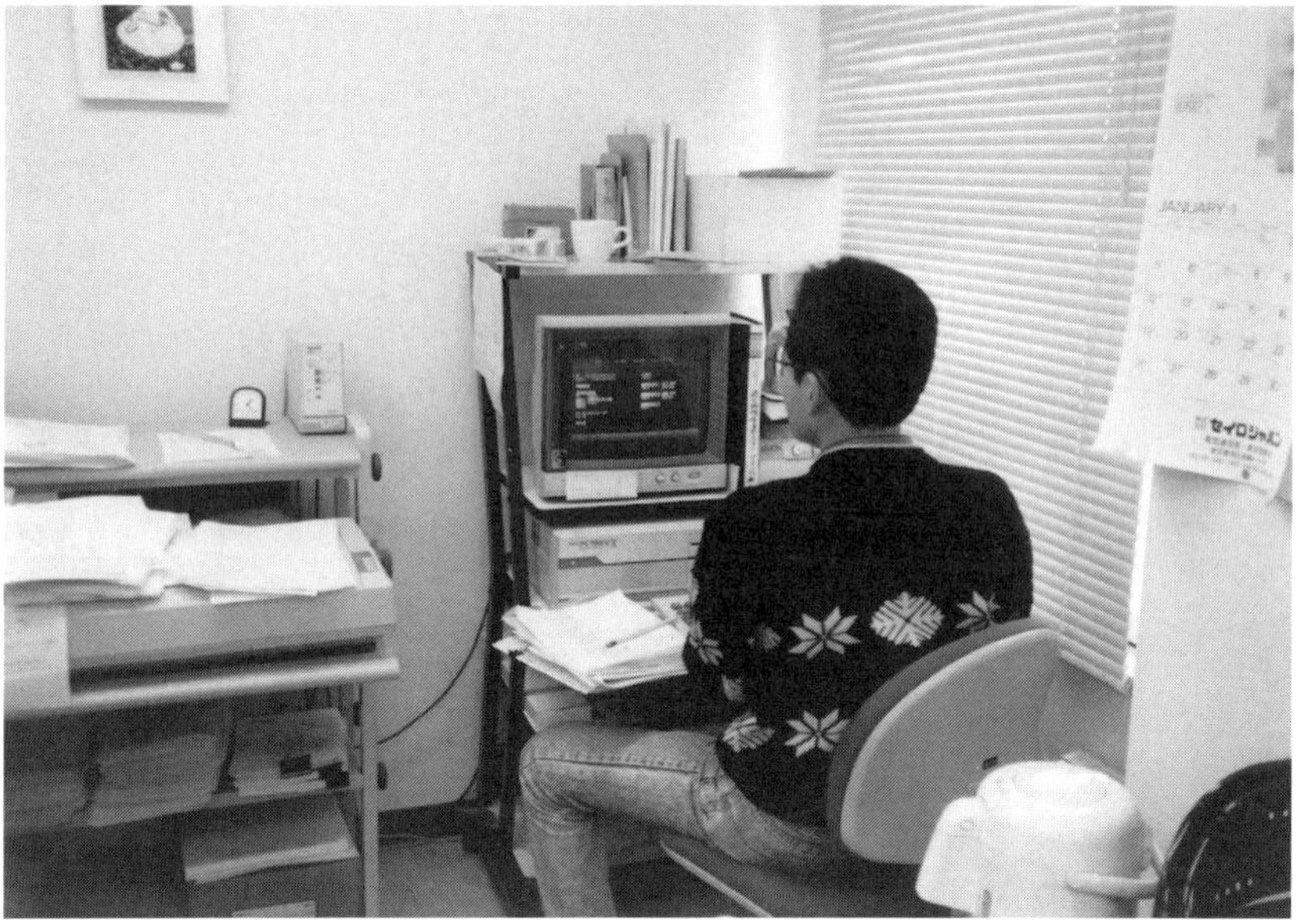

劇団事務所で見習い修行中の著者

務について学ぶことができました。また、この講義を通して得た知識は、後になってから国際比較も含めて舞台芸術の制度的基盤について考えていく上での土台になりました。

参与観察

「フィールドワーク」の二つの意味

フィールドワークにはいろいろなやり方がありますが、これまでこの章で述べてきたようなフィールドワークのやり方、つまり現地社会の社会生活に参加しインフォーマントとの密接な人間関係を前提としておこなう、いわゆる「密着取材」的な調査のやり方をよく「**参与観察**」と言います。もっとも、フィールドワーカーが実際に現地社会でおこなう作業には実に多様なものが含まれています。また、それぞれの作業におけるインフォーマントとの関係も多様なものです。それを整理してみたのが、図2・1です。

この図に見るように、密着取材的な現場調査におい

- 狭義のフィールドワーク
  - 参与観察
  - 密度の高い聞きとり（インタビュー）
- 広義のフィールドワーク
  - 参与観察
  - 密度の高い聞きとり（インタビュー）
  - サーベイ的な聞きとり
  - 質問票によるサーベイ
  - 心理テストの実施
  - 文書資料の検討
  - 統計資料の分析
  - 文物の収集
  - ……

図2・1　狭義のフィールドワークと広義のフィールドワーク

ては、実際に現場の社会生活を体験しながらおこなう参与観察に加えて、直接参加することができなかった出来事の事実関係などについては、現地の人々に対してかなり時間をかけて聞きとりをする作業が大きな比重を占めます。この参与観察と密度の高い聞きとりの二つは、フィールドワークという方法のエッセンスとも言える調査テクニックですが、これらをひっくるめて**狭義のフィールドワーク**、つまり狭い意味でのフィールドワークと呼ぶことができます。

一方でフィールドワーカーは、これら二つの作業以外にも実にさまざまな作業をしています。たとえば、フィールドワーカーは、質問票を配ってサーベイ調査をおこなうことがあるかも知れません。また、そのサーベイと同じような「一問一答」式の比較的短い時間で終わるインタビュー（フォーマル・インタビュー）をかなり多くの人に対しておこなうかも知れません。ある時には、その地域や組織に関係のある新聞記事を何年か分チェックしてみたり、どこかの役所や資料館にある統計資料を探し出して一生懸命に整理したり集計しています。さきにあげた狭義のフィールドワークとこれらの雑多なそのほかの作業をひっくるめて**広義のフィールドワーク**、つまり広い意味でのフィールドワークと呼ぶことができます。

わたしのシカゴ時代の恩師である社会学者のジェラルド・サトルズ教授は、フィールドワーカーがこのように雑多な方法を無節操《むせっそう》とも思えるやり方で手当たり次第に使うことを指して「**恥知らずの折衷《せっちゅう》主義**」と呼んでいます。これは、決して、方法面での折衷主義や無節操さをおとしめて言っているのではありません。

むしろ、フィールドワークの全体論的な方向、つまり、生身の人間の行動、あるいは文化や社会の複雑な成り立ちに必然的に含まれる矛盾や非一貫性を、とりあえずはまずそのまま丸ごととらえようとするフィールドワーカーの基本的な姿勢を指す言葉として、肯定的な意味あいで使っているのです。フィールドワーカーは、そういう矛盾や非一貫性をできあいの概念や理論を使って性急に単純化したり抽象化したりして切り捨ててしまおうとはしません。また、一つの技法だけではとらえきれない事柄については、別の調査テクニックを使ってでも何とかすくいあげようとします。

このようにしてみると、フィールドワークに特有の「恥知らずの折衷主義」は、実は、「**トライアンギュレーション**（三角測量）」あるいは「**マルチメソッド**（多元的方法）」と呼ばれている発想に他ならないことが分かります。つまり、さまざまな技法を併用することによって、一方ではそれぞれの技法の長所を生かし他方ではそれらに特有の短所を補い合うアプローチです。[15]

フィールドワーカーがこのように雑多な技法を採用する以上、現地の人々との関係も実に多様なものにならざるを得ません。ある特定の人たちとはまさに友人や師匠とも言えるような近しい間柄《あいだがら》になるかも知れませんが、他の人たちにはむしろサーベイ調査をおこなう調査者の場合と同じように、どこかよそよそしい印象でとらえられるかも知れません。たとえば、矯正施設における調査では、わたしは、施設職員の人たちにとっては「学生」という身分だったのですが、被収容者の人々からは逆によく「先生」と呼ばれていたのでした。

また、特に、現地社会に何人かの有力者や「顔役」がいるような場合には、事態がかなりややこしいものになる可能性がかなりあります。特定の何人かとはかなり親しくして頻繁《ひんぱん》に聞きとりもしているのに対して、他の人にはアンケート用紙を一枚配っただけということになると、「軽く見られている」と思って気分を害してしまう人が出てくる可能性が十分にあるのです。「何でアイツの話は聞いて、オレには聞きにこないんだ！」というわけです。

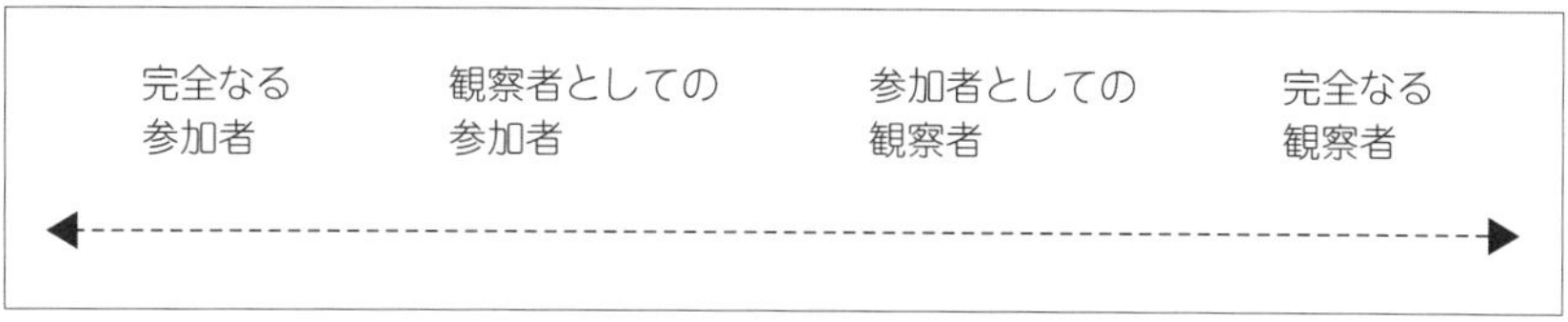

図2・2　参与観察者のタイプ

この点からすれば、フィールドワーカーは、**現場調査の密度が対象者によってバラツキのあるものになりがちであることを考慮に入れ、それが現地の人々にどのように受け取られるかについて十分配慮しておく必要がある**と言えるでしょう。

役割関係のタイプ

もっとも、特に親しくなった人たちとの関係も常に固定しているわけではありません。最初はこちらに対して警戒的で邪魔者扱いしていた人たちが後になって非常に協力的なインフォーマントになってくれる例もありますし、その逆のケースもよくあります。また、特定のグループの人たちからは最後まで「よそ者」として扱われることだって考えられます。さまざまな人々との関係がそれぞれどれだけ親密なものであるかによって、現地社会における社会生活のどの部分に対しては実際にメンバーの一人として「参加」し、どの部分に対してはむしろ「観察」の構えをとるのか、という点が異なってくることは言うまでもありません。

この、フィールドワーカーと現地の人々とのあいだの関係のバリエーションやその変化という問題について考える上で非常に参考になるのが、アメリカの社会学者ビュフォード・ジュンカーとレイモンド・ゴールドが提唱した、調査者役割の分類図式です。彼らは、フィールドワーカーの調査地における役割のタイプを、①「参加」と「観察」という二つの行為の相対的な比重および、②調査者と対象者の社会的接触という二つの基準から、図2・2のように四つの役割に分けています。

「完全なる参加者」として調査をおこなうフィールドワークというのは、いわゆる「潜入ルポ」のような場合であり、フィールドワーカーが調査をしているということは対象者には気づかれません。フィールドワーカーは、一種のスパイのような存在となります。次の**「観察者としての参加者」**というのが、これまで扱ってきたいわゆる狭い意味での参与観察者の役割であり、フィールドワーカーが調査を目的としてその現場にいることは対象者に知られており、彼は準メンバーとしての役割を与えられます。**「参加者としての観察者」**というのは、一度だけ現地を訪れてインタビューをおこなったりアンケート調査を実施するような調査におけるフィールドワーカーのスタンスのことです。この場合、観察が中心となり参加はごく限られた目的のために限られます。最後の**「完全なる観察者」**というのは、一種の極限形態です。この場合、調査者は対象者とは全く社会的な接触をもちません。これは現実にはほとんど見られないケースでしょう。たとえば、マジック・ミラーで対象者の行動を観察する場合や、実際にフィールド調査に入る前に下見のために現地を訪れ、人々の生活を旅行者のような形で観察したり、たまたま耳にしたことを書きとめたりするような場合がこれにあたると言えます。

図には両方向に矢印のある線を添えましたが、これは、「参与観察」というのはあくまでも理念型なのであり、調査者は実際にはフィールドワークのさまざまな局面とさまざまな時期において、完全なる参加（者）の極と完全なる観察（者）の極とのあいだを揺れ動くことを示すためです。すなわち、フィールドワーカーと現地社会の人々双方にとって、常に「参与観察者」という役割が固定して存在しているというわけではないのです。

時には、両者がフィールドワーカーが抱えている「調査」という目的を忘れて協力し合う場合だってあるでしょう。また、逆にフィールドワーカーが「お客さんだから」「部外者だから」という理由で現地の人たちの仲間うちの秘密から除外されることだってあるでしょう。あるいはまた、現地社会の中のある特定のグループの人々とは比較的親密な関係を結ぶことができ、限りなく参加者に近い立場で接することができても、他のグループの者には最初から最後まで「よそ者」として扱われ、完全なる観察者に近い立場で観察せざるを得ないこともあります。さらにはまた、既に述べたように、フィールドワーカーは、単に対象社会の社会活動に直接参加し出来事を自分の目で観察し、対象者に対して事実関係についての聞きとりをおこなうだけではありません。フィールドワーカーは、出来事についての感想を聞いたり文書資料や統計資料の収集・分析をおこなったりして、「観察者としての参加者」と「参加者としての観察者」の中間のような立場で調査をおこなうこともよくあるのです。

このように、フィールドワークというのは、調査者の役割関係のバリエーションやその変化という点から見ただけでも、実にダイナミックな過程を含むものなのです。実際に現場調査をおこなう際には、この点について十分配慮して、自分の現地社会における位置づけがどのようなものであるかということと、それについて現地社会の人々がどのように受け取っているかということの両方について目配《めくば》りしておく必要があるでしょう。

異人性とストレス

現地社会において参与観察をおこなうというのは、必ずしもその社会に完全に「とけ込む」ことを意味しません。完全なる参加者のものともあるいはまた完全な局外者のものとも異なる戦略的な視点である**第三の視点**を獲得するためには、フィールドワーカーは、むしろ**異人**としての構えを維持していかなければなりません。また、この点で、現場調査には**ストレス**がつきものであることを覚悟しておかなければなりません。このフィールドワーク特有のストレスを解消する上では、**フィールド日記**がきわめて効果的な自己治療の道具になることがあります。

第三の視点

フィールドワークについての授業を担当していると、よく受講生からこんな質問が出てきます。

「参与観察するとはいっても、フィールドワーカーは、長くても数年程度でしかないわけですから、表面的・局部的な理解が限界であって、結局最後までもっと奥深いところでの現地の人たちに特有の物の見方とか考え方は理解できないと思うのですが？」

実にもっともな質問です。たしかに、参与観察をおこなうフィールドワーカーがその土地に滞在する期間は長くてせいぜい数年です。一年や二年ということもザラにあります。インフォーマントとの関係について述べた時に「文化的な子供の再現」や「再教育」という言葉を使いましたが、実際には子供が一人前のメンバーとして認められるようになるまでには、ふつう少なくとも十数年の歳月が必要です。こんな短いあいだに、もう一度子供に帰ってやり直すことなどできるものでしょうか。言葉の問題ひとつをとってみてもそうです。小さな子供だったら、外国に暮らしているうちに驚くほど早く現地の言葉をおぼえてしまうものですが、大人になってしまうと、いつまで経っても全然上達しないことがよくあるものです。

言うまでもなく、現地の大人たちはさらにフィールドワーカーにとっては羨《うらや》ましいとしか言いようのない知識や情報をもっているようにも見えます。何しろその人たちは現地社会特有の言葉を自在にあやつれるだけでなく、かなり奥深いところまで含めてその社会の事情に通じているのです。もしかしたら、民族誌というのは、しょせん、その土地の人々自身の誰かが少しのあいだ勉強して調査のやり方や調査レポートの書き方を身につけさえしたら簡単に乗り越えられてしまうような、そんな程度のものではないのでしょうか。実際、ごく最近のものも含めて、外国の人類学者や社会学者が日本を対象にして書いた民族誌的な書物を読んでみると、とんでもない事実誤認《ごにん》や明らかに間違った解釈をよく見かけます。なかには信じられないような基本的な用語や人名の間違いさえあります。

しかし、右のような一連の議論は、一つ大切な点を見落としています。一見奇妙なことのように聞こえるかも知れませんが、実は、現地の当事者は必ずしも自分たちの社会について一番よく知っている人々であるというわけではないのです。

まず第一に、日常生活の中にはごく当たり前のこととして無意識のうちに処理して済ませてしまう事柄が非常に多いものです。日常的なあいさつの仕方からふだんの会話における適切な発言の順番まで含めて、私たちの生活は、無数の暗黙の了解によって支えられています。換気が悪くなったりしない限りは、ふだんは空気というものの存在とその大切さにあまり気がつかないものですが、同じように、日常生活を支える無数の暗黙《あんもく》の了解事項というものには、ふだんはなかなか気がつかないものです。あらためてそれを意識するようになるのは、誰かがそれに反した行為をした時とか、子供や外国人に対してその了解事項を教えようとするような時です。参与観察をおこなうフィールドワーカーは、まさにこの点で、子供や外国人に近い立場にあると言えます。フィールドワーカーは、一方では当事者たちと生活をともにしてそのような日常的な細々《こまごま》としたルールを学習しながら、同時にそれらを**異人**の目で観察し記録していくことができるのです。

第二に、当事者というものは、自分の生活に関わる物事についてきわめて限られた知識しかもっていないことも多いものです。たとえば、日本人であるならばほとんどの人は義務教育と高校教育をあわせて十二年間の歳月を「学校」というところで過ごすわけですが、果たしてその長年にわたる学校との関わりを通して学校制度というものについて私たちはどれほどの知識をもっていると言えるでしょうか。つまり、当事者というものは、ふだんの生活においては、日々の生活を問題なく送るのに必要なだけの知識さえあればこと足りることが多く、自分の住んでいる環境について驚くほど限られた知識しかもっていないことも多いのです。

最後に、異人としての参与観察者が当事者の利害関係に対して中立的な立場をとれるということも、フィールドワーカーが当事者よりも事情通《じじょうつう》になれる理由として大切なポイントです。碁に関する言葉で「岡目八目《おかめはちもく》」というのがあります。碁を打っている当事者たちは当面の展開や勝ち負けに注意が奪われて先の展開まで読めないことが多いけれども、これをそばで見ている者は、観戦者としての冷静な視点から八手先まで読める、と言うのです。同じように、調査対象であるその土地の社会生活に参加しながら当事者たちの利害関係の機微《きび》にふれることもできる参与観察者は、同時に、その利害関係に対して中立的な立場をとることもできます。これによって、目先《めさき》の利害を離れた広い見地から物事を眺《なが》めることができるようになるのです。

このように、フィールドワーカーというのは、当事者と局外者という二つの視点をあわせもつ**第三の視点**をもつことによって、いくつかの点で当事者以上にその社会についての情報や知識を得ることができるようになります。

この点との関連で、**フィールドワークの作業を進めていく際に、特定の人々とのみ親しくなることによって見方が一面的になってしまうことの危険性**は、いくら強調してもしすぎということはないでしょう。アクセスや人間関係のマネジメントはフィールドワークにおける最大の難問の一つであり、だからこそこちらに好意を示してくれ、気安く話をしてくれる人たちの存在は本当にありがたいものです。いきおい、どうしてもそのような人たちとのつきあいが多くなってしまうものですが、そうなると、どうしても見方が一面的になってしまう危険があります。

この問題に関連して注意しておかなければならないポイントが、もう一つあります。それは、まだ本格的に現地社会に受け入れてもらっていない時期には、どうしても最初のゲートキーパーと過ごす時間が長くなったり、その社会でどちらかと言えば周辺的な位置づけにある人々（子供、老人、孤立者など）からのアプローチが多くなりがちだということです。フィールドワークの初期には、どのような人たちとのつきあいも大切にしなければならないことが多いのですが、最初に親しくなれた人々との関係にあまりにも多くの時間がとられるようになると、どうしても交際の範囲が狭くなってしまいがちになります。この点に関しては、その社会全体の構成についてよく知っているインフォーマントに相談して、その人々に対してあまり失礼にならないように配慮しながら徐々に交際の範囲を拡《ひろ》げていくようにするといいかも知れません。[16]

人間関係とストレス

オーバーラポールの問題

フィールドワークという調査方法には、ストレスがつきものです。その中には、限られた期間のあいだに相当量の情報を集め、かつ現場の社会生活に参加する一方でそれを記録するという二重生活を営まなければならないことからくる肉体的・生理的ストレスがあることは言うまでもありません。ある意味でそれよりもっと深刻なのは、人間関係のマネジメントに関わる精神的ストレスです。さらに、調査方法としてのフィールドワークという点から見た場合に特に重要になってくるのは、身内とも完全な局外者ともつかない、考えようによっては一種のスパイのようにさえ思えかねないフィールドワーカー特有のあいまいな立場から生じるストレスです。いかに異人としての「第三の視点」が現場調査において戦略的なスタンスであるとは言っても、そのような宙ぶらりんの立場を長期間にわたって維持するというのは、そんなに簡単にできるものではありません。実際、通常の人間関係についても言えることですが、ある意味で他人と折り合いをつけること以上に難しいのが、人間関係にまつわる自分の感情と折り合いをつけていくことでしょう。

「身内」の一人として対象者たちの社会に入りこめば入りこむほど観察者のスタンスはとりにくくなってくるものです。そして、その構えをとろうとする時にある種のストレスを経験するのは避けられないことでもあります。じじつ、一方でインフォーマントたちと寝食をともにし彼らと一体になりたいと願いながらも、他方では局外者の目で彼らを観察しなければならないことからくるストレスや一種の罪悪感にも似た感情は、フィールドワーク体験に関する報告の中に頻繁に表われるテーマの一つです。

この、参与観察につきもののストレスや罪悪感を解消する手段の一つに、対象者に完全に同一化してしまう、というものがあります。当事者の社会の中に完全にとけ込み、当事者の視点をそっくりそのまま自分のものにしてしまうのです。そのような場合、フィールドワーカーは、その社会の一員になりきってしまい、観察者としての役割を放棄してしまうかも知れません。あるいはまた、そこまではいかなくても、調査が終わってから対象者のスポークスマンのものとも思えるような民族誌を発表するフィールドワーカーもいます。

これは、一見、まさに一石二鳥《いっせきにちょう》のアイディアのように見えるかも知れません。ストレスを解消できるだけでなく、対象者の視点を我が物にした、まさにフィールドワークの真髄《しんずい》をきわめた理想的なモノグラフができあがるのです。実際、調査法に関する本を読んでみても、どうしたら調査対象者とうまくやっていけるか、どうやればその社会にとけ込めるかという**ラポール**の問題が、繰り返し繰り返し強調されます。対象者と同一化した右のような調査者は、この意味で調査の理想をきわめたフィールドワークの達人のように思えるかも知れません。

しかし、インフォーマントと同一化してしまったフィールドワーカーは、本当に理想的な調査者と言えるでしょうか。また、そのような調査者の報告は、長い目で見た時に本当の意味で現地の人々の利益になる研究と言えるでしょうか。

実りあるフィールドワークをおこなうためには、私たちは、参与、観察どちらの極にも偏らないスタンスのあり方について常に意識しておく必要があります。すなわち、「**一歩距離をおいた関与**」あるいは「**客観性を失わないラポール**」と言われるスタンスです。インフォーマントとの関係という問題において大切なのは、ただ単にいかに友好な関係をつくりあげそれを維持するかということだけではないのです。フィールドワーカーは、その「友達」に近い関係が限定つきのものであるということ、そしてまた、いつかは調査の結果を何らかの形で公表するのだということを折にふれてインフォーマントに明らかにし、民族誌の発表という段階になってみたら結局は「友達」という立場を悪用し相手を不当に搾取《さくしゅ》してしまった、ということのないようにつとめるべきなのです。つまり、フィールドワーカーは、対象者との同一化しすぎることによって生じる「**オーバーラポール**」の問題が、ラポールの問題と同じくらい、場合によってはそれ以上に深刻な問題になりうることを常にわきまえておく必要があるのです。

フィールド日記の効用

オーバーラポールの問題に対処する上で有効な方法の一つに、詳細なフィールドノーツや日記をつける、というものがあります。フィールドノーツの資料としての性格とその記録法については第4章で詳しく解説しますが、一日の終わりに机に向かって書きしるすフィールドノーツというのは、自分自身の言動をも含めて現地社会におけるさまざまな出来事について内省的にふり返り、また自分の異人としての位置づけについて確認する上で絶好の機会です。実際、どんなに現地社会になじんでしまったとは言っても、詳細なフィールドノーツをつけている時には、否応《いやおう》なしに自分が観察者であるという事実に気がつかざるを得ないのです。

現場調査の際につける日記というのは、フィールドノーツとはまた違った性格と意味づけをもっています。フィールドノーツができるだけ克明《こくめい》かつ網羅的に事実とその背後にある文化的意味づけについての解釈を書き込むためのツールだとしたら、フィールド日記は、印象に残った出来事や心を動かされたことを自由に書きとめることができる道具です。また、日記には自分が現場調査で感じた不満やフラストレーションを率直に告白することもできます。つまり、日記は、現場調査で生じたストレスや鬱憤《うっぷん》のはけ口にすることができるのです。

ストレスに対処する方法としては、この他、フィールドワークに関する体験談――特に失敗談を含むもの――を聞いたりその種の本を読んでみるというやり方もあげられます。これはフィールドワークに限らず日常生活で体験するさまざまなストレスについても指摘できることですが、自分の抱えている問題や悩みが実は自分だけのものではなく実は多くの人に共通しているものであることが分かると、それだけで悩みや苦しみが薄れてくることがよくあるものです。わたしの場合も、京都でなかなか暴走族の青年たちとコンタクトがとれなくて悩んでいた時やその後におこなったいくつかのフィールドワークで人間関係の問題を抱えて迷っていた時に、さきにあげたホワイトの「方法論的覚え書き」に書いてある体験談、その中でも特にホワイトの失敗談を読んで、どんなにか救われた思いがしたことでしょうか。

この点で、これからフィールドワークを始めようとする人たちは、それよりもはるかに恵まれているのかも知れません。というのも、今では**『マリノフスキー日記』**が邦訳で読めるからです。これは、ニューギニアの近くにあるトロブリアンド諸島でフィールドワークをおこなって有名な**『西太平洋の遠洋航海者たち』**を書いた人類学者のブロニスラフ・マリノフスキーが、その現場調査の前後につけていた実際の日記です。この日記には、マリノフスキーが調査をおこなうなかで抱えていた悩みや不満、後悔の念などが実に率直にかつ克明に記録されています。わたしが特に共感をおぼえたのは、次のような箇所です。

「もう決して小説は読むまいと心に誓った。二、三日のあいだ誓いを守れた。だがじきに元の木阿弥」（一九一四年一〇

月二一日）

「ランチの中で、さらに夜も続けて『モンテ・クリスト伯』を読み続け、ついに読み終えた。もう二度と小説を手にすまい、と誓った」（一九一四年一一月二日）

「役にも立たぬ小説など読むな。独創的なアイディアを忘れてはならない」（一九一七年一二月二一日）

わたしの場合も、一九八三（昭和五八）年の五月に左京区のアパートで暮らすようになってから本格的に右京連合の集会に参加できるようになるまでの三ヶ月のあいだ、ひたすら暴走族の青年たちからの連絡を待ち続けて悶々《もんもん》としていたその三ヶ月のあいだに読んだ推理小説や、その当時住んでいたアパートの近くにあった貸本屋から借り出して読んだ漫画本の数は数え切れないほどです。読んでいるあいだは小説や漫画の世界に身をひたしてつかの間フィールドワークのことは忘れられるのですが、いったん読み終えてしまうと、今度は、どうしようもない自責《じせき》の念にかられます。「また推理小説を読んでしまった。そんな時間があるのなら、暴走族関連の記事のチェックがもっと早く終えられるだろうに」「毎晩河原町の様子を見に行くはずだったのに、小雨が降っているのをいいことにしてまた漫画本を読んでしまった。しかも、五冊もだ。もう絶対読まないぞ」……。しかし、わたしの足はいつしかまた書店や貸本屋へと向かうのでした。

『マリノフスキー日記』が出版されたのは、わたしの京都でのフィールドワークが終了した一九八四（昭和五九）年からさらに三年後の一九八七（昭和六二）年です。もし、この本がもっと早い時点で出版されていたならば、きっとあんなにも自責の念にかられずに済み、またストレスを感じることもはるかに少なくて済んだことでしょう。

結　論

現地社会へのアクセスや人間関係のマネジメントに関わる事柄は、フィールドワークに関する講義や卒論指導などをしていて最も質問が多くあがってくる項目です。

「早期教育の効果について調査しようとしていくつかの幼稚園にお願いにうかがったのですが、全部断られてしまいました。どうしたらいいでしょうか？」

「企業の第一線の営業マンに聞きとりをさせていただこうと思っているのですが、営業部からなかなか許可が出ません。今後どんなアプローチが考えられるでしょうか？」

「マイノリティの人々が多く住んでいる地域で現場調査をしているのですが、特定のグループの人たちとはどうしても折り合いが悪くて困っています。何かいい方法はないでしょうか？」

「看護場面についてのフィールドワークをしていますが、どうも患者さんたちからはあまり好感をもたれていないようです。どうにかして関係をもっとよくする方法はないでしょうか？」

一番数が多いにもかかわらず、この種の質問は最も「正答」が出しにくくまたマニュアル化しにくい問題を含んでいます。というのも、右にあげたような質問は、基本的に全て次にあげる二つの質問のどちらかと同じ要素を含んでいるからです。

「よその家庭の内情について調べようと思っているのですが、なかなか許してもらえません。どうしたらいいのでしょうか？」
「結婚してはみたのですが、どうも妻（夫）とは基本的に相性《あいしょう》があわないようです。どのようにしたら結婚生活を続けることができるでしょうか？」

アクセスや現場における人間関係という問題は、まさに「相性が合う・合わない」という問題と同じで、結局テクニックだけではどうしようもない面が多分にあります。この章で紹介したいくつかのコツやルール、たとえば「有力なツテを探す」「自分の立場や身分について相手が理解できるような説明を用意しておく」「極端な貸しや借りの関係をつくらない」のようなものにしても、あくまでもごくごく一般的なガイドラインにすぎません。わたし自身のものを含めて何人ものフィールドワークの経験者の事例から言えることですが、どんなに有力なツテをたどりまた周到《しゅうとう》な用意をしても全くアクセスできない場合もあります。逆に思い切って「飛び込み」のようにしてあまり後先を考えずに取材を始めてうまくいった例もあります。また、他の誰かが良好な人間関係を保てたフィールドが、自分には全く合わない場合だって大いにありえます。

人と人の出会い一般について言えることですが、フィールドワークにおけるアクセス、そしてその後の現地の人々との関係は、偶然の要素に左右されるところがかなり大きく、また結婚や就職の場合と同じように一種の「賭《か》け」としての側面があります。

ただこの問題に関して、これだけは確実に言えそうなことがあります。それは、フィールドワークの作業が何らかの意味で楽しめるものであるか、知的関心を持続できるものではないと思えたら、思い切って「**勇気ある撤退**」

をした方がいいかも知れないということです。どんなに努力しても、またどんな工夫を重ねてもフィールドワークそれ自体を楽しむことができないような時は、あまり深追いしないでその対象についてはあきらめるしかない場合も多いでしょう。[17] この意味でも、フィールドワークにおける対象(者)との関係は、結婚や就職と似ているのかも知れません。

「勇気ある撤退」とはいっても、必ずしも調査そのものをあきらめる必要があるということではありません。場合によっては、問題設定やフィールドを変えることによって好ましい方向に事態が展開することもあるかも知れません。たとえば、ある高校をフィールドとして、生徒の運動部での活動と学業成績および進路選択との関連という問題に関してかなり密度の高い事例研究をおこなっているうちに、その運動部の顧問の先生との人間関係が修復しようもないほどに悪化することもあるかも知れません。そのような場合には、その時点までのフィールドワークの結果をふまえた上で、他の地区にある高校数校の運動部および文芸系のクラブのメンバーを対象にして、今度は進路選択というテーマの方により重点をおいた聞きとり調査に切り替えることによって事態が好転するかも知れません。当初考えていた課外活動と学業成績の関連というテーマについてはそれほど詳しいデータが得られないかも知れませんが、進路選択に関するインタビューを通してそのトピックについてもある程度の情報が得られるだけでなく、たとえば「大学進学に関する意思決定過程における文化資本と社会資本の関連」という、さらに一般的なテーマについてかなりまとまった研究がおこなえるかも知れません。

実際、問題設定それ自体を柔軟に変えられるというのがフィールドワークという方法の一つの強みでもあり、またその難しさでもあります。次の章では、その問題設定の練り直しと明確化というトピックについて考えてみます。

第３章
「正しい答え」と「適切な問い」
――問題構造化作業としてのフィールドワーク

海外取材で訪れたニューヨークの劇場街

問題解決が成功するためには正しい問題に対する正しい解を求めることが必要である。わたしたちがそれに失敗するのは、正しい問題に対する間違った解を求めるというよりは、間違った問題を解くことによる方が多い

——ラッセル・エイコフ『未来の再設計に向けて』[1]

研究対象となっている問題が何であるかについて確認したり研究課題を設定するのは、一見きわめて単純な作業のように思えるかも知れない。たしかに質問をすることそれ自体はそんなに難しいものではないし、小さな子供はしょっちゅう大人を質問ぜめにしているものだ。しかし、一方で、これに関して実際に科学者たちがこれまでいやというほど何度も体験してきたことをひとことで言い表わせば、次のような古くからの格言になる——「問題を発見し明確な形に整理していくことは問題を解くこと以上に難しい」。

——ロバート・K・マートン「社会学における問題発見についての覚え書き」[2]

「百聞は一見に如《し》かず」――いろいろな調査法のなかでもフィールドワークほど、この諺《ことわざ》がぴったりとあてはまるものはありません。実際に現場に足を運んでみると、人から聞いたり本や新聞・雑誌の記事などで読んだりしただけでは明らかでなかったことが実感としてよく分かってきます。まだ活字になっていない貴重な情報が手に入ることも少なくありません。活字を通して得られる情報（あるいはインターネット上の情報）や人づてのウワサあるいは通念と呼ばれるものに、どのような「ウソ」や不正確な内容が含まれていたかを知ることもできます。フィールドワークという調査法の本質は、調べようとする出来事が起きているその「現場《フィールド》」に身をおき、自分自身の目で見、耳で聞き、肌で感じた体験をもとにして**一次資料**を集める作業《ワーク》をおこなう、というところにあるのです。

もっとも、現場調査の意義は「生《な》まの資料」の収集ということにとどまりません。ある意味でそれ以上に大切なのは、現場における実体験とその経験を通して得られた一次資料を基本的な拠《よ》りどころにしながらも、それと文献やこれまでに蓄積されてきたさまざまなタイプの資料とをつきあわせながら、**調査を通して検討していくべき問題そのものの本質を明らかにした上で、具体的な一つひとつの調査課題《リサーチクエスチョン》のあいだの関係を整理し「構造化」していく作業**です。

実際、社会調査が失敗するのは、データや資料を集める段階でミスを犯し間違った結論（＝答え）を出してしまうというよりは、問題自体が見当違いであることによる方が多いものです。また、「そもそも何を知りたいのか」という点があいまいなまま調査を進めて失敗してしまうことも、よくあります。[3]

例をあげればキリがないほどです。たとえば、わざわざ調べてみるまでもなく答えが分かり切っているはずの問題、現段階ではどんな調査テクニックで情報を集めても答えが出せるはずのない問題、一応答えが出たとしても理論的にも現実的な効用という点でもほとんど意味がない問題……。世論調査や「意識調査」として新聞や雑誌などで公表されるおびただしい数の調査レポートのなかには、どう好意的に見ても首をかしげたくなるような結論を出している例が多いものですが、これはほとんどの場合、右にあげたような意味において調査の課題や設問を設定する段階で初歩的な誤りを犯していることによります。つまり、根本的に間違っているのは答えではなく、むしろ問いの方なのです。

「フィールドワークという調査法がもっている重要な特徴の一つは、「正しい答えを出すために有効なデータや資料を集めることができるだけでなく、調査を進めていくなかで問題そのものの輪郭《りんかく》や構造を明確にしていくことができる」という点にあります。実際、フィールドワークにおいて最も重要な作業の一つは、最初にもっていた問題関心を何度も練り直していく過程を通して、学問的にも実践的にも意義（実社会への貢献など）があり、また、予算、時間、マンパワーなどさまざまな制約の中で最終的に意味のある答えを出せるような形に調査項目を整理していくことにあります。

この意味で、フィールドワークは、きわめてすぐれた問題解決の方法であるとともに**問題発見**をおこなう上で最も適した調査法の一つであると言えます。そして、この問題発見の機能を生かしていくためには、現場調査で得られるデータがもつ二面性に対して注意を払う必要があります。つまり、フィールドワークを通して入手できるデータには、**正しい答え**を導き出すための材料つまり「現実の社会現象をより的確に説明できる答えを割り出すための材料」という側面だけでなく、**適切な問い**を組み立てるための材料つまり「理論的にも現実的にも意味のある問題設定をおこなうための材料」という、もう一つの側面があるのです。

フィールドワークで得られるデータがこのような性質をもつ以上、現場調査の過程で構成されていく「仮の答え」としての**仮説**もまた、俗にアンケート調査と呼ばれる、質問票などを使ったサーベイ調査における仮説とはかなり異なった性格を帯びることになります。サーベイの場合、特に**仮説検証**型とよぶことができるタイプのサーベイでは、実際に調査をおこなう前にかなりの時間をかけて、調べようとする項目や要因という点に関して十分に焦点をしぼりこんだ仮説をつくっておかなければなりません。これに対して、現場調査における仮説は、少なくともはじめのうちは、かなり漠然とした、むしろ「見通し」や「思いつき」といった方がふさわしいものであることの方が多いものです。その仮説自体、何度も作り直す必要があることが少なくありません。調査を進めるなかで新たに仮説が構成されることも珍しくありません。この点で、フィールドワークはすぐれて**仮説生成**的な調査法であると言えます。[4]

現場調査の報告書である**民族誌**を読む時には、以上のような、フィールドワークに特有の問題発見的かつ仮説生成的な性格を頭に入れておく必要があります。というのも、最終的に刊行される民族誌では、現場調査の実際の経緯、特に試行錯誤の要素を多分に含む問題構造化のプロセスについての解説が省略されてしまうことが多く、まるでサーベイと同じような仮説検証型の調査レポートのように見えてしまうことが少なくないからです。

問題解決から問題発見へ

現場は、生まのデータや資料の宝庫であるだけでなく、現実に即した調査課題《リサーチクエスチョン》を組み立てるための原料がふんだんに含まれている豊かな鉱脈でもあります。現地社会に入りこんで調査をしていると、計画段階で設定していた調査トピックがいかに現実からかけ離れた「机上《きじょう》の空論」であったかという事実に気づかされることが少なくありません。間接的な資料やデータだけをもとにして計画を練っていた時には思いもよらなかった意外なテーマが有望なリサーチクエスチョンとして浮かび上がってくることもよくあります。本を読んで得た知識や概念を現実の世界にあてはめようとして、それがいかにむなしい空理空論《くうりくうろん》であったかに否応《いやおう》なく気づかされ、方向転換を余儀《よぎ》なくされる場合も多いでしょう。

最初に設定していたものとは異なるリサーチクェスチョンが浮上してきた時の対処の仕方には、さまざまなものがあります。場合によっては、調査期間の制限（調査報告書の提出期限、「締切」、「納期」……）や予算上の制約などから、その新しいリサーチクェスチョンについては断念して「**勇気ある撤退**」をしなければならないこともあります。その場合、それまで収集した情報をもとにしてとりあえず一応の結論として言えそうなことだけを中心にした報告書をまとめ、新たに浮かび上がってきた問題については、「今後の課題」として最後の方でふれる程度で済ませる、というのはかなり良心的なやり方だと言えます。これと対照的なのは、〈当初の問題設定と実際に集めたデータや資料の内容とのあいだに相当のズレがあるにもかかわらず、リサーチクェスチョンの基本的な組み直しをおこなわずに、強引に最初の問題設定やそれにもとづく仮説に沿った結論を出してしまう〉というやり方です。結果としてできあがる調査レポートは、問いと答えの対応がチグハグな、かなり支離滅裂《しりめつれつ》なものになります。これは、調査自体が当初の思いこみや計画に束縛されてしまったケースだと言えます。

言うまでもなく、もし時間的余裕があり、またある程度の予算的な裏づけがあるならば、当初の問題関心への愛着や執着をふり捨てて「勇気ある撤退」を敢行し、調査課題の設定に関して根本的な「**仕切り直し**」をする必要があります[5]。

わたし自身がこれまでおこなってきたいくつかの現場調査のなかでは、暴走族に関するフィールドワークは、計画段階の「遊びとしての犯罪」という基本的な問題設定と具体的なリサーチクェスチョンが比較的そのままの形で生かされた例です。もっとも、民族誌を最終的にまとめるまでには、具体的な調査課題やそれを実証的なデータによって検討するためのテクニックや概念という点では、さまざまな紆余曲折《うよきょくせつ》がありました。これに対して、現代演劇に関する調査研究の場合は、調査の途中から研究の焦点と問題設定が当初のものとはかなり異なるものになっていき、大がかりな仕切り直しをせざるを得ませんでした。

暴走族――比較的順調に問題の構造化が進んだケース

少年院調査での思いつき（初発の問題関心）

「もしかしたら、ある種の犯罪や非行は『遊び』としての性格をもっているのではないだろうか？」――このような漠然としたアイディアが浮かんできたのは、一九七七（昭和五二）年の春に東北大学の修士課程に入ってから米国留学のために渡米する八〇（昭和五五）年夏までの三年あまりのあいだに何度か少年院や刑務所でフィールドワークをおこなっていた時でした。

その当時主におこなっていたのは、矯正施設に収容されている人々の生活史とその人々が実際におこなった非行・犯罪行為の関連に関する聞きとり調査でしたが、いくつかの非行事例のなかには、明確な犯意や動機にもとづくというよりは、むしろ、青年期特有の宙ぶらりんの状態から生じた事件や遊び仲間の活動の延長として偶発的に生じたものが少なくなかったのでした。その中には、たとえば、数人の仲間と一緒に街角でたむろしているあいだに敵対するグループと出くわして喧嘩《けんか》になって逮捕され、その他の事件との関係もあって最終的に少年院に収容されることになった例や、「度胸だめし」のようにしておこなわれた万引き事件のケースなども含まれています。また、空き巣や万引きを繰り返しながら北海道から沖縄まで全国を渡り歩いていた少年の事例もありました。

しかし、第2章でも書いたように、当時はわたし自身の関心が非行や犯罪の事例研究から徐々に矯正施設を対象にした組織論的な問題に移ってきたこともあって、「遊びとしての逸脱行為」という思いつきは、それ以上には発展することはありませんでした。もちろん当時は、自分が将来その問題自体を中心的な研究テーマにすえた調査研究をすることになろうなどとは、夢にも思っていませんでした。

もっとも、その頃の日本の犯罪学や犯罪心理学の分野で一見この問題関心をつきつめて考えていく上で使えそうな概念や用語が全くなかったわけではありませんでした。それは、一九七〇（昭和四五）年頃から使われるようになった、「遊び型非行」という言葉です。この言葉は、かつての貧困や劣悪な家庭環境が背景にあることが明白な非行（よく「伝統型非行」と呼ばれます）とは異なる、比較的軽微な非行をさす用語としてよく使われていました。しかし、この用語はある種の非行の表面的な特徴や印象的に表現する言葉としては有効ではあっても、それ以上の深い分析にはとうてい使えるものとは思えませんでした。じじつ、「遊び型非行」という言葉が使われている研究論文や単行本を見ても、実際の犯罪や非行事例の綿密な分析や本格的な統計調査ないしサーベイ調査にもとづくものは、ほとんど見あたりませんでした。[6] また、少年院や刑務所で実際の非行や犯罪の事例の検討にあたっていた実感から言っても、「遊び型非行」は、とうてい実際の事例の分析に使えるような概念であるとは思えませんでした。このような分析概念の不備や本格的な先行研究の乏しさも、「遊びとしての犯罪」というテーマをそれ以上追求することのなかった大きな理由でした。

実際、現場での体験や実感をもとにして問題設定をおこなおうとする場合に陥《おちい》りがちな、致命的な落とし穴の一つに、**学術用語とも日常用語ともつかない中途半端な用語や概念を無批判に使ってしまう**というものがあります。卒論や修士論文を指導していると、よく、そういう例に出くわします。特に、先行研究をチェックする際に原典にあたるのを面倒くさがって概説書や入門書だけで済ませようとする学生の書いた論文には、そのような傾向が目立ちます。そういう論文の場合、どうしても「孫引き」「ひ孫引き」的な引用が多くなります。それも、広い意味での専門書や入念な取材にもとづいたルポルタージュのようなものならばまだ救いようがあるのですが、よくあるのは、明らかに一般読者向けの軽めの読み物として書かれたとしか思えない文献に含まれている、まさに単なる「思いつき」としか言えないような発想や問題設定をそのまま鵜呑《うの》みにして論文を書いてしまう傾向です。

もちろん、そのような読み物的な文献に含まれている発想や情報の全てが無価値だというわけではありません。それどころか、そのような文献には学術研究のあまりにも狭すぎる枠組みや視野からはとりこぼされてしまうような思いがけない問題設定や、その問題を追究していく上での貴重なアイディアやヒントが含まれていることが少なくないのです。しかし、そのような文献では、そのアイディアを先行研究とのつきあわせや綿密な実証研究を通してさらに練りあげることなく、むしろ気の利いたキャッチフレーズのような造語や用語をつくり出して終わりにしてしまうことが多いものです。「遊び型非行」という用語は、まさに未消化な造語に終わってしまった例の一つと言えるでしょう。

実際、フィールドワークをおこなう上で最も難しい課題の一つは、文献や日常の経験の中から浮かんできた研究テーマや発想を思いつきのレベルにとどめることなく、リサーチないし研究という土俵に乗せることなのです。もっとも、「研究の土俵に乗せる」とは言っても、生《な》まの体験に根ざした初発の関心を堅苦《かたくる》しい学術理論や調査テクニックの狭い枠の中に閉じこめ、最初の問題意識とはかけ離れた貧相なものにしてしまっては、元《もと》も子《こ》もありません。**生き生きとした体験や実感に根ざしたアイディアを、その「鮮度」を損なうことなく、さらに深く追究できるような理論的枠組みと実証研究の道具立てを探しあてていくこと**――フィールドワークにおける問題構造化作業の醍醐味《だいごみ》は、まさにこの点にあると言えるでしょう。

ジャーナリスティックな本の功罪

わたしの場合、一九八〇（昭和五五）年の夏に渡米してから八三（昭和五八）年の二月に博士論文作成のための研究計画書を出しフィールドワークをおこなうために日本に戻るまでの二年半あまりの留学期間は、「遊びとしての犯罪」という思いつき的なアイディアを実証研究の土俵に乗せるための理論と調査テクニックを探しあてる上でまたとない絶好の機会になりました。そして、暴走族活動というギャング活動は、このアイディアの有効性を試す上で、恰好《かっこう》の調査対象でした。

もっとも、留学する前から暴走族を博士論文の研究対象にすることを心に決めていたわけでありません。日本で施設調査をしていた時に出会った少年たちのなかには暴走族活動に関与していた三〇人ほどの少年たちが含まれていましたが、自分が比較的大きめのバイクを乗り回していたこともあって、その少年たちから聞くことができた暴走族グループの活動や暴走行為の「快感」や「スリル」には、共感できる点が少なくありませんでした。八〇年の夏に渡米する際に仙台からシカゴに向けて船便で送りだした荷物の中には、その前年に出版されたばかりの『暴走族一〇〇人の疾走』という、暴走族青年たちの証言集がありましたが、これも施設調査を通して芽ばえていた暴走族に対する関心が、その背景にあります。それに加えて、施設におけるフォーマルな聞きとり調査とは対照的なやり方でジャーナリストが証言を集めたその方法、そしてまた証言内容そのものに関心がありました。

実際、施設という限定された場面で面接調査をしている限りは、次のような生き生きとした証言を引き出せるとは、とうてい思えませんでした。

> 集会ってのはさ、どこがいいかっていうと、やっぱ何千台って集まんじゃない。で、「よし、行くぜ！」って合図してさ、キー入れて、みんなでいっせいに飛び出す時ってのが、イイんだよね。／何千人ってヤツらがさ、ワーッて走り出す時のカンジね。あれが最高なんだよね。
>
> 東京の極悪と同様、ウチもケンカ一本。誰でも行きまっせ！／小さい時からケンカは大好物やった。幼稚園のころからようけ仲間集めて、先頭に立っていろんなことすんのんが好きやったからねえ。[7]

もっとも、右のような、一見「本音でしゃべった」ように見える生々しいインタビュー記録の内容に全く疑問がなかったわけではありません。「本音」と「建前」という二分法的な発想の有効性自体、かなり怪しげなものであることは比較的よく知られていますが、ここに引用したような暴走族少年（少女）たちの証言が、果たしてどれだけの事実にもとづいていると言えるでしょうか？　また、彼（女）らの発言は、暴走族グループの実際の活動やその集団におけるどのような人間関係を背景にしているのでしょうか？　『暴走族一〇〇人の疾走』からは、このような疑問に対する納得のいく答えを見つけることはできません。この本は、ある種の「聞き書き」物と同じように、基本的には、インタビューに応じてくれた人々の証言内容のごく一部を、その発言の背景あるいは編集者が採用した取捨選択《しゅしゃせんたく》ないし編集方針の基準についてはほとんど解説を加えることなく並べたてているのです。[8]

とはいえ、『暴走族一〇〇人の疾走』に収録された百人の少年・少女たちの生々しい証言は、十分に迫力があり、また現役で活動している暴走族グループの構成員に直接インタビューをおこなうという取材の仕方は、当時施設調査の限界を感じて全く別の研究方法を模索していたわたしにとっては、実に魅力的なアプローチのように思えました。問題は、〈このような「生まの」発言の背景についてさらに深く検討していくための概念的枠組みをどのようにして練りあげ、またそれに最もふさわしい調査方法をどうやって探しあてていくか〉という点にありました。

リサーチクェスチョンの明確化

青少年ギャングの集団力学　わたしにとって非常に幸運だったのは、当時のシカゴ大学には、以上のような、どちらかと言えば、あまりオーソドックスなものとは言えない問題関心を発酵《はっこう》させ、さらにそれを実際のフィールドワークを通して検討していくべき具体的ないくつかのリサーチクェスチョンとして結晶化させていくための機会が豊富にあった、ということでした。

指導教授として教えを受けた社会学部のジェラルド・サトルズ教授は、一九六〇年代にシカゴのスラム地区で二

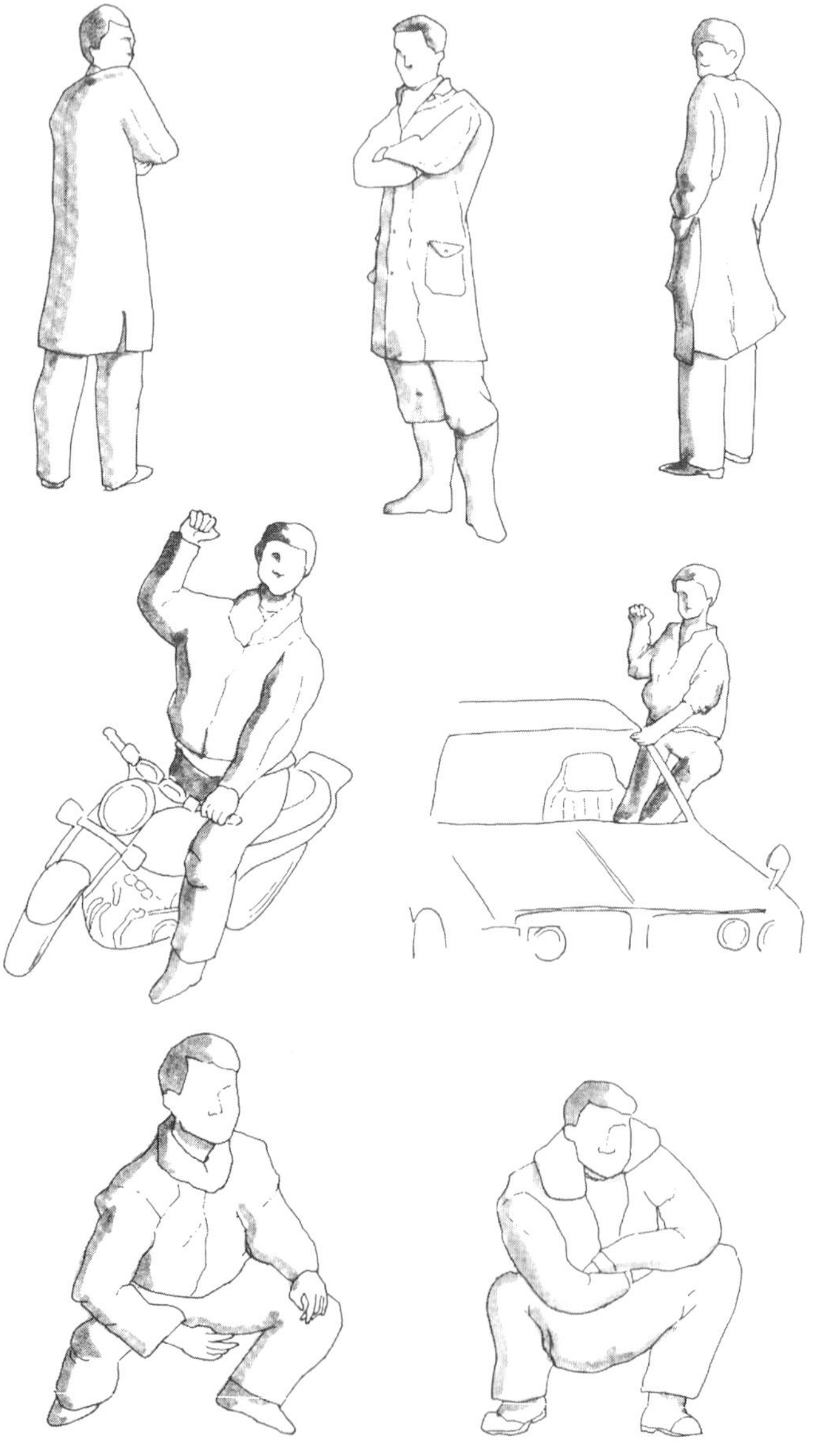

暴走族の典型的なポーズ　出所：佐藤郁哉『暴走族のエスノグラフィー』（新曜社 1984）pp.240-243

年以上にもわたって参与観察による現場調査をおこない、その成果をもとにして『スラムの社会秩序』という第一級の民族誌を発表した都市社会学の第一人者でした。サトルズ教授からは、授業や個人的指導を通して遊びとしての犯罪や非行が生まれる社会背景となる都市の生態学的環境に関する基本的な考え方について教えていただき、さらに青少年ギャング集団の発生やその集団力学についての貴重な示唆をいただきました。また、サトルズ教授と当時客員教授としてシカゴ大学に来られていた社会学の先生に指導をあおいでおこなった犯罪・非行理論の文献研究も、逸脱行動の社会的背景について考えていく上できわめて効果的でした。そのような授業や指導を通して、それまではきわめて漠然とした構想でしかなかった、「遊びとしての犯罪」というアイディアを中心とする暴走族についての調査研究がにわかに現実味《げんじつみ》を帯びてきました。

そして、このような授業や先行研究の検討を通して浮かんできたのは、遊びとしての非行と青少年ギャング内部の集団力学との密接な関連です。実際、一九二〇年代から八〇年代までに刊行されてきた青少年ギャング集団に関する幾多の民族誌的研究が明らかにしてきたのは、〈ギャング活動には少なからず「スリル」や「興奮」を求めておこなわれる活動が含まれており、また、それは集団力学を通して増幅される傾向がある〉という事実でした。

特に重要なポイントだったのは、ギャング集団は多くの場合必ずしもカルト集団のような緊密で凝集力《ぎょうしゅうりょく》の高い集団を形成しているわけではなく、その構成員もまた必ずしも集団の反社会的な価値基準に「染まった」ことが主な原因となって逸脱行為をおこなうわけではない、という点でした。それらの文献によれば、むしろ重要なのは、平たく言えば「その場の勢い」ないし（かなり誤解を招きやすい言葉ですが）「集団心理」とでも表現できる、相互作用場面を支配する集団力学である、とされていました。そのような集団力学を特徴とするギャング活動自体が形成され、また特定の少年たちがその活動に参加していく背景としては、家庭や地域社会あるいは学校など通常の社会関係によるコントロール（抑制や歯止め）からの離脱が重要な要因としてあげられていました。[9]

先行研究に見られるこのような指摘や議論は、わたしが日本でおこなっていた少年院における聞きとり調査を通して得ていた実感からも、かなりうなずけるものがありました。もっとも、暴走族グループが実際にどのような集団力学を特徴とするどのような構造の集団を構成しており、またどのような社会的条件が暴走族集団の形成の背景にあるかという点については、まさにフィールドワークをおこなった上で確認すべきリサーチクェスチョンの一つでした。

「フロー」としての暴走体験　言うまでもなく、「遊びとしての犯罪」というアイディアが生きてくるためには、暴走族の集団力学とその社会的背景という問題に加えてもう一つの重要なリサーチクェスチョンに対する答えを探し出していかなければなりません。つまり、その、外側から見て遊びとしての要素をもっていると思われる逸脱行為が〈実際に遊びとしての性格をもっているかどうか〉という問題です。また、一口に「遊び」とは言ってもいろいろなタイプの遊びがあります。ですから、さらに〈どのような意味で遊びと言えるのか〉という問題についても、つきつめて考えておく必要があるでしょう。

暴走族の例で言えば、暴走行為はたしかに「スリル」や「興奮」を求めておこなわれる行為のように見えます。しかし、『暴走族一〇〇人の疾走』のように、単に暴走族少年が口にした「ワーッて走り出す時のカンジね。あれが最高なんだよね」というような言葉をそのまま活字にするだけでは、それ以上深い分析ができるはずもありません。ここで必要になってくるのは、次のような一連の問いに対する答えを探し出していく上での手がかりとなる概念です——〈暴走行為にともなうスリルや興奮は、どのような条件のもとで得られるのか〉〈そのスリルや興奮は、どのような時に消滅してしまうのか〉〈暴走行為は、他の種類の遊びとどのような点で似ているのか、どのような点で似ていないのか〉。

右のようないくつかの問いに対する答えを求めていく上でうってつけの理論的枠組みになったのは、当時シカゴ大学・人間発達学部の学部長だったミハイ・チクセントミハイ教授による「フロー理論」でした。「フロー」というのは、何かにのめりこんで無我夢中になりいわば「ハイ」になった時の心理状態を表現するためにチクセントミハイ教授が考案した概念です。チクセントミハイ教授とその研究チームは、バスケットボール、チェス、ディスコダンス、ロッククライミングなどさまざまな活動に従事している人々がその活動にのめりこんでいる最中に体験している心理状態、つまり「フロー」状態の特徴と、その心理状態をつくり出している活動の特徴やその成立条件について、インタビューや心理テスト、実験などさまざまな研究技法を用いて解明していきました。その結果は『倦《けん》怠《たい》と不安を越えて』（邦訳『楽しみの社会学』）という一九七五年に刊行された本の中で詳しく解説されています。

サトルズ教授に暴走族に関するフィールドワークの構想をお話ししたところ、教授はすぐさま、チクセントミハイ教授のフロー概念が適用できるのではないか、と示唆してくださいました。じじつ、大学キャンパス内の書店にあった『倦怠と不安を越えて』を購入して読んでみたところ、フロー概念は、暴走行為の最中に少年たちが体験している心理状態について理解する上でまさに最適の概念のように思えました。さっそくチクセントミハイ教授にアポイントメントをとって暴走族に関する調査の構想をお話ししたところ、教授は大いに関心を示され、また、次の学期に開講予定であった授業を受講することを許可してくださいました。さらに、チクセントミハイ教授からは、『倦怠と不安を越えて』では割愛《かつあい》されていた、フロー状態を分析するために使われた心理テストの実例やデータの集計表が収録されている、助成財団向けの報告書をゆずっていただくこともできました。これによって、暴走行為をおこなっている最中の心理状態について理解するための理論的枠組みだけでなく、実際にその心理状態について実証データを通して分析するためのツールが手に入ったことになります。

先行研究の検討と文献リストの効用

専門分野試験　暴走族に関するフィールドワークの計画段階では、ギャング集団に関する社会学的研究や「フロー」状態に関する心理学的研究の他にも、暴走族活動を理解する上で必要になると思われるさまざまな学問分野の文献を検討しました。

たとえば、暴走族グループの構成員の多くは、青年期の一定期間はその活動に参加するものの、ある年齢段階になるとギャング活動から「卒業」していくのが一般的なパターンでしたが、これについては、「ライフコース論」と呼ばれる、生涯にわたる発達現象を研究対象とする、心理学と社会学にまたがる学際的研究が貴重な示唆を与えてくれるように思われました。また、暴走族グループの活動に見られる大きな一つの特徴は改造車やユニフォームとしての「特攻服」あるいは「多蘭蝶羅《タランチュラ》」「薔薇鬼《バラキ》」「綺羅《キラ》」などに見られるように当て字や画数の多い漢字を多用したグループ名などに見られるように、一見きわめて奇妙で奇抜なシンボルの使用です。これについては、象徴人類学と呼ばれる文化人類学の分野の研究やシンボリック相互作用論と呼ばれる社会学的研究の分野の文献を参考にしました。さらに、特に一九七〇年代後半以降の暴走族活動に見られるもう一つの顕著な特徴は、新聞や雑誌あるいはＴＶなどのマスメディアによる報道を利用して自分を「目立たせよう」とする傾向ですが、これについては、社会生活を舞台として展開されるドラマのキャラクターの分析用語として使われてきた「社会タイプ」という概念を中心とする一連の論考を参考にしました。

シカゴ大学に限ったことではありませんが、アメリカにおけるトップクラスの大学の素晴らしさは、右にあげたようなさまざまな分野における第一人者が授業を担当していることです。しかも、学生はその専攻や所属学部にかかわらず他の学部・学科の授業を比較的自由に履修することができます。わたしの場合も、発達心理学や経済人類学など関連のありそうな分野の授業を続けざまにとり、また、レポートが要求されている場合には、なるべく暴走族のテーマに引きつけた内容のレポートを書くようにしました。これもリサーチクェスチョンをさらに明確なものにしていく上で実に有効でした。また、これらのレポートは、後で博士論文をまとめる際にもいくつかの章の大まかな下書きとして使うことができました。

実際、わたしの場合は、ある時期からは、授業についても、提出するレポートにしても、あるいはまた社会学部が博士課程修了の条件の一つとして要求していた「専門分野試験（special field examination）」と呼ばれる試験を受ける際にも、それらの内容と最終的に書きあげる博士論文の内容が直接的に結びつくようになることを常に意識するようになりました。

この専門分野試験では、院生はまず、特に専攻を希望する分野二領域の特定のトピックについて、その試験の指導にあたる教員二名と相談しながら、読むべき文献のリストを作成します。その上で、一定期間のあいだにそのリストに記載されている文献を読み進め、最後に教員が出した問題数題についてレポートを書いて解答することになります。わたしの場合は、一つ目の試験については、さきにあげた客員教授とサトルズ教授の指導をあおいで犯罪・非行特に「青少年ギャング」というテーマで試験を受けました。二つ目の試験のテーマは、「青年期から成人期への移行に関する諸問題」というものであり、この時は、社会学部の準教授とチクセントミハイ教授の指導を受けました。

文献リスト　この二つの試験を受ける時に痛感したのは、先行研究を検討する時の文献リストの重要性です。この文献リストというのは、単にアルファベット順や年代順など形式的な基準で関連文献を機械的に配列したリストではありません。むしろ、たとえば、「このテーマに関する古典的文献」「総論的文献」「各論的文献」「調査技法に関する文献」というように、さまざまな分類項目を設けて、研究テーマと一つひとつの文献との関連を明らかにしてあるリストです。（似たような例については、たとえば拙著『フィールドワーク』の巻末文献表を参照してください。）もちろん、院生ははじめから全ての文献を読んでいるわけではないので、そのテーマについての概説書やレビュー論文あるいは過去に類似のテーマで専門分野試験を受けた学生の文献リストなどを参考にしながら、最初はかなり大雑把《おおざっぱ》なリストをつくっていきます。それに対して、担当教員は、院生が見落とした文献やリスト自体の構成の不備などについて専門家の見地からアドバイスしながら、徐々に文献リストを充実したものにしていくように指導します。

このような作業を通じて、院生は、その研究テーマに関連する研究分野の古典から最新の研究例まで含めて、一種の「見取り図」のようなものをつくることができるようになるのです。今では日本の大学でもよく使われるようになった、授業における「シラバス」にも、この専門分野試験とよく似た側面があります。もっとも、シラバスがどちらかといえばある学問分野全体の現況を一望《いちぼう》のもとに眺《なが》める大まかな地図のようなものだとしたら、専門試験分野の文献リストはさらに細かいテーマに限定した「区分地図」のようなものだと言えます。そして、この専門分野試験で作成した文献リストが、最終的な博士論文の巻末に添付される文献表の内容にかなりの程度反映されていくことは、言うまでもありません。

日本の場合には、図書館制度の不備やそれぞれの学問領域を専攻する教員の絶対数の不足などという制約があり、これと同じような形で専門分野試験をおこなったり、試験の有無とはまた別に院生や学生が独自に文献リストを練りあげていくことには、かなりの困難がともなうことになると思います。それでも、**研究テーマに関連のありそうな文献を、その相対的な位置づけをも含めて整理したリストをつくり、また、新しい文献やレビュー文献に出会うたびにそれを変えていく**ことは、自分の研究の進展状況を常にモニターしていき、また特定の調査研究の際にリサーチクェスチョンを絞りこんでいく上できわめて有効な手段だと言えるでしょう。

ともあれ、専門分野試験も含めてさきにあげたような作業を通じて、一九八三（昭和五八）年の春に博士論文の研究計画書を提出して博士候補生（Ph.D. Candidate）になる口頭試問を受ける頃には、ギャング集団の集団力学と暴走行為の最中の心理状態という二つの中心的なリサーチクェスチョンだけでなく、付随するいくつかの調査トピックについてもかなり具体的な調査課題や調査項目を設定することができました。それもあって、口頭試問に合格して何日も経たないある日、特に指示されていたわけでもないのに、研究計画書に添付した博士論文の章立て構想よりも数倍も詳しい章立て案をたずさえてサトルズ教授の研究室に勇んで出かけていきました。そのレポートには、それぞれの章のテーマについて実際にデータが集まった段階で言えそうなことまでこと細かにびっしりと書き込んでありました。勢いこんでレポートをもっていったわたしに対して、サトルズ先生はあきれ果てたような顔をされて、次のようにおっしゃったものでした――「イクーヤ、調査地《フィールド》に入る前にあまり細かすぎる計画を立てると、とんでもない失敗をすることが多いもんだよ」。

現場でリサーチクェスチョンを組み立てる

暴走族集団の構成とヤンキー・スタイル　この、サトルズ先生のアドバイスには、かなりの真実が含まれていると思います。じじつ、卒論や修士論文を指導していると、時々、研究を開始した当初につくった論文の章立てや研究全体の理論的枠組みに執着しすぎてしまう学生のケースに出会います。こういう学生は、実際に入手できたデータや資料はその最初につくった枠組みだけでは処理できない要素を多く含んでいるはずなのに、実質的にそこからほとんど一歩も出ていないような論文を仕上げてしまいます。特にこれは、教科の成績もよく語学や統計学などの才能もある学生によく見られる傾向のようです。このようなタイプの学生の場合には、たしかに現地に入る前に細かすぎる計画を立てるのは考えものでしょう。というのも、このような場合、調査を始める前に構成した研究の枠組みや仮説は、調査の問題設定と研究の焦点を明らかにするためのレンズというよりは、むしろ一種の目かくしとして作用しかねないからです。[10] 後で詳しく見るように、わたし自身、現代演劇に関するフィールドワークの際には、四年目に大がかりな「仕切り直し」をするまでは最初に立てた計画に縛《しば》られて、かなり狭い問題関心の枠組みの中に自分自身を閉じこめてしまうことになりました。

さいわいなことに、暴走族研究の場合には、第2章に書いた、暴走族集団に対するアクセスに関するいくつかの失敗や試行錯誤をのぞけば、調査を進める上での理論的な枠組みや分析上のツールの適用という点に関しては、それほど手痛い失敗はありませんでした。その意味では、暴走族に関するフィールドワークは、計画段階の問題設定と具体的な調査課題を最後までそのままの形で生かすことのできたケースであったと言えます。

もっとも、京都における現地調査を進めるなかでは、計画段階では予想もしていなかった新たな発見や思いがけない新たな調査課題が浮かんでくることもよくありました。たとえば、京都で実際に右京連合という暴走族グループの活動に参加するまでは、暴走族集団のメンバーたちは、そのほとんど全員が一緒になって日常的に街角に「タマって」いるものだと思っていました。しかし、実際に彼らの日常的な活動に参加してみると、週に一度の「集会」に比較的定期的に集まってくる少年たちでも、その他の日はさらに小さなグループに分かれて行動していることがよく分かりました。つまり、暴走族集団と一言ではいっても実際には数人単位の仲間集団の集合体としての性格をもっているのだと言えます。もっとも、この集合体も暴走族グループの活動が活発になり、週一度の集会に加えてそれ以外の日に暴走行為が繰り返されるようになると、より緊密な関係で結ばれた一つの「集団」と呼ぶにふさわしいものになっていくのでした。しかし、そのグループも警察の暴走族取り締まりが強化され、暴走への参加が「さぶく（危険に）」なり、また暴走族グループ自体の活動が低調になってくると、また元の数人単位の街角集団に戻っていくのでした。

深夜の河原町で「タマ」る青年たち

このような現象を目《ま》のあたりにするうちに、次のような調査課題がクローズアップされてきました――〈暴走族集団を構成する小グループの構成原理は、どのようなものか〉〈どのような時に、小グループ同士の結合は強まり、どのような時には逆に弱まっていくのか〉。このような調査トピックについては、実際に集会に参加している少年たちの「出欠状況」をチェックする一方で、右京連合の「ＯＢ」の青年たちに過去の活動状況と集団の構成単位の推移について聞きとりをおこなうなかで検討していきました。

「ヤンキーのライフスタイルとその推移」という調査課題も、実際に京都でフィールドワークを進めるなかで新たに浮かんできたものです。ヤンキーというのは、当時は主に関西地方に限定して使われていた、やや「不良」がかったイメージをもつファッションとライフスタイルを指す言葉です。学生時代を過ごしたのが東京と仙台であったこともあって、京都で生活するようになるまでは、このスタイルの詳細についてはおろかその言葉自体知りませんでした。しかし、フィールドワークを進めるなかで、暴走族グループの活動とその特徴的なファッションの根底にはヤンキー・スタイルがあるのではないか、と思えるようになってきました。

このヤンキー・スタイルと暴走族活動との関係という問題との関連で浮かんできたのが、たとえば次のような調査トピックです――〈ヤンキーに特徴的なライフスタイルとファッションを構成している基本的なテーマは何か〉〈ヤンキーの青年たちは、いわゆる「ふつうの」青年たちや大学生のスタイルと自分たち自身のスタイルにどのような対比関係《コントラスト》を見いだしているのか、あるいはどのような点で共通性を認めているのか〉〈ヤンキースタイルは青年期特有のものであり、ある年齢に達すると「卒業」していくものなのか、それともかなりの上の年齢になっても維持されるものなのか〉。このような調査課題については、インタビュー、参与観察のなかでの聞きとり、サーベイなどを通して検討していきました。

現場で生まれる調査課題　現場調査を進めていくなかで浮かんでくるリサーチクェスチョンの重要性については、いくら強調しても、し過ぎということはないでしょう。特に、**比較的漠然とした問題設定のままで現場調査が開始された場合は、実際に調査地の社会生活を体験するなかで浮かび上がってきた個々のリサーチクェスチョンは、その漠然とした問題設定を明確にし、個々の調査課題群を体系化していく上で最も有効な手がかりになる**のです。比較的明確な問題設定から出発した場合であっても、現地で調査を進めるなかで浮かんできたリサーチクェスチョンを綿密に検討していくことは、最終的な民族誌のディテールを豊かなものにし、民族誌全体の記述を「分厚い」ものにする上できわめて有効なやり方です。

そして、このような、現場でフィールドワークを進めるなかで新たに浮かんできた調査課題やアイディアは、フィールドノーツやフィールド日記などにできるかぎり詳細に記録しておく必要があるでしょう（この点については、

第6章参照)。たとえば、京都でつけていたフィールド日記には、次のような記載があります。

いたるところで警察が検問しているのに、それでも、若者たちはいたるところで自転車やバイク(特に五〇CC)でタマっている。こんなに街中でタマれるということは、アメリカやヨーロッパでは考えられないのでは? ある意味でよほど治安が良くないと無理だろう。しかも、日本では夜中の零時過ぎでも相当数の店があいている。一度、京都の街中の「タマリ」の分布を時間＋人数でチェックしてマッピングしてみる必要がありそうだ。

このようにかなり小まめに日記やフィールドノーツをつけていたことやシカゴで比較的長い時間をかけて調査の準備と文献研究ができていたこともあって、フィールドワークを進める一方で、京都で生活するようになって五ヶ月半ほどたった一九八三(昭和五八)年の一一月初旬には、既に日本語の本の原稿を書きはじめていました。それが、一九八四(昭和五九)年一〇月に刊行された『暴走族のエスノグラフィー』です。また、翌八五(昭和六〇)年五月には、続編として『ヤンキー・暴走族・社会人』を上梓《じょうし》することができました。一冊目の本が日本で出版される頃には、既に博士論文を完成させるためにシカゴに戻っていましたが、二冊目の本については、その原稿のほとんどをシカゴで執筆しています。一九八六(昭和六一)年三月に完成してシカゴ大学に提出した博士論文は、その二冊の本の内容をあわせたような性格をもっています。

民族誌執筆と最終的な問題設定

原稿作成と問題構造化　「暴走族とヤンキー――豊かな社会におけるパロディとアノミー」という題でシカゴ大学に博士論文を提出してから五年後の一九九一(平成三)年には、シカゴ大学出版局から『カミカゼ・バイカー』というタイトルの本を上梓しました。図3・1に示したのは、その本の序章に掲げた、同書の第一部における問題

1．スピードとスリル（第1章）

①青年たちが暴走行為に参加する際の動機は、どのようなものか？

②暴走行為の最中の主観的体験はどのようなものか？

③暴走行為がもつどのような物理的、心理的、社会的な特質が暴走行為特有の主観的体験を可能にするのか？

2．ファッションとスタイル（第2章）

①暴走族が使う改造車の極端な改造パターンや、「グロテスク」なグループ名、けばけばしくて一般人に脅威を与えるような暴走族のユニフォームは、どのような意味を持っているのか？

②暴走族のサブカルチャーに特有のシンボル［特攻服、画数の多い漢字を多用したグループ名など］にみられる一見きわめて奇妙で奇抜な特徴は、本当に［マスメディアなどで指摘されてきたように］暴走族の青年たちの心理的な異常性にもとづいているのだろうか？

3．ドラマとドラマ化（第3章）

①暴走族の青年たちは、マスメディアを通してどのようなドラマチックなキャラクターとして自己を表現しようとしているのだろうか？

②そのドラマチックな自己表現の筋書きには、どのようなテーマとプロットが含まれているのか？

③メディアを通して表現された暴走族のキャラクター・イメージと暴走族青年たちの実際の自己イメージとの間にはどのような関係があるのか？

図3・1　*Kamikaze Biker* 第I部における問題設定

設定を示した一連の問いです。（同じような設問は、『暴走族のエスノグラフィー』の序章にも掲げられています。）

実は、ここにあげた一連の設問は、実際に京都で現場調査をおこなっていた時に既に明確になっていたリサーチクェスチョンというよりは、むしろ『カミカゼ・バイカー』の第I部で展開するストーリーに対する導入として設定したものです。つまり、この本は、序章で読者に対して問題を提起しておいて、第1章以下ではその問題に対する答えを提供する、という筋立てになっているのです。そして、この序章の原稿を書いていた時には、つくづく、もっと早い時期に上のような形でリサーチクェスチョンが整理できていれば、フィールドワークがもっとスムーズにやれただろうに、と思ったものでした。[11]

少し意外に思われるかも知れませんが、実は、**リサーチクェスチョンが最も明確なものになるのは、実際に調査をおこなっている最中というよりは、むしろフィールドワークの作業をあらかた終えて報告書としての民族誌を書いている時のことの方が多い**のです。じじつ、フィールドワークの最終局面や現場を離れて本国に戻らなければならない時期に、フィールドワーカーは一種のパニック状態に陥りがちです。というのも、かなりの量のデータや資料が集まり、また、そのデータと理論とをつきあわせて民族誌全体の構成を考えながら民族誌の原稿やその元になるレポートを書いていると、今まではやや漠然としたものでしかなかったリサーチクェスチョンが明確になってくることが多いからです。もちろん、それはそれで望ましいことなのですが、困ったことには同時に、どういうところにデータや資料の「穴」があるか、つまり、〈最終的に民族誌で主張したい内容を裏づけるために必要なデータが不足しているのはどういう点に関してなのか〉という点も明らかになってきます。

既に現場を離れて別の場所で報告書の原稿を書いているような場合、これは致命的な問題にもなりかねません。同じ国の中であれば、何とか日程をやりくりして調査地にもう一度戻って補足調査をすることもできるでしょうが、調査地が国外にある場合には、どうしようもありません。

暴走族に対する取材の場合には、さいわいにして、京都に滞在しているあいだに既に『暴走族のエスノグラフィー』を書きはじめていましたから、その点で特に深刻な問題になることはありませんでした。原稿を書いている最中に気がついたデータや資料の「穴」については、その都度《つど》あらためて右京連合のメンバーやOBに確認したり、借りていたアパートのすぐ近くにあった京都府立総合資料館に行って資料にあたったりしていました。また、ヤンキーのファッションやライフスタイルについて、もう少し広い見地から考え直したいと思った時には、深夜の京都の繁華街に出かけていって街角でタマっている青年たちを観察したり、その写真を撮ったりもしました。

この暴走族に関する取材の例は、比較的順調に一連の作業が進んだ例だと言えるでしょう。しかし、それでも、京都のアパートを引きあげてシカゴに戻る直前の一ヶ月間ほどは、かなり切迫《せっぱく》した日程で補足的なデータや資料を集めざるを得ませんでした。このような経緯から一つの教訓めいたものを引き出すことができるとすれば、それは、次のようなものになるでしょう――「**フィールドワークをおこなう時には、その結果をある程度まとまった文章にしていく作業をなるべく早めにおこなった方がいい**」。その「文章」は、必ずしもかなりのページ数にのぼる報告書である必要はありません。たとえば、短めの論文のようなものを何本か書くようにしてもいいでしょう。また、学会や研究会のような機会があったならば、現地調査の中間的な結果を発表してみてもいいかも知れません。（もちろん、その時にも単に口頭で話すだけでなく、発表内容を何らかの形でまとまった文章にしておく必要があります。）

後で第4章から第6章にかけて見るように、現地調査の場合には、フィールドノーツやインタビュー記録という形で、現場で見聞きしたことを文字化し、それについて考察を加える機会があります。しかし、論文や発表原稿は、これとはまた違った意味で、現場における体験や観察をさらにまとまった形で理論的枠組みとつきあわせながら整理し直していく上で、またとない機会になります。また、そのような形で文章にまとめておくと、自分自身の体験や観察に対して一定の距離をおいて眺めることができるようになりますし、他の人々からフィードバックを得ることによって、データや資料の「穴」を明らかにすることもできます。

調査手順と報告書の筋立て《プロット》のあいだの逆転関係　以上のような点を考えあわせてみると、他人の書いた民族誌や調査報告書を読んで参考にする時には、よほど用心しておいた方がいい、ということにも気がつきます。というのも、最終的に刊行される民族誌では、多くの場合、現場調査における実際の経緯、特に試行錯誤の要素を多分に含む問題構造化のプロセスについての解説が省略されており、まるで最初からしっかりとした問題設定があって、それにもとづいてフィールドワークがおこなわれていたようにも見えてしまうからです。実際、一度でも卒論や修士論文のようなある程度の長さの論文を書いたことのある人ならば思い当たる点が多いかも知れませんが、論文の序章や目次の部分というのは、論文の本体部分を書き終わって、書き手自身にとって全体の文章の見通しがついてか

問題設定
（リサーチクェスチョンの提示・先行研究のレビュー）
↓
方法
（調査方法や技法についての解説）

} 序章・第１章など
（方法の詳しい解説については付録として添付することも多い）

↓
結果
（調査結果についての記述）

} 本　編

↓
結論・考察
（調査結果をふまえた、リサーチクェスチョンについての再考・新たな問題の提起・今後必要とされる研究についての解説等）

} 最終章

図３・２Ａ　最終段階の論文・民族誌の典型的な構成（叙述の流れ）

（問題・方法に関する章の下書き）
↓
調査結果についての記述
↓
考察に関する記述
↓
問題設定・方法に関する章の完成

図３・２Ｂ　実際の執筆作業の順番

計画段階：比較的漠然とした問題関心からの出発
↓
中間段階：調査の基本的指針としてのリサーチクェスチョンの明確化
↓
最終段階：最終的な**問題設定**＝リサーチクェスチョンの確定

図３・２Ｃ　フィールドワークにおける問題構造化作業の順番

らようやく書きはじめることが多いものなのです。最初に序章の原稿の下書きを書いてしまっている場合でも、執筆の最後の段階で大幅に書き直したりすることが多いでしょう。

この点からすれば、図3・2A、B、Cに示したように、完成版の民族誌における叙述の流れと実際にその原稿を執筆した順序および現場調査における問題構造化作業の順番とのあいだには、奇妙な逆転関係があるのだと言えるでしょう[12]。

これまで見てきたように、暴走族に関するフィールドワークは、先行研究の検討という点でも、民族誌の執筆という点でも、さまざまなリサーチクェスチョンを整理して相互の関係を明らかにし、また理論的にも実践的にも意味のあるものにしていく**問題構造化**の作業が比較的順調にいった例であると言えるでしょう。これときわめて対照的だったのは、一九九一年から九九年までの八年近くにわたっておこなった現代演劇についての現場取材です。この場合は、問題設定という点でも理論的枠組みという意味でも、調査の途中で大がかりな「仕切り直し」を余儀《よぎ》なくされることになりました。

現代演劇――大幅な「仕切り直し」があったケース

敗因分析レポート

【経緯】
どう考えてみても、これまでの方針だと一九九六年中の『芝居をつくる力』脱稿は不可能である。一九九三年までは参与観察に関わっていたのだからしょうがないとしても、九三年以降やや進行が遅れている。データの蓄積という点でも見劣りがする。この作業進行の遅れについて徹底的に解明して打開策を打ち出さなければならない。

【九四年の敗因】

・なぜ、インタビューがまともにできなかったのか?

・「時間泥棒」は何か?

ある中堅クラスの劇団の活動に制作事務補助として参加したことを皮切りにして一九八〇年代における現代演劇界の変化についての現場取材を開始したのは、一九九一(平成三)年の夏でした。右にあげたのは、フィールドワークを始めてから約四年後の一九九五(平成七)年五月にまとめた「敗因分析レポート」の冒頭の一節です。レポートとは言っても、決してどこかに発表したり提出するつもりで書いたというわけではなく、あくまでも作業の遅れの原因について自己分析して難局を打開しようとしてまとめたものです。

実際、この頃の作業の遅れはほとんど絶望的とさえ言えるものでした。フィールドワークを開始した当時の計画では、三年ほどで民族誌(敗因分析レポートの文中にある『芝居をつくる力』というのは、その当時タイトルとして考えていたものです)を刊行する予定だったのです。それが、さまざまな事情から調査は当初の予想をはるかに越えるかなり長期のものになり、最終的に『現代演劇のフィールドワーク』が刊行されたのは、劇団での参与観察を始めてから約八年の歳月を経た一九九九(平成一一)年の夏でした。「敗因分析レポート」にあるように、途中で計画を切り替え、はじめに立てていた九四(平成六)年に調査終了という予定を変更して調査期間を二年間だけ延長して九六年に最終的な報告書を刊行することをめざしていたのですから、実際にそれを実現できたのは、そのさらに三年後ということになります。

暴走族に関するフィールドワークの場合は、一九八三(昭和五八)年五月に京都にアパートを借りて住みはじめてから八四年一〇月の『暴走族のエスノグラフィー』の刊行までには一年五ヶ月しかかかりませんでした。これから考えれば、現代演劇に関するフィールドワークは、異常に長い歳月を要したことになります。もっとも、逆に言えば、暴走族の現場取材の方が異例に短い調査期間で済んだのだ、とも言えます。

この二つのフィールドワークの間にみられる調査期間の極端な違いについては、さまざまな要因が考えられますが、何といっても、現代演劇の場合には、フィールドワークの作業を通して明らかにすべきリサーチクェスチョンが最後までなかなか明確にできなかった、という点があげられます。

これをもう少し詳しく検討すると、次の三点における違いとして整理できます。

①時間的余裕
②調査対象に関する事前知識
③調査課題と理論的枠組みとのマッチング

つまり、演劇に関する現場取材をしていた当時は、時間的余裕も演劇界という対象についての十分な予備知識もなく、また、自分が調べようとしている問題にぴったりと適合するような理論的枠組みもなかなか見つけられなかったために、問題の構造化に失敗していたと言えるのです。

時間的余裕

最初に、時間的余裕という点から二つの調査のあいだの違いについてもう少し詳しく見ていくことにします。暴走族取材の場合には、何といっても、当時のわたしの身分が大学院生というものであり、フルタイムで調査に関わることができたということがあります。しかもフィールドワーク自体がシカゴ大学極東学部・日本研究委員会による博士論文に対する奨学金、トヨタ財団の研究助成金、日本学術振興会奨励研究員としての奨学金などの資金的サポートを得ていたため、調査費用や生活費を得るためにアルバイトをする必要もほとんどなく、現場取材や民族誌の執筆に専念することができました。これは、四六時中《しろくじちゅう》フィールドワークについて考えることができた、という点でも大きなメリットがありました。つまり、当時は「頭を暴走族のことで一杯にする」のに十分な時間的余裕があったのでした。

これに対して、現代演劇に関するフィールドワークをおこなっていた時には、既に日本の大学に職を得ており、現場取材は授業や学生指導、学内行政に関わる業務の合間をぬって、いわばパートタイムでおこなう作業でしかありませんでした。さらに、学生時代は独身でしたが、一九九〇（平成二）年の秋には結婚していて九二年の春には長男が生まれています。当時は妻も働いていたこともあって、現場取材のための時間は、一日二四時間のうち仕事、育児、家事に向けられる時間を差し引いた残りの時間を何とかやりくりして捻出《ねんしゅつ》するしかありませんでした。また当時は、演劇に関するフィールドワークだけでなく、数人の共同研究者とともに他の全く異なるテーマに関する調査研究にも関わっており、それに時間を奪われていたということもあります。「敗因分析レポート」の文中にある「時間泥棒」というのは、ドイツの文学者ミヒャエル・エンデの小説『モモ』に出てくるキャラクターから来ていますが、当時の現場取材は、まさにそれら他の仕事や家事との時間の奪い合いのなかでおこなわれていた、と言えるでしょう。当然のことながら、四六時中演劇に関する調査について考えているというわけにはいきません。

もっとも、時間的余裕というのは、どちらかといえば間接的な要因にすぎません。実際、フィールドワークが終盤に入った一九九六（平成八）年と九九（平成一一）年にはそれぞれ次男と長女が生まれて、現場取材にふりむけられる時間はさらに少なくなっていたのですが、その頃にはかなり調査課題が整理できていたこともあって、比較的

序　章　「演劇は社会を映す鏡」？
第１章　小劇場運動史１：60年代、70年代
第２章　小劇場運動史２：80年代＝政治劇からライブエンタテイメントへ
第３章　大衆社会の中の「遊び」「レジャー」「芸術」「文化」
終　章　芸術と遊びにおける自由と制約

図３・３『現代演劇のフィールドワーク』章立て案最初のバージョン

効率的に聞きとりや資料調査あるいは民族誌の執筆をおこなうことができました。こうしてみると、時間的余裕以上に重要だったのは、基本的な問題設定に深く関わる②と③の要因、つまり演劇という対象に対する事前知識および調査課題と理論的枠組みのマッチングという二つの要因だったということが分かります。

仕切り直し――問題設定の変更

ビジネス化の問い　実は、現場調査における中心的な問題設定という点で、この敗因分析レポートを書いた直後には大幅な方向転換をしています。それは、劇団活動に参加する前後に作成した民族誌の章立て案（図３・３）と最終的に九九年に刊行した『現代演劇のフィールドワーク』の目次の構成（図３・４、一一八ページ）とをくらべてみれば一目瞭然《いちもくりょうぜん》です。

　図３・３には、一九九一（平成三）年六月に作成した最初のバージョンの章立てをあげました。この時想定していた民族誌のタイトルは『大衆社会における芸術』というものです。この章立ては、特にどこかの出版社から報告書を刊行できる目算《もくさん》があったわけではなく、あくまでも自分用の覚え書きとして、その頃はまだきわめて漠然としたものでしかなかった問題関心を少しでも明確なものにするために書いてみたものです。

　この章立て案を書いた頃の主な問題関心を一言で言い表わすとするならば、それは「**芸術はビジネスになりうるか？**」という問いになります。そもそも、わたしは三〇代になるまでは演劇には特に強い関心を抱いていませんでしたし、演劇公演を観る機会もほとんど

ありませんでした。そんなわたしが現代演劇についてのフィールドワークを始めようと心に決めた背景には、一九八〇年代中頃からマスメディアでもとりあげられるようになっていた、いわゆる「小劇場ブーム」があります。野田秀樹ひきいる劇団夢の遊眠社や鴻上尚史がひきいる第三舞台など、わたしとほとんど同世代の演劇人たちによる演劇公演の内容やその芸術的成果について、世代的共感をおぼえたことが主なきっかけだったのです。当時、夢の遊眠社や第三舞台あるいは三宅裕司のスーパー・エキセントリック・シアターなどの劇団は、一度の公演に数万人という、かつて「アングラ（アンダーグラウンド）演劇」などと呼ばれていた頃の小劇場演劇の公演とはくらべものにならないほどの観客動員を果たしていました。これは、一部のジャーナリストや演劇評論家からは、一九六〇年代に誕生し前衛芸術としての意味づけをもっていた小劇場演劇が変質し商業主義化していった現象としてとらえられ、厳しい批判にさらされていました。その人々の議論によれば、小劇場演劇は、八〇年代に入って何度目かのブームを迎えるなかで急速に商業主義《コマーシャリズム》におかされて芸術運動としての性格を失い、また批評精神や前衛性を放棄して「娯楽」と化していったのだとされています。

シカゴ大学で暴走族に関するフィールドワークの準備をしていた頃から大衆社会論や大衆文化論に関心をもっていて関連文献を読み込んでいたりしていたこともあって、この商業主義化論には非常に興味がありました。また、第1章でもふれたことではありますが、「モードの叛乱《はんらん》と文化の呪縛」というサブタイトルをもつ『暴走族のエスノグラフィー』の最終章にあげた結論について自分で不満をもっていたということも動機の一つとしてありました。青少年ギャング活動のサブカルチャーには、最終的には大きな社会や文化の枠組みに回収し尽くされてしまう傾向（「文化の呪縛」！）があるのに対して、もしかしたら芸術運動に関連するサブカルチャーは、その文化や社会の枠組み自体を変えていく革命的な潜在力をもっているのではないか――このようなアイディアの当否を確かめる上でも、小劇場演劇はまさにうってつけの取材対象のように思えたのでした。

800億円あまりを投じて建設された新国立劇場と東京オペラシティ　出所：東京オペラシティ・パンフレット

実際にある中堅の劇団に制作事務手伝いのボランティアスタッフとして参加しながらフィールドワークをおこない、また、関連資料や文献を収集していく作業を通じて、さきにあげた「小劇場演劇の商業主義化」という批判がいかにほとんど無根拠の「暴論」に近いものであるかは、ある程度明らかにすることができました。じじつ、一九九四年五月にセゾン文化財団に提出した中間報告書における基本的な問題設定は、「ビジネス化の問い」、つまり「**芸術は芸術であることをうしなわずにビジネスになりうるか?**」というものでした。

被助成化の問い　この中間報告書は、一一万字つまり四〇〇字づめ原稿用紙にして約二八〇枚というかなり大部なものであり、自分としてもその時点までの問題関心をかなりうまく整理できたのではないかと思っています。しかし、その一方で、その中間報告書をまとめるなかで、それまでの「『芸術 対 商業《ビジネス》』という二分法的な図式に対する批判」という問題設定があまりにも単純すぎるもののようにも思えてきました。これには、当時の現代演劇をめぐる大がかりな環境変化も大きく影響しています。実は、わたしがフィールドワークを始めた一九九一年前後は、一九九〇年に文化庁所轄《しょかつ》の芸術文化振興基金が創設され、一九九一年にはメセナ協議会ができたりして、ちょうど芸術に対する政府や自治体などからの公的助成や、いわゆる「メセナ」と呼ばれる民間からの助成活動が本格化してきた時期だったのです。「商業主義」を典型とする、質を犠牲にして利潤追求に走りがちなビジネスの原理が芸術活動の自由をおびやかす一つの代表的な「外力」だとしたら、何らかのパトロンによる資金助成もまた、芸術表現に対する干渉や介入をまねきかねないものであると言えるでしょう。つまり、芸術に対する助成の拡大によって、日本の演劇人にとっては、商業化ないし「ビジネス化の問い」だけでなく「被助成化の問い」すなわち**「芸術は芸術であることをうしなわずに何らかのパトロン（国家、財団、企業、特定個人など）による保護や助成の対象になりうるか？」**という問いが大きくクローズアップされてくる可能性があったのでした。実際に劇団の活動に参加し、また、劇場プロデューサーや演劇評論家など演劇関係者の人々にお話をうかがっていくなかで、演劇の現場に関わる人々自身にとっても、この芸術に対する助成に関わる問いがビジネス化の問いと同じくらい、あるいはそれ以上に切実な問題であることが実感できました。そしてまた、この助成の拡大は、日本の現代演劇界の根本的な再編成に結びつく可能性があることも明らかになってきました。

図3・4は、『現代演劇のフィールドワーク』の最終的な章立てですが、この構成は、このような問題設定にもとづいて作成したものです。詳しい解説は省略しますが、この本では第Ⅰ部で小劇場ブームを事例として商業化の可能性と限界を探り、ついで助成の拡大の概要とその背景について解説してから、第Ⅱ部では、〈その助成の拡大が、演劇界全体、劇団という組織形態、演劇人の職能という三つのレベルでどのような影響を及ぼしつつあるのか〉という問題を扱っています。第Ⅲ部の結論の章では、それらの分析をふまえて、芸術の制度化が「芸術の自由」という問題とどのような関連をもっているのか、という点について考察を加えています。

序　章　芸術と社会の不幸な出会い
1．出会いの諸相
2．分析フレーム
3．現代演劇と社会の出会い

第Ⅰ部　小劇場ブームから文化行政ブームへ
第1章　サクセス・ストーリーのてんまつ――ビジネス化の可能性と限界
1．小劇場ブームと「右肩上がり」の動員拡大
2．サクセス・ストーリーの誕生と終焉
3．小劇場演劇のビジネス化の諸相
4．物語の終わりと新たな物語のはじまり
第2章　新たな物語のはじまり――被助成化の可能性と限界
1．「小劇場すごろく」のオルタナティブ
2．文化行政ブームと日本の芸術支援における4つの事件
3．「文化国家」と「文化都市」の成功神話
4．文化行政ブームの実相
5．パトロネージをめぐるさまざまな問い

第Ⅱ部　演劇界の誕生・演劇人の誕生
第3章　演劇界の誕生
1．「タコツボ」としての演劇界
2．演劇村から演劇界へ
3．演劇界誕生とそのサブプロセス
第4章　劇団制のゆらぎとオルタナティブの模索
1．劇団制とそのオルタナティブ
2．劇団とは何か？
3．多様化――新たな演劇生産システムの模索
第5章　演劇人の誕生
1．現代演劇のアマチュア性とその起源
2．プロ化のサブプロセス
3．演劇人の誕生

第Ⅲ部　文化産業システムの可能性
第6章　結論――制度化と独創性のディレンマを越えて
1．鏡としての芸術・制度としての芸術
2．芸術の制度的自律性
3．制度の「強度」と芸術の制度化
4．芸術の制度的基盤に見られる「ねじれ」と歪み
5．制度化と独創性のディレンマ
6．文化産業システムの可能性

図3・4　『現代演劇のフィールドワーク』章立て最終バージョン

初戦における敗退とリターンマッチ

もっとも、この章立てのような形でリサーチクェスチョンが整理できたのは、七年半におよぶフィールドワークのなかでもかなり後の方になってからでした。「敗因分析レポート」をまとめた一九九五（平成七）年当時は、まだ「被助成化の問い」という基本的な問題設定から派生するさまざまなリサーチクェスチョンをどのような形で整理していったらいいものか、全く見通しがつかない状態でした。公的助成や民間助成が重要なポイントになるだろうということは何となく分かってはいても、新たに集めなければならない資料やデータの量は途方もないものであり、果たしてわたし一人の手に負えるものであるかどうか、ほとんど自信がありませんでした。また、既に予定していた調査期間を大幅に超過していたこともあり、果たしていつ調査が終えることができるのか、皆目《かいもく》見当もつきませんでした。

ここで、選択すべき道は三つしかありません。一つは、現在手元にある資料やデータだけをもとにして最終報告書を一冊の本ないしそれに近い形でまとめ、現代演劇に関する現場取材に一応の終止符《しゅうしふ》を打つ、というものでした。二つ目は、一から出直すつもりで「ビジネス化の問い」だけでなく「被助成化の問い」についても調べ直すという選択肢です。最後は、最も弱気の案で、演劇調査は完全に放棄して全く違うテーマの研究を始める、というものでした。

それまでにおこなってきた四年間のフィールドワークだけでも、家族や職場の同僚に大きな負担をかけていたという思いもあり、最後の最も弱気の案に傾きかけていたことも何度かありました。結果として最終的には、二つ目の選択肢を選ぶことになったわけですが、その主な理由の一つは、現代演劇というもの、とりわけ自分と同世代の人々が関わっている演劇公演と演劇作品が、途中で取材を投げ出してしまうには惜しいほどの大きな魅力をもっていたからです。もう一つの理由は、一九九二（平成四）年に『フィールドワーク』を刊行していたことでした。この本は、劇団で参与観察をしていた時に、その作業のかたわら執筆した、フィールドワークについての一種の手引き書です。その現場調査についてのマニュアルを書いた当の著者が、関わっていたフィールドワークを途中で放棄していいのか――こんな思いもあり、また一種の意地のようなものもありました。

また、この『フィールドワーク』執筆の動機とも深く関連することですが、実は、わたしにとって、現代演劇についてのフィールドワークは、テーマという点でも方法・技法という点でも、暴走族調査の「リターンマッチ」としての意味あいがあったのでした。テーマについては、さきに述べたように、暴走族に関するフィールドワークの時はあまりつきつめて考えることのできなかった「文化や社会の大きな枠組みを変えていく上でのサブカルチャーの潜在力」という問題について深く考え直したい、という思いがありました。

一方で、方法や技法という点に関しては、暴走族調査で確かな手応《てごた》えは得たと思えたものの、さまざまな面で不満も多かった、「フィールドノーツとインタビュー記録を中心とする現場取材によるデータの体系化」という作業について、もう一度別のやり方でアプローチしてみたいと考えていました。特に、劇団の参与観察を開始した一九九一（平成三）年当時は、パーソナルコンピュータの性能がかなり実用レベルに達していたこともあって、ワードプロセッサやパソコンを使用したフィールドデータの電子化が暴走族調査の際に感じていた不便さや不満を解消する上で効果的なのではないかと思えるようになっていました。（この点については、第4章と第5章でまたふれます。）

この方法・技法面での改良という点に関しては、**何度か調査のプロセスそれ自体を振り返って自己分析用のレポートを作成し、それにもとづいて計画を練り直す**という工夫もしてみました。「敗因分析レポート」[13]自体、そもそも「調査の自然史」と題して数ヶ月おきに調査プロジェクトの進行状況を総点検していた作業の一つの結果として作成されたものなのです。参考までに、そのチェック項目をリストアップしてみると、次のようになります。

・各時期におこなった調査作業の概要の一覧表
・生活上の主な出来事（職場の変更、子供の誕生等）のリスト
・発表した論文や未刊行の報告書の一覧表
・各月ごとのフィールドノーツやインタビュー記録の「生産量」の推移をあらわすグラフ

最後にあげた、フィールドノーツやインタビュー記録の「生産量」の推移を見ると、敗因レポートを書いた九五年春の前後数ヶ月は、現場調査のアウトプットが極端に減少していることがよく分かります。そして、さきに引用した敗因レポートの一節にあるように、その後さらに一年や二年かけたとしても果たして最終的な報告書をまとめられるかどうかはかなり怪しく、見通しは決して明るいものではなかったのでした。つまり、ある意味で暴走族調査の「雪辱戦《せつじょくせん》」の意味あいをもって始めたフィールドワークが、いわばその初戦で敗退してしまったわけです。

もっとも、今振り返ってみると、その当時は自分でもそれほど明確に意識していなかったものの、九五年前後、つまり調査のアウトプットという点でもまた精神的にも最低の状態にあった時期には、実はさまざまな意味で再起の徴候が見えていたようです。それは、さきにあげた三つのポイント（①時間的余裕、②対象に関する事前知識、③調査課題と理論のマッチング）のうち、二点目と三点目に深く関わっています。

調査対象に関する事前知識——現場についての「土地勘」

再起の兆《きざ》しは、まず、演劇関係者を対象とするインタビューに現われていました。一九九五（平成七）年に「敗因分析レポート」を書いた前後には、さきにあげたような事情で取材が思うように進まず、またその結果をまとめていく上での基本的な問題設定を含む枠組みという点でも手詰《てづ》まり感があって、インタビューもあまりおこなえま

せんでした。しかし、「先があまり見えていなくても、とにかく少しでも前に進もう」と心に決めて、敗因レポートをまとめて計画を練り直した上で、その年の夏から本格的にインタビューを再開したのです。その作業を通じて次第に明らかになってきたのは、自分が相手の話してくれる内容をかなり理解できるようになっていたということでした。これについては、舞台関係の特殊な用語ということももちろんありましたが、ある意味でそれ以上に重要だったのは、演劇界の主だった人々の名前やその人々のあいだの関係についての知識、あるいは芸術助成を中心とする文化行政の動向についての基本的な知識などでした。

これは何といっても、九一年から九三年にかけて劇団で参与観察をおこなっていたことが大きかったようです。その二年余にわたるフィールドワークのなかで全部で九回の公演をめぐる演劇制作の舞台裏を経験するなかで、それまでは演劇についてはそれこそ「西も東も分からない」ような状況にあったのが、公演に関する一連の作業やそれに関わる人々の職能について舞台関係者に対してまがりなりにもインタビューできる程度には基本的な知識を身につけることができたのでした。また、その過程でさまざまな演劇関係者と顔をあわせる機会があったことも効果があったようです。つまり、たとえて言えば、一九九五年頃までには、演劇界という現場についてのある程度の「土地勘」ができていたのだと言えるでしょう。

この点に関して言えば、暴走族調査の場合は、アメリカに留学する以前におこなっていた三年あまりの施設調査の経験が同じような意味をもっていたと考えられます。その期間には二つの少年院で三度にわたる事例研究をおこなっていましたが、その面接調査を通して、間接的ではありますが、街角の青少年ギャングの特徴やそのメンバーの典型的な行動や思考様式についてある程度の事前知識が身についていたのです。

また、だからこそ、暴走族調査と演劇調査のあいだには調査期間のあいだに極端な差があったのだとも言えるでしょう。つまり、暴走族調査の場合には、リサーチクェスチョンの設定に際しては「土地勘」が有効にはたらいたのに対して、演劇調査の場合には、全く見知らぬ土地に迷い込んで一つひとつの道をおぼえることから始めるのに等しいことをしなければならなかったのだと言えます。その点を考慮に入れれば、暴走族調査と演劇調査のあいだには、調査期間という点で実はそれほど極端な差はなかったのだとさえ言えます。つまり、単純に調査地に入った時点から起算すれば一年五ヶ月に対して七年半という差があるとも言えますが、施設調査の期間を一種の予備調査の段階と考えれば、暴走族調査の場合も六年から七年程度の歳月を要したのだとも言えるのです。

以上のように、現地社会《フィールド》の事情に対する土地勘があるということは、単に予備知識があることによってより効率的に情報が収集できる、ということにとどまりません。現場の事情にある程度通じているということは、何よりもまず、現地の人々自身にとって何がリアリティのある問題であるか、という点について共感的に理解できるということをも意味しているのです。この点からすれば、「被助成化の問い」は、まさに演劇界という現場の中でフィールドワークをするなかで浮かび上がってきた「リアル」なリサーチクェスチョンの一つであったと言えるでしょう。

理論と研究課題のマッチング

先行研究の検討　もちろん、現実的に意味があるというだけでは、研究活動としてのフィールドワークにおける問題設定をする上で十分ではありません。リサーチクェスチョンは、実践的に意味のあるものだけでなく、理論的・学問的にも意味があるものでなければならないというのは、言うまでもありません。また、既に同種の研究の蓄積があり、あらためて調査研究をおこなわなくても答えが分かり切っている問題について調査をしたとしても、それほど意味があるはずもありません。「今さらアメリカ大陸を発見してもしょうがないでしょう」「いま『実は天《そら》ではなくて地球の方が動いているんだ』と言っても誰も相手にしてくれないよね」——卒論や修士論文を指導する時にわたしはよくこういう喩《たと》えを使いますが、これは何よりも調査研究の際における文献研究の重要さを強調したいからです。
もっとも、アメリカ大陸の存在や地動説の場合とは違って社会現象の場合には、どの程度の先行研究がありました現在どの程度まで調べようとする問題が明らかになっているのか、という点について明らかにするのは、実際にはそれほど容易なことではありません。特に、日本のように海外の文献（多くの場合、日本語の文献ですら！）が簡単には入手できず、また、図書館制度も充実していない国に住んで調査をしている場合、それは切実な問題になります。

この点、暴走族調査の場合は、比較的順調に文献調査を進めることができ、またその結果として、現地社会に入る以前の段階でかなりの程度具体的なリサーチクェスチョンを設定することができました。また、さきに述べたように、授業や専門分野試験を通して、フィールドワークを通して明らかにすべき二つの中心的問題、すなわち、「暴走行為の最中の心理的状態」と「青少年ギャング集団の構造と集団力学」という問題についてだけでなく、都市社会学やライフコース論などについて詳細な文献リストをつくりあげることもできました。

演劇調査における五つの問い　これとは対照的に、演劇についての調査の場合には、理論的枠組みを確定しました実際に理論的裏づけのあるリサーチクェスチョンを構成していくまでには、かなりの時間がかかりました。最初の問題関心が大衆文化・大衆社会論と密接な関連があったので、調査を始めて間もない頃には、この分野の文献を中心とするリストをつくってみましたが、実際に劇団活動に参加したり演劇関係者にインタビューをしてみると、それらの文献が調べようとしている問題を深く理解する上でそれほど役に立つようにも思えませんでした。それでも、「敗因分析レポート」を書く頃までには、主にアメリカの文化社会学者が中心となって展開してきた、「文化生産論」および「芸術界論」という二つの理論的パースペクティブがどうやら有望な枠組みになりそうなことが次第に明らかになってきました[14]。

あいにく日本では芸術に対する社会学的アプローチがそれほど盛んではないこともあって、これら二つの社会学的な芸術研究に関連する文献の入手にはかなり苦労しました。さいわいなことに、一九九三（平成五）年から九五（平成七）年にかけてはセゾン文化財団から研究助成のサポートを受けて三度にわたって米国を訪れることができ、その調査旅行のあいだに主にアメリカ各地の大学図書館でこの二つの理論的パースペクティブにもとづく芸術研究関連の文献を収集した上で、今度はかなり自分でも満足のいく文献リストをつくることができました。

それらの文献を検討してみた結果、この二つの理論的パースペクティブには、たしかに、公的助成の拡大が日本の現代演劇の世界に及ぼしつつある劇的な変化を分析していく上での貴重なヒントとアイディアが含まれているということが明らかになりました。実際、たとえば、図3・4に見るように、『現代演劇のフィールドワーク』の第Ⅱ部では、芸術に対する公的助成の影響を次の三つの基本的なリサーチクェスチョンを中心にして解き明かそうとしています。

・公的助成の拡大は、一種の「業界」としての演劇界をどのように変えていったのか？（第三章）
・公的助成の拡大は、個々の劇団という「組織体」のあり方にどのような影響を及ぼしていったのか？（第四章）
・公的助成の拡大は、演劇人の「職能」のプロ化に、どの程度寄与してきたのか？（第五章）

詳しい解説は省略しますが、これら三つの問いは、それぞれ以下のような、芸術と社会の関係に関する、より一般的な問題に対応しています。

産業化をめぐる問い――芸術の世界をいかにして産業として成立させ「業界」を形成することができるか？
組織化をめぐる問い――芸術活動においてチームワークを成立させそれを維持することはいかにして可能か？
職業化をめぐる問い――芸術家の活動はいかにしてプロの職業として成立させることができるか？

『現代演劇のフィールドワーク』は、これら三つの問いとさきにあげた「ビジネス化の問い」「被助成化の問い」をあわせた五つの基本的なリサーチクェスチョンを中心に展開しています。もっとも、このような五つの問いとしてリサーチクェスチョンを整理できたのは、かなり後になってからのことであり、演劇調査に関する基本的な問題設定はむしろ民族誌の執筆段階ではじめて明らかになったのだとさえ言えます[15]。つまり、暴走族に関する調査の場合と同じように、演劇調査の場合も、現場取材は、調査開始以前の段階で既にきちんとした形で整理され明確なものになっている問いに対する最も「正しい答え」を探し出すというプロセスであったというよりは、むしろ「適切な問い」を探しあてていく作業としての性格をもっていたのだとも言えるのです。

さらにこれを一般化して次のように言うこともできるでしょう。すなわち、**フィールドワークには、多くの場合、「理論的にも実践的にも意義のある問い**（リサーチクェスチョン）**は何か？」という、「問いそのものについての問い」に対する答えを見つけだしていく作業としての側面がある**のです。

データと仮説の二面性

データの二面性

問題発見のための材料

実際には、フィールドワークに限らずほとんど全ての調査研究には、調査の最初の段階から既に明確な形で整理されてしまっている問題についての正しい答えを見つけだす作業というだけでなく、「問いそのものについての問い」に対する答えを探していき「正しい問い」を見つけだしていく作業としての側面があります。ただ、図3・2A（一〇九ページ）に示したように、最終的に発表される論文や報告書では、リサーチクェスチョンそのものを明確化し構造化していく試行錯誤のプロセスについての記述は省略されてしまうことが多いので、それが見えにくくなっているのです。それは、特にサーベイ調査にもとづく研究報告書や論文のような場合について言えます。

調査の方法論についてのマニュアルについても、同じような点が指摘できます。書店などでよく見かける「社会調査法」などというタイトルの本を見ると、なかには、問題の明確化や仮説構成の仕方などについてある程度のページを割《さ》いて解説している本もあります。しかし、その場合でも、「予備調査」や「文献研究」など本格的な調査の前におこなわれる作業については、ごく簡単にふれている程度にすぎません。多くの場合は、そのような問題には全くふれずに、既に明確なリサーチクェスチョンや仮説が存在することを前提として、それに対する「正しい答え」を求めるための手続き（質問紙の文章の作り方やインタビューの仕方、質問票の回答を数値データとして「コーディング」した上で統計的に解析するための統計テクニックなど）についての解説がなされているだけです。

このようなマニュアルは、フィールドワークの全プロセスの中でもかなり後の方の段階、つまりリサーチクエスチョンがかなりの程度明らかになった段階で**サーベイ調査**や**構造化されたインタビュー**をおこなう際には有効かも知れません。しかし、現場調査の初期の段階や中間段階の作業にはほとんど役に立ちません。というのも、このようなマニュアルでは、フィールドワークの作業によって得られる**データや資料のもつ二面性**という点が全くといっていいほど考慮に入れられていないからです。

この章でここまで述べてきたことからも明らかなように、現場取材を通して入手できるデータには、単に**正しい答え**を導き出すための材料つまり「現実の社会現象をより的確に説明できる答えを割り出すための材料」という側面だけでなく、**適切な問い**を組み立てるための材料つまり「理論的にも現実的にも意味のある問題設定をおこなうための材料」という、もう一つの大切な側面があります。

たとえば、わたしがおこなった演劇についてのフィールドワークの場合には、参与観察を通してある劇団についてのデータや情報を集めて分析することは、単にその劇団やそのメンバーという事例**について**知るだけでなく、その劇団の事例**を通して**現代演劇という芸術ジャンルが抱えているさまざまな問題（経営上の問題、助成制度の不備の問題など）について認識を新たにし、それにもとづいて新たな問題（被助成化をめぐる問題）を発見し、それをリサーチクエスチョンとして組み立てていく上での重要な手がかりとなりました。同じように、暴走族調査の場合には、右京連合の集会に参加しながらそのメンバー一人ひとりの行動や仲間関係について見聞きし、それをフィールドノーツの記述やインタビュー記録という形でデータ化した上で分析していくことは、右京連合というグループや暴走族集団というものに**ついて**より深く知るだけでなく、そのギャング集団の活動の分析**を通して**、その根底にある「ヤンキーのライフスタイル」という**新しい問題を発見し、それを具体的な調査課題として練りあげていく**上での貴重な手がかりになりました。

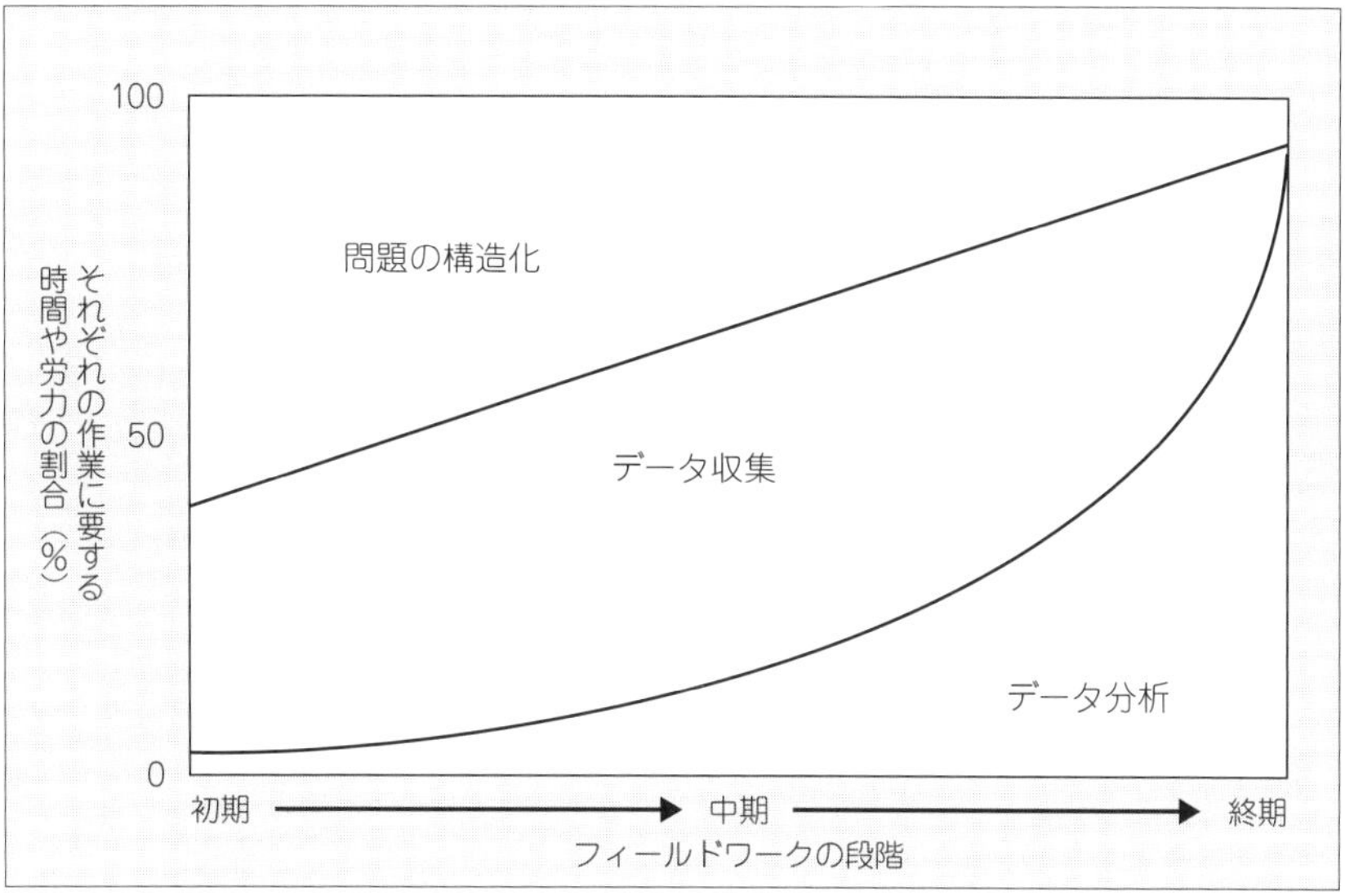

図3・5A　フィールドワークの各段階における三種の作業の関連

フィールドワークにおける問題構造化

こうしてみると、フィールドワークにおいては、データの収集、データの分析、問題の構造化という三種類の作業が同時並行的に進行するものだ、ということが明らかになってきます。そして、この三種の相対的な作業量の割合ないし比重は、調査の各段階で変わっていきます。これをモデル化して示したのが、図3・5Aです。

この図に見るように、フィールドワークの初期の段階では、データを集めてそれを少しずつ分析しながら問題を明確にしていく作業が中心になります。実際、フィールドワークを始めて間もない頃は、何と何が大切な問題であるかがよく分からず、手当たり次第に資料を集めることにもなりがちです。もっとも「手当たり次第」とは言っても、この時期に集める網羅的《もうらてき》なデータは、決してそのほとんどが何の役にも立たない無駄なデータというわけではありません。それどころか、初期の**網羅的な観察やデータ収集**は、後になって現場の状況になじみすぎてからではごく「当たり前」のこととして見過ごしてしまうような出来事や事柄について、まだ現場から受ける印象がフレッシュなうちに記録しておく上で非常に重要な意味をもっています。また、後になって焦点をしぼりこんだ調査をしている際には見逃しがちなポイントについてチェックしておくためにも欠かせない資料であると言えます（この点については、第4章でまた詳しく解説します）。

調査の中間段階に入ると、現場にもなじんで現地社会の状況についての一種の土地勘が身につき、フィールドワークの作業はかなり効率的におこなえるようになります。この時期には、リサーチクェスチョンもある程度明確なものになり、調査項目も網羅的というよりは、かなり焦点をしぼったものになります。フィールドノーツの記載も見聞きしたことを細大《さいだい》もらさず記録するというよりは、徐々にトピックが限定されたものになっていきます。また、いくつかの主要な質問項目を中心とした**フォーマルな聞きとり**を連続しておこなう場合も多いでしょう。場合によっては、質問事項を絞りこんだサーベイをおこなうこともあります。このようにして、この時期には、次第にデータの収集と分析が同じくらいの比重を占めるようになっていきます。

フィールドワークの最終段階では、問題の構造化は格段に進んでおり、最終的にできあがる報告書の輪郭もかなり明確なものになっているため、データ収集は、中心的な論点を明確にするためのものというよりは、むしろそれまでの取材や調査で十分に資料が得られなかった「データの穴」をいわばピンポイント的に埋める作業が中心になります。そして、この段階のデータ分析は、〈最終的な報告書全体の筋立てや論旨《ろんし》に照らしながら、もう一度それまで集めたデータの内容について総点検して再解釈をおこなう〉という膨大な作業になることも少なくありません。もっとも、問題が明確になっているとは言っても、最終的に問題設定が明らかになるのは、民族誌の原稿をあらかた書きあげて序章を書いている時であることも多いものです。

言うまでもなく、フィールドワークにもいろいろなバリエーションがあります。図3・5Aは、あくまでもデータ収集、データ分析、問題の構造化という三種の作業の関係を模式的に示すために作成したものです。場合によっ

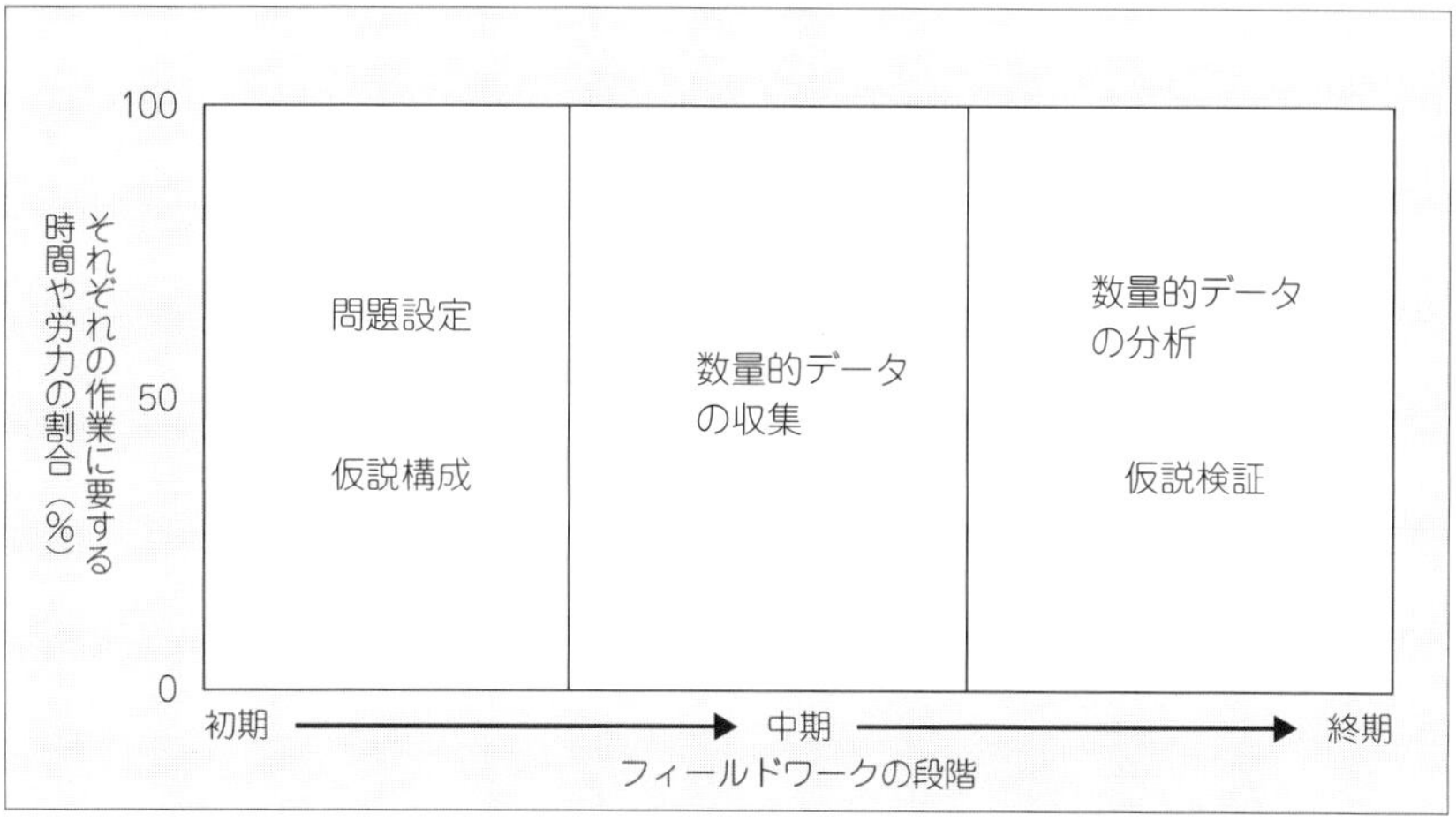

図3・5B　サーベイ論文の典型的な構成に見る三種の作業の関連

ては、それまでの研究や取材の蓄積があるためにこの図の中期にあたる部分からフィールドワークが始まることもあるでしょうし、逆に、中間段階で大幅な「仕切直し」の必要が生じ、もう一度スタートラインから出直しというケースだってあるでしょう。わたし自身のおこなってきた現場取材の例で言えば、暴走族調査の事例が前者の例ですし、演劇調査の例は後者の典型的な例だと言えます。

サーベイにおける問題構造化

少し前に、「サーベイ調査のような場合には、リサーチクエスチョンそのものを明確化し構造化していく試行錯誤のプロセスについての記述は省略されてしまうことが多い」というような内容のことを言いましたが、実際、サーベイ調査にもとづく報告書や論文を読んでいると、うっかりすると、ここで言う三種の作業の関係が、上の図3・5Bのように見えてしまうことがよくあります。

実際にこの図がよくあてはまるのは、よく官庁がある種の調査機関に「丸投げ」で委託しておこなう、**ワンショット・サーベイ**、つまり「一回やってしまえばそれで終わり」という単発式のアンケート調査の場合です。質問紙を郵便やファックスで送りつけて回答を依頼するというようなやり方をとる場合には、さらにこの図式がよくあてはまります。その種の調査では、〈データの収集と分析を繰り返しながら研究対象である問題そのものの構造を明らかにしていく〉という、「まだるっこしく」て手間も時間もかかる「詰《つ》め」の作業はほとんど省略されてしまいます。過去におこなわれた同種の調査の例を引き写しにしてほとんど同じ文面の質問紙をつくったり、一回か二回の「ブレーン・ストーミング」をもとに質問票をつくるというのはまだマシな方です。よくあるのは、誰かが頭の中だけで考えた文案のアンケートをそのまま予備調査もせずにバラまいて、回収率がかなり低いにもかかわらずそのまま集計して結論を出してしまう、というようなやり方です。[16]

　当然のことながら、データ収集、データ分析、問題構造化という三種の作業のあいだの有機的な関連が形成されるはずもなく、図に示したように、調査の各段階でおこなう作業はほとんど一種類のものになります。したがって、皮肉なことではありますが、この種の調査では、「問題・方法・結果・考察」[17]という、サーベイ論文に見られる典型的な構成は実際におこなわれた調査の作業の順番をきわめて忠実に反映したものになります。

　かなり良質のサーベイ調査の場合でも、報告書のページ数の制限や学術論文における表現の約束事による制約などから、結果として三種の作業の関係がこの図のようなものに見えてしまうことがよくあります。しかし、実際には、良質のサーベイ調査の場合には、図3・5Cのように、「文献研究」すなわち理論文献や過去におこなわれた同種の調査研究の結果についての綿密な検討、あるいは周到《しゅうとう》な予備調査などを通して調査計画の立案の段階で、かなりフィールドワークと似たような問題構造化の手続きをとることが多いものです。[18]これを裏返して言えば、質の低いワンショット・サーベイの場合は、図3・5Dに示したように、問題構造化の面倒な手続きを省略してしまって、調査者の「独断」や「偏見」あるいはたまたま自分が見聞きしたことなどというきわめて怪しげな根拠にもとづく推論で済ませているのだとも言えます。この場合、きちんとした仮説を構成する作業が省略されてしまうこと

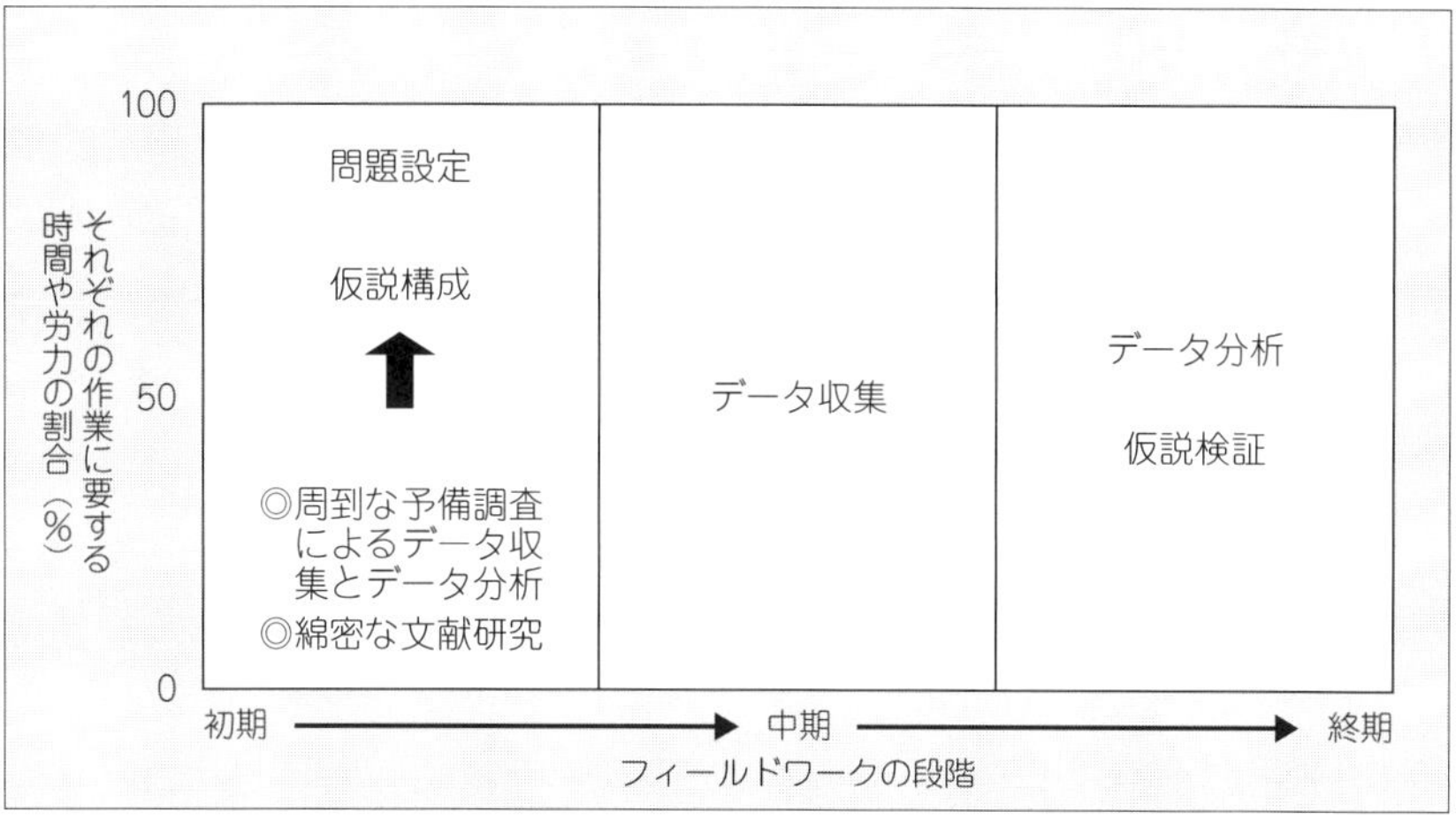

図3・5C　良質のサーベイ調査における三種の作業の関連

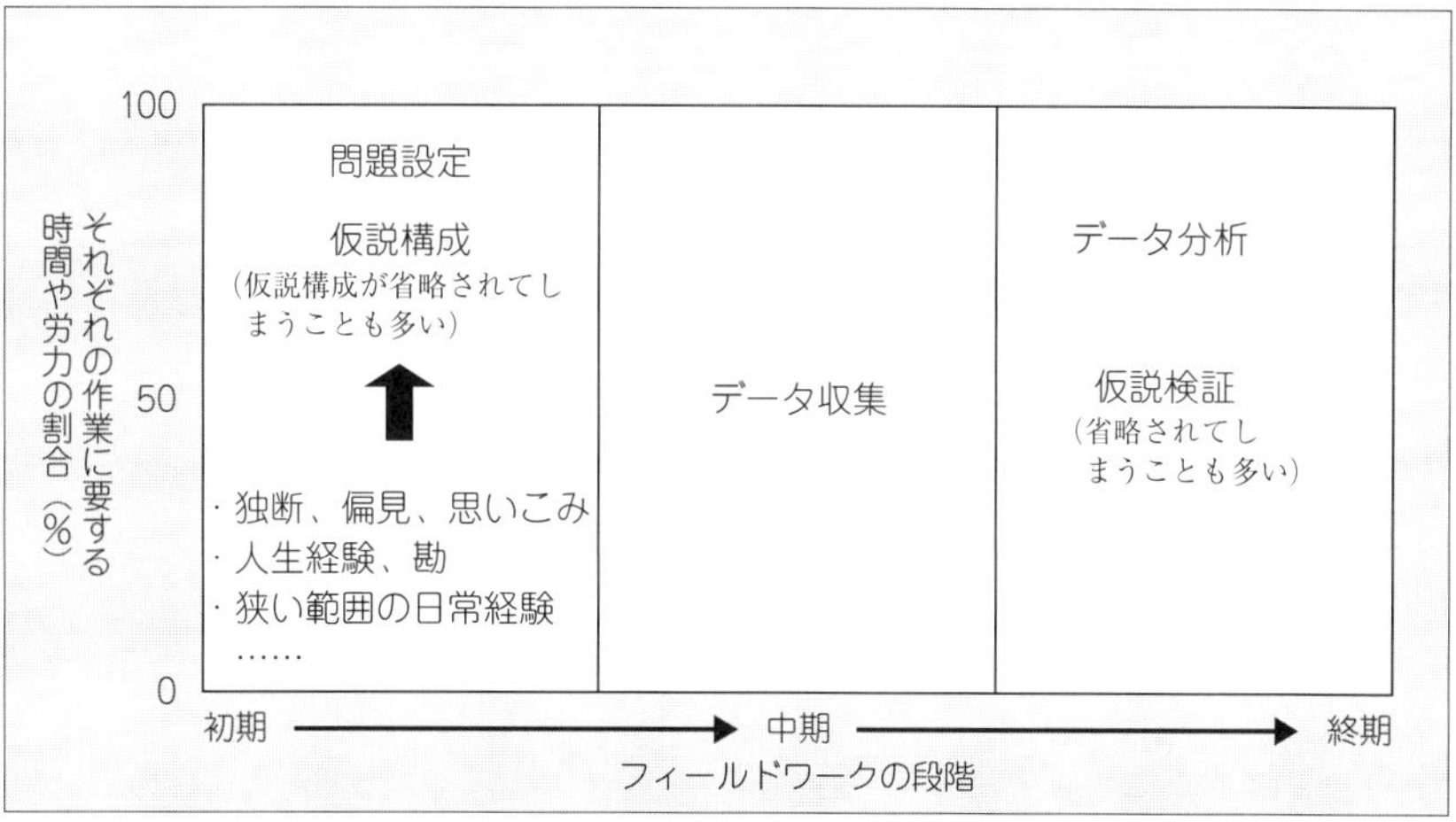

図3・5D　低レベルのサーベイ調査における三種の作業の関連

もよくあります。

仮説の二つの意味

広義の仮説と狭義の仮説

「問題・方法・結果・考察」という、調査レポートの通常の構成は、調査研究における実際のプロセスについて思いがけない誤解をまねきがちな代表的な例ですが、この他にも、社会調査をめぐる通念や用語のなかには、調査についての間違った理解に結びつきかねないものがいくつかあります。その典型的な例の一つは、「仮説」です。特に「**仮説検証型アプローチ**」とよぶことができる方法についての通俗的な解釈にもとづいて仮説という言葉が使われる時には、社会調査一般における問題構造化の作業の重要性がおおい隠されてしまいがちになります。

仮説は、平たく言えば「仮の答え」です。繰り返し指摘してきたように、問題構造化の作業は「理論的にも実践的にも意義のある問いを練りあげていくプロセス」として考えることができます。もしそうだとしたら、逆の角度から見れば当然、その作業は一方では「**理論的にも実践的にも意義のある『仮の答え』としての仮説**を練りあげていくプロセス」ということにもなるはずです。しかし、仮説検証型アプローチに関する通俗的な解釈のなかには、そのような問題構造化作業を中核におくフィールドワークと仮説というものとが互いになじみにくい性質をもっているものだ、という錯覚を引き起こしてしまう側面があります。

仮説検証型アプローチは、社会調査の場合、おおよそ次のような手続きを指していると考えられています。まず、できあいの理論や既に得られているデータや資料をもとにして、実際にその理論を現実の社会にあてはめてみた時にどういう結果が得られるかを予測し、それを比較的短いセンテンスとしてまとめた仮説として立てます。（たとえば、「国別に見た場合、平均的な世帯収入が高ければ高いほど識字率《しきじりつ》も高い」）次に、実際に調査をおこない、その結果として得られたデータをはじめに立てた仮説とつきあわせてみて、理論から導き出された予測があたっていたかどうか調べます。あたっていれば、それは仮説やそのもとになっている理論が**検証**ないし支持されたことになり、外れていれば否定されたことになります。このように、仮説検証的アプローチというのは、基本的にはその仮説およびそのもとになる理論的前提やそれにもとづく推論が「支持されるか否定されるか」という形をとり、白黒がはっきりする方法だと言えます。

そして、このような意味での「仮説」の定義としては、よく次のようなものがあげられます。

「**経験的な事象を科学的に説明もしくは予測するために定式化された未検証な命題（または命題群）**」――狭い意味での仮説[19]

たしかに、こんな定義を目にしたら、仮説というのはフィールドワークとは全く無縁のものだ、という風に思えるかも知れません。というのも、フィールドワーカーが、現地で日々暮らすなかで出会う事柄はあまりにも多くまた種々様々です。そんな多くの事柄を単純明快ないくつかの「命題」や「命題群」という意味での仮説の形で整理した上で「検証」することなどできるはずはないからです。

これに対して、いわゆるアンケート調査をはじめとするサーベイ調査の方は、仮説検証的アプローチとなじみやすい性格をもっています。アンケートで調べられる項目の数は非常に限られているものですし、あらかじめ、少数の要因のあいだに成り立つ関係を予測した仮説をつくっておけば、一回や二回のアンケートで仮説が「実証」されたり「否定」されたと見ることもできないことはないのです。

しかし、さきにあげた仮説の定義を次のように拡張解釈してみたらどうでしょうか?

「既にある程度分かっていることを土台（根拠）にして、まだよく分かっていないことについて実際に調べてみて明らかにするための見通しとしての仮の答え」——広い意味での仮説

こう言いかえてみると、仮説というのは、ことさらに「科学的」な研究に限ったわけではないことが分かります。実は、日頃ごく当たり前のようにおこなっていることのなかにも、かなり似かよった手続きや作業が含まれているのです。たとえば、私たちにとって非常に身近な料理というものを例にとってみましょう。料理を始める前にその料理のできあがりについて何らかの見通し、つまり一種の「仮説」を立てずにとりかかる人は少ないのではないでしょうか。この場合、右の広い意味での仮説で言う「ある程度分かっていること」には、たとえば、料理の材料の味や材質、調理道具の性質などが含まれます。「まだよく分かっていないこと」は、言うまでもなく、最終的にできあがる料理の味や香りや色合いなどのことです。

こういう「料理仮説」をはじめに立てておけば、そうでない場合とくらべて美味《おい》しい料理ができあがる確率が格段に高くなりますし、また、たとえしくじって結果としてひどい味の料理になってしまっても、その失敗の原因が何だったかをはっきりさせられます。そうすれば、今度同じ料理をつくる時に成功する確率も高くなるはずです。

全く同じようなことが、フィールドワークについても言えます。フィールドワーカーがこれから調査に出かけようという時に、調査しようと計画している土地の風習やそこに住む人々について全く白紙の状態で行くことは、まずありえません。フィールドワーカーは、調査の準備のために、その土地の社会について先人《せんじん》が発表した民族誌を読んだり、もっと一般的な問題を扱った社会学や文化人類学関連の文献を読んだりして、いろいろな予測を立てて

いるはずです。この場合、右で言う広い意味での仮説の「既にある程度分かっていること」には、既存の理論や先人の調査結果があたるわけです。一方、「まだよく分かっていないこと」には、その理論が現実の世界にあてはめてみてどれだけ妥当性があるか、ということの他に、その理論の中で十分つめられていない点、あるいは、先人が調べ残したこと、先人が調査した後にその社会がどのように変わっているかなどの項目が含まれます。

　料理の場合と全く同じように、調査に入る前にあらかじめそういう予測なり仮説をたてておいた方が、そうでない場合とくらべて調査はスムーズにいくことが多いでしょうし、また調査の成果を判断する時に確かな拠《よ》りどころにすることができるはずです。こうしてみると、広い意味での仮説には、上に示したように、さきにあげた「狭い意味での仮説」、つまり比較的短いセンテンスとしてまとめられた仮説命題以外に、たとえば「予想」や「思いつき」「見通し」と言ったものが含まれることが分かります。また、調査の初期につくる章立て案や中間段階で書く中間報告書も、現場調査全体の見通しを明らかにし暫定《ざんてい》的な結論を出しておく、といった意味では、一種の仮説であるということもできます。[20]

広い意味での仮説	**狭い意味での仮説（仮説的命題）** 予想 見通し 思いつき 当て推量 章立て案 中間レポートにおける暫定的結論 ……

広義の仮説と狭義の仮説

フィールドワークにおける仮説検証法的アプローチ

　ここで明らかになるのは、フィールドワークにおける仮説という時に大切なのは、「フィールドワークに仮説検証型アプローチはなじむか、なじまないか」という問題ではなく、むしろ、**どのようなタイプの仮説をどのようなやり方で使うのか**という点だということです。

　よく誤解されるのですが、自然科学の研究における仮説については、次のような紋切《もんき》り型のイメージがあります――〈実験を始める前の段階で既に文章や数式の形できれいに整理された仮説ができあがっており、一回や二回の実験をすれば白黒がはっきりした明快な結果が出て仮説が否定されたり実証されたりする〉。実際は、自然科学の分野においてもこれほど単純明快な仮説検証ができるケースはそれほど多くはありません。むしろ、この章で見てきたような、試行錯誤や「仕切直し」の要素を多分に含む問題構造化のプロセスのなかで問いの練り直しが繰り返しおこなわれ、また、それに対応して何度も仮説構成と仮説検証がおこなわれていくのです。

しかし、サーベイでは、しばしば仮説検証的なアプローチのイメージが安直に適用されます。調査というものにあまりなじみのない人がそのようなサーベイの報告書を読むと、まるで一回や二回のアンケートで簡単に仮説が実証されたり否定されているようにも見えます。仮説というと、こういう安易なサーベイの連想があるものですから、「フィールドワークには仮説検証的な発想はなじまない」などというようなとんでもない誤解が生じてしまうのです。

既に述べたように、フィールドワーカー自身がそれを十分に認識しているにせよいないにせよ、実際には、フィールドワークにも、多かれ少なかれ仮説検証的アプローチに似た作業が暗黙のうちに含まれています。ただ、サーベイ調査で用いられている、いわゆる「仮説検証法型アプローチ」とくらべてみると仮説の数が圧倒的に多いものですから、それが見えにくくなっているのです。また、フィールド調査の場合には、その最中にいろいろなタイプの仮説が何回も修正されたり棄てられたり、新たに立てられたりします。ですから、どうしても「理論やデータから仮説を導く→調査をおこなう→仮説の当否を判定する」というすっきりとした形で調査全体をまとめて報告するということが非常に難しくなります。これもまた、フィールドワークに含まれている仮説検証的なプロセスを見えにくくする一つの原因になっています。

これを裏返して言えば、フィールドワークの場合にも、この暗黙のうちの仮説検証的な手順をもっと明確な形にするように心がければ、より実りある調査研究が期待できるはずなのです。というのも、仮説というのは、うまく調査全体のプロセスに組み込めれば、調査全体のすじ道を明らかにし問題の焦点をはっきりさせる上で何よりも有効な手段だからです。また、仮説検証的な発想を常に意識していれば、調査結果が出てしまってから自分の都合のいいように解釈する、いわゆる事後解釈や御都合《ごつごう》主義的な解釈をかなりの程度防ぐこともできます。

問題設定と仮説についての問い

つまり、フィールドワークをおこなう時には、おりにふれてたとえば次のような点についてチェックし、それを記録に残しておく必要があるのです。

問題設定（問い）に関する問い

「この問題については、先行研究ではどこまでが分かっているとされているのだろうか？　通説に『穴』はないだろうか？」

「分かっていないのは、どのような点についてなのだろうか？」

「この問題設定は、理論的に意義があるものなのだろうか？」

「これは、現場の人々にとってもリアリティのある問題なのだろうか？」

仮説（仮の答え）に関する問い

「まだ分かっていないことはどんなことなのか？　それを明らかにするには、どのようなデータをどのような手順で集めればいいのか？　そうした場合、どんな結果が出ると予測できるのか？」

「調べようと思っている問題は、いま、どの程度明らかになったのか？」

「どういう手順で、また、どういう根拠（データ）でそれが『明らかになった』と言えるのか？」

「明らかになったことは、はじめの予想と同じだったか？　違っていたとしたら、どのように違っているのか？　どうしてそんな違いが出てきたのか？　調査を始める前には思いもよらなかったような発見はなかったか？」


言葉をかえて言えば、調査のさまざまな段階でその時点における問題設定（問い）とそれについての仮説（答え）を明確にし、また、その仮説の内容やそれを検証する上で必要な手順についてフィールドノーツなどを利用して小まめに記録しておくことが大切なのです。また、それが可能な場合には、おりにふれてある程度まとまった長さの文章を中間報告書や論文としてまとめてみるのもきわめて効果的なやり方でしょう。たとえば、さきにふれたように、演劇調査の場合には、途中でセゾン文化財団に提出するために中間報告書を作成しましたが、これに加えて、『現代演劇のフィールドワーク』を刊行するまでには、大学の紀要論文や書籍の一章という形で何本かの論文を発表してきました。このような文章をまとめる作業は、ある時点までに考えていた「芸術と商業主義」という問題設定の不十分さを明らかにし、また「被助成化の問い」という問題の重要性とその新たな問題設定から派生するリサーチクェスチョン群に対応するいくつかの仮説をより明確なものにしていく上できわめて効果的でした。

このようにして、フィールドノーツや論文をまとめる作業などを通して、最初は漠然とした「**問題関心**」でしかなかったものが次第に「**リサーチクェスチョン**」と呼ぶにふさわしいものになっていきます。それと並行して、調査の最中に浮かんださまざまな着想、つまりはじめは単なる「**思いつき**」や「**予想**」にすぎなかったものが徐々に理論とデータの肉づけと裏づけを与えられることによって「仮説」と呼ぶのにふさわしいものに鍛えあげられていきます。また、調査の成果をまとめる段階でこのような、リサーチクェスチョンとそれに対応した仮説を練りあげていく際の記録が十分に生かせれば、最終的に発表する民族誌はより分かりやすいものになるはずです。

フィールドワークにおける問いと答えの対応

この章でこれまで述べてきたことをまとめると、表3・1のようになります。これは、フィールドワークの各段階における問いと答えの対応関係について、それぞれの段階に特徴的な問い（問題設定）、主な調査技法（問いを構造化し、答えを導き出すためのデータを収集するテクニック）、答え（仮説ないし結論）という三つのポイントから整理してみたものです。また、四つ目の欄には、それぞれの時期において書かれる民族誌ないしその原型となるような論文やフィールドノーツの記載がどのような性格をもっているか、という点についてまとめておきました。

この表に示したのは、かなり漠然とした問題関心から出発する場合の例であり、実際にはフィールドワークにはいろいろなタイプのものがあることは言うまでもありません。[21] ですから、この図式は、決して必ずふむべき厳格な手順を示したものではなく、むしろ現場調査における一連の手続きの概要を示すことによって、フィールドワークにおける問題構造化のプロセスについて考えていく際の一種の「たたき台」として示したものだ、というくらいに考えてください。

まず、調査の段階については、これを便宜的に計画・予備調査段階、中間段階、最終段階という三つの段階に分けることができます。（「試行錯誤の段階」については、すぐ後で説明します。）

表3・1　調査の各段階における問いと答えの対応関係

調査の段階	問い（問題設定）	主な調査技法（問いを構造化し、答えを導き出すためのデータを収集するテクニック）	答え（仮説・結論）	民族誌の作成作業
計画・予備調査段階 （大まかな「全体地図」づくりの段階）	初発の**問題関心** 相互にゆるやかな関連をもつ調査課題群	先行研究の検討・関連文献の読みこみ 網羅的な観察と記録 インフォーマルな聞きとり 網羅的資料調査 （「人名録」「年表」等の作成） 探索的サーベイ	**「予想」** 「思いつき」 「印象」 「見通し」	大まかな章立て案 観察メモ・理論メモの作成 （→予備調査報告書の作成・公表）
（試行錯誤の段階）	リサーチクェスチョンの根本的な見直し 「勇気ある撤退」「仕切り直し」	フィールド日誌の総点検 手持ちのデータ・資料の総点検 関連文献とのつき合わせ	当初の予想や見通しについての再検討	（「敗因分析レポート」の作成）
中間段階 （全体地図の改訂と詳細な「区分地図」づくりの段階）	基本的指針としての**リサーチクェスチョン** 相互に密接な関連をもつ具体的な調査課題群	焦点を絞りこんだ観察と記録 フォーマルな聞きとり 焦点を絞りこんだ資料調査 仮説検証型サーベイと統計調査	調査課題や要因を絞りこみ、相互に密接な関連をもつ**仮説**群	章立て案の改訂 観察レポート・理論レポートの作成（→中間報告書の作成・公表）
最終段階 （全体地図および詳細な区分地図の仕上げと再点検）	最終的な**問題設定** 構造化された具体的な調査課題群	補足的聞きとり 補足資料の収集 関連文献とのつき合わせ	いくつかのキイ・コンセプトを中心にして構造化され、既存の理論ないし「データ対話型理論」との対応関係が明確にされた**結論**群	最終版の章立て 民族誌の脱稿

計画段階は、いわば大まかな見取り図ないし全体地図づくりの段階です。この時期には、問題関心はまだ漠然としたものであり、的をしぼりこんだリサーチクェスチョンについての答えを求めるというよりは、先行研究や関連文献の読み込みおよび網羅的な現場観察などを通して、問題関心と理論との関連や現場の状況についての「土地勘」を身につけることが優先されます。実際、この時期にその現場の社会生活における主要な登場人物についてのリストやそこで起こった主な出来事をリストアップした年表のようなものをつくっておくと、その後の調査がスムーズに進むことが多いものです。この段階でおこなう聞きとりはかなりインフォーマルなものが中心になるでしょうし、サーベイにしても仮説検証型というよりは何が大切な問題であるかを探るための探索的なものになるでしょう。

この段階における仮説は、きちんとした仮説命題というよりはむしろ「予想」や「思いつき」と言った方がふさわしいものになりますが、それについては、フィールドノーツに**注釈や同時進行的覚え書き**（これについては、第6章で詳しく説明します）という形で記録しておくと、後で民族誌をまとめる時に役立ちます。場合によっては、簡単な予備調査報告書をつくったり同僚や仲間の前で発表してその人々からフィードバックを得てもいいかも知れません。図3・3（『現代演劇のフィールドワーク』の章立ての最初のバージョン）のような民族誌の章立て案をつくってみるのも、自分の考えやその時点で見聞きした内容について整理しておく上で役に立ちます。

中間段階では、初期につくった全体の見取り図を作り直すとともに、具体的なリサーチクェスチョンに沿った詳細な「区分地図」を作成することが主な作業になります。具体的には、それは、改訂版の民族誌の章立て案という形になりますし、図3・4（『現代演劇のフィールドワーク』の最終版章立て）のようなものに近い、かなり細かい内容にまで踏みこんだリストにもなります。この時期には、リサーチクェスチョンは図3・1（暴走族調査における設問群、一〇六ページ）のようにかなり具体的な設問のような形になっています。調査課題相互の関係もかなり密接で体系化されたものになります。

この段階になれば、的をしぼりこんだリサーチクェスチョンに対応する仮説を検討していくために仮説検証型サーベイや統計調査をおこなうことができるかも知れません。また、特定の課題については、対象や問題を限定した観察あるいは質問項目を整理したリストを使っておこなう**フォーマル・インタビュー**も効果的です。それまでに蓄積されてきたフィールドノーツの中の観察メモや理論メモを整理してレポートをつくってみてもいいかも知れませんし、さらにそれをまとめて中間報告書を作成して発表したり、現場の人々に読んでもらって批評してもらうというのも効果的です。

最終段階では、それまでに書いた論文や民族誌の原稿を全体にわたって再検討して、その全体の構成や各章の記述と実際に現場で集めた資料やデータとを照らし合わせながら、フィールドワークの最終的な仕上げに入ります。『現代演劇のフィールドワーク』の序章に示した「五つの問い」（本書一二四ページ参照）のように、民族誌の序章や第一章には、民族誌全体をつらぬく基本的な問題設定といくつかの具体的な調査項目がまるで調査の最初から設定されていたリサーチクェスチョンのような形で示されることもあります。

この時期におこなう調査はある意味で非常に効率的なものになります。というのも、どういう問題についてどのようにして調べればいいかは既にかなり明らかになっており、あとは民族誌の原稿を書いていくなかで目についてきたデータの「穴」を埋めるためにピンポイント的に聞きとり調査をおこなったり、手元の材料だけでは不確かな点について補足的に資料を集めたり追加の聞きとりをして確認する作業が中心になるからです。また、集めた資料やデータの解釈の根拠について検討していくなかで理論的文献の読み込みが足りなかったことに気がつく場合もあります。そういう場合には、もう一度手元にある文献を読み直したり、新たに文献を入手して確認していかなければなりません。

民族誌の記述においては、最終的な仮説とデータや資料とをつきあわせてみて得られた結論が従来の文献や既存の理論で主張されてきたこととどのように関係しているのか、という点について明らかにしていかなければならないことは言うまでもありません。それらの結論は、ある場合には、既存の理論の妥当性を確認したり補足したりするものかも知れませんし、あるいは逆にその理論を根底から否定するものになるかも知れません。また、民族誌の最終章などでは、できあいの理論というよりはフィールドワークにおけるデータをもとにして帰納的な手続きを通して徐々につくりあげていった「**データ対話型理論**」（これについては、文献ガイドにあげた『データ対話型理論の発見』を参照してください）との関係が明らかにされるかも知れません。[22]

この段階になると、問題を明確にし仮説を検討していった結果として得られたいくつかの結論や民族誌における中心的な主張は、しばしばキイコンセプトやキイワードを中心として構造化されたものになっていきます。またそのキイワードは、よく民族誌のタイトルや副題として使われる場合もあります。たとえば、暴走族について書いた二冊目の民族誌の題名は、『ヤンキー・暴走族・社会人――逸脱的ライフスタイルの自然史』というものです。これは、この本の中心的テーマがさきにあげた「ヤンキーのライフスタイルとその推移」というものであり、次のような結論を、短いキャッチフレーズのようなものとして示すことを意図したものです――「暴走族の活動の根底には、ヤンキーのライフスタイルがあるが、そのスタイルは、ある一定の年齢になると通常の社会人のものに近くなっていく」。

答えではなく最終的に構造化された「問い」の方を題名に使うという手もあります。これについては、たとえば、一橋大学の伊丹敬之ゼミが発表してきた次のようなモノグラフのタイトルが参考になります――『日本の自動車産業――なぜ急ブレーキがかかったのか』『日本の鉄鋼業――なぜ、いまも世界一なのか』『日本の造船業――世界の王座をいつまで守れるか』。『現代演劇のフィールドワーク』の場合は、副題は「芸術生産の文化社会学」という、問いや答えというよりは、問題に対する基本的なアプローチを示すフレーズにしましたが、本の「帯」には、次のような基本的な問題設定を示す文章を一種のキャッチフレーズとして添えることにしました――「芸術《アート》はビジネスになりうるか?」「パトロン付きの芸術家に真に自由な表現は可能か?」。

いずれにせよ、このようにして民族誌全体の主張を一言で表現できるようなキイワードやキャッチフレーズができあがった時に、調査はあらかた完了したとも言えるでしょう。そのようなキイワードやキャッチフレーズには、現場調査全体をつらぬく問いとそれに対する答えが凝縮されているはずです。[23]

もちろん、全てのフィールドワークがこのように順調な経過をたどるわけではありません。演劇調査の例で示したように、場合によっては、フィールドワークの途中で自分が全く見当違いの問題や対象について調べていたことに気がつき、リサーチクェスチョンの根本的な見直しを迫られることもあります。これが、表3・1では網掛けの行で示した**試行錯誤の段階**です。このような状態に陥った時には、それまでの調査の進行状況について確認し、手持ちのデータや資料を総点検し、あるいはまた関連する文献を読み直すことによって、どこに致命的な問題があったのかを明らかにしていかなければなりません。(フィールド日誌を小まめにつけておくと、この種の作業が比較的スムーズにおこなえます。)また、このような分析の結果は「敗因分析レポート」のような形でまとめておくと、問題点が整理できて役立ちます。

その「敗因分析」の結果として、表3・1では上向きの矢印で示したように、もう一度リサーチクェスチョンを根本的に組み直して再出発する場合もあるでしょう。あるいは、その調査課題についてはそれ以上追求することは断念して、この表では外に向かう横向きの矢印で示したように「**勇気ある撤退**」を敢行《かんこう》する場合だってあるでしょう。わたしの場合は、一九八六年におこなったジャズバンドについての参与観察調査と八七年から八八年にかけて関わったアマチュア劇団についての調査は、この、「勇気ある(?)撤退」をした例でした。もっとも、この二つの調査の体験は、後にプロの劇団に参加して取材を進めていく際にさまざまな面で生かされることになりました。

その点では、この二つの調査は結果的に見れば、現代演劇に関するフィールドワークの予備調査としての意味あいをもっていたと言えるかも知れません。

結　論

ここまで読んできて、「ダマされた」あるいは「裏切られた」という思いをしている読者も多いことだろうと思います。というのも、この章で述べてきた内容は、少なくとも基本的なアドバイスという点に関して言えば、これまでも研究法や「発想法」に関する書物の中で何度となく指摘されてきたことを繰り返しているにすぎないように見えかねないからです。たとえば、以下のようなアドバイスをどこかで目にしたことがないでしょうか？　また、似たようなことを卒論指導や授業などの機会に耳にしたことはないでしょうか？

・先行研究などの文献をしっかりと読み込む
・文献リストをつくったり読書メモを書いたりして、関連する研究分野の現況を把握しておく
・文献を読むだけでなく、現場に入りこんで何が実践的に意味があり、またリアリティのある問題なのかを明らかにする
・浮かんできたアイディアは、メモやレポートとして小まめにまとめておく

「そんなことは、分かり切っている。そんな面倒なことはなるべくしたくないから、もっと手軽にやれる素晴ら

しい方法やテクニックが紹介されているのだろうと思って読み始めたのに、結局、今までさんざん言われてきたことと大差ないじゃないか」――こんな思いをしている読者も多いと思います。そういう読者は、おそらく、自分が今抱えている研究テーマや調査対象にとっておあつらえ向きのハウツー的な記述を期待していたのだと思います。（ところが例に引かれているのは、何と暴走族や現代演劇という、社会調査のテーマとしてはかなりアンオーソドックスなものなのです！）

実際、授業や講演あるいは卒論指導などの機会にこの章で述べたような内容について話していると、よく次のような質問に出くわします。

「僕（わたし）は、今○○というテーマで卒論を書いているんですけど、何かそのままモデルになるような先行研究をご存じないですか？」

「○○というテーマについて、要領よくまとめたレビュー論文のような文献について知りませんか？」

「卒論のテーマについてなかなか決められなくて困っているのですが、何か簡単にまとめられそうな、手頃なテーマはないですか？」

このような質問に対するわたしの答えの内容を一言で要約すれば、次のようなものになります――「わたしは、あなたではありません」。もちろん、自分の知っている範囲でレビュー論文や文献レビューの専門誌などに関しては極力《きょくりょく》紹介するようにしていますが、それ以上のアドバイスはむしろ与えない方が質問者のためになるのではと思えることも少なくありません。というのも、ある程度の「無駄」や重複を覚悟しながら、試行錯誤を通して文献の探し方やテーマや問題の見つけ方について学ぶプロセスそれ自体が、学生自身にとってきわめて大切な作業ではないかと思っているからです。実際、わたしがシカゴ大学で体験した専門分野試験における文献リストづくりは、多分にそのような性格をもつものでした。

また、文献を読み込んだり現場取材をしていくプロセスを通して調査課題を構造化しそれに対応する仮説を構築していく作業は、それがいったんうまく動きだした時には、フィールドワークのなかでも最もスリリングでエキサイティングな体験の一つになります。もっとも、多くの場合は、そこに至るまでにはかなり地道《じみち》で厄介《やっかい》な作業が必要です。ですから、その面倒な作業が自分にはとうてい我慢できないものとしか思えないような場合や、そもそも問題構造化の作業それ自体を楽しめないような場合は、現場取材を調査方法として選ぶことはあきらめた方がいいのかも知れません。

問題の構造化に関する話をしていてよく出てくる質問には、次のようなものもあります。

「ある程度の量のデータとか資料を入れたら、それを自動的に整理して問題を構造化してくれるようなコンピュータ・ソフトって無いんでしょうか？」

これに対しては、わたしは次のように答えるようにしています——「そんな便利な道具があったら、僕が欲しいくらいだ。でも、そんなソフトがあったら僕たちの仕事はなくなって失業してしまうよね」。

幸か不幸か、今のところしばらくはそういった意味での失業の心配はなさそうです。というのも、これまで何度となく指摘されてきたように、問題の構造化や仮説の構成という問題に関しては近道《ショートカット》や定石《じょうせき》のようなものはありえず、小手先のテクニックなどで処理できるものではないからです。

たしかに、書店などでよく見かける社会調査法に関する解説書やガイドブックは、データの集め方や「仮説が妥当であるか否かを検定《テスト》する方法」についての紹介や説明で満ちあふれています。しかし、肝心の「いい仮説」あるいはそれに対応する「いい問題」をつくり出すための方法については全くふれていないか、あるいは通《とお》り一遍《いっぺん》の解説で済ませている例がほとんどです。つまり、それらの本では、既に仮の答えもそれに対応する問いもすっきりとした形で整理されていることが前提とされているのです。そして、それらの本が主に扱っているのは、仮の答えと手元にあるデータや資料をつきあわせてその答えが「当たっている」かどうかを検討するための方法やテクニックなのです。一方、その仮の答えあるいは問いそのものをどうやってつくったらいいかについては、全くと言っていいほどふれていません。

これは、一つには、これまで調査法についての議論が狭い意味での仮説検証の手続きにのみとらわれ、問題の構造化や仮説構成といったプロセスについては軽視ないし無視してきたことによるものです。もう一つの大きな理由は、これまで何度も指摘されてきたように、仮説の妥当性を検証するプロセスについてはマニュアル化が可能であっても、「いい仮説」そのものをつくり出すプロセスに関してはマニュアル化がほとんど不可能だからなのです[24]。この点に関して、ある意味で最も有効なのは、この章で試みたような形で調査研究の実際の経緯について詳しく書かれた報告を何編か読んでみて、それを現在の自分のケースにあてはめてみる、というやり方です[25]。

得られたデータや資料から「いい問題」や「いい仮説」をつくり出すプロセスそれ自体について公式化することは不可能ですが、その作業をする上で不可欠の素材になる、良質の情報やデータを入手するためのコツやノウハウはあります。実際、現場はアプローチ次第によっては、きわめて良質なデータの宝庫になりえます。また現場に入り込んで現地社会における出来事を見聞きすることは、その問題が単に理論的に意義のあるだけではなく、実践的にも意義があり、何よりも現場の人々自身にとって「リアル」な問題であることを確認する上でまたとない機会になります。そして、その現場における観察に際しては、その観察内容を小まめに記録し、折にふれてその観察内容の分析結果を文章としてまとめておくことは、問題の構造化や仮説生成にとって役に立つデータを入手する上での必要条件になります。

第Ⅱ部では、この、良質のデータや資料の収集、記録、分析を通して問題を構造化し仮説を構成し、さらに結論を導いていくための具体的な手続きがどのようなものであるかについて解説していくことにします。

第Ⅱ部　技法篇

第4章
フィールドノートをつける
――「物書きモード」と複眼的視点

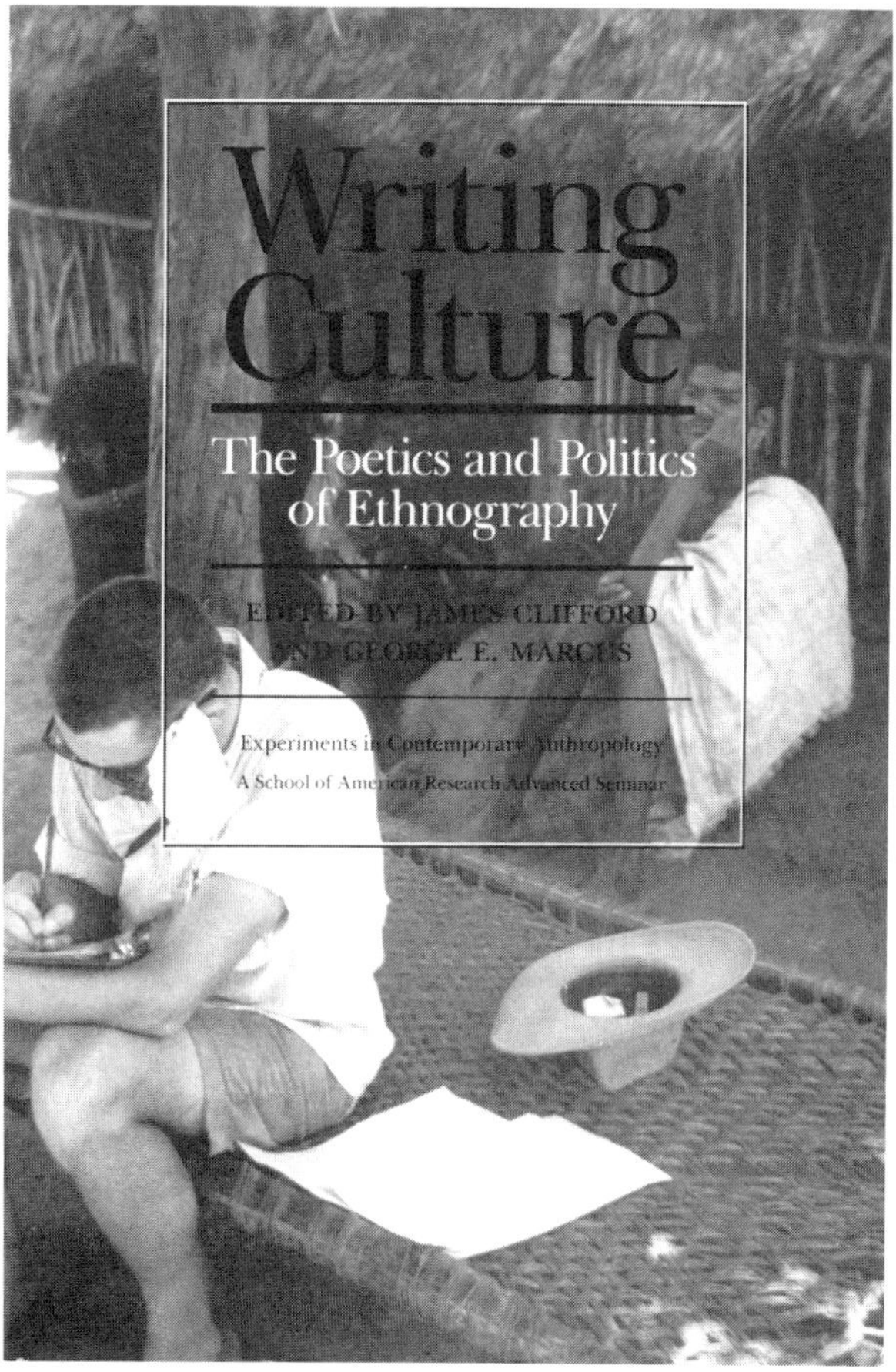

調査現場で記録をとる人類学者　出所：James Clifford & George Marcus (ed.). *Writing Culture*（University of California Press 1986）

フィールドノーツは、データ収集を明確な規準に沿ったものにするための一つの方法であるとともに、調査者による解釈の根拠を公けにする方法でもある。理想的なフィールドノーツとは、作成者以外の者がそれを読んでも、作成者のものと同じ推論と説明に達することができるものである。この理想を完全に達成することは不可能かも知れない。しかし、まともにフィールドノーツをつけることができない場合は、そもそもフィールドワークをやろうというその選択についてもう一度考え直すべきである。

——ジェラルド・サトルズ「フィールドワークの手引き」

フィールドワーカーがよく使う「逃げ口上《こうじょう》」に次のようなものがあります――「そんなこと言ったたって、実際に経験した者でしか分からないもんだよ」「やっぱり、そこに一度でも行ってみなければねえ……」。この種の逃げ口上が使われるのは、たとえば、フィールドワーカーがサーベイや統計調査など他のタイプの社会調査を専門としている人々から、現場調査にもとづく理論や主張の裏づけとなるデータの性格について問いつめられた時などです。

たしかに、サーベイのような調査を得意としている人たちは、グラフや数字あるいは数式という、いかにも「科学的」なデータの根拠にもとづいて自説を展開しているように見えます。これに対して、フィールドワーカーが圧倒的に不利なのは明らかです。何しろ、フィールドワークの場合は、表やグラフというコンパクトな形でその調査全体の成果を要領よく提示することなど不可能に近いからです。たしかに、フィールドワーカーだって現地の光景や人々を写した写真やスライドを見せることもできます。また、現場で自分が直接見聞きした体験の逸話《エピソード》を自分の主張を裏づける証拠として持ち出すこともできるでしょう。しかし、相手は次のように食いさがってくるかも知れません――「すごく印象的なスライドだし、たしかに『お話』としては面白かったですが、果たしてそれで科学的な証拠だって言えるんですかね」。

こういう相手に対して、さきにあげた逃げ口上を持ち出すのは、決して得策《とくさく》とは言えませんが、以下のような言い方でひたすら犯行現場不在証明《アリバイ》とは正反対の「現場存在証明」を言いたてることは、さらに事態を悪化させるものでしかありません。

「だって、わたしは、そこにいたんですよ」
「わたしは、実際にこの目でそれを見たし、この耳で聞いたんですよ」

たしかに、フィールドワークの強みは、現地社会に入りこんで調べようとしている物事を直接体験することにあります。しかし、それだけでフィールドワーカーがその物事についての特権的な証人になれるわけではありません。フィールドワーカーが信頼のおける有力な「生き証人」になるためには、何よりもまずその体験内容を何らかの形で言語化し記録に残しておかなければなりません。もちろん、ある種の物事には直接体験してみなければ理解しにくい面もあるでしょうし、また、簡単には言葉で伝えられないこともかなり含まれていることでしょう。しかし、それを「体験した者でなければ分からない」というような言い方で開き直ってしまうのは、社会調査をおこなう者の本質的な義務である**挙証責任**の放棄、つまり、確かな証拠をあげて事実の有無を証明する責任を放棄することに他ならないのです。

そして、フィールドワークの場合、この体験の記録について最も重要な意味をもつのは、**フィールドノーツ**と呼ばれる、文字によるさまざまなタイプの記録です。現場調査とりわけ参与観察という調査法を採用する際の勝負の勘所《かんどころ》は、まさに、**本質的に言語化しにくい主観的な性格をもつ体験の内容を限界ギリギリのところまで文字の形で記録することによって、自分自身が後でその過去の体験について考察を加え体系化できるようにしておく**、というところにあります。それはまた、自分の体験を通して理解した現地社会の状況について分かりやすい言葉で他人に伝えていくために必要な最低限の条件でもあります。[1]

フィールドノーツにはさまざまな種類のものがありますが、その中でも特に重要なのは、**現場メモ**と**清書版フィールドノーツ**です。最初の段階で手元にあるのは、走り書きの現場メモです。この現場メモを清書版のフィールドノーツとして整理し、さらにそれに**同時進行的覚え書き**や**理論的覚え書き**という、より分析的な記述をつけ加えることによって、現場における主観的な体験は徐々に、後で何度も繰り返して参照し分析することができる**分厚い記述**としての性格を帯びていきます。現場メモや清書版フィールドノーツを書く上での最大のポイントは、記憶が鮮明なうちにできるだけ早く記録をとってしまう、ということです。そのためには、常に自分を作家やルポライターのような「**物書きモード**」の状態においておく必要があります。その物書きとしての構えは、現場調査の進展状況や想定する読者が誰であるかによって大きく異なってきます。最初はきわめて私的な記録でしかないフィールドノーツも、調査が進み基本的な問題設定や個々の調査課題《リサーチクエスチョン》が次第に明らかになり、最終的な民族誌の筋立てが明確になっていくなかで、次第に公的な性格を帯びていきます。そして、物書きモードにあるフィールドワーカーのまなざしは、現場の状況それ自体、現場の状況について書かれたフィールドノーツの文面、そのノーツを読み返す自分自身などさまざまな対象に向けられ、**複眼的視点**としての性格をもつものになっていきます。

フィールドノーツとは何か？

フィールドノートとフィールドノーツ

フィールドワークに関するさまざまな用語のなかでも、「フィールドノート」ほど多くの誤解をまねいてきた言葉はありません。第一、フィールドノートというのは、正式の英語の言葉ではなく一種の和製英語なのです。ときどき、フィールドノートの訳語として「野帳」あるいは「野帖」を使う例を見かけますが、これは完全なる誤訳であり誤解です。

つまり、英語では、フィールドノート（fieldnote）という形で単数形で用いられることは稀であり、ほとんどの場合フィールドノーツ（fieldnotes もしくは field notes）と複数形になるのです。しかも、そのフィールドノーツの意味は、野帳という言葉が示しているような、「調査地で見聞きしたことを書きとめた帳面」というものではなく、

「調査地で見聞きしたことについてのメモや記録（の集積）」という程度のものなのです。ですから、グラスを乗せるコースターの裏に書きとめても、煙草の箱をメモ用紙がわりにしたとしても、手のひらの上に書いても、はたまたフロッピーの中に電子情報として入っていても、フィールド調査に関連して書かれたメモであれば、それは「フィールドノーツ」になります。

そもそもの誤解と誤訳のもとは、日本語で「ノート」を帳面とメモという両方の意味で使っていることにあります。じじつ、「野帳」あるいは「野帖」に対応する英語の単語は、フィールドノートではなく「フィールド・ノートブック」です。

もっとも、フィールドノーツの意味に関して混乱しているのは、日本に限ったことではありません。欧米にも、かなり似たような状況があります。もちろん、この場合には、ノートブック（帳面）とノーツ（メモ・覚え書き）を取り違えるようなことはまずないのですが、「フィールドノーツ」が具体的に何を指しているのかについて、必ずしも一致した見解があるとは言えないのです。アメリカの文化人類学者ロジャー・サンジェクが編集した『フィールドノーツ』という本には、人類学者のあいだに見られるフィールドノーツについてのさまざまな考え方が紹介されています。[2]

この本によると、アメリカの人類学者たちは、少なくとも次の四種類の資料をフィールドノーツと呼んでいるそうです。

①出来事が起こっている最中にメモ用紙、メモ帳、カードなどに書き込んだメモ（**現場メモ**）

②①などをもとに一日（あるいは数日）のあいだの観察や考察をまとめて清書した記録（**清書版フィルドノーツ**）

③聞きとりの記録（インタビューの最中にとったメモおよび録音テープを起こした記録を含む）

④調査の最中につけた日記や日誌

この四種類のフィールドノーツは、そのどれもがフィールドワークの成果を最終的に民族誌としてまとめあげる上で大切な資料になりますが、なかでも一番目と二番目の意味でのフィールドノーツつまり**現場メモ**と**清書版フィールドノーツ**は、フィールドワークにとって特別の意味をもっています。さらに、清書版フィールドノーツにおいては、単に観察した内容を忠実に記録した記述の部分だけでなく、それをもとにして考察を加えた**理論的覚え書き**が重要な役割を果たします。

もっとも、このように説明されたとしても、実際のフィールドノーツがどのようなものであるかについてはっきりとしたイメージを思い浮かべられる人は滅多にいないだろうと思われます。実際、これがサーベイ調査の場合だったら、たいがいの人はこれまで何度も「アンケート」に答えた経験をもっているはずですし、インタビュー調査についても、特に実際の経験はなくても大体の見当をつけるのはそれほど難しくないでしょう。これに対して、フィールドノーツとなると、問題は少し厄介《やっかい》なものになります。何しろ、フィールドノーツには現地社会の人々のプライバシーに関わる事柄が書き込まれていることが多いという事情もあって、ごく最近まで実際に書かれた現場観察の記録やメモが公開されることは滅多になかったのです。

ただし、たとえ実物を見る機会があったとしても、必ずしもそれでフィールドノーツがどのような性格をもつ記録なのかが理解できたり、それを書く上でのコツがつかめるわけでもありません。というのも、ほとんどのフィールドワーカーにとってフィールドノーツはあくまでも民族誌の原材料なのであり、書いた当人にしか分からない、暗号のような記録や速記法的な記述がかなりの部分を占めているからです。

フィールドノーツの性格について理解しその記録法のコツについて知るためには、実物のフィールドノーツよりはむしろフィールドワークについての実習レポートの方が参考になります。なぜならば、その種のレポートは教師や他の受講生と共有することを前提としており、書いた当人でなくても理解しやすい形式で書かれているからです。

RASHOMON

『羅生門』課題

「とにかく街に出ていって何でもいいから三〇分くらいの出来事を観察してみて、それをフィールドノーツにまとめてごらん」

――一〇年ほど前からフィールドワークについての演習を担当してきました。その授業をとった学生がまず最初にやらされるのは、RASHOMON課題です。これは、芥川龍之介の小説ではなく黒澤明が監督した映画のタイトルの『羅生門』からきていますが、日本人の感覚からすればむしろ同じ芥川の小説である『藪《やぶ》の中』[3]といった方が分かりやすいかもしれません。実際、映画『羅生門』（一九五〇年、大映）は、『藪の中』のあらすじを本体としてそれに『羅生門』の要素を若干ミックスしたような筋立てになっています。

『藪の中』は、平安時代のある時、木こりが裏山の山陰にある藪の中で発見した、胸を一突きにされて死んでいた侍の死骸《しがい》をめぐって、その死骸の主《ぬし》である侍本人を含む関係者七人が語る証言内容から構成されています。その中でも特に重要であり、また奇妙なのは、侍がそこで死ぬことになった経緯に関する事件の当事者三名による証言の内容です。その三人の証言とは次のようなものです――侍本人が巫女《みこ》の口をかりて語った物語、その妻が清水寺でおこなった懺悔《ざんげ》、侍夫婦をだまして藪の中に連れ込みその妻を犯し侍の弓と馬を奪っていった多襄丸《たじょうまる》という盗人《ぬすびと》が検非違使《けびいし》にとらえられて白状した内容。この三つの証言は、三人がその事件の際にそれぞれどのような行動をとりどのような発言をしたかという細かいディテールだけでなく、そもそも誰が侍の胸に小刀を突き立てたのかという根本的な事実について、極端な食い違いを見せているのです。（映画の筋立てについては、コラムを見てください。）

コラム　映画『羅生門』のあらすじ

時代は平安末期。若狭の国府の侍である金沢武弘（配役は森雅之）は、妻真砂（京まち子）を伴って、京を立ち若狭へ向かうべく東海道を下り山科の駅を過ぎた頃、多襄丸という盗賊（三船敏郎）とすれ違う。多襄丸は行き違いに見た真砂の美しさに惹かれ、この女を奪いたいと心に思う。そこで、藪の中に、古塚を暴いて手に入れた財宝が埋めてあるが買わないかと、武弘を言葉巧みに藪の中に誘い込み、そこで、不意に組み付いて大木の根本に縄で縛り付け、口の中に竹の落葉を頬張らせて口を利けなくした上、その目の前で女を手込めにして犯す。

翌朝、男は死骸となって木樵り（志村喬）に発見されるが、女は行方が分からなくなってしまう。一体そこで何が起こり、何があったのか。三人の当事者の語るところは、すべて食い違っている。真相は最後まで遂に判らない。

（1）多襄丸が検非違使に捕らえられて自白した話：犯した女は気違いのように俺の腕に取りすがり、「二人の男に恥を見せたのは死ぬよりもつらいから、二人で決闘してくれ。勝った方の妻になる」と云う。そこで、男の縄を切り太刀で斬り結び、遂に男を斬った。しかし、その時、女はどこへ逃げたのか、どこにも居なかった。

（2）真砂が清水寺に来て観音菩薩の前で懺悔した話：私を手込めにした後、盗賊は去ってしまう。しかし、その時、夫の目に私に対する冷たい蔑みの光を見た。 私は「こうなった上は貴方と一緒には居られない。どうか一緒に死んでくれ」と云い、小刀で夫の胸を刺し自分も喉を突こうとしたが、死にきれなかった。

（3）武弘の死霊が巫女の口を借りて語った話：盗賊は妻を手込めにした後、自分の妻にならぬかと妻を口説いていた。遂に妻は応諾すると「あの人が生きていては、貴方と一緒になれぬから、あの人を殺してくれ」と云う。それを聞くと盗賊は妻を蹴り倒し、私に「あの女を殺すか、それとも助けてやるか」と尋ねる。その言葉に妻は走り去った。盗賊は私の縄を切って去っていった。そして、私は落ちていた小刀を我が胸に突き刺した。

出所：金谷信之「情報夜話・Episode『羅生門・藪の中』（情報化社会）」
http://www.infonet.co.jp/ueyama/ip/episode/rashomon.html より

よく「真相は藪の中」というような言い方をしますが、その語源はこの小説にあります。たしかに、同じ出来事についての複数の目撃者や当事者の証言は、しばしば利害関心の違いや記憶の不確かさによって大きく食い違ったものになることがあります。そして、これとよく似た「主観的な報告にすぎない」という点がよく、フィールドワークという調査技法がもつ最大の問題としてあげられます。RASHOMON 課題の主な意図は、〈どのようにしたら、現場調査で得られるデータのなかでも最も主観的な体験報告としての性格が強いフィールドノーツを信頼できる観察記録として鍛えあげていけるか〉という問題について実際の作業を通して学んでいくところにあります。

なお、ローマ字で RASHOMON としているのは、この課題がわたしのシカゴ大学時代の恩師ジェラルド・サトルズ教授の授業でおこなわれていた同名の実習課題を下じきにしているからです。（映画『羅生門』が一九五一年のベネチア国際映画祭でグランプリを獲得して世界的に有名になったこともあって、"Rashomon" は英語でも証言の食い違いや一つの出来事をめぐる異なるバージョンの説明の存在を指す言葉として使われることがよくあります。）

学生のフィールドノーツ

読者への警告……「はじめに」でもお断りしたように、以下の文章は、一度でもいいですから実際に自分でフィールドノーツを書いてみてから読むことをおすすめします。実際に体験してみない限り、以下に書いてある内容は、実感としてほとんど理解できないか、あるいは、ごく当り前のことを述べているに過ぎないとしか思えないに違いありません。

実際に学生たちにこの課題を課してみると、まさに十人十色《じゅうにんといろ》のフィールドノーツができあがってきます。文例4・1は、実際にわたしが開講していた演習の実習レポートとしてある学生が提出した清書版のフィールドノーツをもとにしています。（学生が最初に作成するノーツの特徴を分かりやすく示すために一部他の学生のノーツの記載も合成

文例4・1　学生のフィールドノーツ

献血ノート
6月3日

柏戸献血ルームは、2階にあり、そこへはエスカレーターで昇るようになっている。2階に近づくにつれて、慣れない臭いを感じる。それと同時に初めての場面に対する不安や緊張を覚える。「入りたくないなあ……」

それでも覚悟を決めて献血ルームに入る。

受付では、中年の割とフォーマルな感じのする服装の男性と普段着の中年の女性に丁寧な物腰で応対される。男性の方に成分献血を勧められるが、時間が1時間もかかるというので断り、普通の献血にした。

待合室は平日の午前中のためか、献血を待つ人はほとんどいない。ゆったりとして落ち着いた雰囲気である。黒いソファが11脚、丸いテーブルが3つ置いてある。それぞれのテーブルの上には菓子がたくさん入った器がある。部屋の隅には、かなり大きめのテレビが置いてあり、自由にチャンネルを変えられるようになっている。

比重測定になる。係の女性に両腕を出すように言われ両腕を出すと、左腕から採血することになる。女性は注射でほんの少し血液をとって、その血液を水色の液体に垂らすと、血液は下の方に沈んでいく。この間、彼女は笑顔を絶やさず、好印象を受けた。

次に血圧測定。あとで彼と受付係の会話から彼が医者であることが分かった。緊張して血圧が上がらないように注意し、目をつぶって気を落ち着けた。測定値は102－64。大丈夫だということである。

採血室は待合室よりずっと明るい。採血のための装置がかなりの数あり、寝椅子のようなものもそれと同じくらいの数ある。

（中略）

水色の服を着た太った年配の女性が採血する。なんだか事務的な印象を受ける。ひじの上をゴムで縛られて血管が浮き出てくる。弾力のある握りを渡され、握るように言われる。ガーゼで消毒され、かなり太い注射針を刺される。刺す時だけ痛い。

他の献血者を見てみると、3人ほどいる。

・18歳くらいの美人。髪は肩までで短い。
・少し派手めの服装をした30代くらいの女性。髪はかなり長い。
・制服を着たたぶん女子高生。彼女は友達と来たが、友達は献血していない。

（中略）

献血が終わり、受付のおばさんに呼ばれて受付にいくと、血液型を擬人化した血の滴のイラストと「愛の献血にご協力をいただき誠にありがとうございました」の文字がプリントしてあるビニール袋に小さな電卓とテレカ、献血手帳、歯ブラシ、ポケットティッシュ、チラシが入ったものをもらう。待合い室で30分ほど今日の観察のメモをとったりしてから献血ルームを出る。

しています。）観察対象は献血場面です。[4]

このフィールドノーツはあくまでも練習用のものですが、もしこの観察記録をたとえば卒業論文を書く場合にデータの一部として使うとしたら、どのような問題があると考えられるでしょうか？

このフィールドノーツでまず目につくのは、アンダーラインで示したいくつかの例のように、「フォーマルな感じのする」や「ゆったりとして落ち着いた雰囲気」といった、主観的な印象をそのまま言葉にしたような記述です。たしかにこのノーツの作成者の目にはそう見えたのかも知れませんが、果たして他の観察者には同じように見えるものかどうかは、かなり疑問があります。また、このような記述で、書いた当人自身が将来このノーツの記述を見て、その場の情景を鮮やかに思い浮かべられるかどうかも怪しいものです。わたしは、このような言葉を使って主観的な印象をそのまま書き込んでしまう学生に対しては、「自分の主観的な印象を記録するのはかまわないが、それと同時に、その印象のもとになった視覚的な情報や聴覚的な情報、つまりその『根拠』について書き込むようにとアドバイスすることにしています。たとえばアンダーラインを引いた最後の例の「少し派手めの服装」という記述について言えば、このノーツを書いた学生がそのような印象を抱いたのは、その人がどういう服装をしており、あるいはまたどのような素振《そぶ》りをしていたからなのかという点について、具体的に記述しておく必要があるでしょう。

また、このノーツでは、その場に登場してくる人々の発言の具体的な内容が示されていないために、実際にどのような会話が交わされたのかについても不明なままです。このノーツを読むと、まるで無言劇《パントマイム》を見ているような印象を受けないでしょうか。

最後に、このノーツでは、献血ルーム全体の構成が見えてきません。実際には、この文例で省略した部分では献血ルームの受付や採血室についてそれぞれある程度詳しい記述があるのですが、それでも、それぞれの部屋の全体的な位置関係については一切書き込まれていませんでした。同じように、このノーツでは、献血という行為の全体の流れがどのようになっていたのかがうまく読みとれません。このような批判に対しては「ノーツを書いた本人だったら、その時の記憶が残っているから、この程度の分量のノーツでもちゃんとその場の状況を再現できるはずだ」という風に反論できるかも知れません。しかし、実際には、人の記憶というものほどアテにならないものはありません。じじつ、後で聞いてみると、この学生は、部屋の中にあるさまざまな装置の位置関係については実にあやふやな記憶しか持っていませんでした。これとは対照的に、他のある学生のノーツの場合には、その場の全体の位置関係や出来事の流れの大筋についてきちんと把握していました。しかし、この場合は、その半面、具体的な人物の特徴や出来事のディテールについてはごく簡単な記述しかしていませんでした。この場合もまた、献血という出来事の情景の再現は非常に困難なものでした。

この点に関して、わたしはよく「**鳥の目と虫の目のバランス**」というアドバイスをします。虫の目というのは、物や人あるいは出来事のディテールについて綿密に書き込むような視点です。これに対して鳥の目というのは、鳥瞰図《ちょうかんず》的な視点、つまり空から下を見下ろして、全体の構図を大づかみにするような物の見方です。虫の目だけでは全体の流れや構図が見えてきませんが、逆に鳥の目だけではその全体の構造を成り立たせている一つひとつの構成要素について詳しく把握することはできません。実際、フィールドワークのかなり後の段階だと既にその場の全体構造については十分なだけの情報が蓄積されているので、特定のトピックにしぼって虫の目的な詳細な観察と記述を心がけることもできますが、初期の段階では、むしろかなり網羅的にその場面や社会の全体的な構図をおさえると同時にディテールについてもある程度記録しておく必要があります。[5]

佐藤のフィールドノーツ

文例4・2は、右にあげた、「鳥の目と虫の目のバランス」というポイントと具体的なディテールの書き込みというポイントの二点を念頭において、わたし自身が書いたノーツの一部です（人名・地名等は全て仮名です）。図4・1（一七五ページ）には、その時に作成した献血ルームの見取り図をあげました。

まず、鳥の目的な記述というポイントから見ると、図4・1の見取り図自体が献血ルーム全体の構造をおさえておくための一つの工夫としてあげられます。その他に文例4・2のノーツでは、①の【流れ】の部分でそれぞれのエピソードの順序を記録することによって、時間的順番と出来事の流れという意味における全体の構成のあらましを示しています。さらに、②の【人々】の部分では登場人物をその推定年齢や服装などを中心にして簡単に記述することによって、その場を構成しているキャラクターのラインナップを示しています。なお、【流れ】の部分でたとえば「〈受付〉」のように山がたの括弧で示したフレーズは、本文の方で、左の余白の部分に小見出しを設けて特に詳しく記述しているいくつかのエピソードのタイトルに対応しています。（これは実際に書かれたノーツの一部であるため、いくつかのエピソードについての記述は省略されています。）

わたしが実際にこのような形式でフィールドノーツを書くようになったのは、一九九一（平成三）年に演劇についての取材を開始してから間もない頃ですが、この「見取り図」「流れ」「人々」という三点セットによる鳥の目的な記述という工夫は、明らかに演劇というジャンルに特有の約束事や慣例からの影響を受けています。つまり、この三点は、それぞれ、舞台装置の概要、あらすじについての解説、登場人物の紹介という、戯曲や公演パンフレットなどに見られる慣例に対応しているのです。

ノーツの中で折にふれて実際にあった会話を引用しているのも、演劇からの影響のように見えるかも知れません。しかし、実際には、サトルズ先生の指導もあって既に暴走族調査の頃から重要な会話については、なるべくその言

(1)

文例4・2　佐藤のフィールドノーツ

1992年6月3日（水曜日）快晴・夏のような陽気

【献血センター】

【流れ】

11：15　柏戸駅から柏戸交通バスで鳳町3丁目バス停留所着

〈到着〉

〈献血ルーム看板〉

〈予備調査〉

〈呼び込みのオジサン〉

11：30　〈献血受付〉

11：33　〈比重測定〉

11：37　〈採血〉

11：45　採血終了

11：50　〈再度受付〉

〈年間献血者数〉

11：55　観察終了、採血ルームを去る

①

【人々】

関係者

呼び込みのオジサン	50歳前後。グレーのスーツ上下（センターベンツ）。ネクタイ。前頭部が禿げ上がり、後頭部も薄い。〈呼び込みのオジサン〉参照。
「関係者」	3名の男性。40代から50代。ワイシャツにネクタイ。スラックス。
受付男性	40代後半。ワイシャツのうでまくり。斜めのストライプのネクタイ。柏戸弁。
受付女性	50代後半。赤っぽい色のブラウスの上にピンクっぽいチョッキ。名札には浦部。
比重測定の看護婦	20代。ピンクの制服。
血圧測定の医師（？）	40代後半。白衣。額が禿げ上がっている。
採血室の看護婦たち	6名。内4名がピンクの制服、2名がブルーの制服。それぞれ、同色の看護帽をかぶっている。

②

(2)

②

献血者たち

成分献血者1	男性。20代。郁哉の2つ隣の寝椅子でヘッドホンをかけてテレビを見ながら採血されている。
成分献血者2	女性。30代。窓側の寝椅子で採血されている。
献血者	男性。20代前半。

【エピソード】

(略)

受付

受付に向かおうとすると、その受付の男性、「どうぞ貴重品はロッカーに入れて下さい」。郁哉、もっていたカバンをロッカーの13番に入れ、思いなおして水性ボールペンだけをカバンのポケットから取り出してズボンのポケットに入れる。ロッカーの鍵を閉め、受付デスクに向かう。

受付にはその男性と浦部という女性の2人。郁哉が財布を出して手にとっているのを見て、男性、郁哉に「献血手帳をおもちですね」。郁哉「はい」と言って手帳を渡す。男性「こちらに書き込んで下さい」と言って「男子用採血表(?)」という複写式のB6より少し大きめの用紙を郁哉に渡す。用紙の記入欄には、住所・氏名・ ⑤
職業・血液型(ABOとRH)・電話番号などに加えて、梅毒の判定結果の通知を希望するか否かの項目が最後にある。郁哉、身におぼえが無いので、梅毒通知の欄は「必要ない」に丸をつける。

受付男性、郁哉に血液型は献血センターからの通知によるものかと聞く。郁哉、そうだと答える。男性、それを聞いて青地に○と+が黒の字で印刷されたシールを献血手帳に貼る。貼りながら、男性、郁哉に「先生(職業の記入欄を見てだろう)、成分献血、1時間くらいなんですが、お願いできませんか」と柏戸なまりで言う。郁哉、「ちょっと時間が……」と言って断る。男性、「ああ、そうですか。それでは、比重をはかってください」と言って、献血手帳とその書類をクリップでつけて郁哉に渡す。

(3)

比重測定　受付左手の比重測定用の机に向かう。ピンクの看護婦の制服を着た女性が一人机についている。

看護婦：「それでは、両方の腕を見ます」

というので、郁哉、両腕を出す。看護婦、左手を使う旨を郁哉に告げ左腕にゴムバンドを巻き、注射の針を刺す。20秒ほどで比重測定用の採血は終わり、看護婦2つつながったシールの片方を試験管に貼り、もう一方を書類に貼る。

看護婦：「それでは、あそこで血圧をはかってください」と言って左手の机を指差し、書類を郁哉に渡す。

血圧測定　郁哉、書類を持って血圧測定の机に向かう。机には白衣を着た医師らしき男性。郁哉、机の前の椅子に腰をおろす。

医師：「右手で測ります」

郁哉、右手を出す。医師、やや古ぼけた、大理石模様とでもいうのだろうか、グレーの機械のPUSH AIRと書かれたボタンを押す。数分で測定がおわる。医師、その結果を書類に書き込みながら、

医師：「130に90ですか。ちょっと高めですね」

郁哉：「ああ、そうですか。いつも行くスポーツジムで測ると、108くらいに68くらいなんですけど」

医師：「そうですか。なんで高いんだろう。確かに、年齢からすると110くらいがちょうどいいですけどね。じゃ、採血して下さい」

医師、郁哉に書類を渡す。

採血　郁哉、採血室に入る。かなり大きな部屋（図参照）。榊市の採血ルームとは段違いに広いし、キレイだ。床にチリ一つ落ちていないし、壁には絵が吊してあり、寝椅子や機械も新しそうだ。

中には、献血者が男女各1名。テレビを見ながら採血されている、おそらく成分献血をしている太めの20

(4)

代くらいの男性と、窓際の寝椅子にいる女性。それに看護婦4、5名が出入りしている。

郁哉は、入り口の端の寝椅子についていた、ピンクの制服を着た年配の看護婦（50歳位？　名札が確認できなかった）に、「どうぞ」と言われる。郁哉、少し高い位置に寝椅子があるので、「靴脱ぐんですか？」と聞くと、看護婦そうだと答える。

郁哉、靴を脱ぎ、踏み台を使って寝椅子にのぼる。看護婦が聞く。

看護婦：「200[cc]と400[cc]どちらにされますか？」

郁哉、血を多量にとられることに少し躊躇するが

郁哉：「400でお願いします」

看護婦：「そうですか。ありがとうございます」

看護婦、郁哉の右手をとって脱脂綿で消毒し採血を始める。よく献血車などで見る、20センチ四方くらいの箱で上に採血バッグがはさんである機械。シーソーのように運動するたびにグッという感じで血液が抜かれていくのが分かる。 ⑤

採血の最中に看護婦に聞いてみると、採血ルームの反対側にある機械は成分献血用の機械なのだという。郁哉、採血されながら、一生懸命、部屋の配置や看護婦の人数、服装などを記憶しようと試みる。 ③

採血自体は7、8分で終わる。（採血最中に見ていると、須藤や幣原［フィールドノーツ実習の受講生］が入り口から入ってくるのが見える）

看護婦：「終わりました。ありがとうございました。それじゃ、これを持って、いったん受付に行って下さい」

と言いながら郁哉に書類を渡す。

再度受付

郁哉、歩幅で部屋の寸法を測りながら受付のカウンターに向かう。カウンターまでは約13歩であることが分かる。今度は、浦部という女性が受け付ける。郁哉から書類を受け取って、 ④

受付女性：「しばらくお待ち下さい。お飲み物を

(5)

	どうぞ。無料ですので」 　郁哉、まっすぐコカコーラ販売の自販機に向かい、メロンジュース（無果汁）のボタンを押す。ジュースのカップを手にとり、左手の安楽椅子の一つに腰掛けて、飲み物をのみながら部屋の様子を眺める。3、4分で、受付の女性から「佐藤さん、どうぞ」という声がかかり、受付に向かう。女性、裏側がカレンダーになっているカード（添付資料参照）を手に、赤鉛筆で楕円の印をつけながら全血献血の場合は後1、2週間は献血できないことや年間の献血回数などについて説明する。 　説明が終わると、隣の男性がほほ笑みながら、ありがとうございましたといい、郁哉に「愛の献血にご協力をいただき誠にありがとうございました」と書かれたポリ袋（添付資料参照）にティッシュペーパー、献血くまさんのSMILE CARD、歯ブラシ、「エイズ感染の可能性のある方」というB6サイズの紙という一式 }⑤ の入ったものを渡してくれる。
「関係者」	上記の出来事の前後に、呼び込みオジサンに加えてさらに3名ほどのワイシャツにネクタイの中年男性の一団が受付にあいさつし、さらに血圧測定の医師に「それでは、芝田先生、よろしくお願いします」と言って、頭を下げ集団で出ていく。
年間献血者数	郁哉、ポリ袋を受け取るとメロンジュースを置いてあるテーブルに戻る。ジュースをゆっくり飲みながらさらに部屋の様子を観察する。ふと見るとマガジンラックに「わけ愛、献血」という変形B5くらいの厚手のパンフがあるのを見付け、さっそく一部入手する。（※それにしても、「愛」という字がややくどいと思われるほどに出てくる）ジュースを飲みおわって退場する前にテーブルの上を見ると、大型のソフトなパスケースに入った資料が目につく。年間の献血者数などをワープロで整理した表である。読んでみると、7月と12月

(6)

	が2100人前後の献血者がある（※強化月間？）他は大体毎月1500名から1800名くらいが献血していることが分かる。（※ということは、毎日50名近くが献血している勘定になる）年間の総献血者数は２万1000名強らしい。
退場	その表の数値を確認してから、退場することにする。ふと受付カウンターを見ると、権田［実習の受講生］が受付をしている。献血カードを出しているところである。それを横目で見ながら、ロッカーの鍵をあけ、カバンを取り出して、外に出る。出る時に確認すると、入り口に向かって左手の奥には赤十字の何かの事務所があるらしい。 なおも、踊り場の様子を確認しながら奥の階段に向かって進み、観察現場から退場する。

（略）

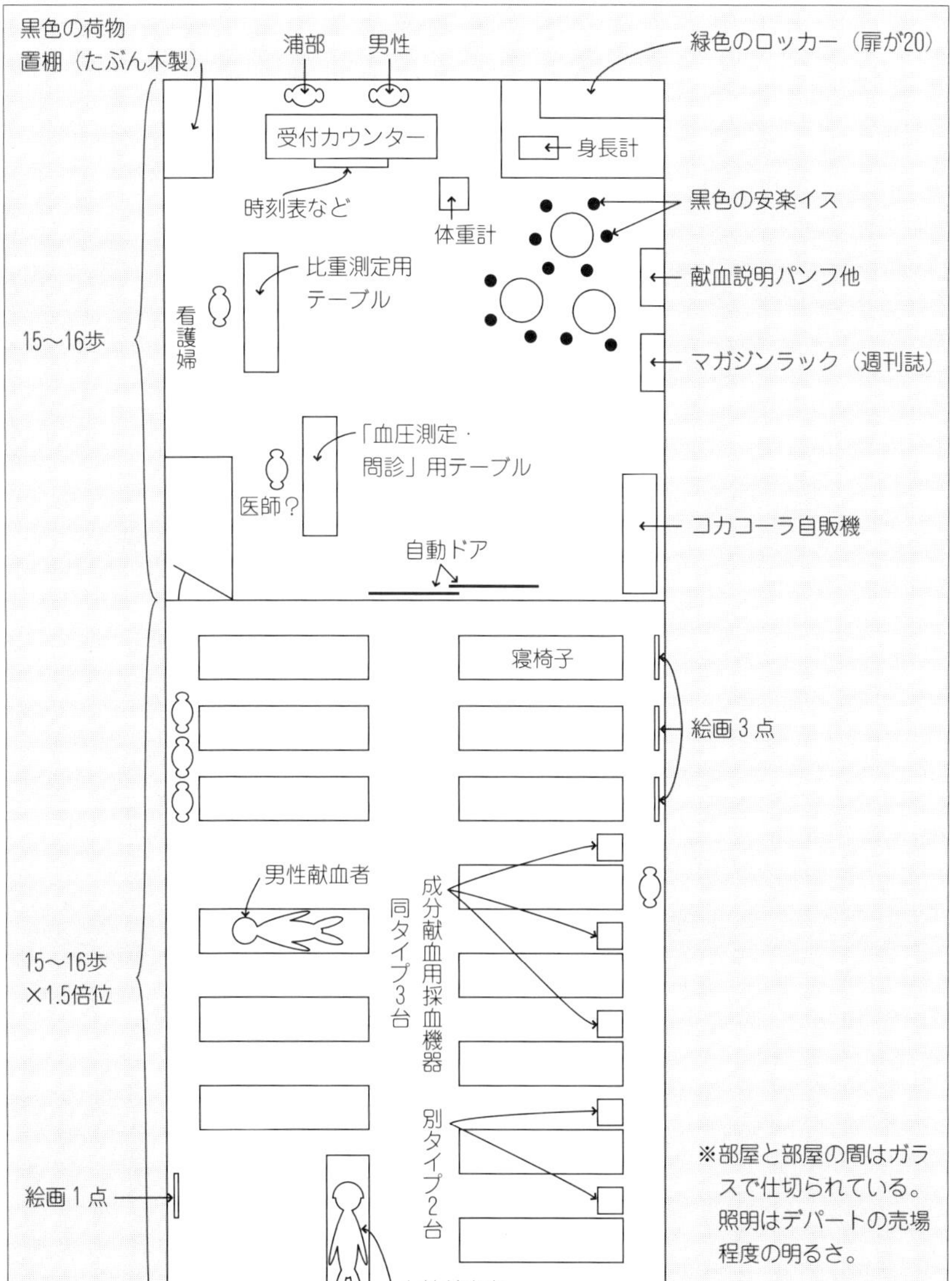

図４・１　献血ルーム見取図（一部）（実際の見取図は手書き）

葉通りの逐語《ちくご》的な記録をとるようにしていました。もちろん、その場にいる全員がしゃべった全ての会話を正確に記録できるはずもありません。ただ、特に重要だと思われた会話や発言については、できるだけ言葉通りに現場メモにとるように心がけていたのです。（「エピソード」の冒頭にあげてある「水性ボールペン」というのは、そのメモをとるために使った筆記用具です。）服装についての記述に関しても同じようなことが言えます。献血ルームに入った直後からなるべくそこにいる人々の年齢や容姿だけでなく服装の特徴などにも注意を向けるようにし、後でメモをとる時に思い出しやすいように頭の中に一人ひとりの服装についての記憶を映像的なイメージとしてしまっておくようにしていたのです。

なお、③のアンダーラインで示した部分には、実際にその場にいた時に、どのように記録のために注意を集中したかについての記述がありますが、これは、このノーツを教材として使うことを意識してあえて書いたものであり、実際のフィールドワークでつけるフィールドノーツにこのような記載が必要ないことは、言うまでもありません。④にあげた部屋のサイズの計測に関する記述についても同じで、実際の現場調査で書くフィールドノーツにはこのような記述はありません。わたしは暴走族についての取材をおこなって以来、物のサイズや数についてなるべく正確な記述をするためにいろいろな工夫をしてきましたが、歩幅《ほはば》で部屋の大きさを測るというのも、その工夫の一つです。同じような工夫としては、⑤で示したように物の大きさについて大体の印象を確認するために、いろいろな対象についてその「見た目」と実際のサイズとを照合してみたり、人の集まりをざっと眺めて大体の人数を把握する訓練などがあげられます。

未来の自分は他人

以上のようなさまざまな工夫は、その全てが、〈かなり時間が経ってからであっても、自分でノーツを読み直した時に、その時の情景やエピソードがそのディテールを含めて鮮明に思い浮かべられるような記述にする〉という一点に向けられています。そして、RASHOMON課題で学生に対して最も強調してきたのも、フィールドノーツの記述をそのようなものにするための工夫です。

これは、フィールドワークに関する演習の受講生にも常々《つねづね》強調している「未来の自分は他人」というポイントと深く関係しています。つまり、現場記録に関しては、**今書いているフィールドノーツを読む将来の自分というのは、現在そのノーツを書いている自分とは全く別の人間である**と考えた方がいいのです。実際、昔書いた日記やメモを後で読み返してみて、その時の自分の状況がうまく思い返せなかったという経験をもっている人は多いのではないでしょうか。また、どんなに詳しく書いてあっても授業のノートから講義の内容を正確に再生できる人は、きわめて少ないはずです。繰り返しになりますが、もしノーツの記述について何か最低限のルールがあるとすれば、それは、あらゆる工夫をこらして**かなり時間が経過した後でもその記述を見れば現場の情景が再生できるようなものにする必要がある**、ということなのです。

これは、逆の観点からすれば、この条件を最低限満たしさえすれば、必ずしも文例4・2のような形式のフィールドノーツをつけなくてもいい、ということにもなります。実際、わたし自身、必ずしもいつもこのような形式の記録をとっているわけではありません。フィールドワークの初期の頃には、これによく似た、現場の状況についてのかなり詳しくて網羅的なノーツをつけていますが、後の段階では、むしろピンポイント的に、特にそれまで観察してきた典型的なパターンとは異なる出来事などについて詳しく記述したものが中心になることの方が多いのです。ですから、文例4・2の例は、決して学生に対して「正解」や「模範」を示しているのではなく、むしろ比較的詳しい現場記録をとる際の一つのやり方を参考例として示しているにすぎません。

また、当然のことですが、一口にフィールドワークといっても、フィールドワークの目的や性格によって、その記述内容や記録の際に注意すべきポイントには大きな違いがあります。たとえば、ある会社における同一の会議の内容についてフィールドノーツをとる場合でも、それが会社組織内部の役割関係や人間関係の分析を主要テーマとしている場合と、業界の動向に関する情報を収集することが主な目的でたまたまその企業が一つの事例として選ばれた場合とでは、記録内容がまるで異なるものになるはずです。ですから、フィールドノーツに関して厳密な意味での「鉄則」や「定石《じょうせき》」を設定するのは、それほど意味があることとは思えません。もっとも、それほど詳しいフィールドノーツが必要ではない場合でも、詳細で具体的なフィールドノーツの例はある程度参考になると思われます。というのも、そういう場合には、その例から何と何を省略するか、という点について考えていけばいいからです。

さきにあげた記述の具体性と全体構造の把握という二つのポイントは、比較的詳しくかつ具体的なフィールドノーツを書く上で重要となるいくつかのポイントのなかでも特に重要な二点をあげただけにすぎません。実際には、現場調査でフィールドノーツを書いていく際には、この二点以外にもきわめて多くの点について配慮しておく必要があります。その他の重要なポイントについては、この本の最後にあげた文献ガイドでも紹介する『方法としてのフィールドノート』という本が何と言っても一番参考になります。同書には、ここでは紹介しきれないほど多くの実践的なアイディアやヒントが盛り込まれており、本格的なフィールドワークを志す人にとってはまさに必読書の一つだと言えます。したがって、詳しい解説はむしろ『方法としてのフィールドノート』を参考にしてもらうことにして、以下この章では、その本に書いてある内容のエッセンスを紹介する一方で、同書にはあげられていないポイントで、わたし自身の経験から見て読者の参考になりそうだと思える点を中心にして述べていくことにします。

現場メモをとる

いつどこで書くか——現場メモと役割関係

目ざわりな現場メモ

現場でとる取材メモが、現地社会の状況を文字による記録という形でリアルに再現する上で不可欠の素材であるという点については、今さらここであらためて強調する必要もないでしょう。一度でもちょっとした実験（たとえば、一〇分程度の出来事を観察した上でそれを文章にまとめてみる、というような実験）をしてみれば分かることですが、メモがある時と無い時では、清書版のフィールドノーツは分量という点でもその中に盛り込まれるディテールの豊かさという点でもまるで違ったものになります。また、たとえメモがあったとしても出来事のすぐ後にメモをとった場合とある程度時間が経った後でメモをとった場合とでは、清書版のフィールドノーツは量質ともに格段の差が出てきます。このような点からすれば、**いつ**現場メモをとればいいかという点についての「正解」が「できるだけ早く」というものであることは明らかです。

これに対して、「**どこで**」という問題に関しては、そんなに簡単に答えが出せるものではありません。というのも、現場メモは、その取り方次第によっては、現地社会の人々との関係に決定的なダメージを与え、それ以降のフィールドワークの続行を不可能にしてしまう危険性をはらんでいるからです。じじつ、メモ帳に何かこそこそと書き込みをしている人間には、「スパイ」や「身辺調査」というような連想がともないがちであり、つけているメモに関しても、もしかしたら他人にはあまり知られたくないことが書かれているのではないかと思われるものです。

これまでわたしが指導してきたフィールドワークに関する授業のケースでも、フィールドノーツの実習をすると、必ずと言っていいほど何人かの受講生が次のような「失敗」をしでかします。[6]

メモをしながら歩いていると、魚屋のお兄ちゃんから「お嬢、さっきから何書いてんの」と聞かれる。田沼［学生の名前］、自分は学生でありこの商店街についていろいろ調べているのだと伝えると、あっそうという顔をして、いろいろ見ていきな、とさらっと言われる。警備員のおじさんと話していると、後ろで、前掛けをしたお兄さんやおじさんが、四人集まっておしゃべりをしている。なんと、わたし自身の話をしている！と、田沼は驚いた。三メートルちょっと田沼とは離れた位置で彼等はしゃべっているが、声が大きいので、あちらこちら［の声］が田沼の耳に入ってくる。話の内容は、メモを書きながらうろついている田沼を不審に思っているということであり、それについて誰かが尋ねると、先ほど、「お嬢」と田沼に質問をしたお兄さんがわたしのことを説明した。

その場にいるのが赤の他人の場合でもこうなのですが、ある程度親しくなった相手の場合には、現場メモをとる場所とタイミングという点に関してはまた別の種類の配慮が必要です。つまり、第2章でも述べたように、現地の人々にとってフィールドワーカーというのは、ただ単に「調べる人」だけではなく、「自分（たち）について何かを書く人」なのです。ある程度親しくなってくると、フィールドワーカーという役割がもつそのような性格について現地の人々がほとんど意識しなくなってきて、もともと身内の一人であったかのように思われてしまうこともよくあります。しかし、いったんその人たちの目の前でメモ帳を取り出してそれに何かを書き込むとなると、現地の人々はその途端フィールドワーカーが「何かを書く人」であることを思い出してしまうのです。

たとえば、次にあげるのは、『方法としてのフィールドノート』にあげられている、フィールドワーカーの実習をしていた学生の例です。この学生は大学内の生協の書店について研究していた時にその店の従業員たちとかなり親しくなっており、研究内容についてもオープンに話をしていたのですが、それでも、次の引用にあるような出来事があったということを報告しています。

若手のレジ係の一人が、わたしが最後の観察の二回分を終えた時にわたしの姿を見かけてそばに寄ってきました。彼女は、ためらいがちに、わたしに対して、あなたは他の大学の生協書店か大学事務局の「スパイ」なんじゃないの、と質問したんです。その場をジョークでおさめようと思ってわたしは彼女に、わたしは社会学のために働いているスパイにすぎないのよ、と言いました。でも、彼女はそのジョークを理解してくれず、状況はいっそう悪くなっただけだったんです。[7]

かつて、無文字社会でフィールドワークをしていた人類学者や社会学者は、ある意味で非常に無神経に現地の人々の前で現場メモをとることもできました。たしかに、その当時の現地の人々にとっては、フィールドワーカーが最終的に発表するであろう民族誌がどのような性格をもっているものであるかという点はおろか、自分たちの目の前でどのようなメモがとられており、またそのメモの中に自分たちの姿や発言がどのように描かれているかについて知る術《すべ》は、ほとんどなかったのです。

現在は事情がまるで違うものであることは、言うまでもありません。実際、今ではどのような社会であっても、現場でメモ帳を取り出すと途端《とたん》にまわりの人がウサン臭そうにこちらに注意を向けてきます。近くに寄ってきてメモ帳をのぞきこんでくることさえあります。調査や取材に熱中しているとつい忘れがちになるのですが、実際人前でメモをとるというのは、通常の日常生活ではまずありえない、きわめて不自然な行為なのです。

警戒的反応への対応

現場でメモをとることに関して現地の人々が示す警戒的ないし防衛的な反応については、これまで次にあげるようなさまざまな対策がとられてきました。

①なるべく人目につかないところでメモをとる
②他のタイプのノートやメモをとっている時についでに観察メモをとる
③メモやノートをとることが当然期待されるような役割や立場に自分をおくようにする
④調査の目的を現地の人々に説明してメモをとることについての了解を得る

一番目の、人目につかないところでメモをとるというやり方だと、たしかに現地の人々の警戒心をかきたてなくて済みます。しかし、これはその反面で、自分がまるで文字通《もじどお》り一種のスパイにでもなったかのようなうしろめたさにもつながります。また、万が一そのようにしてメモをとっていることが現地の人々に知られてしまった場合には、取り返しのつかない事態になることも考えられます。もっとも、現場を離れて帰宅する途中などにメモをとるようなケースでは、そのようなうしろめたさという点でも、現地の人々に知られるリスクという点でも、それほど問題がない場合も少なくありません。

二番目の方法は、必ずしも全ての場合について応用できるやり方ではありませんが、たとえば、会議などに参加して、他の人々もノートやメモをとっている時に、その会議の内容以外に現場の状況に関係することを書きとめるというような場合が、これにあたります。このやり方だと、たしかに人目を避けてこそこそとメモをとらなくて済みます。しかし、その場で通常期待されているような行動以外の行為をしていることにかわりはないので、うしろめたさという点でも「露見《ろけん》」のリスクという点でも、一番目のテクニックと似たような問題があることも事実です。

三つ目の方法については、ウィリアム・ホワイトの『ストリート・コーナー・ソサイェティ』の例が参考になります。ホワイトは、ボストン北部で「イタリアン・コミュニティ・クラブ」の活動に参加していた時に記録係をつとめ、まさにその団体を理解する上で貴重な議事録をつけることができたのでした。この「記録係」の他に、一般の集団や組織には頻繁《ひんぱん》に記録をとることが当然要求される役割が存在することが多いものです。たとえば世話役やマネージャー役、幹事役といった役割です。わたしが今までおこなったフィールドワークでは、一九八七年から八八年にかけておこなったジャズバンドの調査がこれにあたります。この場合、わたしはマネージャーとしてバンドに参加していたのですが、その際には、大学ノートを手に持って頻繁にメモをとっていたものでした。

そして記録をとることが期待される役割という点で、ある意味で非常に有利な立場にあるのが学生です。学生という役割には、文字通り「学ぶ者」という役割期待だけでなく、「きまじめにノートをとる者」というイメージがあるからです。現地の人々も学生に対してはノートやメモをとることを特に奇異な行動と思わずにむしろ積極的にいろいろなことを教えようとすることが多いものです。

この学生に似た役割を調査者がとれる場合には、最後の、ある意味で一番「正直」なやり方によって最も効果的にメモをとることができます。つまり、調査の目的や具体的な調査内容について折にふれて現地の人に説明するようにして、メモをとることがその目的にとっては不可欠な作業であることを理解してもらうのです。この説明がうまくいった場合には、フィールドワーカーは単に「調べる人」であるだけでなく「現地の社会や文化について学ぶ人」、つまり限りなく学生に近い役割になります。こうなると、かなり広範囲な対象について詳細なメモをとることができますし、また、学生の場合がそうであるように、現地の人々の方から、メモにとったり最終的な報告書に盛り込むべき内容について指示してもらえることもあります。第2章でふれたように、わたしの場合は、演劇に関する参与観察調査の際に、この「弟子」としての役割が最も明確なものでした。この時の「師匠」は当時お世話になっていたある劇団の制作チーフの方でした。この方にはつとめてメモをとりながらお話をうかがうようにしましたが、逆にこの人からわたしが記録すべき内容や今後調査すべき点について示唆やアドバイスをいただくこともよくありました。

もちろん、全ての場合について、この最後にあげた例のように、ある意味で最も理想的な形でかなりオープンに現場メモがとれるとは限りません。また、同じ現地社会であっても、相手次第では、メモに対して実にさまざまな態度を示すものです。ですから、全てのケースについてあてはまるような鉄則や定石《じょうせき》のようなものが存在するはずもありません。第2章でフィールドワークという調査法が含む人間関係としての側面について解説した時に指摘したのと全く同じように、この現場メモをつけるタイミングという問題についても、その場その場の状況に応じて臨機応変《りんきおうへん》に対応し、また試行錯誤を通して最も適切な方法がどのようなものであるかについて見きわめていく必要があります。

何についてどのように書くか——現場メモと「物書きモード」

清書の意味とメモをとる状況

メモをとる場所やタイミングといった問題以上に一般化が難しいのが、メモの内容、つまりどのような語句とフレーズでメモを書けばよいかという問題です。この点に関しては、メモをとる状況、記憶の特性、清書版のフィールドノーツの文面や内容という三つの要因に左右されるところが大きいのですが、これらの要因について考える前に、まず前提知識として、フィールドノーツの「清書」が具体的にどのような作業であるかという点について理解しておかなければなりません。というのも、ふつうの文章を書く時に清書という場合とフィールドノーツの清書ではかなり意味あいが異なるからです。

ふつう清書という場合は、たとえば下書きした原稿をきれいに書き直したりワープロやパソコンで打ったりすることを意味します。この場合は下書きと清書原稿のあいだにはそれほど大きな違いはありません。これに対してフィールドノーツの場合の清書は、断片的なメモをもとに記憶能力を総動員して場面の情景や状況をできるだけ正確に再現する作業を意味します。つまり、**現場メモは下書きというよりはごく大まかなスケッチやデッサンといった方がふさわしく、清書版フィールドノーツを仕上げる作業は、下書きの文章をきれいに清書するというよりは、そのスケッチをもとにして、目にした情景を一枚の絵としてできるだけ忠実に再現していくプロセスのようなものとして考えた方がいい**のです。

一種のスケッチであるメモの内容それ自体は、実際にどのような形でどれだけ詳しいメモがとれるのかという条件に大きく左右されます。たとえば、会議の場合のように、かなりオープンな形で時間をかけてメモやノートがとれる場合には、ふつう文章の清書という場合と同じように、メモの内容と清書版のフィールドノーツのあいだにはそれほどの違いはありません。現在では、小型のワープロやパソコンを持ち込んでそこに直接会議の内容や会議の状況を打ち込むことができる場合も多いでしょう。わたしの場合は、演劇調査の後半ではいくつかの舞台芸術関係のフォーラムや団体に会員として参加していましたが、それらの団体の会議の際には、次のページの写真にあるような一種の小型のパソコンを持ち込んでその会議の内容、特に出席者の発言内容をかなり逐語《ちくご》的に入力する機会が何回かありました。フィールドワークを始めた当初は、このような電子機器があまり普及していなかったせいもあって、まわりの人々の注目を集めてしまいましたが、ほどなくしてこの種の機械がそれほど珍しくなったこともあって、それほど人目を気にせずに会議の記録をとることができるようになりました。

携帯用パソコンとメモパッド

これに対して、暴走族に関する取材の場合に暴走族グループの集団の集会や街角の「ヤンキー」たちがたまっている場所に一緒に腰をおろしているような場合には、メモをおおっぴらにとることはできませんでした。この時には、その場でなるべく頭の中にかなり文章に近い形でメモの文面が浮かぶように心がけ、その場を離れたらすぐにメモをとるようにしました。したがって、その時のメモはかなり断片的なものにならざるを得ませんでした。

視覚的記憶と聴覚的記憶

会議のような例はかなり例外的なケースであり、ふつう現場メモは、その場の社会生活の流れや他の人たちの活動にとって邪魔にならないように配慮しながらつけなければならないため、かなり断片的なものになります。その断片的なメモから場面の状況をリアルに再現するためには、さまざまな工夫が必要になりますが、このいろいろな工夫について考える時に基本的におさえておかなければならないのは、自分の記憶がどのような特性をもっているかという点です。実際、人の記憶というのは、いわゆる「記憶力」の強さだけでなく基本的な記憶の仕方という点でも非常に個人差が大きいものです。わたし自身の体験や現場調査に関する実習で学生を指導した経験から言えば、フィールドノーツに関しては特に視覚的記憶と聴覚的記憶の特性差の問題が大きいようです。つまり、人によって見たことを記憶して再現する方が得意なタイプと逆に聞いたことを記憶して再現する方が得意なタイプがあるようなのです。したがって、メモに関しては、その不得意な方の記憶を補うようなメモをとる工夫が必要になってくるでしょう。

わたしの場合は、どちらかと言えば、聞いた内容よりは視覚的な情報を記憶して再生するのが得意なタイプのようです。つまり、現場の状況や人の外見について、それをまるでカメラで撮った何枚かのスナップショットを頭の中にしまいこむような形で記憶することができるのです。そして、後でフィールドノーツを清書する時には、その頭の中にある写真のような映像記憶を一枚一枚取り出して眺めるようなやり方で文字化することもできます。これに対して、人が話した内容については、自分でも情けないほどに記憶も再生も不得意な方です。（これについては、気になって二度ほど大学病院の耳鼻科で聴力検査を受けたほどですが、特に難聴というわけでもないようです。）したがって、わたしの場合、現場メモは人が話した内容やその順番についてのものが中心になります。実習で指導したなかには、逆に、聴覚的な情報について驚くほど正確に記憶して再現できる学生たちもいました。もっともその学生たちも視覚的な情報となるとかなり記憶があやふやになるケースが多いようです。そういう場合は、情景や人の服装、素振《そぶ》りなどについての現場メモを中心にするといいでしょう。

このような観点から文例4・3と文例4・4をくらべてみると、面白い点に気がつきます。これは、『方法としてのフィールドノート』に紹介されている、UCLA（カリフォルニア大学ロサンゼルス校）の学生がつけた、大家と間借り人とのあいだの訴訟事件に関する傍聴記録の現場メモ版と清書版のフィールドノーツの一部です。

文例4・3　現場メモの例

［訴訟事件番号］
スノウ、マルシア
トマス　　　　　　　　　　　　　弁［護士］——ＡＩＤＳ　マイク
　　　　　　　　　　　　　　　　　　　　　　　　　　マーフィ
―――――――――――――――　　　　　　　法律上の後見人

本被告人に対して訴訟の
準備あり——（両者）
かなりの量の化学（療法薬）
彼がここに来れるとはまったく
　　　　　　　　思えません
彼はもう十分健康を回復して歩ける——
来れる（ヒーターは返した）——いつ？

彼を診ているＵＣＬＡのお医者さんに電話をかけていただいてもいいし、
お医者さんは私の言うことを証明できる
電話での手続きは認められてい
ない——法廷の手続きはそういうものではない——
書面でなければならないし、または
（直接出廷しなければならない）

―――

Ｍ氏は私のヒーターを返した——
歩いていた

出所：ロバート・エマーソン他『方法としてのフィールドノート』pp. 119-120

文例4・4　清書版フィールドノーツの例

マルシア＝スノウは、長い、カールのかかった黒褐色の髪の20代の女性で、青のブラウスとスラックスという普段着だった。彼女の指には結婚指輪はなかったが、眼鏡をかけた若く見える男がそばにいる。ロバート・トマスは40代で、明るい茶色の髪、ごわごわしたヒゲで、赤と黒のチェックの裏地の上着。

判事は、RT［ロバート・トマス］に弁［護士］はついているのか尋ねる。ついています。でも、来ていません。トマスは、共同経営者のマイク＝マーフィもTROに名前が載っているが今日この場には来ていないと説明する。彼はエイズにかかっていて重症。「私は、彼の法律上の後見人であります」、だから彼の利害を代弁できます。裁［判官］はMS［マルシア・スノウ］に「本被告人に対して訴訟の用意がありますか？」と聞く。MSは、拘束令状は二人の両方を対象にして欲しいと思っていると言う。RTは、それに対してMM［マイク・マーフィ］はエイズにかかって3年も経っており、「かなりの量の化学療法薬を服用」しており、「彼がここに来れるとは全く思えません」。裁はMSに彼女の知っている限りでMMはそれほど病気がひどいと思うかと尋ねる。MSはちょっとためらってから、言う。「私は、彼はもう十分健康を回復して歩けると思います」。盗んだヒーターを返しに来た時に歩いてくるのを見ています。裁――それはいつの事ですか？（彼女の答えは聞こえなかった）RT――エイズにかかって3年で、相当重症です。彼を診ているUCLAのお医者さんに電話をかけていただいてもいいし、お医者さんは私の言うことを証明できるはずです」。裁――「電話での手続きは認められていません。法廷の手続きとは違います。書面でなければならないし」、または直接出廷して証言しなければならない。RTはMMが重症で自分が看病をしてやらなければならないし、全然病状は良くなっていないと繰り返す。しかし、MSは再び、これに対抗して再び言う。「マーフィさんは私のヒーターを返しに来ましたし――その時は歩いていました……」

出所：ロバート・エマーソン他『方法としてのフィールドノート』pp. 121-122

この二つをくらべてみると、メモの方では登場人物の服装や容姿についての記載が全くないのに対して、清書版の方では、それがかなり詳しく書き込んであることが分かります。これに対して、その場の登場人物が話した内容についてはメモにかなり逐語《ちくご》的に書かれています。[8] この点からすると、このフィールドノーツを書いた学生は、わたしと同じように視覚的記憶が優位なタイプではないかとも思われます。[9]

物書きモード

文例4・3と4・4からは、もう一つ重要なポイントが浮かんできます。それは、メモの方は非常に断片的なのに対して、清書版の場合には、法廷内で観察した内容についてかなり一貫した筋立てのストーリーになっているということです。これは、現場メモを書く上での第三のポイント、つまり、メモの内容と清書版の記述との対応という点と密接に関連しています。

何度かメモをもとにして清書版のフィールドノーツを書いてみると実感できることですが、フィールドワークの作業を進めていると、ほどなくして観察に際しての注意が観察対象そのものだけではなく、それをどうやって文章に「起こして」いくかという点にも向けられるようになっていきます。つまり、観察対象に目を向けたり人々の発言に耳に傾けていると、ほとんど自動的にそれを文章化した時の文章が頭に浮かんでくるのです。ふつうの生活ではまずありえないことですが、たとえば、そばにいる人の服装や容姿について何気なく観察しているだけで、たとえば「洗いざらしの緑のポロシャツを着て膝が少し抜けたベージュのチノパンをはいた三〇代後半から四〇代はじめの男性。ポロシャツの一番上のボタンはかけておらず、すそはチノパンの上に垂らしてある……」というような文章がよく浮かんできます。つまり、フィールドノーツをつけることを意識しながら現場取材を続けていると、まるで自分が小説や戯曲の題材を探して人々の生活を観察しているような小説家や劇作家にでもなったような気分になってくるのです。

個別のセンテンスだけでなく、清書版の文章全体のストーリーが浮かんでくることもあります。つまり、「この出来事を後で文章にまとめる時には、どんな筋立てになるだろうか？　それは、以前に書いた（清書版）フィールドノーツのストーリーとどんな点で似ていてどのような点で似ていないだろうか？」というような考えが時折頭をかすめるようになってくるのです。これはあまり凝《こ》りすぎて習癖《くせ》のようになってしまうと、現場取材以外の日常生活でも無意識のうちに身近な人々を観察者の構えで見てしまい、その人たちについてノーツを書いた場合の文章が頭に浮かんでしまうという、一種の職業病に近い状態にもなりかねません。しかし、ある意味では、その程度まで常に自分を一種の「物書きモード」の状態に追いこんでいけるようになった時にこそ、現場記録としてかなり有効な現場メモとフィールドノーツがつけられるようになるのだとも言えます。

そして、現場メモの内容という点に関して言えば、フィールドノーツを清書する時にその走り書きの内容からどのような文章を再現できるか、という点を常に意識するようになります。つまり、「後でこれを清書した時に今頭に浮かんでいるような文章が書けるようになるためには、どんなメモが一番効果的か」という点に注意が向くようになるのです。言葉をかえて言えば、「物書きモード」にあるフィールドワーカーが現場メモをつける時には、そのメモを読む読者でありかつそのメモをもとにして清書版フィールドノーツという別の新しい文章を書いている自分の姿を常に思い浮かべるようになるのです。

「物書きモード」の状態にあるということは、常にストーリー全体の構成を意識しておくということでもあります。これは、現場メモの記録内容に関して言えば、さきにあげた「鳥の目」的な視点にもとづく記述を清書版のノーツに書けるような情報を書き込んでおくということを意味します。献血ノーツの例で言えば、文例４・２の「流れ」「人々」および図４・１の見取り図が清書版での鳥の目的な記述にあたりますが、わたしはメモ帳にもそれぞれの項目に該当するページを設定しておき、出来事の経緯、登場人物、その場の見取り図を書いておくようにしています。出来事の経緯に関しては、可能な場合はそれぞれの出来事の初めと終わりの時刻を明記しています。こうしておくと、単にどの順番で物事が起きたかだけでなく、それぞれの出来事のタイミングやそれが大体どれだけの時間のあいだ続いたかという点もチェックできます。

このように見てくると、物書きモードにあるフィールドワーカーの物の見方はさまざまな意味で**複眼的な視点**になっているのだと言えるでしょう。先に指摘したように、フィールドワーカーは、まず、現場の出来事を観察する時には鳥の目と虫の目という複数の視点をとり、現場の状況を大づかみにするとともに、ディテールを的確にとらえることを心がけます。これに加えて、現場の活動に参加している時のフィールドワーカーのまなざしは、一方でその場の出来事それ自体に向けられるだけでなく、他方では、それを現場メモや清書版フィールドノーツとして文字化した時の文面にも向けられることになります。そして、その出来事について思い浮かべながら現場メモを書いている時には、そのメモをもとにして書くことになる清書版のノーツの文面とそのノーツを書いている自分自身の姿を頭の中に思い描けるようにしておかなければならないのです。

本格的にフィールドワークを始め、また、複眼的視点を我が物にするためには、以上にあげた三つのポイント、つまり、メモをとる状況、記憶の特性、メモと清書版との対応関係の三点に配慮しながら、何度かノートをつける実験をしたり自分なりに訓練をしておくといいでしょう。そのトレーニングを通して、自分にとって、また現在取り組んでいる調査課題にとって、どのような現場メモがふさわしいかという点についてある目安をつけておくのです。また、このような訓練をしておくと、かなりフィールドノーツ用に特化した記憶力をきたえることもできますし、場面の状況を文章の形で再現する能力、つまり「再現力」を向上させることもできます。もちろん、実際に現場調査を始めてみると、現場の状況が予想とはかなり違っていたり、調査全体の問題設定自体が変わったりしていて、現場記録の内容が最初に練習していた時のものとはかなり違ったものになる可能性もあります。それでも、本格的な調査に入る前に現場観察の記録の仕方について大体の感じをつかんでおくことは、きわめて大切な準備作業だと言えます。

フィールドノーツを清書する

いつどこで書くか——忘却とのたたかい

清書版のフィールドノーツを書くタイミングという問題、つまりいつどこで書くべきかという問題に対する「正解」は明らかです。**現場を離れてまとまった文章が書けるところに行ったら、とにかく何をさておいても、すぐにメモをもとにして清書してしまう必要がある**、というものです。これは、マニュアル化がきわめて難しいフィールドワークという調査方法のなかでも珍しく「正解」や「鉄則」めいたことが指摘できる数少ない例の一つです。

当然のことですが、この正解の第一の根拠は、人間の記憶の頼りなさという点にあります。つまり、ノーツを書くタイミングの問題はとりもなおさず「忘却とどう戦うか」という問題なのです。どんなに詳しい現場メモがあっても、また、現場でいかに自分を「物書きモード」の状態におくことができても、実際にノートやパソコンの画面に向かって現場で実際に見聞きした出来事について清書しようとする時には、自分でも情けなくなるほどに自分自身の記憶があてにならないことを思い知らされます。現場ではあれほど生々しい体験だったはずなのに、いざ書き出してみると、その経験の生々しさを再現するために必要なディテールに関する情報がどうしても思い出せないことがよくあります。その場に誰と誰がどのような位置関係でいて、それぞれどのような服装をしていて、どんなことを話していたのか、部屋の広さはどれくらいでどんな家具が置いてあったのか……肝心のことが全く頭に浮かんでこないこともよくあります。よく知られているように、人間の記憶というものは物事が起きてからほんの一、二時間のあいだに右肩下がりの急カーブを描いて失われていくものです。

この記憶の減衰《げんすい》という問題に対応するためには、いろいろな方法が考えられてきました。たとえば、クルマを使って現場と自宅のあいだを往復する場合には、帰り道でテープレコーダにフィールドノーツの内容を吹き込んでおいて後でそれを再生しながらノーツを清書するというようなやり方もあります。これはある意味でたしかにいい方法ですが、後でテープを聴き直す時間と手間は相当のものです。わたしの経験からすれば、もし可能ならば、テープを使うよりは、現場を離れたらすぐ喫茶店などに入って、ノートや小型のパソコンなどを使ってフィールドノーツを清書してしまった方がはるかに効率的です。また、電車で往復するような場合には、その間にメモを文章化するというやり方もあるでしょう。それができない場合でも、メモを見ながら頭の中でその日の出来事について「復習」したり「反芻《はんすう》」したりしながら帰れば、記憶の減衰はかなり防げるものです。

これも比較的よく知られていることですが、記憶の減衰は、それを再生するまでのあいだに何か他のタイプの作業が入ると何もしない時とくらべてさらに右肩下がりの急カーブを描いて進行するものです。ですから、とにかく、現場で何かを体験してから清書するまでのあいだに現場の出来事に関すること以外はなるべく一切考えないようにすることです。誰かと話をすることなど、もってのほかです。特に何人かのグループで調査をしている場合には、とかく現場を離れてから一緒に「一服《いっぷく》」したくなるのが人の常《つね》ですが、フィールドノーツの正確さという点では、これは致命的な結果をまねきがちです。(実際、わたしがこれまで指導してきたフィールドワークの実習では、毎回この点について口を酸《す》っぱくして注意しているにもかかわらず、必ず何人かの受講生は現場観察の後に一緒に「お茶」をしたり食事したりしています。当然、その受講生たちのフィールドノーツの質は他の受講生のものとはくらべようもないほどに低レベルのものになります。）

もっとも、以上のようには言っても、不慣れな場での作業は非常にストレスのかかるものであり、特に長時間にわたって現地社会における活動に参加しているような場合には、疲労はかなり激しいものになります。このような時には、自宅にたどりつく頃には精神的にも肉体的にも疲労困憊《ひろうこんぱい》していて、とてもフィールドノーツを書くどころではないこともよくあります。そんな時には、さっさと寝てしまうことです。ただし、目が覚めたら一番にフィールドノーツを清書する必要があります。記憶というのは、物事が起きた後で睡眠をとった場合には起きて他の仕事をしている場合とくらべて減り方がゆるやかであることは比較的よく知られていますが、わたしの経験からしても、無理して眠い目をこすりながら書いたフィールドノーツよりも睡眠や仮眠をとった後に書いたフィールドノーツの方が分量という点でも内容という点でもはるかにまさっています。

なるべく早く清書した方がいいということの根拠は、記憶の変容という問題にとどまりません。第5章では、テープ起こしが終わっていないインタビューの録音記録がいかに調査全体の進行を遅らせ、また、「やる気」を失わせるものであるかという点について指摘しますが、全く同じことが清書されていない現場メモについても言えるのです。実際、清書を済ませていない現場メモが一つでも残っていると、非常に気が重くなってきます。たとえ、その時の印象ではそれほど重要なことや特に変わったことは起きていなかったと思えるような日のものでも、清書が済んでいない現場メモがあると、次のような強迫観念におそわれるのです――「ひょっとしたら素晴らしい宝物が埋まっている場所をまだ掘ってみていないのではないか」。実際、清書をするまではそれほど目ざましい出来事もなかったように思えた日でも、あらためてフィールドノーツを整理して清書してみると、思いがけない発見があったりするものです。現場メモを手つかずのまま残しておくことは、この思いがけない発見の機会を見逃す心配があるだけでなく、精神衛生上も決して望ましいことではありません。

現場における出来事からできるだけ間をおかずにフィールドノーツを清書する上でパーソナルコンピュータがもっているさまざまな利点は、ここで特に強調する必要もないでしょう。ある程度練習を重ね、また「単語登録機能」などをうまく使えば（単語登録機能の活用法については、この章の後の方にあるコラムを参考にしてください）、たいていの場合は、手書きの場合とくらべて数倍の速さで文字入力できるはずです。また、ワープロソフトを使えば、紙のノートと鉛筆やボールペンなどを使う場合とは違って、途中で何度も文章を変えられるだけでなく、印字した結果も手書きの場合とくらべてはるかに読み返しやすいことは言うまでもありません。個々の文章だけでなく、全体の構成を自由に変えられるという点も、次に述べる、「物語《ストーリー》としてのフィールドノーツ」を書いていく上では大きな利点です。さらに、第6章で詳しく解説しますが、フィールドノーツを電子化しておけば、もっと後の段階でそれまで蓄積してきたフィールドノーツの集積をインタビュー記録などと一緒にコーディング処理して分析し、民族誌をまとめあげる時に、きわめて能率的に作業が進みます。

何についてどのように書くか

「フィールドワーク初日」のパニック

いつどこで書くべきか、つまりフィールドノーツを書く場所とタイミングという問題にくらべて、フィールドノーツにどのような内容を盛り込むべきかという問題は、はるかに難しくまた込み入った要素を含んでおり、厳密な意味での「正解」はありえません。実際、どんなに熟練のフィールドワーカーであっても、はじめて取り組むテーマを抱えて現地に到着した最初の日は、いったいフィールドノーツに何を書いたらよいのか見当もつかず、一種のパニック状態に陥るものです。実は、RASHOMON課題の意図の一つには、受講生にこの「フィールドワーク初日」[10]のパニックを体験してもらう、というものがあります。

フィールドワーカーやRASHOMON課題に取り組んでいる受講生がパニックに見舞われるのには、大きく分けて二つの理由があります。一つは、書くことがあまりにも多すぎるというものであり、もう一つは観察の視点がまだ定まっていないというものです。

これまでは、どちらかと言えば、現場で書けるメモの量に厳しい制限があるという点と人間がいかに忘れやすい動物であるかという点の二点を強調してきました。しかし、たとえその断片的なメモと限られた記憶内容をもとにしたとしても、書くべきことはほとんど無限に存在するように思えることが少なくありません。たしかに、フィールドワークの強みは、現場での直接的な体験をもとにして調査対象や研究課題について考察を深めていくことができるというところにあります。しかし、その生まの体験が含む情報量は、人間の処理能力をはるかに超えているようにも思えてくるのです。

たとえば、RASHOMON課題では清書版のフィールドノーツを仕上げるまでに要した時間を報告することも要求していますが、たった三〇分の観察時間でもそれをフィールドノーツとして書きあげるためには数時間もの時間が必要であることはザラにあります。なかには八時間ないし九時間以上もかけてフィールドノーツを書いてくる受講生もいます。たしかに、見取り図ひとつをとってみても、その場にあった物を全て描《か》き尽くすことなどできるはずもありません。人々の服装や容姿についても、細かくかき出せばキリがありません。かくして、RASHOMON課題を体験した受講生たちは、わたしに対して次のような疑問や不平をぶつけることになります——「いったい、どこまで詳しく書けばいいんですか?」「詳しければ詳しいほどいいフィールドノーツだって言えるんですか?」。もちろん、長たらしい文章が必ずしも名文ではないのと同じように、フィールドノーツは詳しければ詳しいほどいいというものでもありません。実際、長々と書かれたフィールドノーツよりも要点をおさえたフィールドノーツの方が資料としてはるかに役に立つこともよくあります。しかし、この「要点」というのは、いったい何のことなのでしょうか？

こうしてみると、「何を書くべきか」という問題は「何を書かないか」あるいは「何を省《はぶ》くべきか」という問題と切り離しては考えることができないことが明らかになってきます。また、「何を省くべきか」という問題は、とりもなおさず「どこ（何）に焦点をしぼるべきか」という問題であることも明らかになってきます。ところが実際には、フィールドワークの初期の段階では、特に注意を向けて観察すべき対象についてもその対象について観察する際の視点についても、まだ確定していないことが多いものです。

つまり、フィールドワークの初期の段階やRASHOMON課題では、「何を見るべきか」という点についても、「どのように見るべきか」という点についても明らかではないのに、その見たものについて書けと言われているようなものなのです。ですから、パニックに陥ってしまうのは当然のことだと言えるでしょう。[11] 現場メモの書き方について解説した時に「物書きモード」ということを言いましたが、これは、実際には調査の焦点がかなり定まってきた頃に本格的なものになる観察の構えを指しています。これに対して最初のうちは、どうしても、まるでだだっ広い部屋に入れられて、そこが真っ暗になっていて、しかも「その部屋に一つしかない部屋の灯りのスィッチを探せ」と言われているような心細さやもどかしさを味わわざるを得ません。

しかし、とりあえずは何かを見てその見た結果を文章にまとめなければ、話は始まりません。というのも、手元に材料としてある程度の分量の観察記録がない限りは、観察する上での視点を設定することができないからです。こうなると、「卵が先かニワトリが先か」という、少し面倒な話にもなってきます。なぜならば、見たものを手当たり次第に書いていったとしても、それが適切な観察の視点をつくりあげる上で最適の情報になるという保証はどこにもないからです。つまり、いい情報を手に入れるためにはいい視点が必要になるのですが、いい視点をつくりあげるためにはいい情報がどうしても不可欠なのです。[12]

もちろん、先行研究の読み込みなどを通してフィールドワークを始める前に既にある程度理論的枠組みや問題設定が、いわば「いい視点」としてしっかり固まっている場合には、この問題はかなりの程度解決済みということにもなります。それでも、その枠組みや問題設定を前提にした場合に、実際にどのような点が具体的なフィールドノーツの記録をしていく際の要点になるのか、ということについて見きわめていくのは決して容易なことではありません。というのも、先行研究には、理論的視点や問題設定についてのかなり抽象的な議論は書いてあっても、具体的にどのようなフィールドノーツをつけたか、という点について書いてあることはほとんどないからです。ましてや、自分自身のフィールドワークが漠然とした問題設定から始まった場合は、ほとんど絶望的であると言えるでしょう。何しろ、何を見て何を記録すればいいのかという問題について全くと言っていいほど手がかりがないのですから。

もっとも、たとえまだ問題設定が確定していなくても、とりあえず一般論として「これだけは、どんな理論的枠組みから出発する場合でも書いておくべきだ」という程度のものだったら、大まかなガイドラインを設定することはできます。

日付と時間――出来事と観察行為の基本的な文脈

日付と時間についての記載　文例４・２（一六五ページ）に示したように、フィールドノーツにはまず日付を最初の方に書いておく必要があります。また、観察を開始した時刻と観察の対象となった出来事の初めと終わりの大体の時刻について記述しておくことも必要です。こんなことを書くと、「さんざん勿体《もったい》ぶったことを言っておいて何を当たり前のことを」とあきれられるかも知れません。しかし、実際には、フィールドワークの実習指導をしていると、この基本的な日付と時間の情報について書くことを忘れてしまう受講生が意外に多いことに気がつきます。

出来事の開始時刻と終了時刻については案外盲点かも知れませんが、日付の記載すら省略していきなり自分が目にした情景についての記述から入っているフィールドノーツを提出する受講生が毎年必ず一人や二人はいるのです。

言うまでもなく日付や時間は、**観察の対象となった出来事がどのような文脈で生じた**かについて記録しておく上で最低限必要な情報です。日付のない日記が考えられないように、日付の記載がないフィールドノーツはほとんど価値のない文字の集まりでしかないと言っても言い過ぎではありません。さらに、これに加えて、現場メモについて解説した時にふれたように、「流れ」「人々」「見取り図」のような「鳥の目」的な記録があると、現場で起きた出来事の「5W1H（いつ、どこで、誰が、なぜ、何を、どのように、どうした）」的な文脈のアウトラインについて大づかみにとらえておくことができます。もちろん、必ずしも全ての場合について文例4・2に示したように正確な時刻まで記載した記録が残せるわけではありません。しかし、数行程度の記録であっても、その場の出来事のあらましやそこにいた人々の顔ぶれや位置関係、その場の物理的状況などについての大づかみの記録を残しておく必要はあると言えるでしょう。

日付は、継続してフィールドワークをおこなっているような場合は、膨大な量のフィールドノーツを整理しておく上でも重要な情報になります。第6章で見るように、後で細かい分析をする時には、フィールドノーツのコピーを何部かつくっておいて、それをいったんカードのような断片にバラバラにした上で、同じような記述箇所や関連する記述の部分を照合したりする作業をおこないます。しかし、フィールドノーツの原本自体はふつうの日記のように日付順にバインダーに綴りこんでおくと整理するのが楽になります。さらに、図4・2のようにして日付をラベルインデックスで示しておけば、後で読み直したり分析したりする時にすぐに該当の日付のノーツが探し出せて便利です。

ワープロやパソコンで作成したフィールドワーク関連の電子的な文書ファイルも日付で整理できるようにしてお

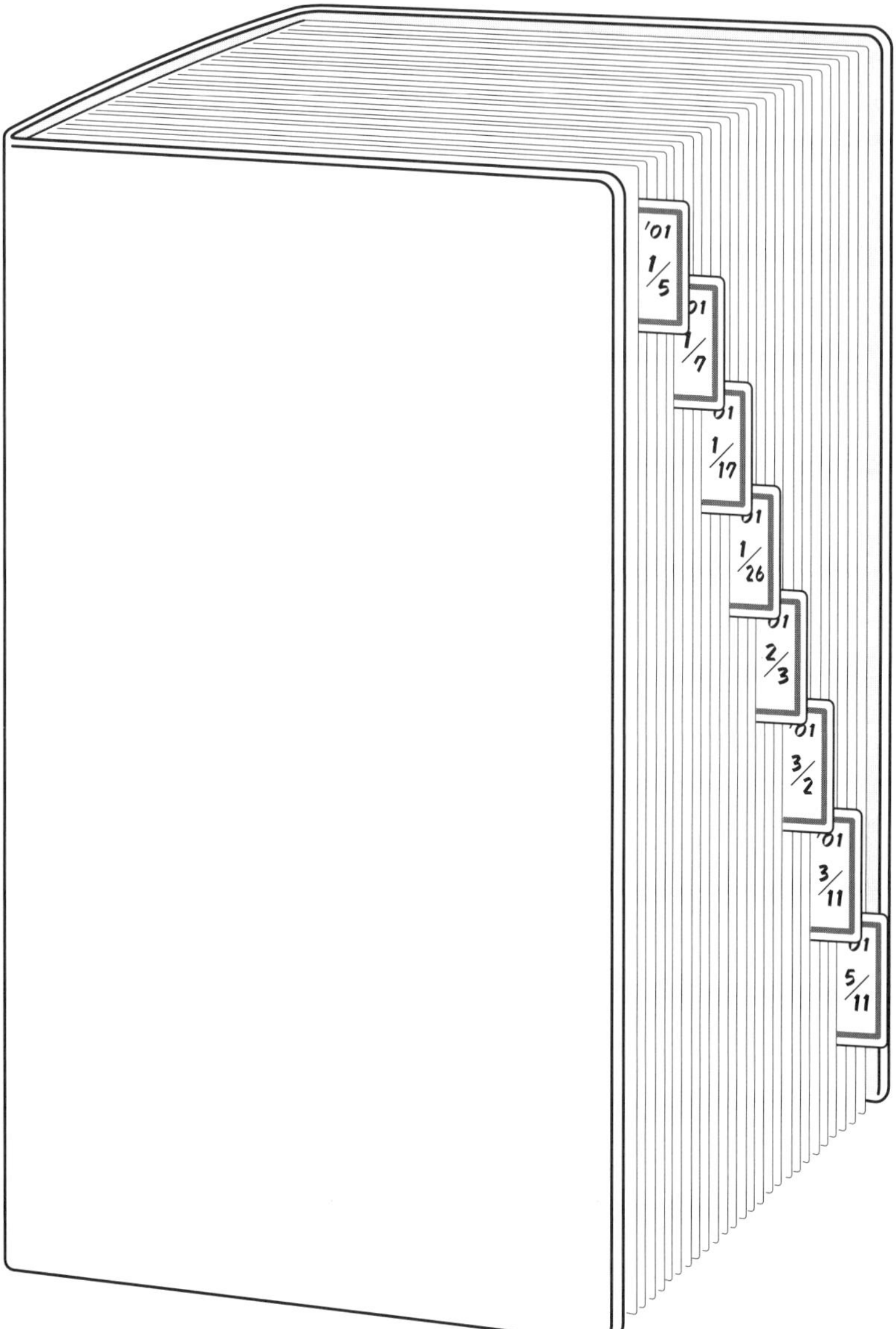

図4・2　ラベルインデックス（日付）をつけたフィールドノーツのバインダー

いた方が便利です。たとえば、わたしの場合は、フィールドノーツ、インタビュー記録、フィールド日記のそれぞれについて、次のようなファイル名をつけるようにしています。

・フィールドノーツ――「FN010311.TXT」(二〇〇一年三月一一日のノーツ)
・インタビュー記録――「IN991103.TXT」(一九九九年一一月三日におこなったインタビュー記録)／「IN991103.TX2」(同じ日におこなった二人目のインタビューの記録)
・フィールド日記――「FD990126.TXT」(一九九九年一月二六日の日記)

左にあげたFN、IN、FDはそれぞれ、**F**ield **N**otes, **IN**terview record, **F**ield **D**iaryに対応しています。このようなファイル名にしておくと、適当なソフトを使えばファイルが日付順に並ぶので、後で読み直したり検索したりする時に好都合なのです。[13]

時間順の記載　それぞれの日付のフィールドノーツの記録内容に関しても、時間の順序を基本的な記述のポリシーにしておくと、それ以降の作業が比較的楽になります。特に、これは、現場調査の初期の段階などで何から記録していけばいいか判断がつけられない時には非常に有効なやり方です。これについては、この本でも何度かふれている、ジェラルド・サトルズ教授の授業資料「フィールドワークの手引き」に言い尽くされている感があります。左に、その授業資料であげられている、時間順に記録する書き方がもつ四つの利点についての解説を紹介します。(わたし自身が、文例4・2にあげたような形で「流れ」という項目を設けているのも、この四つの利点を最大限生かしたいと思っているからです。)

1　自分が観察し考察する対象についてできるだけ**網羅的に記載**せざるを得なくなる。その日起きたことを時間を追って逐一報告しようとつとめることによって、フィールドワーカーは、ごく限られた数の、記憶の上で最も新しかったり、自分の理論に最もよくあてはまる出来事だけでなく、その日に起きたことのほとんど全てについて**思い出さざるを得なくなる**。

2　単に「頭に浮かんだ」事柄や情報について選択的な記録をする場合にくらべて、出来事、観察、自分自身のそれらへの反応についてはるかに**代表的・典型的なサンプリング**をしなければならなくなる。これは、フィールドワークの初期段階においては特に重要である。この段階では、できるだけ全体的な記述を心がけるようにし、何らかの一般的なあるいは個人的な解釈に「しがみつく」のは極力避けるべきである。

3　フィールドノーツをまとめる上での**共通の枠組み**となる。したがって、その日の出来事をどうやって書きあげたらいいかということについて迷ったり悩んだりしてとんでもない時間を浪費しなくても済む。さらにまた、出来事の順序の並べ方という点で統一がとれるため、後で検索や比較をする時に混乱が少なくなる。

4　日常生活における行動の**自然な因果的脈絡**をそのまま記録できる。日常生活においては、行動や相互作用の流れは、前の出来事がそれ以降の出来事の因果的背景となるというような時間的順序をたどる。この点について疑問があると言うのなら、発言の順序をランダムなものにしてしまった会話の記録を考えてみたらいい。そういう記録は意味をなすだろうか？　時間的順序を考慮に入れない場合、原因というものは何らかの意味をもつだろうか？[14]

日付と時間は、実際に観察した内容に関する基本的な情報であるというだけでなく、現場観察の作業それ自体がどのような形でおこなわれたか、という点について最低限の記録を残しておくためにも必要な情報です。第5章でインタビュー記録について述べる時にも指摘しますが、フィールドワークにおいては単にどのような情報やデータを入手したかだけでなく、どのようにしてその情報やデータを入手したか、という「観察行為の文脈」についての記録を残しておく必要があります。実際、このような記録を残しておくと、後でその記録を読み直す時に、その時の

文例４・５　観察行為の文脈についての記録（学生のノーツ）

日時：［1999年］11月15日 AM 11:30-12:30（集合10:30）
場所：服部屋玉原店……
状況：日差しが眩しい心地よい天気（コートなしでもOK）
　　　日曜の午前中……
待ち合わせ時刻は10:30JR玉原南口であった。木下氏と吉富氏を見つけ皆を待つ。デジカメを構える木下氏。当日、玉原では通行人を数える調査人がいたる所に配置されていた（腕には交通量調査の目印）。残り３人が見当たらず、その辺を探していると嵐山氏と高木氏を見つけこれで５人が合流する。しばらく周囲を探すが緑原氏の姿は見えないため、打ち合わせをしながら彼を待つことに。10:54携帯電話がなり、緑原氏から「これから出る」とのこと。木下氏にJR玉原南口で待ってもらい、残りの我々はショップスクエアから服部屋に行く通路にあるベンチ（外）に座って打ち合わせ・コーヒータイムを始める……。11:10緑原氏の合流でミーティングスタート。11:30〜12:30観察・メモ取り。各自解散。

情景についてまざまざと目に浮かべることができ、書いてある内容についての記憶をフレッシュなものにすることができます。

この観察行為の文脈に関する情報は、ふつうは、特に詳しいものである必要はありません。たとえば、上の文例４・５は、演習の受講生が書店を観察した時の記録ですが（人名、地名、店名等は全て仮名）、この一〇行程度の記述でも、あるとないとでは後でその場の情景を思い起こす上で格段の差になって現われます。[15]

フィールドノーツのストーリー性

右にあげたいくつかの基本的項目をのぞけば、フィールドノーツに書き込むべき内容に関してはほとんど無限のバリエーションがありえます。というのも、さきに会議についてのフィールドノーツの例をあげて説明したように（一七四ページ）、現場観察の記録として必要とされる内容は、フィールドワーク全体の性格や目的が何であるかによって非常に異なったものになるからです。

もっとも、だからと言って、右にあげた基本項目さえお

文例4・6　箇条書き的フィールドノーツの例

場所：坂並市大通り島崎書店前　日時：10月21日午前11時～11時半まで

・傘をさした婦人　赤い傘　左棚５分ほど物色して立ち去る
・左ショーウインドー　傘を持ちながらみる　→左の棚から物色
・右入口から女の人　入る　傘袋に入れる
・黒い服の若い男（20代）　傘入れずにはいる
・親子連れ入る　かさもたず→外に出てまた入る
・男の人（背広　入る）中年
・長髪の男性　店外の雑誌物色　うろうろしている→左の棚の雑誌を立ち読み①②の２分後立ち去る
・ベージュの背広の男性　はいる
・グレーの背広の老男　右端の棚から雑誌を取り、店に入る
・赤ちゃんを抱えた女性はいる
・水色のリュックを背負った老女　店外物色
・赤い傘をさす女の人　店外物色→すぐに立ち去る
・黒い傘を持つ男の人（袋入れず）　20代　出てくる

さえておけば現場調査のデータとして「使い物」になるフィールドノーツが書けるというわけでもありません。たとえば、日時や時間についてはきちんと書かれていたとしても、果たして文例４・１（一六五ページ）にあげたような学生の観察記録はデータとして有効だと言えるでしょうか？　この観察記録の問題点について指摘した時にあげた点の繰り返しになりますが、フィールドノーツはまず自分自身が読み返した時にその場の状況を再現できるように書かれていなければなりません。

この点からすれば、上の文例４・６にあげるフィールドノーツも重大な問題を抱えていることは明らかでしょう。この時の観察対象は、ある書店とその書店の来店客の行動パターンというものでした。この学生のフィールドノーツは、全編ここにその一部を引用したような箇条書き的な記述で終始していますが、将来この学生がこのノーツを読み返して、この記録をつけた時の情景を詳しく再現できるとはとうてい思えません。このノーツは、清書版のフィールドノーツというよりは、むしろその素材となる現場メモと呼ぶ方がふさわしいのです。

もっとも、これは特異な例ではありません。実は、RASHOMON課題を課すと必ず二、三本はこのような箇条書き的な観察記録がレポートとして提出されてくるのです。学生の提出するフィールドノーツにこのような箇条書き的なものがよく見受けられる背景の一つに、彼（女）らが日常的に作成している講義ノートからの連想があることは明らかです。講義ノートの場合には、教科書や参考書という、それ自体が一貫した筋立てで展開されている文章からなるテクストというものがあって、講師もそれに沿って講義をおこなっています。ですから、このような箇条書きでノートをとっても、当座の目的（試験を受ける、レポートを書くなど）には十分に役立つわけです。しかし、フィールドノーツの場合は、そのような一貫したストーリー性をもつテクストはまだ存在せず、むしろフィールドワーカー自身がこれから民族誌という形でつくり出していかなければならないのです。

以上の点を考えあわせてみると、フィールドノーツの記録内容、特に現場調査の初期のフィールドノーツの内容は、形式としては文例4・1や4・6のような記述よりは、文例4・2（献血に関するわたし自身のノーツ、一六九ページ）や文例4・4（『方法としてのフィールドノート』にあげられている学生のノーツ、一八九ページ）のように、現場の状況についてかなり細かく書き込んであり、一種のストーリー性をもっている記録の方がふさわしいのだということが明らかになってきます。実際、物語的な記録の形式は、社会生活におけるさまざまな出来事の状況や「文脈」を再現する上で最も効果的な文体なのです。また、フィールドノーツの記録は、後で民族誌を仕上げる場合にも読み返すことを想定して書かなければならないわけですから、出来事の背景に関する情報や出来事自体のディテールをかなり詳しく書き込んでストーリーラインを構成する必要があると言えます。たとえば、わたしの場合、某劇団の活動に参加しながらフィールドノーツをつけていた頃から『現代演劇のフィールドワーク』という民族誌を仕上げるまでには八年近くの歳月がかかりました。これはかなり長期にわたる調査の例でしょうが、フィールドノーツの記録は少なくとも数年あとになって読み返した時でもその時々の体験を再現できる記録である必要があります。

ノーツのストーリー性と民族誌の文脈性

もっとも、文例4・6のような箇条書き的なフィールドノーツの記録が全く役に立たないというわけではありません。たとえば、このノーツにあげられている島崎書店については既にかなりの情報が集められていたとしたら、どうでしょうか？　しかも、その時点までには、まさにストーリー性が豊富なフィールドノーツによる記録の蓄積があり、また書店の経営者や関係者に対する何度かのインタビューを通してかなり明確な仮説が形成されているのです。それに加えて、その情報や仮説については、既に中間レポートの形で発表されており、大学の指導教授からも書店の経営者からもそのレポートの内容についてのフィードバックを得ているとします。そして、この箇条書きのフィールドノーツは、その仮説を検証するために来店客の行動をチェックリストを使って細かく記録している時に補足的な情報として書いたものなのです。その場合は、この観察記録は無価値であるどころか、むしろ単なるチェックリストによる記録を補う上で重要な意味をもってくるかも知れません。

このように見てくると、さきにあげたノーツのストーリー性は必ずしも不可欠の条件ではないことが明らかになってきます。むしろ、一日の終わりにその日一日分の観察記録としてつけられるフィールドノーツがどの程度ひとつの物語《ストーリー》としての構成になっているか、それとも逆にかなり箇条書き的なものであるかは、そのノーツがフィールドワークのどの段階で書かれるものであるかによって大きく変わってくるのです。（この点については、第3章の内容も参照してください。）

つまり、調査の初期の段階では、問題設定自体が明らかではなくまた現場の状況についても情報が不足しているために、一つひとつのフィールドノーツは、その場の状況の「文脈」をまざまざと再現できるような、かなりストーリー性を帯びたものにしなければならないのです。これに対して、調査の中間段階では、既にその初期のフィールドノーツやそれをもとにして書かれた中間レポートなどによって現場の社会生活の文脈は相当程度明らかになっているはずです。したがって、それまで観察できた通常のパターンとそれほど変わらないような日の観察記録としては、特にストーリー性を帯びたノーツを書かなくてもかまわないことになります。言葉をかえて言えば、**一つひとつのフィールドノーツにどの程度ストーリー性を盛り込むべきかは、フィールドワークの全作業を通して蓄積されてくるさまざまな記録や書き物《テクスト》の総体が形成する、より大きな物語の筋立てという「文脈」がその時までにどれだけできあがっているかによる**のです。

言うまでもなく、この「書き物《テクスト》の総体が形成する物語」は、最終的には民族誌という形で完成されます。実際、フィールドノーツにしろインタビュー記録にしろ最終的な目的は、民族誌という一種の物語を完成していくための素材を提供していくことにあります。調査の最初の段階では、その物語のストーリーラインの骨格を明らかにする作業が中心になりますから、フィールドノーツ自体もかなりストーリー性を帯びたものになるでしょう。これに対して、中間段階や終盤では、既に明らかになったそのストーリーラインの骨格に細部の情報を肉づけしていく作業が中心になります。したがって、一つひとつのフィールドノーツの記載それ自体が厳密な意味でストーリーを形成している必要は必ずしもないのです。

たとえば、わたしがこれまでおこなってきたフィールドワークの例をあげれば、暴走族のケースでは、青少年ギャング集団の集団構造や集団力学それ自体が主要な研究テーマの一つだったこともあって、フィールドノーツのストーリー性は調査の全期間を通じてかなり高かったと言えますが、それでも、調査の終盤では、ある意味でかなり文例4・6に似かよった箇条書きのノーツで済ませていました。その頃には、調査に費やす時間や労力は、むしろ既にかなりできあがっていた『暴走族のエスノグラフィー』という民族誌の文章の文脈を首尾一貫したものにする上で不足していた調査資料の「穴」を埋めるために必要な資料の収集や補足的なインタビューに向けられていました。

ふたたび「物書きモード」——現場調査におけるさまざまなテクストと読者

清書版ノーツと物書きモード　このようにしてみると、いいフィールドノーツが書けるのは、フィールドワーカーが「物書きモード」にあり、また**複眼的視点**（一九二ページ参照）を採用している時だということが明らかになってきます。つまり、現場メモの場合に指摘したのと全く同じようなことが、清書版フィールドノーツについても言えるのです。フィールドワーカーは、現場の社会活動に参加している時には、現場メモを横において清書版のフィールドノーツの文章を書く自分の姿を常に意識しながらメモの内容を決めていきます。これと全く同じように、「物書きモード」で清書版フィールドノーツを書いているフィールドワーカーは、将来その自分自身が書いたノーツを（一人の読者として）読み返しつつ、一方では民族誌の文章を書き手として書いている自分の姿を思い浮かべながらフィールドノーツに何を盛り込むかを決めていかなければなりません。

「最終的にできあがる民族誌はいったいどのようなものになるのか?」「その民族誌の文章と今自分が書いているフィールドノーツの内容やそこに盛られた情報とのあいだにはどのような関連があるのか?」——このように自分自身に常に問いかけることができるようになった時にこそ、フィールドワーカーは最も効果的なフィールドノーツが書けるのだと言えるでしょう。もっとも、このような意味での「物書きモード」になれるのは、フィールドワークがかなり進展してからのことが多いでしょう。フィールドワーカーが当面意識しなければならないのは、少し後になってからそのノーツを読者として読み返している自分の姿です。その時に、今日見てきた現場の状況が的確に再現できるかどうかが当面の最重要課題になるのです。

しかし、いつまでも中期的な展望で清書版フィールドノーツを書いているだけではあまり効果的な観察記録が書けるはずもありません。書くことにだんだん慣れてきて一種の物語としての性格をもったノーツが書けるようになったとしても、果たしてそれが最終的にどのような物語を構成する上での素材ないしはサブプロットになるのかが見えてこない限りは、発表のあてのない習作を延々と書き続けている作家志望者のような徒労感にもおそわれてきます。この点に関して特にすすめておきたいのは、**民族誌の章立てや中間報告書をできるだけ早い段階で書いておくということです。**

とりわけ中間レポートの執筆は、それまでに蓄積されてきたフィールドノーツを総点検し、また、他のデータ（インタビュー記録、文書資料など）とつきあわせることによって、一貫した筋立ての物語を構成してみる、という点で非常に大切な意義があります。このような作業をしておくと、最終的な民族誌的なストーリーを構成するという観点から見た場合に、それまでにつけてきたノーツにどのような問題があるかが明らかになってくるのです。ある場合には、実はそれほど重要ではない事柄なのに、長々と書き込んでいたことに気づくかも知れません。あるいは、本当は必要であるはずのポイントについて記録しそこなっていたことに気がつくかも知れません。このようにして、ノーツにおける記述の過不足《かぶそく》について一度チェックしておくと、それ以降のフィールドノーツの記述が格段に要点《ポイント》をおさえたものになります。（たとえば、第3章では、わたしが演劇調査に関わっていた時に作成した「敗因分析レポート」についてふれましたが、実は、このレポートを書く前と後とではノーツの内容はかなり違ったものになっています。）

中間報告書を書いている時には、将来最終的な民族誌を書く時にその中間報告書がどのような位置づけにあるかという点も当然気になってくることでしょう。また、その中間レポート自体を読む雑誌のレフェリーや研究者がどのような反応を示すかについて意識しながら執筆することにもなるでしょう。もちろん、中間レポートや民族誌の読者は、狭い意味での研究者だけとは限りません。物語性が豊富な民族誌レポートは、一般読者にアピールするかも知れません。また、フィールドワーク的な手法によるマーケットリサーチをしているような場合には、上司やクライアントが書き手にとって最も重要な読者になることでしょう。

かなり後になって民族誌がほとんどできあがってしまっている時点では、それとはまた別の配慮が必要かも知れません。たとえば、「今日見てきたエピソードは、一般読者にアピールする上で効果的だろうな」「これを証拠として出したら、指導教授を説得できるだろうな」と考えるような場合です。逆の場合もありえます。つまり、民族誌を書いているうちに、読者に自分の論点を訴える上で効果的なエピソードや証拠が不足していることに気がつくのです。そういう場合は、その「穴」を埋めるようなデータを求めて再び現場に出かけていってじっくりとその場の社会生活の様子を観察してみたり、あらためて現地の人々に頼んでインタビューをさせてもらうような努力や工夫が必要になってきます。この時のノーツは、かなりピンポイント的に特定の出来事については詳細に書き込む一方で、その出来事の背景については軽くふれる程度に済ませるということにもなるでしょう。つまり、この時のフィールドワーカーが採用する「物書きモード」は、観察用チェックリストなどを使って調査をする研究者にかなり似たものになるのです。

さまざまな書き物《テクスト》の相互関係　このように、一口に「物書きモード」とは言っても、実にさまざまなタイプのものがあります。これまで解説したことを要約すれば、この物書きモードのタイプを規定する要因は次の三つの問いとしてまとめられます。

①想定される読者は誰か？
②最終的にできあがる民族誌はどのようなタイプのものか？
③民族誌のストーリーラインはどの程度までできあがっているか？

さらに、この三つのポイントを中心にして、フィールドワークにおけるさまざまな「書き物《テクスト》」の関係を模式的に示したのが、図4・3です。[16]

この図に見るように、現場メモと清書版フィールドノーツの段階から中間報告書を書くプロセスを経て民族誌を執筆していくなかで、フィールドワークにおける書き物《テクスト》は、純粋に私的なメモから次第に公的な性格をもつ報告書としての性格を帯びてきます。自分にさえ理解できればいい暗号や速記記録のようなメモ、そのメモにもとづいて書かれた個人的な日記のような意味あいをもつ清書版フィールドノーツも、次第に、最終的に誰かに「報告」し「公表」することが前提となるレポートに姿を変えていくのです。

「フィールドワーク初日」のフィールドワーカーやRASHOMON課題をはじめておこなった学生のうちの何人かはあまり「使い物」にならないノーツを書いてしまうことがありますが、これは、この図に示したような構図がまだのみこめていないからだとも言えます。つまり、その時点ではまだ自分が誰に向けてどのような性格の民族誌レポートを書くのかという点についてのイメージが明確になっていないのです。ですから、当然、その筋立てにとって今書いているノーツがどのように位置づけられるのかについてもあいまいにならざるを得ません。[17]

逆に言えば、何をどの程度またどのような文体《スタイル》で書き込むべきかは、この構図を頭に入れておけばある程度目安がつけられるでしょう。もっとも、この構図自体ができあがるのは、ある程度フィールドワークの作業が進展してからであり、それまでは何度か失敗を繰り返しながら試行錯誤から学んでいくしかない場合が多いものです。さきに指摘したように、その試行錯誤のプロセスにおいては章立て案や中間レポートがきわめて重要な役割を果たします。

実は、章立てや中間レポートに限らず、清書版フィールドノーツの記述自体の中にも、左ページの図で示したよ

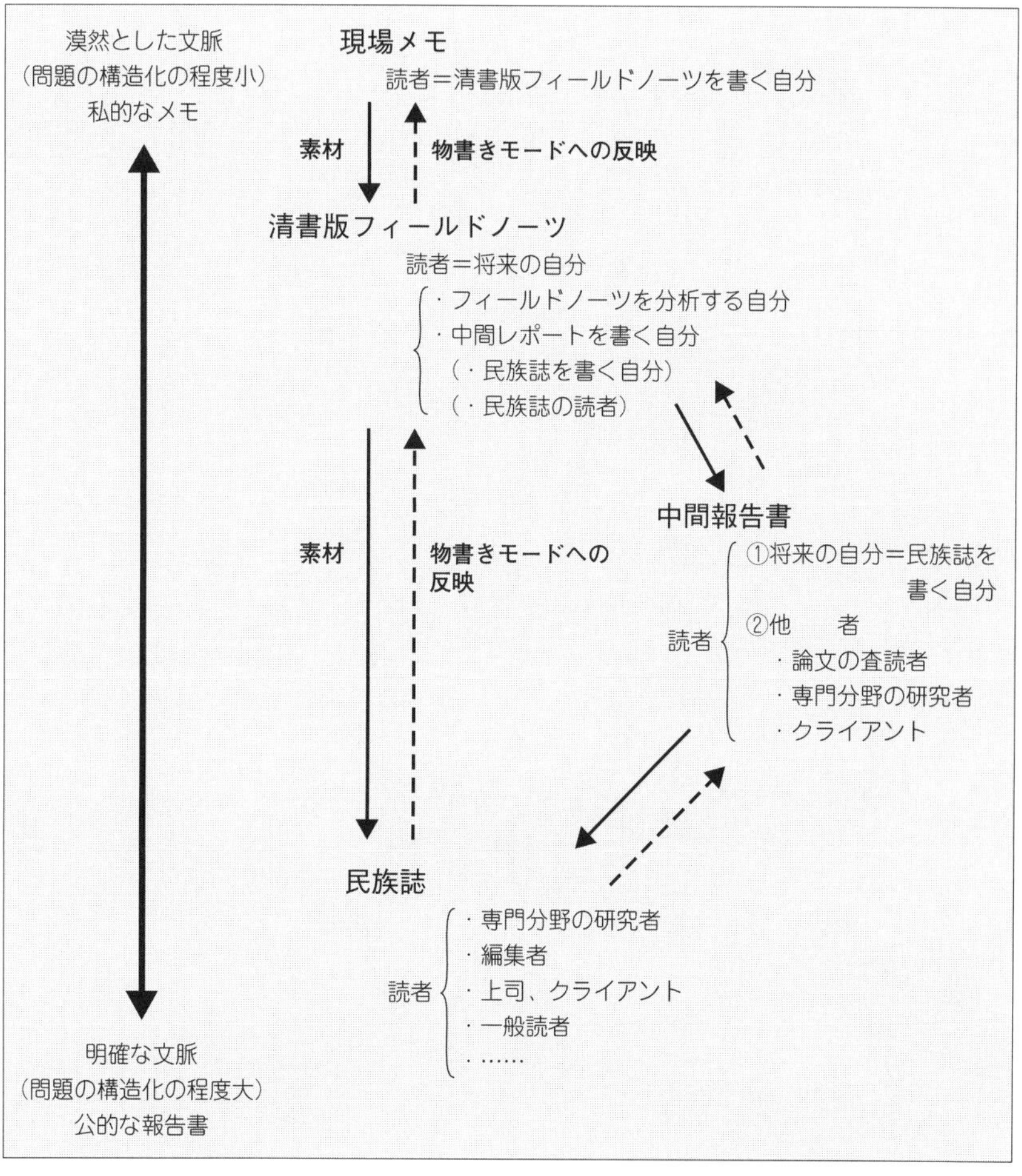

図4・3　物書きモードとさまざまなテクストの関係

うな構図を明確なものにしていく上で非常に大切な意味をもっているものがあります。これが、「**同時進行的覚え書き**」や「**理論的覚え書き**」と呼ばれるものなのですが、これについては、第6章でインタビュー記録のまとめ方について説明する時に一緒に論じていくことにします。

結論

フィールドワークの醍醐味《だいごみ》の一つは、言うまでもなく、調べようとする物事が起きているその現場で物事を直接体験することにあります。もっとも、単に漫然《まんぜん》と見たり聞いたりするだけでは決して調査や研究にとって意味のある観察や体験をしたことにはなりません。自分が生まれ育った社会とは異なる環境でそこで起こるさまざまな出来事を見たり聞いたりして体験することは、たしかに貴重な「人生経験」にはなるかも知れませんが、それを何らかの記録にとどめなければ、それは調査研究にとって有意義な観察体験とは言えないのです。

これは単に見聞きしたことをできるだけ正確に記録しなければならない、ということにとどまりません。フィールドワークにおいては、「書くこと」と「体験すること」のあいだに存在する密接な関係に十分に配慮しておかなければならないのです。

実際、一度でも長い文章を書いたことのある人なら、誰でも思い当たることだと思いますが、私たちは、文章を書く時には、既に頭の中にまとまった形でできあがっている文章を、そのまま筆記用具を使ってただ書きとめるわけではありません。むしろ、文字を書いたり消したりつけ加えていく過程で、頭の中だけでなくいわば「手と目で」考えているのです。同じようなことが現場調査におけるフィールドノーツについても言えます。現場で見聞きした

コラム　単語登録機能を利用したフィールドノーツの記録法

現場メモ

さ⃝、た⃝。や⃝、3人。う⃝。
ぱ⃝、「ぼ⃝のし⃝け？　まだぼ⃝来てへんでえ」

清書版フィールドノーツ

佐藤が蛸薬師に着いた時には、前にそこで会ったことのあるヤンキー3名が入り口のあたりでうんこすわりしているだけだった。その中のパンチパーマをかけた1名、佐藤の顔を認めて話しかけてくる。「おっちゃん、暴走の取材け？　まだ暴走来てへんでえ」。

現場メモに関しては、とにかくできるだけ早く多くの内容を書き込む必要があります。それには、略記号を使うと便利です。共同研究でフィールドワークをおこなう場合や授業で教材として使うのでもない限り、現場メモも清書版のフィールドノーツも基本的には書いた本人さえ理解できればいいのであり、したがって略記号を使うことには何の問題もありません。たとえば、文例4・3と4・4では、「弁護士（原語は attorney）」を「弁（atty）」、「裁判官（Judge）」を「裁（J）」という略記号で示しています。

反面、清書した後でも略記号のままだと読みづらくなる可能性もあります。そこでおすすめなのが、ワードプロセッサ・ソフトの「単語登録機能」を利用したやり方です。つまり、たとえば頻繁に出てくる言葉については、一字程度の略語で現場メモに書いておき、清書の段階では、その略語で登録しておいた言葉に変換するのです。たとえば、上に示した例の冒頭の部分は、「さとう【変換キー】が【無変換】たこやくし【変換キー】に」という操作が、「さ【変換キー】が【無変換】た【変換キー】に」という操作で済ませられます。

ことは、それをまとまった文章の形にすることによって、はじめてあらためて考え直したり分析したりすることができる対象になるのです。

実際、書くことによってはじめて気がつくこともあります。また、書く作業を通して思いがけない発見をすることもあります。ごくありきたりのもののように見えていた現場の人々の行動も、それをあらためて清書版フィールドノーツという文章の形でその場の状況を再現しながら考察を加えていくと、観察していた時には思いもよらなかった意味や意義を見いだして愕然《がくぜん》としてしまうことがあります。

言葉をかえて言えば、現場調査の結果をまとまった文章として書きあげる時にこそ、私たちは、フィールドワークという作業にとって真に意味のあるカルチャーショックを経験することができるのです。異文化との出会いによるカルチャーショックというのは誰でも体験することですが、フィールドワーカーは、それを文章として書きしるし、自分の育ってきた文化の枠組みおよび社会学や人類学の理論とつきあわせる作業を通じて再体験します。極言《きょくげん》すれば、フィールドワーカーは、現場調査の結果を文章として書きとめる時にはじめて現地社会における出来事を真の意味で体験するのだ、とさえ言えます。つまり、**フィールドワークにおいては、「体験すること」「見ること」「書くこと」という三つの作業のあいだに切っても切り離せない密接な関係がある**のです。

こうしてみると、フィールドノーツは単に物事を外側から見た場合の観察内容を忠実に記録する道具にとどまらない、という点が明らかになってきます。**書くという行為それ自体によって現地社会の人々が体験している意味の世界を追体験し共感的に理解する**ことができた時にこそ[18]、フィールドノーツの記録は、単なる表面的な事実の記録だけではない、**分厚い記述**としての資格を兼ね備えたものになっていくのです。つまり、フィールドワーカーは、その時にはじめて、見たままの姿を平板《へいばん》に記録するにすぎない「薄っぺらな記述」を越えて、人々の発言や行動の奥に幾重《いくえ》にも折り重なった生活と行為の文脈をときほぐし、その作業を通してはじめて明らかになる行為の「意味」

を解釈して読みとり、その解釈を書きとめていくことができるようになるのです。[19]

フィールドノーツについて指摘した以上のいくつかのポイントは、そのほとんど全てが聞きとりとその記録についてもあてはまります。つまり、インタビュー記録を書く作業は、ただ単に聞きとりの内容を文字に起こしていく単調な作業ではないのです。それは、同時に、当事者の発言や行動の奥にある意味を掘り起こしていく作業にもなります。そして、それはまた、何人もの関係者からの聞きとりデータという素材の固まりの中から、明確な問題設定や調査の焦点それ自体を削《けず》りだし彫《ほ》り出していく作業でもあります。

言うまでもなく、この作業にあたっては、狭い意味での「記述」の作業に加えて「解釈」や「分析」の作業が重要な比重を占めます。フィールドノーツの場合にもインタビュー記録の場合にも、それは**同時進行的覚え書き**や**理論的覚え書き**を書いていく作業としておこなわれます。この作業が具体的にどのようなものであるかについては第6章で詳しく解説していきますが、その前に次の章では、いくつかの点で参与観察とその記録であるフィールドノーツと非常によく似た性格をもつインタビューという行為とその聞きとり記録の書き方について述べていきたいと思います。

第 5 章

聞きとりをする

——「面接」と「問わず語り」のあいだ

演劇公演「仕込み」光景

大昔の話を思い出したが、学部時代工場の状況を勉強していた。その工場に働く人の家に何回も尋ね、のんびりと話を聞いた。しだいにその職場を見たくなる。結局、その工場の公開日に訪ね、ああこれが例の機械か、あれがあの職場か、と見つめたおぼえがある。そういえば、わたくしが聞きとりという方法にはまったのは、まさにこの時の経験からであった。本当に面白かったのである。本に書いていない事柄がぞくぞくわかってくる。本のあやしさもわかってくる。なかにはすばらしい本のあることも感じとれる。統計だけではなかなかわからないことも、少しずつ明らかになってくる。その面白さについつい惹かれ、いつのまにか時を重ねてしまった。

——小池和男『聞きとりの作法』

現地社会に入りこんで取材をしていると、時々、社会調査に関して一般に言われている約束事やルールがひどく的外《まとはず》れなものに思えてしまうことがあります。たとえば、インタビュー調査やサーベイ調査の際の禁じ手とされているものの一つに「誘導的質問」がありますが、これはフィールドワークの場合には必ずしもルール違反だとは言えません。

誘導的質問というのは、いわゆる誘導尋問と同じで、相手の答えをこちらの都合のいい方向にもっていくようなバイアス（特定方向への偏り）のかかった質問の仕方です。典型的な例には、次のようなものがあります――「高齢化が急速に進むなかで今消費税の引き上げをおこなわないと福祉のための財政状況が極端に悪化すると言われています。あなたは、今回の消費税の引き上げを当然だと思いますか、やむを得ないと思いますか？[1]」。

たしかにこういう質問の仕方で聞いたら、質問した側の思惑《おもわく》通り消費税引き上げに対して好意的な回答ばかりが寄せられてくるに違いありません。

しかし、同じような誘導的質問ではあっても、そういうタイプの質問でもしない限り先に進んで相手からさらに詳しい内容の話が引き出せないような場合は、どうでしょうか。たとえば、話し手がかなりシャイな人物で、自分の息子の成績や進学について自慢話に聞こえるのを極端にいやがっているような場合です。しかし、フィールドワーカーが研究したいのは、子供の学業成績や進学に対する親の関与の度合いという問題であり、また、相手の子供が総合的に見て非常にすぐれた成績をあげていることは事前に得ていた情報から既に明らかになっているのです。

このような場合は、ある意味でたしかに誘導質問的ではありますが、最初の質問で単刀直入《たんとうちょくにゅう》にたとえば「お子さんは、学校でもトップランクの成績でいらっしゃいますよね」という風に切り出した方が、「お子さんは、学校ではどんな成績でいらっしゃいますか」などと教科書式の非誘導的な質問の仕方で聞くよりは、つっこんだ話が聞けることが少なくないのです。この場合は、誘導質問はルール違反であるどころか、むしろ表面的なインタビューでは聞き出せないような深い事情を知る上できわめて有効な質問の仕方であると言えます。[2]

このように、書店などでよく見かける社会調査に関する本に書いてある聞きとり調査に関する約束事やルールがフィールドワークの場合には必ずしもあてはまらないのは、それらの本が主に**フォーマル・インタビュー**と呼ばれるタイプの聞きとりを想定しているからです。これに対して、現場調査とりわけ参与観察調査の場合には、**インフォーマル・インタビュー**が中心になることが多いものです。

フォーマル・インタビューの場合は、聞き手と話し手の関係は「赤の他人」に近いものであり、聞きとりは「相手から情報を引き出す」といった感じのものになることが多いものです。これに対して、インフォーマル・インタビューの場合には、両者の関係は友人同士や「師匠と弟子」のあいだの関係に近いものになり、聞きとりは「アドバイスを受ける」「教えてもらう」といったニュアンスをもつものになります。また、相手の方から**問わず語り**にいろいろなことを教えてもらえる場合もあります。

このようなインフォーマル・インタビューは、特に、フィールドワーク初期の、まだ調査課題《リサーチクエスチョン》が明確になっておらず構造化もされていない段階で有効です。この時期には、質問の内容も順番も相手次第によって柔軟に変わる**非構造的なインタビュー**が中心になります。これに対して、次第にその社会になじんで「土地勘《とちかん》」も身につき、また、調査課題が明確になってきた頃になると、質問項目が整理された**構造化されたインタビュー**と呼ばれるタイプの聞きとりが中心になります。フォーマルで構造化された聞きとりをする時には、下調べをしっかりしておいて、相手が答えやすいような話の展開を考えておく必要があることは、言うまでもありません。これは、とりもなおさず、聞きとり調査をおこなう際に仮説検証的なアプローチの発想を生かしていくことでもあります。

問わず語りに耳を傾ける――インフォーマル・インタビュー

フィールドワークの初期におけるインタビューは、一見日常的な会話や対話、「無駄話」などとほとんど見分けがつきません。このような場合、フォーマル・インタビューの場合のように質問が一問一答式に手際《てぎわ》よく整理されていることはきわめて少ないために、見方によっては非常に非効率的なやり方のようにも見えます。しかし、この聞きとりのやり方は、実は、聞き手であるフィールドワーカーにとってだけでなく、話し手である現地の人々自身にとっても現実感《リアリティ》のある問題が何であるか、またその問題について聞き出すためにはどのような場所でどんな言葉を使って聞けばよいか、などという点について明らかにする上で最も効果的なインタビューの仕方なのです。

暴走族取材における失敗――「面接」と「インタビュー」のあいだ

面接とネクタイ

「インタビュー」については、苦い思い出があります。京都で暴走族についての取材をしていた時のことです。レディィス（女性の暴走族グループ）のリーダーの紹介で右京連合という暴走族グループの集会活動に参加できるようになってしばらくしてから、ある程度親しくなったメンバーや「ＯＢ」に対しては、あらたまって話を聞くことができるようになりました。その何回目かのインタビューの相手は、当時既にＯＢになっていた一九歳のテツヤと二一歳のジロウそしてジロウの婚約者で元暴走族レディィスのメンバーだった一九歳のマキコでした。インタビューの場所は、以前右京連合が集会場所の一つとして使っていたファミリーレストランの榊《さかき》です。

席についてから飲み物の注文も済ませ、三人にテープレコーダを使うことを許可してもらい、メモ帳を取り出したわたしの口をついて出た言葉は次のようなものでした。

「さて、面接初めよか?」

これに対して、テツヤはいかにもおかしそうな表情をして次のように言ったものです——「面接ぅ! ネクタイ締めてこなあかんなあ!」。わたしは、このテツヤの「面接」という言葉に対する反応に対して「そうそう、面接やなくて、インタビュー、インタビュー!」と言って平静を装《よそお》いましたが、実のところ、内心かなりあわてていました。さいわいなことに、テツヤも他の二人も特にそれ以上わたしが口走った奇妙な言葉について追及することはなく、そのインタビュー自体も三人が現役の暴走族メンバーだった頃の、いくつかの興味深いエピソードを聞き出せて無事に終えることができました。

その時、「面接」という言葉を思わず使ってしまった背景には、明らかに、日本での大学院時代に三年半ほど少年院や刑務所でおこなっていた「面接調査」の影響があります。その当時聞きとりによる事例研究を面接調査と呼んでいたのは、施設調査をおこなう上でバイブルのようにして読んでいた社会心理学系の何冊かの本に、聞きとりを指す用語として「面接法」が使われていたからに他なりません。それもあって、わたしは大学院の演習などでも、何の疑問を感じることもなく「面接」という言葉を使ってその結果について発表していましたし、論文を書く時も面接という用語を使っていました。

しかし、よくよく考えてみると、現場調査におけるインタビューを指す言葉として面接というのはかなり奇妙な用語だと言えます。たしかに辞書でも interview の訳語の一つとして「面接」があげられていますが、通常の感覚から言えば、面接といえば「就職面接」や進学の際の「面接試験」くらいしか思い浮かばないのではないでしょうか。そして、ふつうの面接では面接する側とされる側のあいだに何らかの権力差が存在します。就職面接や面接試験の場合はこれが最も顕著《けんちょ》ですが、たとえば「臨床面接」などの場合も、専門知識をもって診断や治療にあたる医師と患者とのあいだには明らかな立場上の違いがあると言えるでしょう。

しかし、第1章と第2章で述べたように、そもそもわたしが、京都の街角をうろついてひたすら暴走族の青年たちに声をかけられるのを待つ、という体当たり式のやり方でフィールドワークを始めた主な理由の一つは、施設調査における「面接」調査につきものの権力差に疑問を感じたからではなかったでしょうか。それなのに、いざ、相手とより対等な立場で聞きとりができるという時になって、つい「面接」という言葉が口をついて出てしまったのです。

単なる慣れの問題と言えないこともありませんが、これは、その頃のわたしにとってかなりショッキングな出来事でした。このことがあって以来、右京連合のメンバーや京都の「ヤンキー」たちに聞きとりをする際に面接という言葉を使うことなど決してなかったことは、言うまでもありません。それでも、しばらくのあいだは、その時に自分が面接という言葉を使ってしまったという事実にはこだわりをもっていましたし、いつ同じようにして施設調査をしていた頃の習慣《くせ》が不用意に出てしまうのではないかとかなり神経質になっていました。

面接とインタビューの効率性

矯正施設における面接調査というのは、言うまでもなくとびきりフォーマルな状況でおこなわれるインタビューのやり方であり、しかも、聞き手と話し手のあいだに明らかな立場の上での違いがある場合であると言えます。この場合、話の内容や順番に関しては、かなりの程度聞き手の側《がわ》に主導権があります。それどころか、そもそも聞きとりをするかしないか、いつどれだけの時間聞きとりをするかまで聞き手の方の意向が優先されます。その意味では、この聞きとりはかなり効率的なやり方だと言えます。実際、わたしが矯正施設で面接調査をしていた時には、ほとんど毎日のように面接をしていた時期があり、一日に二名か三名の被収容者の人々を対象に聞きとりをすることもよくありました。

これに対して、暴走族に関する取材の場合は、どうだったでしょうか。これはもう、完全に暴走族の少年たちの方に主導権があります。何しろ、一応幹部クラスのメンバーからはインタビューについての了解は得ていたものの、その他のメンバーには、わたしのインタビューの依頼に応じなければならない「義理」は特になかったからです。約束した時間に相手がなかなか現われず三〇分ないし一時間以上も遅れてやっと聞きとりが始められるというのはごくふつうの出来事でしたが、結局すっぽかされたことも何度かありました。ある青年には、三度すっぽかされたあげく、こちらが根負《こんま》けしてしまってとうとう最後まで正式なインタビューをすることはできませんでした。

同じような「効率」の違いは、施設調査の時の質問紙調査と暴走族の取材の際におこなったアンケート調査のあいだにもありました。実は、暴走族の少年たちに対するインタビューは、比較的初期の段階でおこなった質問紙調査のフォローアップという意味もあったのです。実際に右京連合主催のあるパーティの会場で質問紙を配ってその場で七〇名ほどに回答を記入してもらったのは、一九八三（昭和五八）年の一一月下旬のことでした。（実際に使ったアンケートの文面については、拙著『暴走族のエスノグラフィー』の巻末参照。）その時の回答の記入と用紙の回収には三〇分もかかりませんでした。これ自体は矯正施設で質問紙調査をおこなった時の質問紙調査にくらべて時間的にはそう変わりません。問題は、どれだけが有効票、つまりデータとして使える回答になっているかです。施設調査の場合の「歩留《ぶど》まり」はかなりよく、九割以上が最終的な集計に使える回答になります。これが、暴走族のメンバーを対象にしておこなったアンケートの場合は、ほぼ完全に回答が記入してあってすぐに集計できたのは四割程度にすぎなかったのでした。そのアンケートの後におこなったインタビューには、その記入もれや意味のよく分からない回答についてフォローするためという意味あいもあったのです。そして、大体満足のいく六六名分の回答用紙をほぼ完璧なものに仕上げるまでには、その後三ヶ月以上もかかりました。

インタビューと現場観察

「施設調査では三〇分で済むものが現場調査では三ヶ月」というと、フィールドワークがいかにも非効率的な調査法のように見えてくるかも知れません。たしかに、かかった時間だけから見れば、そう言えないこともありません。しかし、得られた回答や証言の質という点から見た場合は、必ずしもそうでもありませんでした。実は、その三ヶ月にわたっておこなった、質問紙調査のフォローアップを兼ねた聞きとりの作業からは、思ってもみなかったほどの大きな収穫があったのです。というのも、アンケートの回答用紙の未記入部分を埋めていくなかで、暴走族の青年たちが設問の意味についてわたしの意図とはかなり違った受けとめ方をしていることに気づかされることが少なくなかったからです。アンケートの設問一つひとつに対する彼らの回答をチェックしながら、その意味や意図について確認していく作業は、ある意味で、そのまま彼らの暴走族活動や将来の生活についての考え方について腰をすえて聞きとりをおこなうプロセスにもなりました。

さらに、暴走族グループのメンバーが指定した、彼らがふだん生活している場所に近い場所でおこなったインタビューは、時として思いがけない発見をもたらしました。たとえば、インタビューのためにあるメンバーの自宅を訪れたりした時には、他のメンバー数人がその少年の部屋をほとんど「ねぐら」のようにして暮らしているという事実を知ることができました。また、約束していたインタビューの時間に遅れた少年から最初に予定していたファミリー・レストランに連絡が入って、わたしの方からその少年がその時実際にいる場所まで出向いていってインタビューをしたこともあります。インタビューをすっぽかした少年がその時どこにいるかを他の少年に聞いてつきとめて、そこまで出向いていったこともありました。そのような時に見聞きしたことや彼らと交わした会話には、あらたまってファミリー・レストランなどで聞いていたのではおそらくは聞き出せなかっただろう、かなり個人的な事情についての話題もありました。また、このようなインタビューの経験は、彼らが青年期の一時期、「インタビューの約束の時間を守る」というような約束事とはかなり縁遠《えんどお》い生活パターンをしていることに気がつくきっかけにもなりました。

このようにして、最初わたしが意図していた、サーベイ的調査とそれをフォローアップするためにおこなったかなりフォーマルな形式のインタビューは、次第にインフォーマルな聞きとりと現場観察が主体のものに姿を変えていったのでした。そして、そのプロセスを通して、次第に次のような疑問が浮かんできました。

「『面接』やインタビューあるいはサーベイというのは、たしかに効率はものすごくいいけど、ある意味で決まり切った答えしか出てこないじゃないか？　もしかしたら、喫茶店とかファミリー・レストランであらたまってインタビューをするよりも、ふだんの生活の場に近い場所でもっと自然な形で話が聞けるような場合の方が、内容的に『濃い』話が聞けるんじゃないだろうか？　それにしても、そういうのも『インタビュー』って言うんだろうか？」

ウィリアム・ホワイトの失敗――「インタビュー」と「問わず語り」のあいだ

ホワイトの「失言」と方向転換

このような疑問に対する一つの答えを与えてくれるのが、『ストリート・コーナー・ソサエティ』に引用されている、著者ウィリアム・ホワイトの失敗談です。[3]

それは、ホワイトがまだコーナヴィルというボストン北部の街で調査を始めて間もない頃、ホワイトのフィールドワークのスポンサー役であった、ノートン団という地元青年グループのリーダーだったドクと一緒に、ある賭場《とば》に行った時の出来事です。そこには以前かなり大物のギャンブラーとして鳴らしていた男が来ていて、その場は彼が独演会のようにして話す賭博《とばく》についての話題で大いに盛り上がっていました。そこに居合わせた他の男たちもギャンブラーの話に質問をはさんだり合いの手を入れたりして話がどんどん盛り上がってきたので、ホワイトも自分も何か言わなければという義務感のような気持ちにかられて、つい次のような質問をしてしまったのです——「オマワリにもお金は渡っているんですよねえ」。その途端《とたん》、

ギャンブラーは口をあんぐりと開けて、わたしをにらみつけた。彼は「警察官なんかには一切金は渡していない」と怒ったような口調で言って、すぐ話題をかえてしまった。その晩はそれからずっとその場にいたたまれない気持ちでいることになってしまった。

翌日、ドクは前の晩にわたしがしでかした失敗の教訓について説明してくれた。「なあ、ビル［ホワイトの愛称］、あんまり『いつ、誰が、何を、なぜ、どこで』みたいな質問はしないこったよ。そんな質問をしたら、誰もお前さんとは話をしたがらなくなっちまうぜ。仲間の一人として認めてもらえたら、一緒にたまっているだけで、特に聞いてみなくったって結局最後には聞きたいことの答えが分かりそうなもんだって」。

ホワイトは、ほどなくしてドクの忠告が的を射たものであることを知ることになります。そして、それまでとは全く違ったやり方で聞きとりをおこなっていくようになっていきます。

ドクの言ったことは本当だった。**皆と一緒にたまってその場の話に耳を傾けていると、インタビューという形で情報を得ていたら、そもそも質問することなど思いもよらなかった疑問についての答えも含めて、いろいろな問題についての答えを知ることができた**のだった。もちろん、だからと言って質問することを全くあきらめたわけではない。質問の性格がどれだけ微妙なものであるかという点や自分と相手との関係がどのようなものかについてよく頭に入れておいて、**微妙な問題については、相手との関係が十分に確かなものになったと思えた時になってはじめて質問する**ようにしたのだった。

街角の社会になじんでいった頃には、こちらから特にはたらきかけなくてもデータが自然に手に入るようになっていった。もっとも、特定の問題について関心をもって特に誰かからもっと詳しいことについて聞きたいと思った時に限っては、その相手と二人きりになる機会をつくってよりフォーマルな形のインタビューをしたのだった。[4]

問わず語りの効用

日本語には、ドクの忠告とホワイトが右の引用部で指摘している一番目のポイント（ゴシック体で強調してあります）を一言で言い表わすことができる、実にいい表現があります。それは「**問わず語りに耳を傾ける**」というものです。[5]実際、現地社会に身をおいていると、時として、特にインタビューということを意識していなかったにもかかわらずこちらが是非とも聞きたかった内容について、現地の人々が問わず語りに話してくれる場合があります。

問わず語りの第一の意義は、それが自然な社会生活の文脈の中で生じてくる証言だということです。これは、ふつうのインタビューとはかなり対照的な状況です。通常インタビューという場合には、聞き手の方も話し手の方もかなり「構えた」感じで質問と答えのやりとりが繰り返されることになります。いわばかなり非日常的で人工的な状況であり、だからこそ効率的に情報収集ができるのだとも言えますが、その半面、それだけではその発言が出てくる背景となる社会生活の文脈が見えてこない、という問題があるのです。[6]

ホワイトが指摘している点でもありますが、問わず語りには、もう一つ、計画段階では思いもよらなかった点についての情報を得ることができるという利点もあります。通常インタビューという言葉の連想として浮かんでくる、一問一答式の聞きとりをおこなうためには質問内容を手際《てぎわ》よく並べた質問リストが必要になってきます。この種のリストは、たしかに聞きとりを効率よく進め、また聞きもらしがないようにする上では非常に意味のあるものなのですが、その半面、質問内容の幅をそのリストの枠の中に押し込めてしまう可能性があります。いきおい、そのリストには含まれていなかったものの実は重要な意味をもつ問題について見落としてしまう危険性も生じてくることになります。

ホワイトがあげている第二のポイント、つまり、質問の性格およびそれと話し手との間柄《あいだがら》との関係を見きわめていく上でも問わず語りは有効です。実際、現場調査の初期にフィールドワーカーが犯す典型的な失敗の一つには、デリケートな問題についての質問をいきなりまだそれほど親しくなっていない人にしてしまう、というのがあります。これは、まだ現地の状況がよくのみこめていない段階で性急にできるだけ多くの情報を集めておこうとしてしまうことによります。また、そもそも、調べようとしている問題について相手が十分な情報や知識をもっているかどうかを確かめもせずに、あまり適当でない相手に質問してしまうという失敗もよくあります。

つまり、ほんらい、現場調査におけるインタビューというのは、ある程度の事前知識があってこそ実りあるものになるのです。そのためには、正式にインタビューする前に時間をかけて、もっと非公式な形で現地の人々に話を聞いたり、問わず語りに耳を傾けたりしながら、たとえば、次にあげるようないくつかの項目について確認しておく必要があります。

・そもそも何について聞けばいいのか?

・どの程度微妙な問題なのか？
・いつ、どこで、誰に聞くのが一番ふさわしいのか？
・どのような言葉を使ってどのような言い方で聞けばよいのか？

インフォーマル・インタビューとは何か？

聞きとりのタイプと問題の構造化

このようにしてみると、フィールドワークにおける聞きとり、特に現場調査の初期における聞きとりの作業は、さまざまな点で「面接」はもちろん、通常の意味での「インタビュー」ともかなり異なる性格をもっていることが明らかになってきます。これについて、フィールドワークに関する文献では、通常のインタビューのやり方をフォーマル・インタビュー、これに対して非公式な聞きとりの仕方や問わず語りのようなやり方をインフォーマル・インタビューと呼んで区別することがあります。

図5・1は、現場調査におけるさまざまなタイプの聞きとりをさらに細かく分けてみたものです。これを見ると、フィールドワークの作業においては、ふつう「インタビュー」という言葉で呼ばれる、質問内容を整理した質問リストを使っておこなうような聞きとりだけでなく、問わず語りやふつうの会話や対話のようなものまでが入ることが分かります。

フォーマル・インタビューというのは、この図で言えば、上の方にあげた二つのタイプの聞きとり（狭い意味でのインタビュー）にあたります。フォーマル・インタビューの極限形態は、サーベイ調査の場合の、質問票を使用しておこなわれる聞きとりです。この場合は、いわゆるアンケート調査で使われるのとよく似た、一連の質問を決

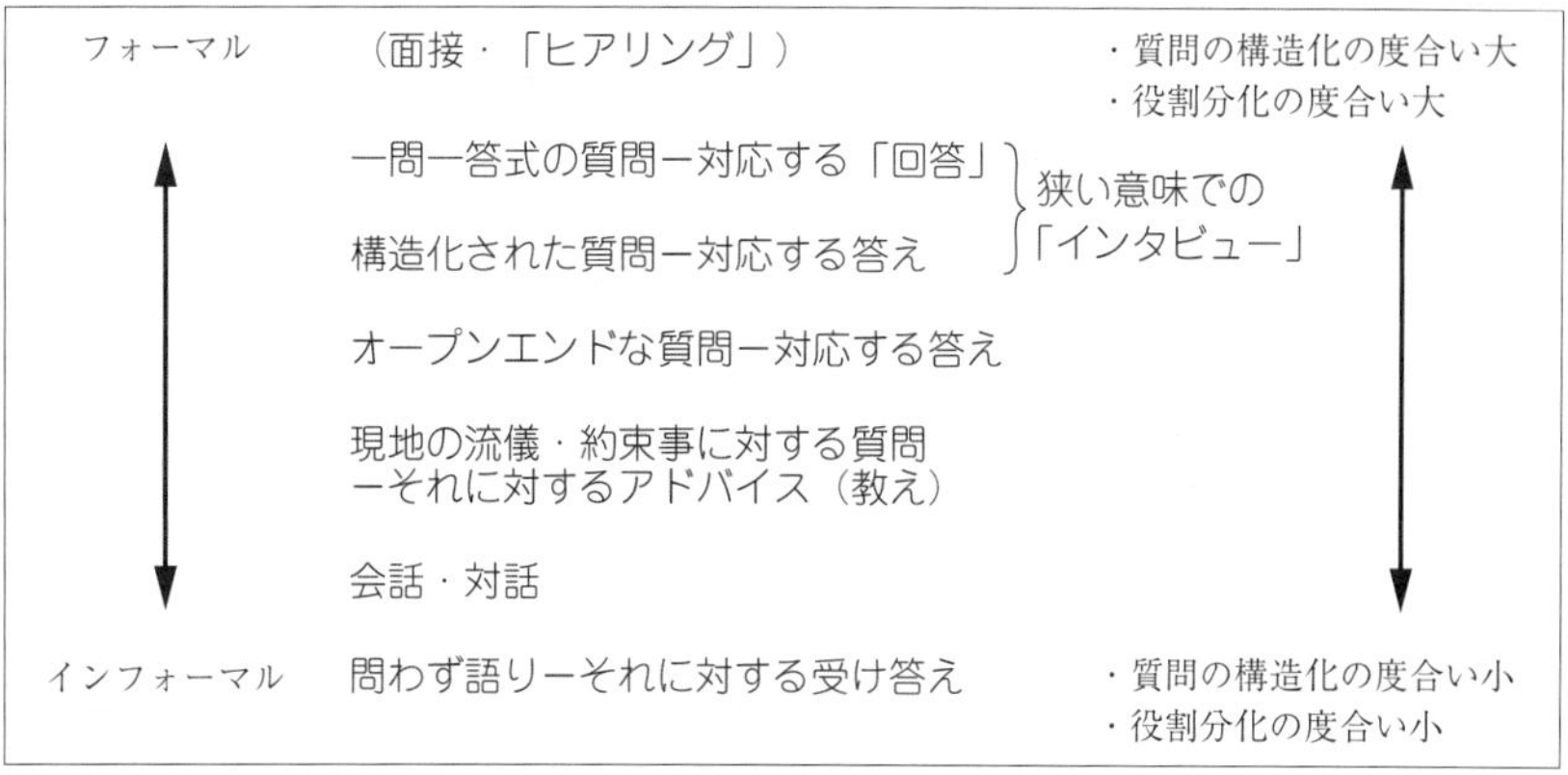

図5・1　さまざまなタイプのインタビュー

まった順番でリストアップした「質問票」にある設問を調査担当者がその順番に読みあげながら相手の答えを所定の用紙に記入していきます。これほど厳格なフォーマットが決まっていない場合でも、質問票にリストアップされたのとほぼ近い形で一問一答式にインタビューが進められる場合もよくあります。

このようなタイプのインタビューの利点は、何といっても、後で結果がきれいに整理できるという点にあります。最初から質問が整理されているわけですから、うまく答えが引き出せた場合には、回答パターンの分析も比較的楽にやれます。また、アンケート調査の場合とほとんど同じように、インタビューの結果を数字に置き換えて集計することもできます。

実に理想的なインタビューのように見えます。しかし、実をいうと、ある意味でこれほど非生産的で退屈なインタビューはないのです。というのも、サーベイ調査などでよく用いられるこういうフォーマルな形式のインタビューは、第3章で、さまざまなタイプの社会調査における「問題設定」「データ収集」「データ分析」という三つの作業の関係について検討した時の図式を使っていえば、図3・2B（一〇九ページ）のような調査の枠組みを前提としているからです。このようなデザインの調査でおこなうインタビューの場合は、たいてい、はじめにまず調査自体の基本的な問題設定と具体的な質問項目を決め、仮説を設定しておいて、計画していた人数をこなせたら、後はインタビュー記録を整理して分析するだけという形をとります。こういうインタビューだと、あらかじめ聞き出す項目が決まっているため、データを整理する時にあまり悩まなくて済みますが、その反面、新しい発見はそれほど期待できないのです。

これに対して、インフォーマル・インタビューは、多くの場合、図3・2A（一〇九ページ）のような調査の枠組みをもとにしておこなわれます。このような調査では、データや資料を集める作業とそれを分析する作業は同時並行的に進められていきます。さらに、それらの作業と同時に、研究全体の基本的な問題設定自体をより明確なものにし、一つひとつの調査課題のあいだの関係を整理していくというような作業も並行しておこなわれます。

実際、フィールドワークを始めて間もない頃は、何と何が大切な問題であるかすらよく分からず、手当たり次第に資料を集めることになりがちですし、インタビューをしても見当違いのトンチンカンな質問ばかりということもよくあります。ですから、はじめの頃に集めたデータには、後で振り返ってみると、さほど重要な意味をもたないものもたくさんあります。しかし、現地の社会生活に次第になじんでいって現場の事情についての勘という意味での「土地勘《とちかん》」もでき、それまでに集めたデータの分析も少しずつ進んでいくと、もっと焦点をしぼった調査ができるようになります。また、集めるデータも特定の事項や問題に関連したものが中心になっていきます。当然、インタビューもかなりフォーマルな形に近いものになっていきます。

このような、データの収集と分析を同時並行的におこなうタイプの調査におけるインタビューでは、質問の内容も調査の各段階で変わっていきますし、そもそも質問リストそのものがなかったりすることがよくあります。だからこそ、「インフォーマル」なインタビューと呼ばれるのです。

たとえば、暴走族に関する取材をおこなっていた時には、ファミリーレストランや喫茶店に少年たちに来てもら

海外取材で訪れたサンフランシスコの劇場街

って聞きとり調査をおこなう一方で週に一回の集会にはほぼ毎回参加していました。その時に暴走族グループのメンバーである少年たちと交わした会話を通して、インタビューで聞いた時にはよくその意味が分からなかった彼らの発言の内容についてより深いレベルで理解できたり、発言の裏づけとなるような話を聞くことができたりしました。また、そのようなインフォーマルな形での聞きとりは、それまで思いつきもしなかった疑問や思いがけない新たな「リサーチクェスチョン」に結びつくこともよくありました。第2章では、「ヤンキーのライフスタイルとその変遷」というテーマが現場調査の中で生まれてきた調査課題であるという点について指摘しましたが、このリサーチクェスチョンは、まさに、そのような集会における少年たちとの会話のなかから生まれてきたものなのです。

こうしてみると、いわゆる「インタビュー」、つまりフォーマル・インタビューは、調査自体の問題設定が明確なものになっており、またしっかりとした仮説ができあがっている時にこそ有効であることが明らかになってきます。逆にまだ問題自体が明確になっていない時期には、よりインフォーマルなタイプの聞きとりを通して「問題発見」や「仮説生成」をおこなう作業が中心になるでしょう。

さらに、聞き手の方が現地の人たちが使う言葉や独特の言いまわしにある程度なじんでいないと、話し手としてはいったい何を聞かれているのかよく分からないこともよくあります。その基本的な言語の習得という意味でも、最初にインフォーマルな聞きとりを重ねておく必要がある場合が結構多いものです。たとえば、わたしが京都でおこなった暴走族調査の場合には、京都弁をマスターし、一方で、暴走族グループのメンバーたちが使う独特の言葉や言いまわしなどを理解できるようになるまでにはかなり時間がかかりましたが、それまでは、ポイントをおさえたインタビューがなかなかできなかったものでした。

インフォーマルな聞きとりと役割関係

フィールドワークでおこなうインタビューのことを「インフォーマル」と呼ぶのは、単に、質問を型どおりに並べたリストがないという理由からだけではありません。この他、次のような二つの理由もあります。

・聞き手が必ずしも「インタビューアー」というようなフォーマルな役割で質問しているわけではない
・必ずしも一対一というあらたまったフォーマルなセッティングでインタビューをおこなうのではなく、いろいろなところで折にふれて質問することもある

こうしてみると（少し意外に思えるかも知れませんが）、現地で生活するなかで折にふれて土地の人々にその土地で生活する上で必要な流儀や慣習あるいは掟《おきて》について聞いたり、一緒に何か仕事をする時に手取り足取り教えてもら

うというようなことも、広い意味ではインタビューと呼んでもかまわないのです。

当然のことながら、現地社会において調査者が占める役割も、ふつうのサーベイとフィールドワークの場合とではかなり違ったものになります。サーベイなどで用いられるフォーマルなインタビューの場合には、ともすれば「就職面接（ジョブ・インタビュー）」のようなイメージがあり、聞き手の方がワンランク上で話し手がそれに対して一段下におかれる、という印象がつきまといがちなのですが、フィールドワークにおけるインタビューの場合には、しばしばこの立場が逆転します。

フォーマルなインタビューが「聞き出す」あるいは「情報を収集する」という性格をもつものだとしたら、図5・1に示したように、フィールドワークにおけるインフォーマル・インタビューの場合は、「教えてもらう」あるいは「アドバイスを受ける」という表現がふさわしいものになります。サーベイにおけるフォーマルなインタビューや「面接」あるいは「ヒアリング」の場合には、調査者の役割がワンランク上の「お客さん」あるいは「どこかの大学や官庁から来た偉い人」というものになりがちなのに対し、フィールドワークでは、その「土地の水」に何とかなじもうとしている「新参者」、「生徒」、あるいは修業中の「弟子」にも似た役割になります。つまり、インフォーマル・インタビューの場合には、フィールドワーカーと相手との役割関係は、フォーマル・インタビューの場合のような「聞き手　対　話し手」という単純で平板なものではなく、より現場の社会生活に根ざしたダイナミックなものになるのです。

実際、ホワイトがその体験談の中で指摘しているように、フィールドワーカーが知りたいと思っている事柄の中には、ほんらいフォーマルな形式のインタビューには全くなじまないようなデリケートな要素を含むものが結構あるものです。また、たとえ一対一のフォーマルな状況で話を聞くことができたとしても、現地の人々とかなりしっかりとした信頼関係を築いた上で、さらによほど慎重に聞く相手を選び、また時間や場所についても十分配慮しなければまともに聞き出せないような事柄もあります。

こうしてみると、フィールドワークにおけるさまざまなインフォーマルな聞きとりには、単に調べようと思っている問題についての「答え」を明らかにするためのデータを入手するための作業というだけでなく、次にあげる②、③、④という三つの作業が必然的に含まれていることが明らかになります。（これについては、第3章で「データと仮説の二面性」について述べたところも読んでみてください。）

① 調べようと思っている問題についての「答え」を明らかにする作業——情報の入手
② 現実の社会生活において意味のある「問い」を探し出していく作業——問題の構造化
③ 現地の社会生活で使われている言葉や言いまわしを身につけていく作業——言語（現地語）の習得
④ 何らかの正当な「聞き手」としての役割を現地社会において確立していく作業——役割の取得

つまり、インフォーマルな聞きとりというのは、聞くに値する重要な意味をもつ問いについて、現地の人々に理解できる言葉で、しかも、その人たちにとって納得できるような役割関係（間柄《あいだがら》）を前提として聞き出していくためには、どうしても欠かすことのできない作業なのです。実際には、フォーマル・インタビューにおいても、問題の構造化、言語の習得、役割の取得という三つの作業がほんらい不可欠な前提条件であることは言うまでもありません。しかし、それは多くの場合、暗黙の前提として処理されます。時には、全く無視されてしまったりすることさえあります。

インフォーマル・インタビューの記録法と注意点

フィールドノーツによる記録

「インタビュー」といった時にふつう頭に浮かんでくる情景《シーン》は、次のようなものではないでしょうか。

聞き手と話し手が、喫茶店でテーブルをはさんで向かい合わせに腰かけている。聞き手は、手に**テープレコーダ**のマイクを持ち、ときどき用意してきた**質問リスト**に目を走らせ、**メモ帳**に走り書きをしながら、決められた順序にしたがって聞いていく。話し手は、それに対して、これまた順序よく答えていく。ときどき脱線することもあるが、大体は、はじめのプラン通りに進む。全体としてみれば、一問一答のような分かりやすく整理された形で答えを引き出すことができて、一時間から二時間ほどのインタビューは終わる。

言うまでもなく、これはフォーマル・インタビューの典型的なシーンです。インフォーマル・インタビューの最も顕著《けんちょ》な特徴の一つは、この情景に出てくるインタビューの「三点セット」、つまり、テープレコーダ、質問リスト、メモ帳が聞きとりの場面そのものには全く登場してこないという点にあります。

第4章でもふれたように、聞き手と話し手が現地社会において弟子と師匠のような関係にある時には、メモ帳が登場することもありますが、多くの場合、メモ帳は、むしろインフォーマルな聞きとりが終わった後に**現場メモ**をつける段階になってようやく登場します。そして、その現場メモは、フィールドワーカーの自宅などで**清書版フィールドノーツ**に姿をかえていきます。つまり、現地社会の人々の問わず語りやその人々がフィールドワーカーと交わした会話の内容あるいは、現地の人々がフィールドワーカーに与えたアドバイスは、フィールドノーツの記載として記録されていくのです。

ですから、インフォーマルな聞きとりの記録法に関する要点や注意点については、第4章でフィールドノーツの記録法について述べたいくつかのポイントと重複する点がかなり多くなります。第4章で指摘したように、現場メモをとる際には細心の注意が必要です。というのも、人前でメモをとるというのは日常生活ではきわめて特異な行動であり、現地の人々との人間関係に支障をきたしたり、その場の雰囲気を台無しにしてしまう可能性がかなりあるからです。もっとも、第4章で指摘したように、現地の人々との関係のなかには、メモをとることがそれほど奇異なものとは受け取られないようなものもあります。それは、たとえば、「記録係」や「マネージャー」としての役割だったり、「弟子」や「学生」という身分であったりします。この場合は、メモをとるのがタブーであるどころか、むしろ義務的な行為になることさえあります。

このような役割に加えて、フィールドワーカーが「インタビューアー」という役割をむしろ積極的に演じることができる場合もあります。これは、特に、現地の人々からフィールドワーカーが「何かを書く人」であるという点について了解が得られているような場合に有効です。たとえば、わたしが暴走族グループの右京連合に「取材」許可を求めた時には、最初から将来暴走族についての本を書くつもりであることを明言していましたが、暴走族グループの若者たちの方でも、わたしのことを「カメラマンさん」や「インタビューマンさん」と呼んでいました。ですから、わたしの方でも特にあらたまったインタビューという場面ではなくても、集会に参加している時などに、「それ、メモさしてな」と断ってからメモ帳に相手の発言を記録したこともよくありました。

なお、これも第4章で指摘したポイントの一つではありますが、インフォーマルな聞きとりの内容をフィールドノーツの記録にとどめていくためには、現場にいる時に常に自分自身を作家やルポライターのような「物書きモード」の状態においておく必要があります。つまり、現地の人々と話をしていたり、問わず語りに耳を傾けている時に、自然にその話を文字に起こした時にどのような文章になるかが思い浮かべられるように訓練しておく必要があるのです。

直接話法と間接話法

これに関しては、よく次のような質問を受けることがあります——「見たものを文字に起こしていくのではなく、聞いた内容を文字にしていくのだから、特別な工夫はいらないのではないですか？」。これは、全くの誤解です。ふだん授業でつけているノートをもとにして実際に講師が話した内容がどれだけ再生できるかということを考えてみれば分かるように、誰かが話した内容の全てを言葉通りに完全に文字にしていくことなどできるはずもありません。当然、かなりの部分については話の内容を要約したり、適当な言葉に言いかえて「翻訳」したりしなければなりませんが、その要約の過程で独特の言葉や言いまわしが記録からすっぽり抜け落ちてしまうことが、よくあります。

たとえば、暴走族グループの集会に参加していて、ススムというメンバーが暴走行為の最中の経験について、次のようにわたしに話してくれたとします。

A——「丸太町いわしてた時なあ、ローレルでカッカッカッカって、カマ切ってたやん。そん時はもう、『エァオー！』てな、電気しびれたみたいやった」

この発言が、フィールドノーツに記録された時には、Bのようになってしまっていたとしたら、どうでしょうか？

B――その時、ススムは、丸太町通りで暴走の際に日産ローレルに乗ってジグザグ走行をしていた時の状態を感電した時の感覚にたとえていた。

Bでは、Aのススムの発言に含まれていた独特の言いまわしや生きいきとした感覚的な表現が、ほとんど消えてしまっています。この点からすれば、インフォーマルな聞きとりをフィールドノーツに記録していく際には、現地の人々が「何を」話したかだけでなく、それを「どのように（どのような言葉と調子で）」で話したかという点についても細心の注意を払う必要があるのだと言えます。

とはいえ、現地の人々の発言を全て言葉通りに記録できるものではないことは言うまでもありません。また、どの発言のどの部分については直接引用の形で言葉通りに記録し、どの部分については、むしろその話の内容を中心にして間接引用の形で書くべきかについて「正解」があるわけではありません。

たとえば、文例5・1Aにあげたのは、『方法としてのフィールドノート』に引用されていた、ある学生によるフィールドノーツの例です。[7] この例では、文例5・1Bに示したような形で直接話法と間接話法の使い分けがなされています。このノーツはかなりよくできた方ではありますが、必ずしもこの例における話法の使い分けが「正解」というわけではないのです。

実際、後でフォーマル・インタビューの記録の取り方について解説する時にもまたふれますが、たとえ聞きとりの内容がテープレコーダなどに録音されていたとしても、それを言葉通りに起こすかどうかはまさにケース・バイ・ケースなのです。それは、調査の目的にもよりますし、調査の進展状況（問題の構造化の度合いなど）、あるいは同じような内容の証言が既に記録されているかどうか、などの条件によっても大きく変わってきます。

文例5・1A　フィールドノーツによる会話記録の例

私がそこを去る1分かそこら前、私は学校の正面玄関の警備をしている黒人女性のポリーと話をしていた。わたしたちが話しているときに、暗色系のブルーのトレーナーを着た黒人の女の子がそばを横切った。ポリーは彼女を指さして「あの女の子を見たことある？」と私に聞いた。私は見たことがあると言った。するとポリーはその子と口論したことがあることを打ち明けた。ポリーが言うには、その子は許可なしで学校から出ていこうとして、言い争いになったということだ。ちょうど校長がそばを通りかかったので、彼がこのもめ事に対処しようとしたということだった。するとその女の子はこう答えた。「ここは私の学校よ。私に指図することなんてできないわ。」そして彼女は校長を「白人のMF［マザー・ファッカー］」と呼んだ。ポリーが私に「ふつう言う時には黒人のMFなんだけど、彼女はそうやって変えて言ったのよ」と言った。彼女はその子が「とても悪い態度」をしていたと言って、首を横に振った。

出所：ロバート・エマーソン他『方法としてのフィールドノート』（新曜社, 1998）p. 168

文例5・1B　文例5・1Aの会話記録における直接話法と間接話法

直接引用——「あの女の子を見たことある？」
間接引用——私は見たことがあると言った。
間接引用——するとポリーはその子と口論したことがあることを打ち明けた。ポリーが言うには、その子は許可なしで学校から出ていこうとして、言い争いになったということだ。ちょうど校長がそばを通りかかったので、彼がこのもめ事に対処しようとしたということだった。
報告された発言、直接引用——
するとその女の子はこう答えた。「ここは私の学校よ。私に指図することなんてできないわ。」そして彼女は校長を「白人のMF」と呼んだ。
直接引用——「ふつう言う時には黒人のMFなんだけど、彼女はそうやって変えて言ったのよ」
間接引用——彼女はその子がしていた態度について言った。
直接引用——「とても悪い態度」

この点に関連して、特にここで注意事項としてあげておきたい点が一つあります。それは、映像で言えばいわゆる「隠し撮《ど》り」にあたる「隠し録《ど》り」つまり隠し録音の問題です。フィールドワークについての解説書などでこれまでも何度か指摘されてきたことなのですが、相手の許可を得ずに小型のテープレコーダなど人目につかないように用いて現地の人々の発言内容を録音してしまった例がいくつかあるのです。この背景には、なるべく正確な記録をとりたいという気持ちに加えて、話し言葉に含まれる生き生きとした表現の魅力などがあるとされています。

わたし自身の見解としては、これは、決して好ましいやり方ではないと思っています。実際に講義などでこの点について聞かれた時にも、「隠し録りは絶対にしてはいけない」と答えています。主な理由の一つに、倫理上好ましくないからというものがあることは言うまでもありません。もう一つより現実的な理由としては、万が一そのテープレコーダが見つかった時に、おそらくはそれ以降のフィールドワークの続行が不可能になるだろうという点があげられます。それに、後で述べるポイントとも関連しますが、テープレコーダに頼りきりになると、人の話に対する集中力や記憶力、「再現力」が格段に落ちる場合が多いものです。いずれにしても、インフォーマルな聞きとりは相手との深い信頼関係を基本にしているのですから、その肝心の信頼関係を損ねるようなテクニックは決して用いるべきではないでしょう。

信頼関係への配慮

信頼関係という問題に関してもう一つ注意しておくべきポイントは、「酒の席」などで出てきた発言をどう扱うかという問題です。これは、言うまでもなく、どちらかというと現場調査の最中の聞きとりの記録の仕方というよりは、最終的に民族誌などの形でフィールドワークの成果を公表する時の問題になります。そのような問題をあえてここでとりあげておきたいのは、フィールドワークに関する講義をしていて、この点に関して非常に気になる反応が学生から出てくることがよくあるからです。

わたしが担当してきた現場調査に関する講義の試験では、よく、受講者自身にとって興味のあるテーマについてフィールドワークをおこなうことを想定して、その研究計画について何点かの項目にわたって解答するよう求めます。ある時おこなった試験で驚いたのは、三割近くの学生がまるで判で押したように「現地の人々へのアプローチ」という項目に関して、「『飲み』に誘って本音を引き出す」というような内容の解答を寄せてきたことでした。わたしの講義では、試験をおこなった次の週に、簡単なコメントを添えた採点済みの解答用紙を学生に返して講評をおこなうようにしていますが、その種の解答に対する、わたしの（少しばかり意地悪な）コメントは、次のようなものでした。

「アルコールが入れば、たしかにふだん聞けないようなことも聞けるけど、それをデータとして直接使っていいものなのかなあ。それに、酒を飲まなければ『本音』が引き出せない程度の関わりしか相手ともてない場合に、いったい、『本当の本音』って引き出せるものでしょうかね？」

たしかに、現場調査の場合に限らず日常生活でも、誰かと食事をしたり一緒にお酒を飲んでうち解《と》けているような時には、ふだんはできないような質問をすることが許されたり、逆に相手の方から「ここだけの話」として思いがけない話を聞かされたりすることがよくあるものです。その中には、調査課題と密接な関連をもつきわめて重要な情報が含まれている場合もあったりします。また、それを民族誌の中で引用した場合には、まさに貴重な「インサイド情報」としての説得力をもたせることもできるでしょう。

しかし、もしそのようなことをした場合に、「ここだけの話」「オフレコ」と言って打ち明け話をしてくれた相手との信頼関係はどうなってしまうでしょうか。もちろん、これについてはさまざまな考え方があります。フィールドワークの報告書としての民族誌に限らず、いわゆる「モデル小説」やルポルタージュについては、最終的に公表された文章が聞き手と話し手のあいだの信頼関係を裏切るものであったとしてスキャンダルや訴訟問題にまで発展した例が少なからずあることは比較的よく知られています。[8]

言うまでもなく、これは、インフォーマルな会話における発言内容は絶対記録に残すべきではない、ということではありません。それが重要な情報やデータであると判断できるのならば、むしろ記録しておいた方がいいでしょう。個人的な日記に人とのやりとりも含めてパーソナルなことを書くのと同じでそれ自体にはさほど深刻な倫理的問題はないと思います。(この点に関しては、ジョン・ロフランド、リン・ロフランド(進藤雄三・宝月誠訳)『社会状況の分析——質的観察と分析の方法』(恒星社厚生閣、一九九七年)八三–八四ページを参照。)しかし、それを最終的に公表するとなると、全く別の話になります。当然、慎重な配慮が要求されるのです。第6章でもあらためて述べる点ですが、そのようなインサイド情報や個人のプライバシーに関わる情報を公表する際には、可能な限り本人に原稿をチェックしてもらう配慮が必要です。本人の許可は得られたとしても、最終的にはフィールドワーカー自身の判断で公表を見合わせたり、証言のディテールを変えておく必要がある場合もあります。

もっとも、聞きとりの内容のどの部分がデリケートな内容を含むものであり、またどの部分がそれほどでもないかについては、フィールドワーカーだけでは判断がつけられない場合もよくあります。たとえば、わたしが『暴走族のエスノグラフィー』を書いていた時には、いくつかの箇所で個人のプライバシーにふれる恐れがあったので、名前に関しては全て仮名にした上で原稿段階のものをメンバーの一人に送ったことがありました。すると、戻ってきた原稿では、何とほとんどの部分について本名に直されていたのでした。気になって電話でも確認してみましたが、彼のコメントは次のようなものでした——「全部本当のことやし、全然かまへん。それより、わしの名前出さなあかんで」。

この点に関しては、インフォーマルな聞きとりをしている最中に相手に確認してみる、というやり方もあります。たとえば、わたしの場合は、現代演劇に関する調査の場合には、インフォーマルな席などで興味深い話を聞いた時には、よく「これって、本出す時に書いていいですか?」と言って相手の意向を確認することがよくありました。相手によっては、かなり難色を示したり、ディテールについてはややあいまいな表現に変えることを要求されたりもしましたが、それはどちらかと言えば少数派であり、たいがいの場合は了解が得られました。場合によってはどのように書くべきかまでアドバイスをもらったこともありました。そのような時には、直接相手の目の前でかなり詳しいメモをとることもできました。もちろん、そのような場合でも、できれば最終的に公表する前に相手に原稿を見てもらった方がいいことは言うまでもありません。[9]

あらたまって話を聞かせてもらう——フォーマル・インタビュー

インフォーマルな聞きとりや現場の社会生活への参与観察などのプロセスを経て調査課題が明確になり、また、どのような言葉や言いまわしで誰に聞けばいいのかが明らかになった時点で始めるのがフォーマルな聞きとりの作業です。この種のインタビューをおこなう際に相手との関係で特に配慮すべき事柄や詳しいテクニックなどについては、これまでも調査法に関するさまざまな解説書やマニュアルなどで説明されてきました。したがって、ここではそれらの本の内容との繰り返しをなるべく避けながら、特にあらためて強調しておきたい点やさらに詳しい解説が必要なポイントを中心にして述べていきます。それらのポイントは、主に、現場調査の全作業における広い意味での「仮説」の位置づけに関わります。

下調べをして質問の内容を確定する

無神経な質問

> 以前、その時期が来ると毎日のように送られてくる中学校や高校の文化祭用アンケートについて書いた筈《はず》だが（中略）、これらの手紙はあいかわらずである。中学（高校）時代にどんな本を読みましたかなどの、おれの著書を読めばすぐにわかる筈の質問をいくつか箇条書きにした後、最後の質問は必ず「最近の中学（高校）生に言いたいこと（どう思いますか）」である。これが「研究発表」なのだそうである。その著書すら読んでいない作家に対して手紙を送りつけ、その返事を発表するのが何で研究発表になるのだ。ひとを小馬鹿にするにもほどがある。なかには顧問教師の添え書きがあったりもし、最近の教師はいったい何を考えておるのかわからない。[10]

右にあげたのは、小説家筒井康隆の『断筆宣言への軌跡』という本に収録されたあるエッセイの冒頭の一節です。これは、インタビューというよりはアンケートをおこなう際の最低限のマナーについてふれたものですが、全く同じことがインタビューについても指摘できます。つまり、**どんなに下調べをしても十分すぎることはない**のです。これは、一般常識からしても、特にここでとりあげるまでもないごく当然のことのようにも思えますが、実際にはそれほど単純な事柄でもありません。

たしかに、どんな社会調査法に関する本を読んでも、たいがい、図5・2に示したようなインタビューの一連の

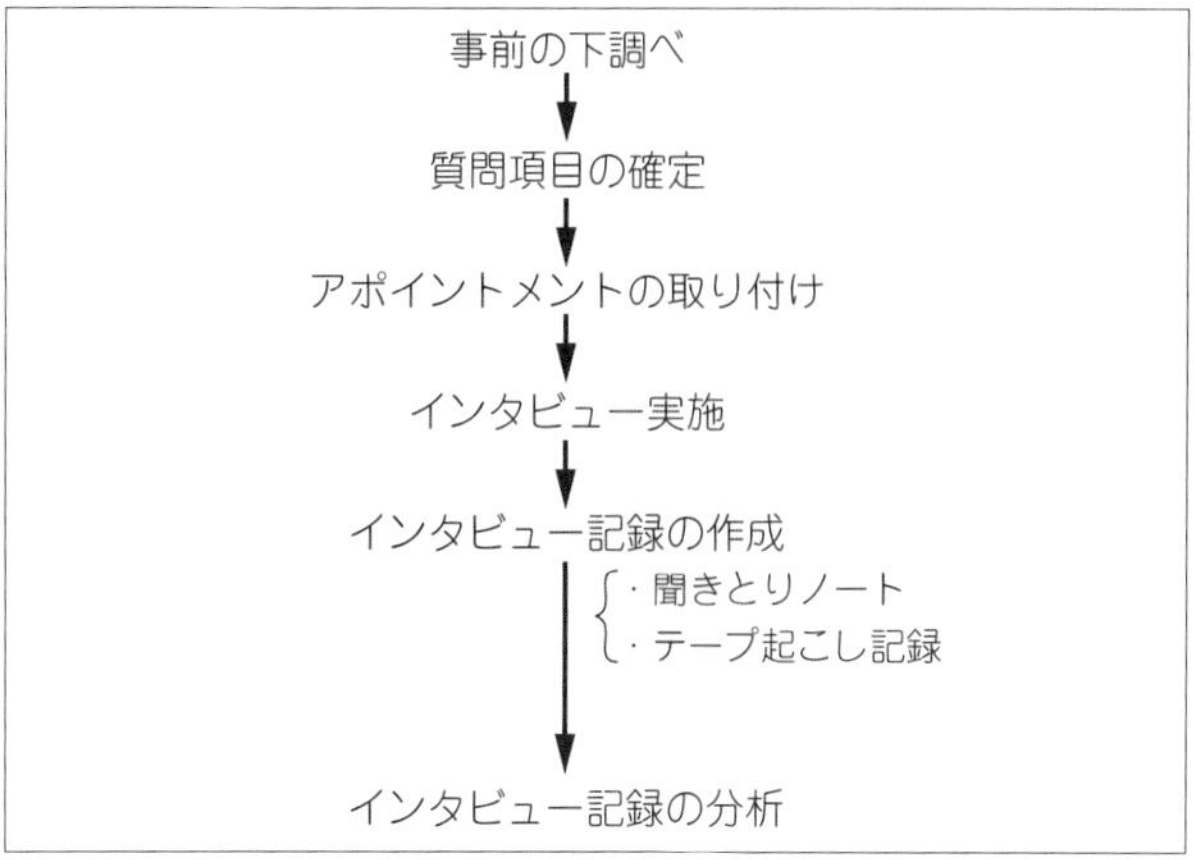

図5・2　フォーマル・インタビューにおける一連の作業

作業についての解説が載っているものです。わたしが卒論指導をする時も、学生に対しては口を酸《す》っぱくして、この図に示されているような「事前に十分下調べをした上で質問項目を確定する」という点について強調しています。もちろん、頼まれれば、学生が書いたインタビューの依頼状用に添え書きを書いてあげたりもします。しかし、それが最終的には、筒井康隆が書いているように、学生のインタビューに応じていただいた人々に「最近の教師はいったい何を考えておるのかわからない」と言われてしまいそうな結果に終わるケースが何度かあったのです。

同じようなことは、学生だけではなく、ジャーナリストと呼ばれる人たちとのやりとりからも体験してきました。「暴走族はどうして走るんでしょうね?」「このあいだ、関東地方（九州地方、東北地方……）で暴走族がらみの事件がありましたが、それについてどう思われますか?」――暴走族についての本を出版してから既に二〇年近くにもなろうというのに、暴走族関連の事件が起きたりすると、いまだに時折このような電話が新聞記者や放送記者と呼ばれる人々からかかってくることがあります。

不思議なのは、このような電話をかけてくる記者のうち、わたしが書いた本を一ページでも読んだことのある人は、ほとんどいないことです。もっとも、だからこそ、「どうして走るのか」「どう思うか」というようなあまりにも漠然としていて、どうにも答えようがない半面、ある意味ではどのようにでも答えられる種類の質問ができるのだとも言えるでしょう。そのような電話に対しては、わたしは、暴走族の取材をしていたのはもうふた昔も以前のことであり、かなり以前から全く違うテーマについて研究しており、現状については全く無知であることなどをお話した上で、「何かコメントを」という依頼に対しても丁重にお断りすることにしています。

それにしても、もし、そのような電話での質問に対して無責任にもっともらしいコメントをしてしまい、それが活字になってしまったらと思うと、空恐《そらおそ》ろしい気さえしてきます。たとえば、次のようなコメントはどうでしょうか――「最近の暴走族は二〇年前とは明らかにタイプが異なっていますね。よく調べてみなければ分かりませんが、僕の印象では、ここ数年の暴走族グループの行動は引きこもりの延長であることが多いようですね」。これは、よく考えればかなり無茶苦茶《むちゃくちゃ》で摩訶《まか》不思議なコメントなのですが、この程度のコメントでも活字になってしまうと、妙な説得力をもってしまうことがよくあります。

聞きとりの場合にせよアンケートの場合にせよ、ともすれば、ろくに下調べもしていないことがあまりにも露骨に分かるような無神経で安直な質問が出てくる背景については、ある程度理解できるような気がします。おそらく、一番大きな理由は、どちらの場合も、アンケート用紙の設問に対する回答や電話による質問に対する答えという形で、一応もっともらしい結果がそれほど手間やコストをかけずに入手できて、当座の目的や用途（文化祭での研究発表、卒論にのせるデータ、紙面のすき間を埋めるコメントなど）にとっては十分だからに違いありません。当然のことですが、意味のある答えを引き出すためには、質問（問い）自体が意味のあるものでなければなりません。無神経な質問の場合には、多くの場合質問自体が漠然としているのですから、答えが漠然とした要領を得ないものであるのは無理もないのです。もっとも、世の中にはそれで通用してしまうケースが結構あるものです。

下調べと仮説――「構造化されたインタビュー」の意味

フォーマル・インタビューは、ほんらい、そのようないい加減で無神経な質問をすることが許されないような性格をもっています。さきに指摘したように、インフォーマルな聞きとりとくらべてみた時に明らかになる、フォーマルなインタビューがもつ重要な特徴の一つは、聞き手と話し手のあいだにかなり明確な役割分化があるということです。たとえそれがふだん現地で参与観察するなかで親しくつきあっている相手であっても、場所をあらためてじっくりと話を聞かせてもらうとなると、それなりの心構えが必要になります。もちろん、それまでほとんど面識のなかった相手に話を聞く時には、さらに慎重な配慮が必要になることは言うまでもありません。

これはとりもなおさず、相手から次のように聞かれた時に、ちゃんとした答えが返せるようにしておくことを意味します――「どうして、特にこのわたしを選んで聞くんですか？」。実際、特定の人にあらたまった場所で話を聞かせてもらうということは、ほんらい〈その人でなければ分からないこと〉や〈その人にこそ聞いてみたいこと〉があるからに他なりません。言葉をかえて言えば、特定の人物を選んでフォーマルな聞きとりをするということは、その人が持っている知識や情報あるいはその人の見解が自分にとって（多くの場合は社会的にも）きわめて貴重で価値のあるものであることを認め、それに対して敬意を払っているということを前提としているのです。

じじつ、フォーマルなタイプのものであれインフォーマルなものであれ、インタビューというのは、話し手が聞き手から情報や知識を引き出すプロセスであると同時に、話し手が聞き手の質問の内容から相手のインタビューアーとしての資格や価値を値踏《ねぶ》みしていくプロセスでもあります。よほど親切な人でもない限り、ろくに下調べもせずにいい加減な質問しかしてこない相手には、それなりの答えしか返してくれないでしょうし、そのような質問ばかりでは、インタビュー自体も会話として全く盛り上がらない、退屈で苦痛なものにしかならないでしょう。

この点に関しては、聞きとりに際して話し手が払う時間的コストも非常に重要なポイントになってきます。よほど話し好きの人や、時間を持てあましており誰でもいいから話し相手を求めているような人の場合は別ですが、多くの場合、聞き手にとって貴重な情報をもっている人というのは、ふだんはかなり忙しい生活を送っていることが多いものです。フォーマル・インタビューはそのような相手の貴重な時間をこちらの都合にあわせて割《さ》いてもらっておこなうわけですから、なるべく無駄のない質問の仕方をしなければなりません。

そして、インタビューにおいてとりわけ無駄な質問になってしまう典型的な例に「聞くまでもなく答えが明らかな質問」があることは、ここであらためて指摘するまでもないでしょう。たとえば、誰にでも容易に入手できる資料を調べれば比較的簡単に答えが分かってしまうような質問、あるいは特にその人ではなくても他の人に聞いても答えが分かってしまうような質問などです。貴重な時間を割いてせっかくインタビューの場に出かけていったのにそんな質問ばかりされて、まともに答えてくれるのは、相当奇特《きとく》な人に限られるに違いありません。実際、聞き手の側からすれば本当に「聞くに値い」し、また、話し手の方からすれば、貴重な時間を割いてやって「答えるに値する」のは、まさに当事者に聞いてみなければその答えが分からない問題についての質問なのです。

言うまでもなく、〈どこまでが既存の資料や文献などを見れば簡単に答えが分かって、どの点については当事者にあらためて話を聞かなければ分からないか〉という問題について確認していくためには、かなりの時間と手間をかけて下調べをしておく必要があります。関連の資料や文献が比較的豊富にあるような場合には、この下調べの作業をしていると、インタビューをする前に答えについての予想がある程度つけられることもよくあります。別の場合には、入手できた資料から見て話し手の答えが二つか三つにしぼれそうに思えてくることもあります。また、過去の複数の発言のあいだに一見矛盾に見えるようなものが含まれていることもあります。

このような場合には、相手にあらためて聞いてみて確認する必要があるのは、たとえば次のような点でしょう。

・予想は実際にあたっていたか
・二つ（三つ、四つ……）の予想のうちのどれがよりあたっていそうか
・複数の発言のあいだにある矛盾は本当に矛盾と言えるのか。本当に矛盾しているのならば、それはどのような理由や背景によるのか

犯罪捜査の喩《たと》えを使って言えば、十分な下調べをした上でインタビューをするということは、状況証拠や傍証《ぼうしょう》の積み重ねによって事件の当事者の反応について予想をつけた上で、実際に当事者から「裏をとる」ことを意味します。また、犯罪捜査で複数の状況証拠や証言のあいだに矛盾や食い違いがある場合に、さらに捜査を重ねて事実確認をする必要があるように、フィールドワークにおいても、予想があたっていなければ、なぜそれがあたっていなかったのかを直接相手に聞くなり、他の資料にあたったりして確認しなければなりません。複数の予想のうちどれか一つがあたっていたと判断される場合でも、それをさらに補強するようなデータを集めなければならないかも知れません。

言葉をかえて言えば、**下調べを通して相手の答えについての「予想」を立てる作業というのは、とりもなおさず、「既に分かっていることを土台にして、まだよく分かっていないことについて調べるための見通しとしての仮の答え」、つまり広い意味での仮説を構成していく作業**なのです（この点について詳しくは、第3章を参照してください）。そして、フォーマル・インタビューというのは、そのいわば「状況証拠」の積み重ねを通して浮かび上がってきた仮説の当否を当事者の証言を通して検証していく作業であるとも言えます。さきに指摘したように、フォーマル・インタビューの場合には、質問内容を順序よく整理した質問リストを使うことが多いものです。そのようなインタ

ビューのことをよく「構造化されたインタビュー」と呼ぶことがあります。これは、必ずしも単に質問が順序よく並んでいることだけを意味しません。質問（問い）が構造化されているということは、裏返して言えば、それに対応する仮説、すなわち予想される答えそのものがかなりの程度構造化されているということを意味しているのです。

劇団取材の例（1）――下調べ

今までおこなってきたフィールドワークの中でも、矯正施設における「面接」以外でフォーマル・インタビューを最も頻繁におこなったのは、現代演劇に関する取材の時でした。特に、各劇団の主宰者の方に聞きとりをさせていただく時には、考えつく限りのありとあらゆる方法で下調べを済ませておいてからインタビューにのぞむようにしました。というのも、九一年から九三年にかけての二年あまりにおよぶ、ある劇団での参与観察を通して、劇団の主宰者が日頃いかに時間に追われており、また、特に公演直前の時期などにはアーチストとして非常にデリケートな心理状態にあることがよく分かったからです。

このような状況にある以上、いかに短時間でかつ要点をおさえた聞きとりをするか、という点が重要なポイントになることは言うまでもありません。[11] そのためにおこなった下調べの作業には、次のようなものがあります。

・劇団関係の資料のチェックと公演に関する一覧表の作成
・劇団の制作担当者に対するインタビュー
・主宰者の過去の発言についての検討
・質問リストの作成

表5・1A　公演概要一覧（第三舞台の例）

	題　名	期日	会　場	ステージ数	動員（名）	入場料（円）	推定売上（円）	特筆事項
1	朝日のような夕日をつれて	1981. 5	大隈講堂裏テント	3	300	0	0	早大劇研の規定による無料公演
2	宇宙で眠るための方法について	1981.10	大隈講堂裏テント	6	660	600	396,000	
3	プラスチックの白夜に踊れば	1982. 5	大隈講堂裏テント	7	900	600	540,000	
4	電気羊はカーニバルの口笛を吹く	1982.10	大隈講堂裏テント	7	900	700	630,000	
5	朝日のような夕日をつれて '83	1983. 2	池袋・シアターグリーン	9	1,100	1,300	1,430,000	
6	リレイヤー	1983. 6	大隈講堂裏テント	10	1,700	1,000	1,700,000	
7	デジャ・ヴュ	1983.10	大隈講堂裏テント	13	2,600	1,200	3,120,000	
8	宇宙で眠るための方法について	1984. 2	ザ・スズナリ／東芸劇場	15	2,900	1,500	4,350,000	
9	プラスチックの白夜に踊れば	1984. 6	公演中止				0	
10	モダン・ホラー	1984. 9	ザ・スズナリ	21	5,100	1,500	7,650,000	
11	朝日のような夕日をつれて '85	1985. 2	紀伊國屋ホール	9	4,500	2,000	9,000,000	
12	リレイヤー	1985. 6	本多劇場	10	5,000	2,000	10,000,000	
13	朝日のような夕日をつれて '85（追加）	1985. 7	紀伊國屋ホール	11	5,500	2,000	11,000,000	
14	もうひとつの地球にある水平線にあるピアノ	1985.10	ザ・スズナリ	30	7,500	2,000	15,000,000	
15	デジャ・ヴュ '86	1986. 3	紀伊國屋／近鉄小劇場	27	14,000	2,500	35,000,000	
16	スワン・ソングが聴こえる場所	1986. 6	本多劇場	28	13,000	2,500	32,500,000	
17	ハッシャ・バイ	1986.12	サンシャイン劇場	20	18,000	2,500	45,000,000	
18	朝日のような夕日をつれて '87	1987. 7	紀伊國屋ホールほか 3 カ所	49	27,200	2,800	76,160,000	
19	モダン・ホラー特別編	1987.12	本多劇場	33	20,000	3,000	60,000,000	
20	天使は瞳を閉じて	1988. 7	紀伊國屋／近鉄小劇場	49	26,000	3,000	78,000,000	
21	宇宙で眠るための方法について序章	1989. 2	紀伊國屋／近鉄小劇場	51	26,500	3,300	87,450,000	
22	ピルグリム	1989. 9	スペース・ゼロ／近鉄アート館	53	26,000	3,500	91,000,000	
23	ピー・ヒア・ナウ	1990. 8	シアターコクーン／近鉄劇場	42	31,000	3,800	117,800,000	サントリーとの提携公演
24	朝日のような夕日をつれて '91	1991. 2	紀伊國屋ホール	34	19,000	3,500	66,500,000	サントリーとの提携公演・朝日生命協賛
25	ハッシャ・バイ	1991. 9	紀伊國屋ホール	41	23,500	3,500	82,250,000	サントリーとの提携公演
26	天使は瞳を閉じて	1991.11	シアターアプル／近鉄劇場	50	43,000	3,800	163,400,000	ロンドン公演：協賛 4 社，助成 5 団体
27	スナフキンの手紙	1994. 7	アートスフィア／近鉄劇場	63	53,000	5,000	265,000,000	
28	パレード旅団	1995. 4	PARCO劇場／近鉄小劇場	54	35,000	5,800	203,000,000	

出所：佐藤郁哉『現代演劇のフィールドワーク』（東京大学出版会, 1999）p.35

表5・1B キャスト一覧（夢の遊眠社の例）

	1	2	3	4	5	6	7	8	9	10	11	12	13	14	15	16	17	18	19	20	21	22	23	24	25	26	27	28	29	30	31	32	33	34	35	36	37	38	39	40	41	42	43	
	咲	走	走	つ	愛	怪	走	怪	少	二	二	赤	赤	少	走	ゼ	怪	ゼ	野	走	大	小	瓶	野	回	白	彗	宇	石	走	小	半	明	野	半	彗	桜	半	三	目	透	桜	ゼ	出演回数
野田秀樹		■	■	■	■	■	■	■	■	■	■	■	■	■	■	■	■	■	■	■	■	■	■	■	■	■	■	■	■	■	■	■	■	■	■	■	■	■	■	■	■	■	■	42
佐戸井けん太					■	■	■	■	■	■	■	■	■	■	■	■	■	■	■	■	■	■	■	■	■	■	■	■	■	■	■	■	■		■	■	■	■	■	■	■	■	■	38
松澤一之							■		■	■	■	■	■	■	■	■	■	■		■	■	■	■	■	■	■	■	■	■	■	■						■					■	■	26
円城寺あや									■	■	■							■	■	■	■	■	■	■	■	■	■	■	■	■	■	■	■	■	■	■		■	■		■		■	26
竹下明子														■	■	■	■	■	■	■	■	■	■	■	■	■	■	■	■	■	■	■	■	■	■	■		■	■	■				26
羽場裕一																		■	■	■	■	■	■	■	■	■	■	■	■	■	■	■	■	■	■	■	■	■	■	■	■	■	■	26
田山涼成												■	■	■	■		■	■	■	■					■	■	■	■	■	■	■	■	■	■	■	■		■			■	■	■	24
段田安則															■	■		■	■	■	■	■	■	■	■	■	■	■	■	■	■		■	■		■	■		■		■		■	23
松浦佐知子															■	■	■	■	■	■	■		■	■	■	■	■	■	■	■	■	■		■	■	■	■		■				■	23
門間利夫																				■		■	■	■	■	■	■	■	■	■	■	■	■	■	■	■	■	■	■	■	■		■	22
上杉祥三																	■	■	■	■	■	■	■	■	■	■	■	■	■	■	■	■		■	■	■	■		■					21
上田信良																						■	■	■	■	■	■	■	■	■	■	■	■	■	■	■	■	■	■	■				19
向井薫																						■	■	■	■	■	■	■	■			■	■	■	■	■	■	■	■	■	■	■		19
川俣しのぶ																							■	■	■	■	■	■	■	■	■		■	■		■	■	■	■	■	■	■		18
金子真美																		■	■	■	■	■	■	■	■	■	■	■	■	■				■	■			■							15
三枝きわみ	■	■	■		■	■	■	■	■	■	■	■	■	■	■																													14
小松正一																							■	■	■	■	■	■	■	■							■		■	■	■	■	■	14
杉田秀之																												■	■	■	■	■	■	■	■	■	■		■	■	■		■	14
榊原とつ	■	■	■	■	■	■	■	■	■						■	■	■	■																										13
岡田久美					■	■	■	■	■	■	■	■	■	■	■	■	■																											13
治田敦							■	■	■	■	■	■	■	■	■	■	■	■															■											13
渡辺杉枝																												■	■	■	■	■	■	■	■	■	■		■	■	■			13
遠山俊也																															■	■	■	■	■	■	■		■	■	■	■	■	12
浜野正幸																															■	■	■	■	■	■	■		■	■	■	■	■	12
浅野和之																																	■	■	■	■	■	■	■	■	■	■	■	11
山下容莉枝																												■	■	■	■	■	■		■	■		■					■	10
安達香代子																															■	■	■	■		■	■			■	■	■	■	10
渡部泰明	■	■	■	■	■		■	■	■																																			8

	1	2	3	4	5	6	7	8	9	10	11	12	13	14	15	16	17	18	19	20	21	22	23	24	25	26	27	28	29	30	31	32	33	34	35	36	37	38	39	40	41	42	43	
	咲	走	走	つ	愛	怪	走	怪	少	二	二	赤	赤	少	走	ゼ	怪	ゼ	野	走	大	小	瓶	野	回	白	彗	宇	石	走	小	半	明	野	半	彗	桜	半	三	目	透	桜	ゼ	出演回数
石井洋祐																										■	■	■	■	■	■		■	■										8
脇園弘康							■	■				■	■	■	■	■																												7
千葉真由子										■	■	■	■	■	■	■																												7
花添智之										■	■	■	■	■	■	■																												7
鳥井美映子												■	■	■	■			■	■		■																							7
貫井礼子																	■	■	■	■	■	■																						6
藤岡太郎																												■	■	■	■	■	■											6
細谷浩平	■	■	■	■	■																																							5
常田景子					■	■	■	■	■																																			5
山崎環																												■	■	■	■	■												5
鈴木真美子																															■	■	■	■		■								5
山本みどり		■	■	■				■																																				4
夕月薫（玄之丞）					■	■	■	■																																				4
安藤嘉朗										■	■	■	■																															4
今村昌弘														■	■	■	■																											4
塩西純																																	■	■		■				■				4
大杉幸正	■	■				■																																						3
川名ゆりえ								■		■	■																																	3
目黒まゆみ												■	■	■																														3
伊藤蘭														■		■	■																											3
鈴木弘之																	■	■	■																									3
上田真士																																									■	■	■	3
本条伸一	■	■																																										2
河野とし子										■	■																																	2
千徳美穂																■	■																											2
小山裕																		■	■																									2
島岡安芸和																		■	■																									2
鈴木紀子																								■	■																			2
明楽哲典																																	■	■										2

出所：佐藤郁哉『現代演劇のフィールドワーク』（東京大学出版会，1999）p.289

まず、それぞれの劇団に関する基礎資料として用意したのは、公演チラシなどをもとにして作成した、劇団の公演の概要およびキャストとスタッフの一覧表です。[12] また、各公演の観客動員数が公表されている場合には、それとチケット料金額のデータをもとにして簡単な収入の推定を出しそれを表とグラフとしてまとめておきました。公演の概要の一覧というのは、二五五ページにあげた表5・1Aの例に示したように、それぞれの劇団の旗揚《はたあ》げいらい聞きとりの時点までにおこなわれたほとんど全ての公演について、そのタイトル、日時、会場、（そのデータがある場合は）観客動員数、チケット料金などをリストアップしたものです。キャストとスタッフの一覧表というのは、表5・1Bにキャストの方の一覧の例を示したように、各公演に俳優および舞台・制作スタッフとして関わった人々をリストアップしたものです。

そもそも、このような一覧表をつくった上でインタビューにのぞむというのは、わたしのオリジナルな発想ではなく、当時練馬区の文化国際課の職員であり、また第三舞台のケーススタディを中心にした論文の共著者でもあった佐々木克己氏のアイディアでした。わたしは、佐々木さんのアイディアをかりて、それを他の劇団にも応用してみたわけです。実際、ここにあげたのと同じような表は、『現代演劇のフィールドワーク』にも掲載してありますが、それはほんの一部であり、他の劇団についても必ずこれらのキャストおよびスタッフの一覧表の他に公演収支グラフ、公演概要一覧を加えた「四点セット」をつくった上で聞きとりに備えておいたのでした。

この四点セットを見れば、それぞれの劇団が過去にどのような公演をどこでおこない、また、どのような人々がそれに関わっていたか、そしてまたその公演の収支は大体どのようなものであったか、などという点についてその概要が把握できることになります。しかし、もちろん、それだけではよく分からない点もたくさんあります。たとえば、ある公演には特定の企業がスポンサーとしてついていたり、ある時期に劇団の制作事務所が引っ越したりしていますが、その背景などについては、これらの資料だけからはよく分かりません。多くの場合、これらの点に関してある意味で主宰者以上に事情に詳しいのは制作担当者の人たちですから、あらかじめ制作チーフの方からお話をうかがっておくようにしました。（また、主要な研究課題の一つには「劇団の経営組織としての側面」というものがありましたから、制作チーフに対するインタビューは、それ自体が一つの重要な作業になっていました。）

これに加えて、一種の「公人《こうじん》」である主宰者自身の過去の発言、特に雑誌や新聞などに発表されている発言をおさえておかなければならないことは言うまでもありません。実際、誰でもそうでしょうが、過去に何度も同じようなことを聞かれた質問を出されて、それに「百編返《ひゃっぺんがえ》し」のように答えさせられるのは、ウンザリする体験に違いありません。

この発言記録のデータ・ソースとしては、主宰者自身の著書、演劇誌や一般の雑誌、新聞のインタビュー記事などがあります。これらの記事の切り抜きは、記事本体やそのコピーを紙に貼り付けてファイリングしておきましたが、その一方で、その要約を一行か二行程度にまとめたものをワープロの文書ファイルとしてまとめておきました。このワープロファイルは、発言を時期別に並べたものと、内容を細かく項目別に分けたものの二種類があります。

もちろん、劇団の主宰者に対するインタビューですから、その劇団の公演を何本か実際に見た上でインタビューをするのは、最低限の礼儀です。それぞれの劇団について、最低三本は必ず観ておくようにして、それについての簡単な感想も自分用のメモとして書いておくことにしました。

劇団取材の例（2）――インタビューひな型

以上の資料を揃えた上で、その情報を全部まとめておくためにつくったのが、文例5・2に示した「インタビューひな型」と名づけた、聞きとりのための大まかな枠組みです。これは、次のような八つの主要項目から構成されています――フェイス（インタビュー対象者の略歴、劇団自体の略歴）、劇団自然史＋ブレイク（劇団の旗揚げから現在にいたるまでの経緯、観客動員数やメディアへの登場などという面で「ブレイク」した時期とそれまでの経緯の特徴など）、観客動員と観客構成（劇団の各公演ごとの観客動員数の変化と観客のプロフィールの変化、その演劇表現への影響）、収支構造（公演ごとの収支構造、公演以外の活動を含む劇団全体の収支状況）、演劇論・芸術論（対象者の演劇観、芸術観）、プロ性・生活（対象者の職業的演劇人としての自己認識、経済状態）、集団論（劇団の集団や組織としての性格についての考え方）、演劇界論（八〇年代以降の演劇界の変化についての見解）。

文例５・２には、★印で一部の項目について架空の記入例を示しておきました。ひな型そのものは、ワープロの文書ファイルになっていますので、この記入例のように、それまでに収集したその劇団関係の記事や発言内容についてそれぞれ一行から二行程度にまとめた要約などを、その出所に関する情報と一緒にして該当する箇所にどんどんワープロソフトの「カット・アンド・ペースト」機能を使って貼り込んでいきました。[13]この作業を通して、それぞれの対象者のプロフィールを、その時までにできあがっていた調査全体の問題設定のストーリーラインに沿って整理することができました。また、インタビュー後で聞きとり記録を読み返す時も、このような資料があると、発言内容を、話し手が過去におこなった発言の文脈に位置づけた上で理解することができます。さらに、このような大まかな共通の枠組みを設定しておいたことによって、複数の対象者や劇団の事例を相互に比較して検討することも可能になりました。

以上のような準備をしておくと、主宰者に対するインタビューの当日に使う質問リストの内容は、その資料からだけでは分からない点やもっと詳しく知りたい点、あらためて確認しておきたい点などが中心になります。また、過去の発言の内容で、『現代演劇のフィールドワーク』の中にも引用したいと思ったものについては、その発言の詳しい背景などについて質問して確認するようにしました。

つまり、かなり詳しく下調べをしておいて主宰者にインタビューするというのは、とりもなおさず、既存の資料

(1)　**文例5・2　インタビューひな型（下調べ用の記入用紙）**

プロフィール

Interviwee, company＝（佐和顎堂、劇団ビヨンドストーン）★

【持参資料】
◎4点セット
①公演実績
②動員、売上グラフ
③キャスト変遷表
④スタッフ変遷表
◎各劇団重要資料
・『ビヨンドストーンの10年』
・『演劇マガジン　ビヨンドストーン特集号』 ★
◎収支シミュレーション資料

【フェイス】
《対象者》
・1955年3月11日生まれ　東京都出身　父は会社役員。10歳から世田貝市。
・市立佐伯小学校　特に演劇に関心は無し
・市立服部中学　　演劇部に入部
・市立松並高校　　演劇部に入部
・国並市城西大学　経済学部入学、73年劇団旗揚げ
・1976年10月　　城西大学経済学部中退
……
（佐和顎堂「これまで」『演劇マガジン』91.05［月号］p.5）より ★
《劇団》
・1973年　　城西大学で劇団ストーン旗揚げ
・1976年　　劇団ストーンをビヨンドストーンに改名
・1983年　　有限会社ビヨンド設立
……… ★

【劇団自然史＋ブレイク】
《劇団》
◎ 時期区分

(2)

・演劇マガジン　85.5［月号］大学生当時は学生会館で稽古、試演
・劇界通信　　　86.6.　　　　76年から学外の劇場で公演スタート　★
・……

◎小劇場ブームとの関係
◎ブレイクとその限界
◎法人化
◎制作上の変化・ゲゼルシャフト化
《個人》

【観客動員と観客構成】
《観客動員》
《観客構成》
◎構成
◎観客開発戦略――ブームの功罪
◎戯曲、公演内容へのフィードバック

【収支構造：公演・劇団】
《公演》
《劇団》

【演劇論・芸術論】
◎前史
◎状況の定義
◎劇評

【プロ性・生活】

【集団論】

【演劇界論】

◎最後の質問

の「穴」を探し出し、それをピンポイント的に埋める作業にもなるわけです。その「穴」をめぐる質問に対して、主宰者がどのように答えを出すかは、事前にある程度の予想ができている場合も多いのですが、これが、さきに述べた「広い意味での仮説」にあたるわけです。実際には、この仮説がかなりあたっている場合もありましたし、逆に思いがけない答えが出てくる場合もありました。もちろん、その場合には、なぜ予想が実際の答えと食い違っていたかについて本人に確認するようにしました。

このような作業を通じて検証していったのは、単に一つひとつの劇団や主宰者個人の経歴に関する予想や「仮説」だけではありません。一方では、いくつかの劇団や演劇人の事例を相互に比較検討してみることによって、たとえば、次にあげるような、もっと一般的な問題についての仮説を検証することもできました。

・一九八〇年代の小劇場ブームにともなう観客動員の急拡大は、必ずしも小劇団の関係者の商業主義的傾向、すなわち、芸術性を犠牲にしてひたすら営利を追求する動機にもとづくものではなかった。それは、むしろ、労働集約的であり採算がとれにくい演劇公演を採算ラインに乗せることによって、一方では劇団の活動を維持し、他方では表現の質の向上をあげようとする試みの現われであった。

・小劇団の制作担当者は劇団という組織において経営の原理を体現する。もっとも、制作担当者の行動原理は、営利性をひたすら追求する典型的な商業演劇のプロデューサーのそれとはかなり異質なものであり、むしろ表現の幅の拡大や質の向上を求める主宰者をサポートする「女房」役的な面が濃厚である。[14]

アポイントメントをとる

下調べが済み、インタビューを通して確認したい点や新たに情報を得たい点が明らかになり、またいくつかの予想や「仮説」ができあがった時点になったら、実際に聞きとりをおこなうためのアポイントメントをとりつけることになります。

聞きとりの依頼の仕方には、手紙の他に電話やファックス、電子メールなどさまざまなやり方がありますが、それとは別に、郵便やファックスなどで、次の二点の文書を送付しておいた方がいいでしょう――インタビューの趣旨や所要時間などについて簡潔にまとめた依頼文（A４の用紙で一枚程度）、具体的な質問内容をまとめたリスト。最終的には電話でアポイントメントをとる場合でも、できれば、さきに郵便などでとりあえず依頼文だけは送っておいてから電話をかけた方が礼儀にかなっていることは言うまでもありません。相手にとってみれば、事前に依頼文をもらっておけば、いきなり電話がかかってきてその場で判断しなければならないというような事態に陥らなくて済みます。断る場合でも、前もって謝絶の理由を考えておく時間的余裕がとれるわけですから、心理的負担が少なくて済みます。

この依頼文と質問リストについては、他の社会調査のマニュアルや手引き書に比較的詳しく解説してあり、実例も掲載してありますので、ここでは簡単にふれるだけにします。たとえば、この本の最後にあげた文献ガイドでも紹介する『聞きとりの作法』（小池和男著　東洋経済新報社　二〇〇〇年）が、特に参考になります。同書は、主に企業を対象にした聞きとりについて解説していますが、その中に盛り込まれた内容は、他のテーマや対象についての聞きとりについても一般化可能なものです。

『聞きとりの作法』の解説とも一部重複しますが、依頼文には、最低限、次のような内容を盛り込む必要があります。

・インタビューアーの身分、所属機関、連絡先（緊急連絡先を含む）など
・調査全体の意図、仮説の概要（既に何か調査に関連する論文などの資料があれば、それを添付する）
・なぜ、相手を聞きとりの対象として選ばせてもらったかという点についての簡単な説明
・質問内容の概要、特に質問したいことのポイント
・公表する際の発表形態
・誰がインタビューするか（複数でインタビューする時には、その理由と他のインタビューアーの氏名および身分）
・インタビューのおおよその所要時間

つまり、依頼文には、こちらの熱意や真摯《しんし》な態度が伝わるような書き方をする必要があるだけでなく、相手に実際のインタビューがどのようにしておこなわれるのか（所要時間、インタビューアーの数など）、また、その結果はどのような形で公表されるかなどについて大体のイメージをつかんでもらう必要があるのです。実際、それほど数は多くはないのですが、わたし自身がインタビューを受けた経験から言っても、この三点、つまり、インタビューを依頼してきた相手の真摯さ、インタビューの所要時間、公表形態が明らかではない場合、あるいは相手がこれらの点について手短かに伝えてくれないような場合には、どうにも不安で気が進まないものです。

もちろん、先方には単にインタビューの趣旨を伝えるだけでなく、質問リストを送って具体的にどのような内容について聞かせてもらいたいのかについてもあらかじめ伝えておく必要があります。これは相手に対する当然の礼

儀ということもありますが、それに加えて、質問リストを事前に送っておくと、質問内容に関連する資料などを先方で用意しておいてくれることもあったりして思いがけない収穫に結びつくことにもなります。依頼文が比較的簡潔であるのにくらべて、質問リストは、かなり長いものになることもあります。また『聞きとりの作法』で解説されているように、質問の性格によっては、依頼文を送る相手だけではなく、他の誰か（直接の担当者など）にあてたリストを別に添える必要もあります。

インタビューをおこなう場所の選定については、相手の意向が最優先されることは言うまでもありません。これは、相手の性格や都合によっていろいろなケースがありえますが、現代演劇についての取材の場合は、可能な限り相手の仕事の「現場」に近いところで聞きとりをさせてもらえるようにお願いしました。たとえば、劇団関係者の方だったらその事務所や劇場あるいは稽古場ないしその近くの喫茶店などです。これは、現場の近くだと聞きとりの際に思いがけない観察ができるということが主な理由でしたが、その他にたとえば劇団事務所で聞きとりをさせてもらうと、過去の公演関係の資料や劇団の経営状態に関する詳しい資料を見せてもらえることが少なくなかったからでもあります。また、そこに居合わせた他の劇団メンバーに飛び入りで話に加わってもらったこともあります。

聞きとりをする

フォーマル・インタビューの場合、実際の聞きとりの場面では、二三五ページに示した情景《シーン》とよく似た形で聞きとりが進行します。このシーンにあるように、フォーマルな聞きとりでは、質問リスト、メモ帳、テープレコーダの三点セットが使えることも少なくありません。いずれにしても、少なくとも一度はこのシーンを頭に描いてみて、相手の目から見て自分の姿がどのように映るか、自分の質問がどのように相手に受け取られるかなどについてよく考えておく必要があります。

服装・時間

フォーマルなインタビューであるとは言っても、聞きとりの際には必ず背広とネクタイ（女性の場合にはそれに相当するような服装）のようなフォーマルな服装でのぞむ必要があるというわけでもありません。むしろ、相手によっては、あまりにフォーマルな服装をしているとかえって堅苦《かたくる》しい、まさに「面接」のような印象を与えかねません。したがって、服装という点に関しては「これが正解」というのは言いにくいのですが、この点に関して判断に迷うような場合は、聞きとりの相手やその所属組織の性格についてよく知っている人に聞いてみるのもいいかも知れません。なお、たとえよく知っている相手であっても、あらたまって話を聞かせてもらうような場合には、いつもより少しはフォーマルな服装をした方がいいでしょう。

どこで聞きとりをおこなう場合にせよ、約束の時間を厳守しなければならないことは、言うまでもありません。地理に自信がない時には、かなり時間の余裕をみて出かけるようにしたり実際にインタビューをする前に下見をしておく必要があるかも知れません。もちろん、当日、思いがけないアクシデントや交通事情のせいなどでやむを得ず遅れてしまうこともありえます。そのような事態に備えて、アポイントメントをとる時にはあらかじめ聞きとりの場所の電話番号や相手の緊急連絡先を確認しておく必要があります。逆に、聞きとりの相手の方で急に都合が悪くなってインタビューがキャンセルされたり、予定より遅れてインタビューを始めなければならないようなこともあります。そのような時に相手からすぐこちらの方に連絡できるようにしておく配慮も必要です。これについては、たとえば、自分の緊急連絡先（携帯電話の番号など）をファックスで知らせたり依頼状に書いておくようにするというようなやり方があります。

聞き手の人数

服装に関して正解がないように、聞き手の人数についても厳密な意味での正解はありえません。相手によっては、一対一の「差し」でのインタビューを好む人もいますし、逆に、一対一だと圧迫感を感じる人もいるようです。また、「オフレコ」の話題がかなり含まれる聞きとりのように、なるべく同席者がいない方が望ましい場合もあります。ですから、これに関しては、アポイントメントをとる際にある程度質問の内容から予想をつけておいたり、場合によっては前もって相手の意向を確認しておく必要があります。また、さきに指摘したように、依頼文には当日聞きとりに立ち会うこちら側の人数やその身分を明記しておく必要があります。

ただ、聞き手の側の都合だけを考えれば、複数で聞きとりをする方がいろいろな意味で好都合な場合も多いものです。というのも、一問一答式のサーベイ的なインタビューでもない限り、単に用意した質問リストの順番通りにそれぞれの質問に対する答えを確認するようなやり方では、話もはずまず、相手が飽きてしまうことが多いからです。

日常の会話でもそうですが、話の展開にしたがって話題がどんどん変わっていく方がインタビューが生き生きしたものになることが多いものです。しかし、そうなると、ある質問に対する答えを聞きとりながら、同時に次に聞くのにふさわしい質問は何かという点について考えなければなりません。また、話の展開次第によっては、用意していた質問よりもさらに詳しい点について確認をとるような質問をしたり、ことによると全然予定していなかった質問がその場で浮かんでくる場合だってあるかも知れません。しかも、それと同時に、メモもとらなければならないのです。実際、一人でインタビューをしていると、後になって、「あの時、あれを聞いておけばよかった」と後悔するようなことが少なくありません。

その点、複数で聞きとりをすると、一人がもっぱら質問役になり、もう一人は聞きとりメモをとることに専念する、というような役割分担をしてインタビューを進めることもできます。もっとも、この役割分担も絶対的なものである必要はなく、むしろ質問役が次の質問を考えあぐねて話の流れが中断しそうになった時など、書取役の方が適切な質問をしてくれれば、その間に次に聞くべき内容について考えることもできますし、気まずい間《ま》があいてしまうことを防ぐこともできます。（また、書取役がひたすら黙ってメモを書いていると、話し手の側としては、書取役の「正体」が知れずに少し不安になってくることもあります。）ただ、聞き手の人数は多ければ多いほどいいというものではなく、あまり多すぎると相手が構えてしまう可能性もありますので、ふつうは三名が限度でしょう。

質問リストと関連資料

さきに、アポイントメントをとる前後には質問リストを相手に送っておいた方がいい、というようなことを書きましたが、聞きとりの際には、その他の資料、特に話し手が過去の出来事などについての記憶を呼び起こす上で役に立つような資料を持参していった方がいいかも知れません。それには、たとえば、相手が属する集団や組織について書かれた新聞や雑誌の記事あるいはその他の出版物などが含まれます。

これに関しては、年表のようなものをつくって準備しておくと特に効果的です。たとえば、さきにあげた現代演劇に関する取材の場合の「四点セット」のうちでは「公演概要」がそれにあたります。実際にこれを見てもらいながら、劇団の主宰者や政策担当者にお話をうかがってみると、資料が「呼び水」のようになって、思いがけない記憶が呼び起こされたり、予想もしていなかった話題が飛び出してくることがありました。また、聞く側としても、相手が順不同にさまざまなエピソードについて話している場合でも、それぞれの出来事がいつ頃のことなのかをほぼ正確に確認することができたので、話の文脈を把握する上で実に効果的でした。

暴走族グループのメンバーにインタビューしていた時には、右京連合およびその上部組織である「全日本京都狂走連盟」の変遷を年表化した図が同じような役割を果たしました。この図には、それぞれのグループの結成と解散の時期だけでなく、どのグループがどの時点で右京連合なり全日本京都狂走連盟に加入あるいは離脱したのか、などが書いてあります。また、それぞれの時期のリーダーの名前も記入してありました（実物をもとにして作成した図については、拙著『ヤンキー・暴走族・社会人』（新曜社、一九八五年）の図Ⅱ・1参照）。これを見てもらいながらインタビューすると、たとえば、「わしがローレルで事故ったんは、この『第二次全日本京都狂走連盟』ができた時で、ススムがアタマ（リーダー）やった時やろ。せやし、あん時は、皆でカンカン（鑑別所）の近くに暴走行ってなあ、うるさうるさして、中に入っているツレ（友達）を励ましてと……」という具合に、過去の出来事についてかなり時期的にも正確にかつ出来事のディテールも含めて思い起こしてもらえたのでした。

実際、人に小学校や中学に入学した年号を聞かれてもなかなか正確に思い出せないことが多いものであるように、自分自身のことであっても年表のようなものでもつくらないと記憶を再生するのは難しいことが多いものです。同じように、たとえば、過去の発言の真意などについて聞くような時にも、それが印刷された出版物などの実物を目の前にしている場合とただ単に「昔、こんなことをおっしゃって（書かれて）いましたよね」などと指摘する場合とでは、記憶の再生の度合いがかなり違うものです。

年表と同じようなことは、表5・1A、B（二五五−二五七ページ）に示した一覧表やグラフのような資料についても言えます。自分が属している組織の場合であっても、その全体的な構成に関しては、組織図のようなものでも見ながらではない限り正確なことが言えない、というような場合は結構多いものです。ですから、聞きとりで確認したい内容に関連する一覧表やグラフのようなものをつくっておいて、インタビューの際にそれを相手に見せながら話を進めていくと、より詳しい内容が聞き出せたりします。また、こうしておけば、何よりも効率的に聞きとりを進めることができ、時間的コストという点でも相手に負担をかけずに済みます。

言うまでもなく、公表されている文書やデータだけで必ずしも完璧《かんぺき》なものに近い年表や一覧表がつくれるわけではありません。むしろ、まさに聞きとりの成果の一つとしてより精緻《せいち》な資料ができあがることの方が多いものです。また、聞きとりを通して、こちらがつくっていった資料に含まれている思い違いやデータの「穴」を相手から指摘してもらえることもあります。その意味で、このような資料もまた、聞きとり調査における広い意味での「仮説」にあたるのであり、またそれらの資料を相手と一緒に見ながらおこなう聞きとりは、話し手との共同作業を通してその仮説をより厳密なものにしつつ、同時にその当否を検証していく作業であるとも言えます。

年表や一覧表のような資料は、記憶の助けとなり、また研究課題と仮説を明確なものにするだけでなく、話し手との関係の形成という点でも大きな意味をもつことが少なくありません。というのも、実際にかなりの時間と手間をかけて表5・1A、Bのような資料を作成して持参していくと、聞きとりに対してインタビューアーが真摯な姿勢で取り組んでいることを相手に理解してもらえることが少なくないからです。また、このような資料は、それ自体が相手にとっても興味のあるものであることも多いものです。[15]

テープレコーダ

テープレコーダが聞きとりの記録をより正確なものにするための必需品であることは、言うまでもありません。また、これも当然のことですが、録音に際しては相手の許可を得るのが最低限の礼儀です。

テープレコーダは、最低二台用意し、テープ（わたしの経験では、録音時間が九〇分以下のテープを使った方が機械的なトラブルは少ないようです）も少なくとも予定の聞きとり時間の二倍分の本数を持っていった方がいいでしょう。これは、もちろん、万が一操作を誤ったり故障でうまく作動しなかった場合の予備というのが一番重要な理由です。

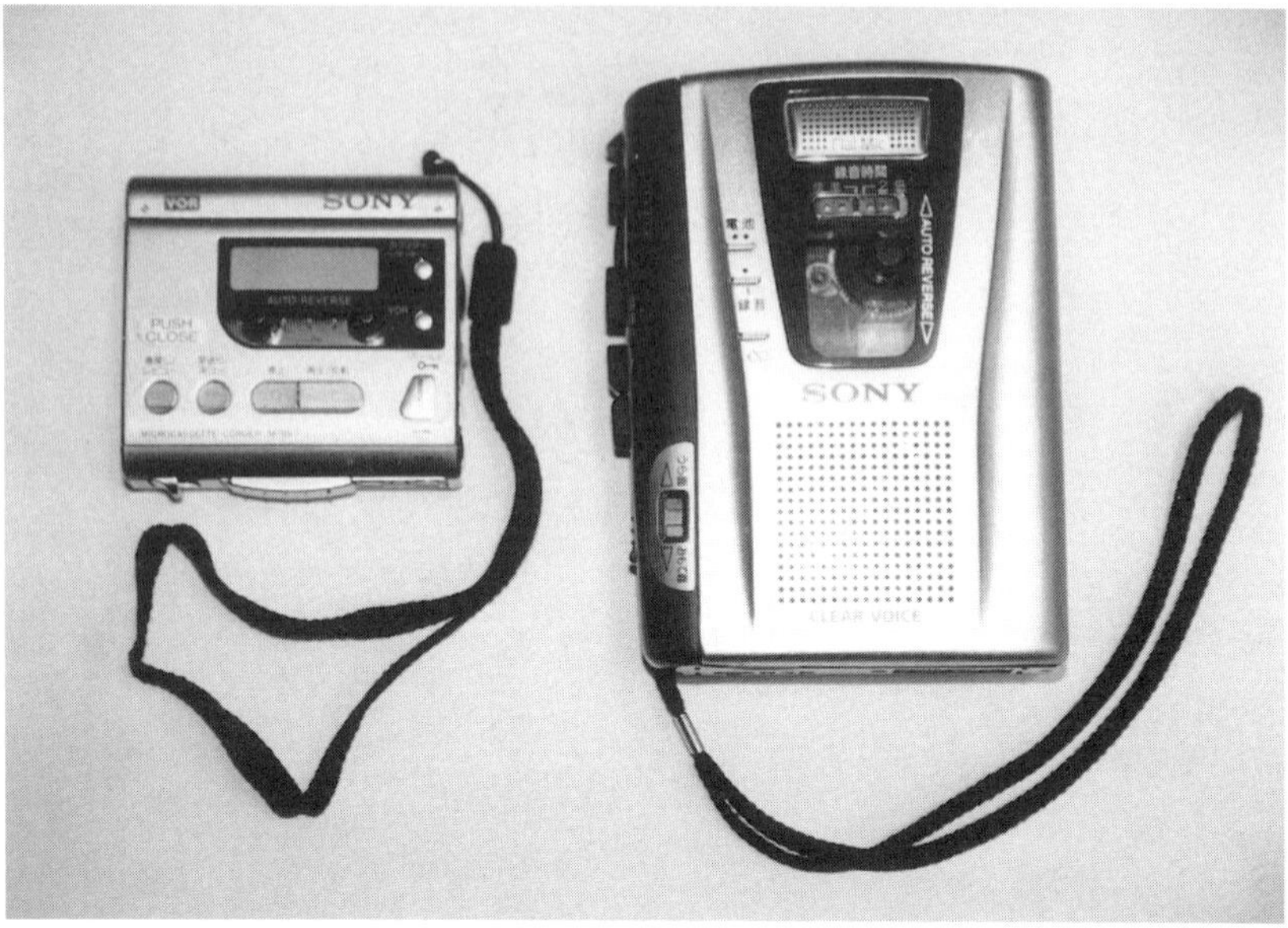

マイクロカセット・テープレコーダとコンパクトカセット・テープレコーダ

それに加えて、二台使えば、途中でテープを裏返して反対の面に録音する時などに録音内容がとぎれることを防ぐこともできます。わたしの場合は、上の写真のように、原則としてコンパクト・カセット用とマイクロ・カセット用のテープレコーダの二台を持っていくようにしています。

もっとも、これだけ用心していても、失敗はつきものです。たとえば、こんな失敗がありました。共同研究者とともにアメリカの大学関係者に聞きとりをした時のことです。成田からロサンゼルスに着いて間もない頃の午前中のインタビューであり、時差ボケでふらふらしていたこともあって、コンパクト・カセット用の方は「録音」ボタンではなくて「再生」ボタンの方を押してしまったのです。マイクロ・カセット用の方はというと、どういう理由《わけ》か全く動いていませんでした。さいわい、その時は、共同研究者が記録係的な役割を果たしてくれていてかなり詳細なメモをとっていたので、そのインタビューの直後にそのメモをもとにして、その時わたしが持参していた小型のパソコンを使ってかなり詳しい聞きとり記録を作成することができました。すぐ後で述べる点ではありますが、この点からしても機械まかせにしないで詳しい聞きとりメモをとることは非常に重要な意味をもっています。

なお、騒音の激しい現場で録音する時や指定された喫茶店などのBGMや他の客の話し声などがかなりうるさい場合の対策としては、テープレコーダについている内蔵マイクではなく専用のマイクを使うやり方が有効です。胸元にタイピンのような形をしたクリップでつけられる小型のマイクが市販されていますので、それを相手の胸元などにつけてもらえれば、少なくとも相手の話した内容についてはほぼ確実に録音することができます。また、指向性にすぐれたマイクロフォンもあります。

もっとも、この種の機械に関してはまさに日進月歩であり、「MDレコーダ」や「ICレコーダ」なども含めて、ほとんど毎月のように新しいタイプの製品が発表されています。ですから、いろいろな種類の機器を試してみて、自分にとってもまた調査や研究の目的にとっても最も相性《あいしょう》のあうものを探してみるといいでしょう。

聞きとりの内容を記録する

インタビュー記録の種類

フォーマル・インタビューの結果を文字にしたものには、次の三種類のものがあります。

①逐語録《ちくごろく》——「テープ起こし」して言葉通りに再現された記録
②聞きとりメモ——聞きとりの最中にノートなどに書きとめられたメモ
③聞きとり記録——聞きとりメモをもとに発言の内容を「清書」して再現した記録

インタビューの記録というと、どうしても、最初の**逐語録**が連想として浮かぶでしょうが、実際には、三番目の聞きとり記録の方がより重要な役割を果たすことが多いものです。というのも、調査や研究の目的にもよりますが、必ずしも録音テープを全部言葉通りに「テープ起こし」する必要がないことが少なくないからです。実際、逐語録だと分量も多すぎて後で読み返して分析する時に全体のパターンを把握するのが困難になったりもします。それよりは、ポイントをおさえて要約した聞きとり記録の方が書く作業を通じて内容が頭に残っていたりしていて、その後の作業が楽になることが多いものです。

実際、逐語録のように相手が話してくれた内容を言葉通りに再現することは、必ずしもその**証言内容について考える**ことには直接つながるわけではありません。フィールドワークを通して明らかにしようとしている問題について人々の証言をもとにして考えるためには、テープ起こしよりは、むしろインタビューの最中にとったメモをもとに記憶をたどりながら話の内容を聞きとり記録としてまとめる方が、はるかに効果的なことが多いのです。また、テープに記録された内容をそのまま起こす作業というのは、どうしても機械的な作業になってしまい、その証言内容に関連する問題について考察をめぐらす作業がおろそかになってしまうことが少なくありません。こういうこともあって、わたしの場合は、録音テープの記録は、むしろその聞きとり記録と実際の話の内容を照合して正確を期すための補助資料として使う場合が多いのです。

聞きとり記録を作成する際には、聞きとりの最中につける**聞きとりメモ**が重要な役割を果たします。もっとも、聞きとりメモは、現場観察やインフォーマルな聞きとりの時につける**現場メモ**と同じように、たいていの場合は、そのままの形ではフィールドワークの記録としてはあまり役に立ちません。実際、何日か経ってしまうと、走り書きでつけた聞きとりメモを読み返してみても話の内容はおろかインタビューした時の情景さえうまく思い出せないことが多いものです。

ですから、インタビューが終わったら、できるだけ早く聞きとりメモをもとにして発言の内容についてその要点を中心にして再現した**聞きとり記録**をつくっておかなければなりません。つまり、聞きとりメモと聞きとり記録の関係については、第4章で現場メモとフィールドノーツの関係について解説したのとほぼ同じことが指摘できるのです。とにかくなるべく早く聞きとりメモをもとにして聞きとり記録として「清書」してしまうことです。

聞きとり記録を清書する時には、清書版フィールドノーツの場合と同様、箇条書きではなく、ストーリー性をもった一続きの文章にしておく必要があります。箇条書きで済ませてしまうと、話の文脈がうまく再現できないだけでなく、後で読み返す時にも非常に読みづらいものになります。文体については、基本的に「だ」「である」調で構いませんが、必要に応じてなるべく話し手の語り口が再現できるように書いた方がいい場合もあります。特に、後で民族誌を書く時に引用したいような発言があった時には、その部分については録音テープを使って部分的に逐語録にしておきます。

聞きとり記録の清書にあたっては、録音テープがあってしかもそのテープを聴きながら作業が進められるだけの時間的余裕がある場合は、聞きとりメモとテープを併用しながら清書した方が正確さという点でも好ましいことは言うまでもありません。しかし、そうでない場合は、まず最初に聞きとりメモから直接聞きとり記録を清書してしまいます。その方がテープを聴きながら聞きとり記録をつくるよりはるかに時間は短くて済みます。その後で時間に余裕ができた時に、録音テープをあらためて聴き直して、細かい点について修正したり補足したりします。

実際、フィールドワークがある程度進んだ時点で、まだ聴き直していないテープの山を見る時ほど憂鬱な気分におそわれることはないものです。提出期限を延ばしてもらった授業のレポートが何本もたまっているようなものです。たまればたまるほど、手をつけるのが億劫《おっくう》になってくるものですし、そうしているうちにいつの間にか次のレポー

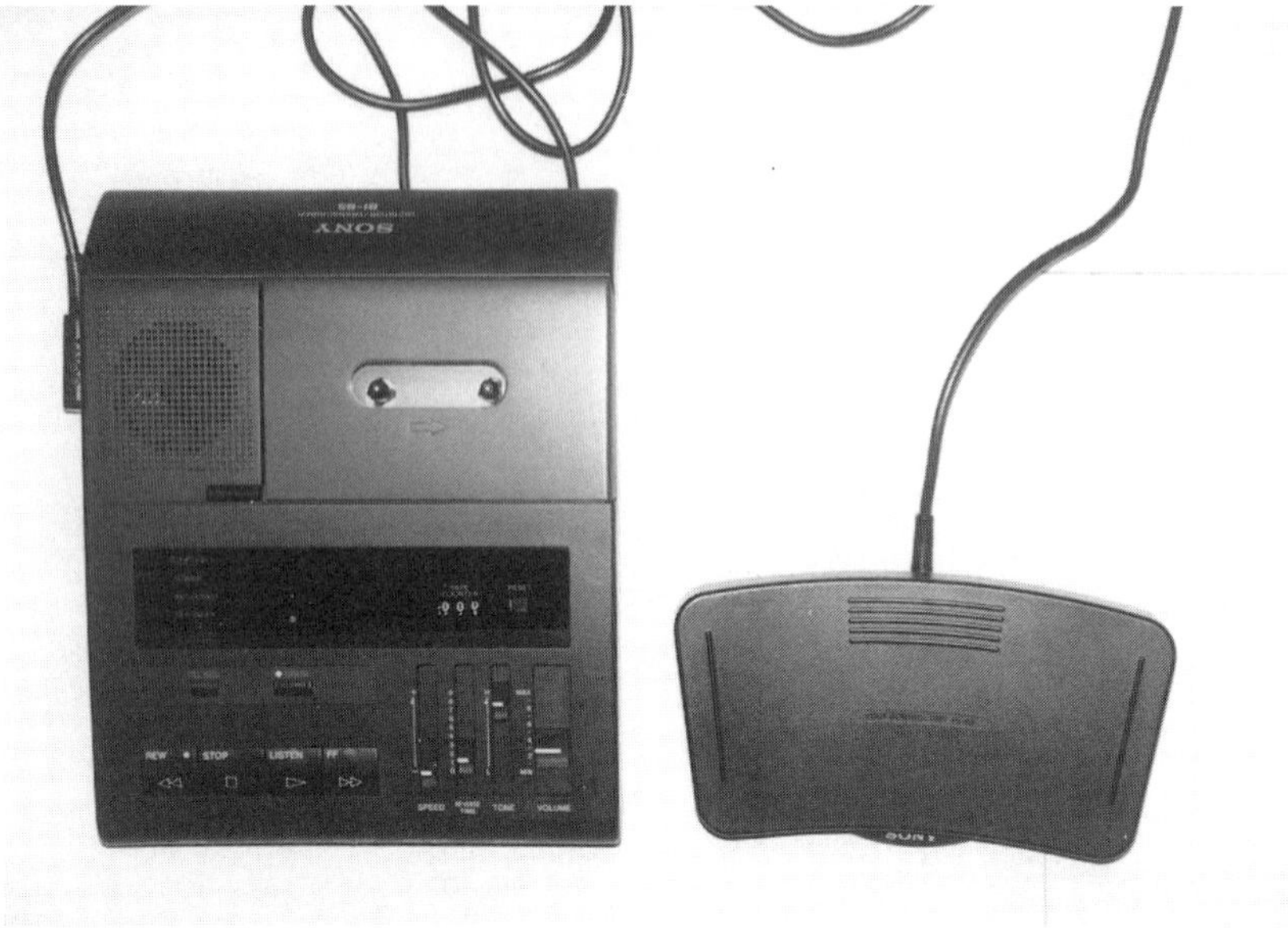

トランスクライバー（右手にあるのがフット・コントロール用ユニット）

トも提出期限が過ぎてしまいます。こうなると、全体の作業のペースがかなり遅れてしまうだけでなく、最後には全くやる気がなくなってくるものです。この点、聞きとりメモをもとにして聞きとり記録が清書してあれば、はるかに気は楽ですし、作業も格段にはかどります。

テープ起こしと電子小道具

逐語的なテープ起こしや、録音テープを再生しながら聞きとり記録を修正したり補足する時には、何といっても標準的なワープロソフトがインストールしてあるパソコンを使うのが便利です。第4章のコラムでもふれたことですが、これに関しては特に、単語登録機能を使って、頻繁に話の中に出てくる単語やフレーズを一字だけで変換できるように設定しておけば、入力作業を飛躍的に効率化することができます。

さらに、パソコンと、上の写真にあるような、トランスクライバーやディクテーターという商品名で市販されている機器とを組み合わせて使うと、作業の能率は格段に向上します。これは、簡単に言えばフット・コントロール機能のついたカセット・レコーダーです。足で再生や巻き戻しの操作ができるため、自由になった両手でいろいろな仕事ができます。つまり、いちいち手を休めてボタン操作をしなくても、テープを聞きながら同時にテープ起こしをすることができるのです。

インタビュー記録の整理法

インタビュー記録には、最初の部分に、日付と聞き手と話し手の名前、話の内容を二、三語でまとめた見出しのようなタイトルをつけ、さらに、適宜《てきぎ》小見出しをつけて話の内容を小分けにしておくと、後で読み返す時に便利です。時間的に余裕がある時には、文例5・3に示した例（架空の作例）のように、これに加えて内容を要約したものを「あらすじ」のようにして、最初のページないし表紙のようなものとしてまとめておくと、さらに内容が大づかみに把握できて、後で複数のインタビュー記録をまとめてチェックする時にも全体のパターンがつかめます。[16]

また、この文例にあるように、その「タイトルページ」には、話の内容だけでなく、その最初の方にそのインタビューがおこなわれた場所の状況や相手がどのような服装や身ぶり、あるいは表情で話していたかなど、録音テープだけでは再現しにくい情報も書いておくようにします。これは、特に長いものである必要はありません。数行だけでもそのような記述があるとその時の情景が鮮やかに思い起こせて記憶がフレッシュなものになりますし、聞きとり記録の部分と一緒に読みながら話の内容について考察をめぐらすこともできます。

第6章で解説するように、聞きとり記録や逐語録を分析する時には、コピーを何部かつくってそれを切り貼りしてカード化すると効率的に作業ができますが、第4章で見たように、少なくともその原本については日付順にファイリングしておくのが、整理したり検索する上で最も分かりやすくて便利です。

文例5・3　聞きとり記録・タイトルページの例

2001年9月15日（土曜日）晴れ・かなり暑い
【全関連の黄金時代とテツヤの事故】

話し手：テツヤ、ジロウ、マキコ
聞き手：佐藤郁哉
場所：ファミリーレストラン榊
時間：20:30—22:50

●背景

アパートから榊に向かう直前にテツヤから電話が入る。ジロウが仕事で遅くなるので、30分ほど時間を遅らせてくれないかという話。郁哉、了解した旨伝えてバイクに乗り榊には20:00頃に到着する。20:15頃3人がテツヤの白のセドリックに乗ってやってくる。テツヤ——紺の薄手のブルゾンに同色のチノパン、ジロウ——革ジャンに黒の皮のパンツ、マキコ——黄色のブルゾンに同色のかなり短いスカート。テツヤが独演会のように話をリードし、それにジロウが合いの手をいれるような形で話が進行する。マキコはニコニコして時折あいづちを打っている。22:30過ぎに聞きとりは終わり、榊の外でテツヤのセドリックを囲んでしばらく4人で改造のポイントについてダベってから別れる。

●内容の概要

全関連の黄金時代は、何と言っても、98年頃だった。テツヤが頭をきっていて、毎週のように暴走を繰り返していた。集会の参加者もテツヤとその1つ下のジロウの世代を中心にして毎回30人をくだることはなかった。

市内暴走だけでなく、ツーリングもよくやって他県のグループとのもめ事も絶えなかった。大きな事件になったものとしては、3つある。

全関連の活動の転機になったのは、何といっても、テツヤが99年の正月に暴走の最中にガードレールにぶつかってクルマが大破したこと。その事故でテツヤは1ヶ月半入院することになり、また、その暴走が事件になり警察の取り締まりも厳しくなったこともあって、グループの活動じたいも次第に低調なものになっていった。

その当時のメンバーのほとんどは現在は落ち着いていて、それぞれ定職についている。半分くらいは結婚しており、子供が産まれた元メンバーも5人いる。たまに忘年会などで集まると、全盛期の頃の話で持ちきりになる。

結論

講義や演習でこの章に書いてあるようなインタビューの仕方について紹介していると、必ずと言っていいほど次のような質問が出てきます。

「質問の仕方が相手によって変わるような調査だと、信頼性がないし、第一、客観的な手続きだとは言えないんじゃないでしょうか?」

こういう質問をする受講者は、たいてい、サーベイ調査の質問票を頭に浮かべていて、そちらの方が「科学的」で「客観的」な調査法だと思っているようです。たしかに、質問がきちんと整理されているだけでなく、回答の方も「はい・いいえ」の二者択一式やそれに似た選択肢方式あるいは「穴埋め」の形式になっていれば、質問内容や質問の仕方が一定にできて、信頼できる結果が出るようにも思えます。逆に、臨機応変《りんきおうへん》のインフォーマル・インタビューだと、調べる対象それ自体がもつ違いによって結果に違いが出るのではなく、聞き方の違いがもとで結果が違ったものになり、したがって「偏り（バイアス）」が大きいようにも思えてきます。

しかし、こういうことも考えてみてください。暴力団の世界について調べたいと思っている時に、やくざの大親分と駆け出しのチンピラに全く同じ質問をして、果たして、それが客観的で科学的な調査だと言えるでしょうか。また、次のようなことも考えてみてください。たしかに、何事につけきちんとしたマニュアルがあれば仕事ははかどるものですが、それを杓子定規《しゃくしじょうぎ》にあてはめているだけで果たして本当にいい仕事というのはできるものでしょうか。マニュアルでは処理しきれない事態に対して臨機応変に対処できる能力、それこそがフィールドワーカーに求められる最も大切な資質の一つであり、また、まさにフィールドワークの研究対象となることが多い日常の社会生活でも求められている能力なのではないでしょうか。

アンケートにしろ、フォーマル・インタビューにしろ、共通の項目についてかなり多くの数の対象者からデータを集められるという点では、非常に有効な手段です。また、そのような技法で集めるのがふさわしい種類のデータもあります。しかし、それらの技法は、あくまでもある程度問題の輪郭が明らかになった後で使った方が有効ですし、それを単独で用いただけでは豊かな調査の実りは期待できないものなのです。

実際、どんなに練りあげられた質問文を使ったものであっても、サーベイ調査の回答パターンというのは、必ずしも誰が分析しても同じ解釈や説明になるわけではありません。それどころか、質問票だけで調査をした場合には、実際に回答者が質問文をどのように理解したかを確認する手段がほとんどないために、必然的にその結果の解釈についても暫定的《ざんていてき》なものにならざるを得ないケースが結構あるものです。そして、サーベイの専門家でも良心的で思《し》慮《りょ》深い人ほど、この点についてきわめて自覚的であり、調査の結果の解釈については何らかの留保《りゅうほ》条件をつけているのがふつうなのです。[17]

さきに述べたように、聞きとり記録を作成する作業というのは、単に相手が話した内容をできるだけ正確に文字に起こしていく作業にとどまりません。インタビュー記録には、単に話した内容を正確に文字に起こすだけでなく、現場観察や先行研究の結果などとつきあわせて分析した結果や考察などを書き加えておくようにすると、現場取材の成果はより厚みと深みのあるものになっていきます。そして、蓄積され分析や考察を加えられたインタビュー記録の集積は、**コーディング**の作業を経て最終的な民族誌の記述へと結びついていきます。

そのような作業を通じて、聞きとり記録のテクストは、フィールドワークの作業で作成されるさまざまな種類の書き物《テクスト》（フィールドノーツ、中間報告書、分析メモ、民族誌など）が全体としてつくりあげるストーリーの文脈の中に位置づけられていきます。つまり、**聞きとり記録を作成していく作業は、必然的にさまざまなタイプのテクストのあいだの関係を組み直していく「編集」の作業を含む**のです。

この本の最終章である第6章では、聞きとり記録やフィールドノーツあるいは文書資料などフィールドワークの作業を通じて蓄積されていくさまざまなデータや資料を分析しながら、民族誌を書いていく作業のあらましについて解説していきます。

【ICレコーダの場合のテープ起こしについて】（二〇〇八年時点での付記）

現在インタビューの際に最も頻繁に使われているのは、おそらくICレコーダでしょう。ICレコーダを用いた場合の「テープ起こし」を効率的におこなうためには、フット・コントロール・ユニット（二七六ページの写真参照）と専用のソフトウェアを組み合わせる方法が何といっても便利です。最近になって日本でも、音声ファイル再生用のフット・コントロール・ユニットがオリンパスから販売されるようになりました。（詳しくは、佐藤郁哉『フィールドワーク 増訂版』（二〇〇六）二五〇―二五一頁を参照）。

第 6 章
民族誌《エスノグラフィー》を書く
――漸次構造化法のすすめ

『西太平洋の遠洋航海者たち』（原著）と『ストリート・コーナー・ソサエティ』（訳書）
出所：Bronislaw Malinowski, *Argonauts of the Western Pacific*（E. P. Dutton, 1961, paperback edition）ウィリアム・ホワイト（奥田道大・有里典三訳）『ストリート・コーナー・ソサエティ』（有斐閣 2000 年）

民族誌家《エスノグラファー》の仕事は何であろうか？――書くことである。

――クリフォード・ギアツ『文化の解釈学』

「**エスノグラフィー**」というのは、実にあいまいで不思議な言葉です。

この言葉には、少なくとも三つの意味があります。まず第一に、これを「**民族誌**」あるいは「調査モノグラフ」と訳せば、それは、フィールドワークの結果をまとめた報告書《モノグラフ》ということになります。次に、エスノグラフィーは「**民族誌的アプローチ**」とも訳せますが、この場合は、フィールドワークという調査の方法あるいはその調査の作業やプロセスそのものを指します。さらに、第三の意味を表わす訳語として、少し古い用法ですが、「民族誌学」というのもあります。この言葉は、「記述民族学」とだいたい同じ意味です。人類学や民族学が記述というよりは分析に重きをおくのに対して、民族誌学は現地調査を通して特定の部族や集団などについて詳しく記述した報告書をまとめ、基礎資料を提供する役割をもっているとされます。

現在の用法では、エスノグラフィーという言葉は、第一か第二の意味で用いることがほとんどですが、実際にはこの二つの意味は重なりあっています。ですから、何かについての民族誌《エスノグラフィー》という時、多くの場合は、①その対象についてフィールドワークという方法を使って調べた研究、②その調査の成果として書かれた報告書、という二つの意味が含まれます。

このフィールドワークの報告書がどのような性格をもつ文書であるかについては、実にさまざまな見解がたたかわされてきました。民族誌は、ある場合には、自然科学の論文と同じ科学レポートであると見なされることもありましたが、他の場合には、異国の地での体験やその思いをつづった紀行文や「見聞録」あるいはエッセイと何ら変わるところがないとも言われてきました。このようなこともあって、**エスノグラフィーという用語のなかには、単に「どのように調べたらいいか」という問題関心だけでなく、「調べた結果についてどのように書けばいいか」という問題意識が常に含まれる**ことになります。つまり、民族誌《エスノグラフィー》ないしフィールドワークというのは、単に「調べる」テクニックだけを指す言葉なのではなく、調べかつ書くための技法を示す言葉なのです。

実際、フィールドワークの過程では、実にさまざまな書き物《テクスト》が生み出され、つくり出されていくことになります。これまで見てきたなかでは、現場メモ、清書版フィールドノーツ、聞きとりメモ、聞きとり記録がどちらかといえば見聞きしたものを忠実に再現し**記述**する性格が強い書き物であるのに対して、中間報告書や民族誌ではそれらの書き物を原材料にした**分析**や**解釈**の結果についての論述が中心になります。実は、現場調査においては、この二つのタイプの書き物のあいだをつなぐ上できわめて重要な役割を占めるいくつかのタイプの書き物があります。それが、**わきゼリフ、注釈、同時進行的覚え書き、理論的覚え書き、統合的覚え書き**などと呼ばれるものです。

フィールドワークというものが不慣れな現場でおこなわれることが多いこともあって、じゅうらい、データや資料を分析にかける作業は、しばしば、データの収集や記述の作業があらかた終わってしまってからおこなわれてきました。これは、仮説検証法的な発想を現場調査に導入していく上で最大の障碍《しょうがい》の一つでもあり、理論的分析とデータのあいだに**分離エラー**を引き起こす原因にもなってきました。しかし、最近の情報処理テクノロジーの進展は、記述の作業と分析の作業を同時進行的におこない、「**漸次構造化法**」的アプローチの発想をフィールドワークに生かしていくことをより容易にしてきました。

理論とデータの「分離エラー」

「最後のハッタリ」

「**壮大な仮説、マメな調査、最後のハッタリ**」というキャッチフレーズ（？）があります。東北大学での大学院時代に、わたしと同じように現場調査の方法論についての悩みを抱えていた先輩たちと話をしていた時にふと思いついたフレーズです。これは、フィールドワークにおいて、最初の問題関心、実際に集めたデータ、最後の結論という三つのもののあいだに食い違いが生じてチグハグなものになりがちな傾向について半ば自嘲《じちょう》気味に表現したものです。

実際、現地社会の中に入って手当たり次第にデータや資料を集めていると、その量の多さに圧倒されてしまいそうになります。また現実の社会生活を目《ま》のあたりにしたり現地の人々に話を聞いてみると、事前に文献を読んでいる時にもっていた予想と現実との食い違いがあまりにも大きくて、最初に構想していた問題設定や仮説などどこかに消し飛んでしまうこともよくあります。しかし、一方では卒論や修士論文の締切や調査報告書の「納期」という動かしがたい現実が目前に迫ってきて、不本意ながらもとにかくフィールドワークの成果をまとめなければならないことも少なくありません。そこでよく出てくるのが、〈当初の問題設定や仮説と実際に集めたデータとのあいだに相当のギャップがあるのにもかかわらず強引に（「ハッタリ」をきかせて）最初の問題設定や仮説に沿った結論を出してしまう〉というやり方です。この場合は、あえて調査をしなくても結論は最初から決まっているのだとも言えます。あるいは、理論は理論、データはデータとして、その食い違いに目をつぶって、データから言えることだけを、理論とは無関係に結論部に長々と書いてお茶をにごしてしまう、というやり方もあります。どちらの場合にしても、理論的な解説の部分とデータや資料を分析した部分のあいだには、著しいギャップが生じてしまいます。

『社会状況の分析』という、フィールドワークについての定番的解説書を書いたロフランド夫妻は、これと同じような傾向について「**分離エラー**」という用語を使って説明しています。

このデータと理論的分析のあいだに密接な関係がつけられずに終わってしまう落とし穴のことを私たちは**分離エラー**と呼んでいる。これに関しては、たとえば次のような例がよく見受けられる。つまり、報告書の最初と最後のパートには、ある社会ユニットとそれに関する問題関心についての、興味深くかつよく整理された分析が見られるのに対して、真ん中の部分を見ると、その分析のパートで提起されている理論的考察とはほとんど関係のない、低レベルでごく常識的な記述で終わっている、というような例である。このような場合、理論的分析の部分は、実際のデータをふまえて議論が展開されているのではなく、データのわきに分析結果が無理矢理くっつけられているのである。報告書の全編を通してデータと分析がうまくかみ合っていないために、両者の関係はきわめてあいまいなものにとどまっている。[1]

当然のことですが、理論的分析とデータの部分のあいだにギャップがある場合は、民族誌は全体としてのまとまりに欠け、また、結論もこじつけのようなものになってしまいがちです。

わたしがこれまで書いてきた何点かの調査報告書の中では、一九七九（昭和五四）年に東北大学に提出した「矯正施設の動的構造と被収容者の適応行動」というタイトルの修士論文が、この分離エラーが最も極端にあらわれていたレポートだったと言えます。この論文は、西崎少年院と東峰少年院という二つの少年院をフィールドとしており、主なテーマは、次の三者の関連を社会心理学的視点からとらえるというものでした――矯正施設に収容されている少年たちの生活史、施設の組織構造と組織活動、施設内における少年たちの適応行動。

もっとも、このような「テーマ」ないし問題設定についての要約は序章と結論の部分についてはある程度あてはまるものではあっても、その他の章については、ほとんど該当しないものでした。全三一章のこの論文の二四章にわたる記述の部分では、むしろ、生活史、組織構造、適応行動の三つの項目についての「低レベルでごく常識的な記述」がかなりの部分を占めているのでした。「壮大な仮説、マメな調査、最後のハッタリ」というかなり自嘲気味なフレーズを思いついたのも、実は、このような、極端な分離エラーが含まれている修論を書いて提出した直後だったのです。

分離エラーの原因

分離エラーが生じてしまうのは、とりもなおさず、現場調査の段階で問題設定、データ収集、データ分析という、三種類の作業がうまくかみ合っていなかったからに他なりません。これまで何度か繰り返して強調してきた点ですが、この本で解説しているフィールドワークのやり方は、この三種類の作業が第3章であげた図3・5A（一二九ページ）に示す形で進むことを想定しています。しかし、実際にはこれは、フィールドワークが最もうまくいった時の理想像にすぎないとも言えます。

現実には、図3・5B（一三一ページ）のように、問題設定とデータ収集、データ分析のあいだに有機的な関連が見られない、かなり**ワンショット・サーベイ**に近い形でフィールドワークがおこなわれることも少なくありません。つまり、準備段階や予備調査の段階では先行研究やその他の関連文献の読み込みを通して問題をある程度しぼりこんでおくのですが、いざ現地に入りこむとデータや資料を集める作業に追われて実際に集めたデータを分析するどころか、いつの間にか肝心の問題が何であったかさえ見失いがちになるのです。こうなると、いよいよ腰をすえてデータの分析にかかれるのは、結局現場調査の作業があらかた終わった頃ということにもなってしまいます。

わたしが修論作成に向けておこなった調査の場合も、結果的には図3・5Bのような形のものになってしまいました。つまり、事前に関連文献などを読んである程度の予備知識を得てはいたものの、大学院の夏休みなどを利用していったん施設の中に入ってしまうと、そこに収容されている少年たちとの「面接」や質問紙調査の実施、少年院の組織過程についての資料の収集などに追われて、あらためて問題設定について考えるどころではなかったのです。

結局、集めたデータや資料について落ち着いて検討できるようになったのは、秋に仙台に帰ってからであり、それ以降はひたすら手元にあるデータの分析にあたることになりました。文献を読んでいた時には漠然とした問題関心をもってはいたのですが、結局最終的にはいくつかの調査課題の関係をうまく整理することもできず、また明確な仮説は最後の段階までつくれずじまいでした。修論を書いている最中には、その頃になってあわてて読み始めた理論的文献の内容と実際に手元にあるデータとがどうやってみてもうまくかみ合うものではないことが分かって頭をかかえてしまうことが何度となくありました。修士二年目の秋から冬にかけて修士論文を書いているあいだは、最初から最後までその理論とデータの食い違いに悩まされることになり、結局苦しまぎれに「最後のハッタリ」で、強引に結論をまとめ、分離エラーに満ちた論文をまとめるしかありませんでした。

問いと答えのチグハグな関係

問いと答えの対応

第3章であげたフィールドワークにおける「問いと答えの対応関係」についての図式をあてはめると、この分離エラーの原因についてさらに詳しく検討することができます。表6・1Aは、第3章であげた表（表3・1、一四二ページ）を簡略化したものです。

この表にあるように、理想的な現場調査の場合は、一方で「問い」に関しては、最初にもっていた比較的漠然とした問題関心が、具体的ないくつかのリサーチクェスチョンを構成していく一連の作業を経て次第に最終的な問題設定へと練りあげられていきます。他方で「答え」に関しては、漠然とした「予想」や「見通し」にすぎないものが徐々に仮説と呼ぶにふさわしいものになり、最終的な結論へと結びついていきます。フィールドワークにおいて

表6・1A　調査の各段階における問い・答え・民族誌の対応関係

調査の段階	問い（問題設定）	主な調査技法（問いを構造化し、答えを導き出すためのテクニックとツール）	答え（仮説・結論）	民族誌の作成作業
計画・予備調査段階	初発の問題関心	探索的データ収集・データ分析	「予想」「見通し」	大まかな章立て案
中間段階	基本的指針としてのリサーチクェスチョン	焦点を絞り込んだデータ収集・データ分析	仮説群	章立て案の改訂 中間報告書の作成
最終段階	最終的な問題設定	補足的データの収集・仮説検証	結論群	最終版章立て 民族誌の脱稿

集められるさまざまな種類のデータは、このようにして問いを構造化し、それに対応して答えを漠然とした予想から「仮説」へと鍛えあげていくプロセスにとって欠かせない素材を提供することになります。

　これとは対照的なのが、次のページの表6・1Bに示したようなフィールドワークの進め方です。表6・1Bではいくつかの欄が空白になっていることからも明らかなように、このようなやり方では、問題設定（問い）について「詰《つ》めて」いくプロセスにしても、仮説を構成し結論（答え）を出すプロセスにしても、非常にギクシャクとした形で進行します。

　問いに関しては、ある場合には、初期の問題関心があまり修正も加えられずに最終的な問題設定に直結してしまいます。逆に、調査の結果集まったデータに何とか辻褄《つじつま》をあわせるために、最初の問題関心とは似ても似つかない問題設定がまるではじめから存在していたかのように書いてしまう場合もあります。

　答えの方も、最初に立てていた「予想」や「見通し」の範囲をほとんど一歩も出ないような結論に終わってしまう場合もありますし、逆に、集まったデータからもっともらしい結論をひねり出しておしまいという事態になってしまうこともあります。言葉をかえて言えば、あえて調査をしなくても最初から結論は決まっているか、ほんらいは事後解釈のオンパレードのようなものであるはずなのにあたかもはじめから仮説があったように見せかけてしまうような書き方になってしまうか、のどちらかになってしまうわけです。

表6・1B　問い・答え・民族誌の対応関係（分離エラーのある例）

調査の段階	問い（問題設定）	主な調査技法（問いを構造化し、答えを導き出すためのテクニックとツール）	答え（仮説・結論）	民族誌の作成作業
計画・予備調査段階	初発の問題関心		「予想」「見通し」	
中間段階		データ収集		
最終段階	最終的な問題設定	データ分析	結論群	民族誌の執筆

民族誌作成作業の位置づけ

表6・1Bに見られるような形で問いと答えの関係がチグハグなものになってしまう背景には、〈データの収集と分析という二つの作業のあいだの不適切な位置づけ〉という問題があります。理想的なパターンの場合には、ほぼ全時期を通じてデータの収集と分析が同時に進行し、それが一方ではリサーチクエスチョン（問い）を練りあげ、他方では仮説（仮の答え）からより確かな結論を導いていく手がかりとなります。これに対して、分離エラーのパターンでは、データの収集と分析という二つの作業が時期によって完全に分断されてしまっているのです。

こうなってしまうと、フィールドワーカーはいよいよ報告書を書く段階になって、はっきりとした見通しのないままに集めてきた資料やデータの山を目の前にして、パニック状態に陥ってしまいます。最終的に主張したいことの裏づけとなるようなデータがどうしてもその膨大《ぼうだい》な山の中から見つけだせないのです。今さら現地に戻ってフィールドワークをやり直すわけにはいきません。しかし、締切や納期は迫っているのです。

実際、表6・1Aと表6・1Bをくらべてみた時に最も目につくのは、民族誌の作成作業の手順に見られる違いです。つまり、理想的なパターンの場合には、調査の全プロセスを通じて、章立て案を何度も改訂したり、途中で中間報告書をまとめたりして、徐々に民族誌の全体的な構成とその本文の原型となるような文章を書いていく形をとります。これに対して、分離エラーを引き起こすパターンでは、最後の最後になって締切や納期に追われてようやく一から書きはじめることになるケースが多いのです。結局、四苦八苦《しくはっく》しながら何とか「最後のハッタリ」をきかせてほとんどこじつけに近い結論で辻褄《つじつま》をあわせた報告書を仕上げるか、あるいは、その努力を完全に放棄して、「理論は理論、データはデータ」と割り切ってしまうかのどちらかしかなくなってしまいます。

こうしてみると、問題設定、データ収集、データ分析の三つの作業に加えて民族誌の執筆という四つ目の作業（次ページの図で斜線で示した部分）を加えた場合、分離エラーを引き起こしやすいフィールドワークのプロセスと理想的なパターンは、それぞれ図6・1Aと図6・1Bのように模式化できることが明らかになってきます。[2]

漸次《ぜんじ》構造化法と「分厚い記述」

漸次構造化法的アプローチ

社会調査に関する最も常識的なイメージは、おそらく次のページの図6・1Aのようなものではないでしょうか。典型的な学術論文の文章の構成も、このような通念的なイメージを補強する上で少なからぬ役割を果たしてきました。というのも、第3章で述べたように、通常、学術論文は、「問題・方法・結果・考察」という、実際におこなう作業のプロセスとはまるで異なる順番になっていることが多いからです。また、異国の地などでしかも時間的にも厳しい制約のもとにおこなわれるフィールドワークの場合には、どうしてもこのようなパターンにならざるを得ないこともあります。つまり、まだ本国にいるあいだに問題設定の作業をあらかた済ませておいて、現地ではひた

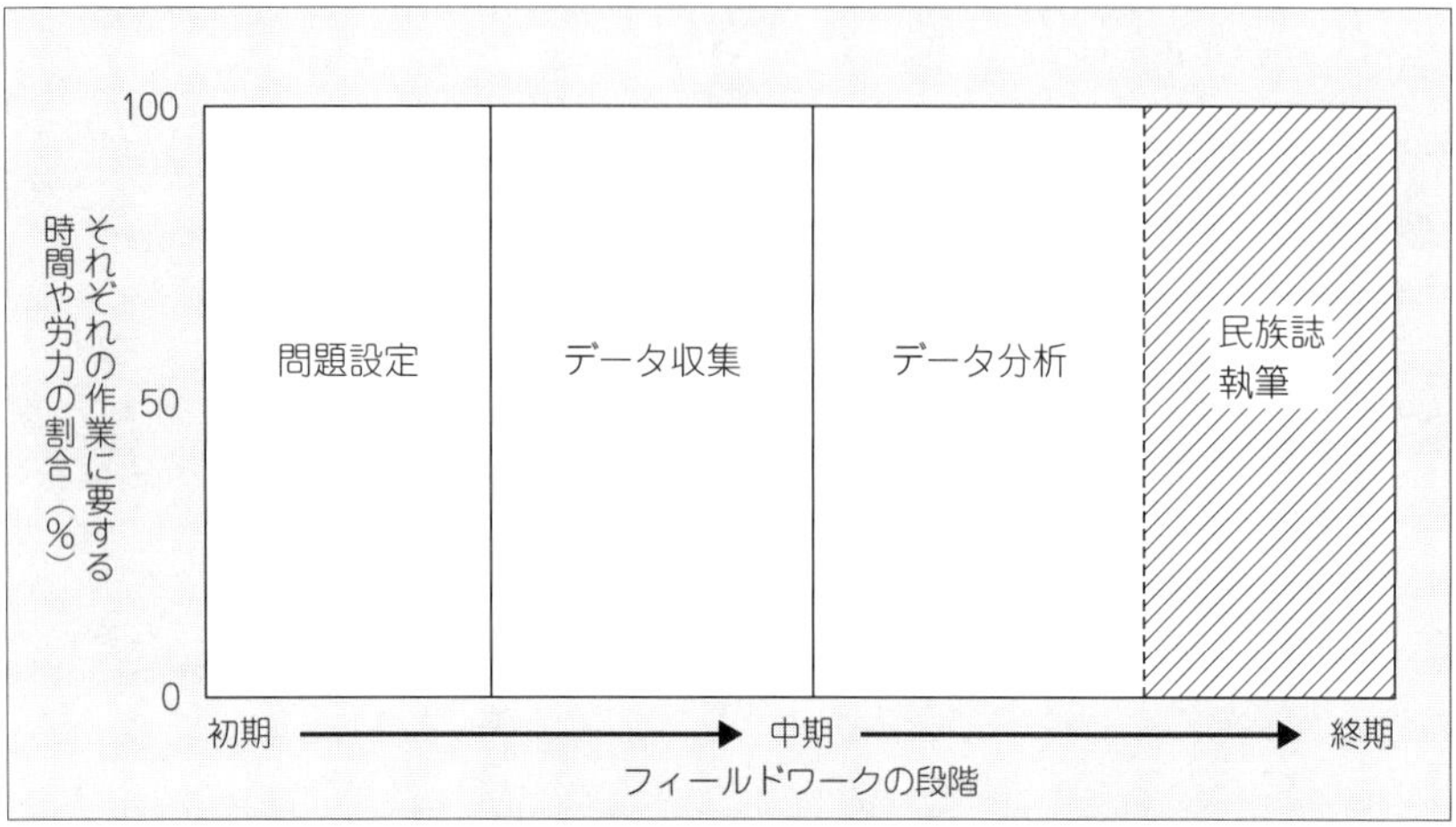

図６・１A　三種の作業と民族誌の作成（分離エラーに至る例）

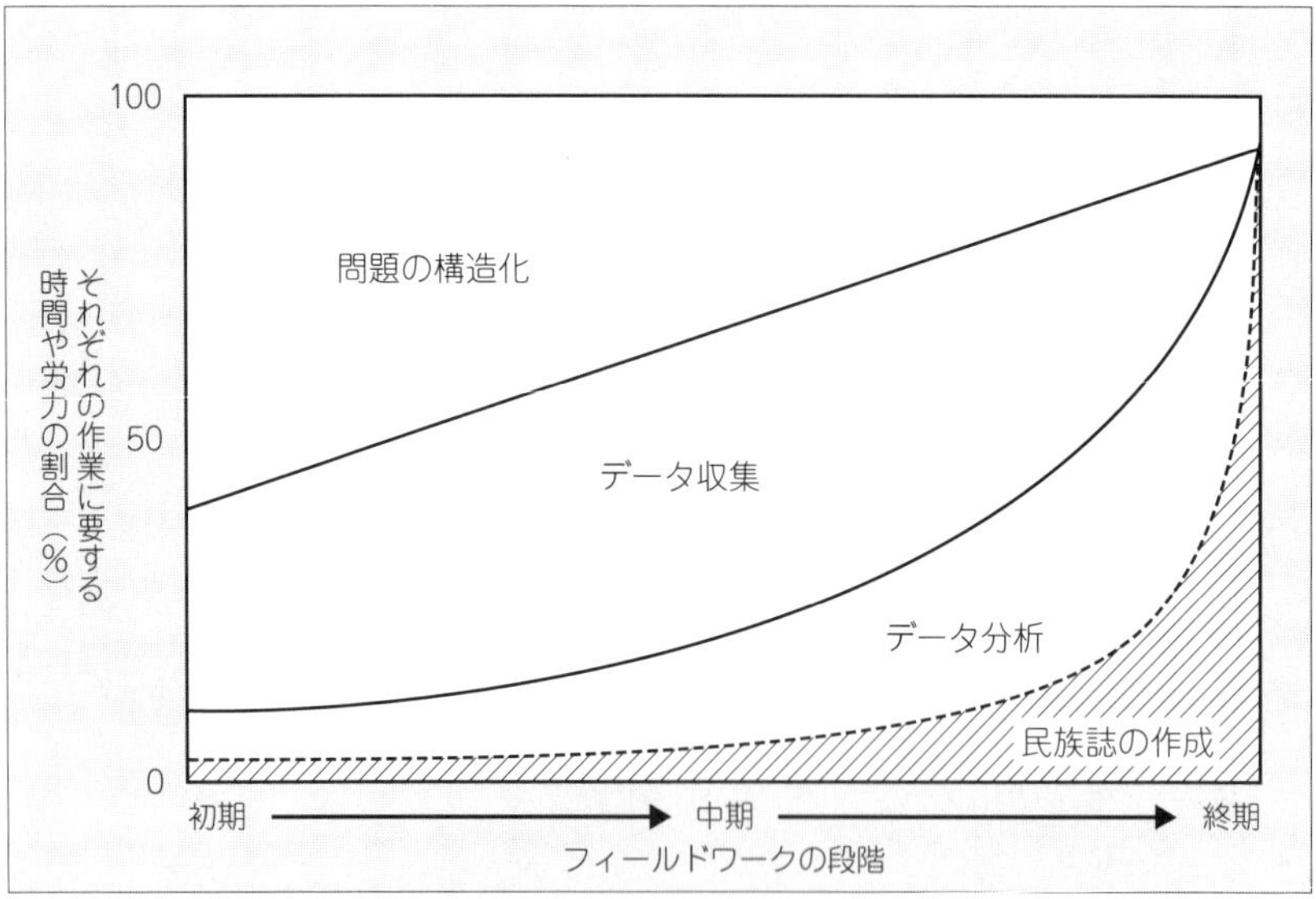

図６・１B　三種の作業と民族誌の作成（漸次構造化法的アプローチ）

すらデータの収集にあたり、帰国してからデータの分析をした上で民族誌を執筆する、というようなやり方です。
もっとも、集中的な現場調査の期間だけについては調査におけるさまざまな作業の関係がこのようなタイプのものになっていたとしても、必ずしもデータと理論的分析のあいだに「分離エラー」が生じるわけではありません。というのも、それまでに何度か現地を訪れていたり、先行研究の読み込みなどを通して既に問題設定や仮説構成がしっかりとできている場合には、むしろ短期間に集中してデータ収集に専念した方が実りある成果をあげられることが多いからです。その予備調査や文献研究の段階でその成果をレポートとしてまとめておけば、さらに調査全体の成果は充実したものになるに違いありません。つまり、このような場合には、予備調査の期間をも考慮に入れれば、全体としては、何らかの意味で図6・1Bのような形で作業がおこなわれているのだと言えるのです。

このような場合も含めて考えると、実りある調査においては、実は、民族誌の執筆は、フィールドワークの最初の段階から既に始まっているのだと言うことができます。つまり、調査のごく初期に民族誌の大まかな章立て案[3]や全体の構成についての構想を練っていく作業をも考慮に入れれば、フィールドワーカーは、現場調査の全プロセスを通して民族誌を書きあげていくのだと言えるのです。

こうしてみると、問いをより明確なものにし、「予想」や「見通し」に過ぎなかったものを仮説として鍛えあげていくプロセスは、同時に〈民族誌自体の骨格（構造）を明らかにしそれを具体的なデータや資料によって肉づけしていくプロセス〉に他ならないことが分かります。この意味で、フィールドワークのプロセスは、民族誌自体を構造化していくプロセスであると言えます。そして、この本では、問題設定、データ収集、データ分析、民族誌の執筆という四つの作業を同時進行的に進めていき、問題と仮説を徐々に構造化していくだけでなく、民族誌自体も次第に完成させていくアプローチを指して**漸次《ぜんじ》構造化法**と呼ぶことにしたいと思います。

分厚い記述とトライアンギュレーション

フィールドワーカーの挙証責任

漸次構造化法的アプローチを念頭におき、調査課題《リサーチクエスチョン》とデータとの関連、そしてまたそれらと最終的に書きあげられていく民族誌との関係を常に意識しながら現場調査の作業を進めていくことは、民族誌をディテールの描写が豊かであり、かつ現場の状況を鋭くとらえた書き物《テクスト》にしていくためには最低限必要となる前提条件です。このような条件を満たした時にこそ、民族誌のテクストは、単なる表面的な事実の記録を越えた、「**分厚い記述**」としての資格を兼ね備えたものになっていくのだと言えます。つまり、フィールドワーカーは、その時にはじめて、見たままの姿を平板《へいばん》に記録するにすぎない「薄っぺらな記述」を越えて、人々の発言や行動の奥に幾重《いくえ》にも折り重なった生活と行為の文脈をときほぐし、その作業を通してはじめて明らかになる社会的行為の「意味」を解釈して読みとり、その解釈を書きとめていくことができるようになるのです。

このような意味での「分厚い記述」は、もともと、インドネシアやモロッコをフィールドとした研究で広く知られ、解釈人類学というアプローチの主導者でもあるアメリカの人類学者クリフォード・ギアツが『文化の解釈学』という本の中で提唱した言葉です。さらに、仮説検証法的な発想にもとづいて漸次構造化法的アプローチを採用する際には、この、現地の文化や社会生活の文脈に根ざした意味の解釈という意味あいに加えて、「たたみかけるような証拠の提示」という意味での分厚い記述にも注意を払う必要があります。

言うまでもなく、データと理論的分析の密接な関連について常に意識するということは、自分の手元にあるデータや資料が理論的主張の裏づけとして十分な証拠になっているかを常に意識することでもあります。何らかの点で不十分であると判断された場合には、さらにその点について詳しく調べて証拠を補強していかなければなりません。また、集めた資料やデータと仮説とのあいだに明らかな矛盾や食い違いがある場合には、その理由について明らかにしていかなければなりません。一つの事例に関して二つ（あるいはそれ以上）の相互に対立する解釈ができるような場合には、手元にあるデータをもう一度詳しく検討して、その複数の解釈のどれがより妥当なものであるかを確認したり、解釈の拠《よ》りどころになっている理論的な枠組みの妥当性について再検討しなければなりません[4]。

このような一連の作業の結果として書きあげられる民族誌の文章は、もしかしたら、刑事裁判における弁護士の弁論に近いものになってくるかも知れません。犯罪事実そのものが争われている刑事法廷においては、弁護士は、被告人が有罪であることを主張する検事に対して、その論拠や証拠の妥当性を否定し、また、被告人が無罪であることを証明する証拠をたたみかけるように提示していかなければなりません[5]。これと同じように、自分の理論的主張の妥当性を主張しようとするフィールドワーカーは、その裏づけとなる資料やデータをたたみかけるように提示していかなければならないのです。

刑事事件においては、よく状況証拠、物証、事件の当事者や目撃者の証言など実にさまざまな種類の証拠が提出されます。同じように、フィールドワーカーも、民族誌の中で自分の主張の裏づけとなるさまざまなタイプのデータや資料を提示していかなければなりません。それは、自分自身が実際に見聞きした出来事を記録にとどめたフィールドノーツの一節かも知れませんし、現地の人々に対する聞きとりの記録かも知れません。あるいは、サーベイ・データも証拠の一つとして含まれているかも知れません。

刑事法廷においていろいろな証拠が提出されるのは、一つひとつの証拠はそれだけでは十分な論拠にはなりえないからに他なりません。同じように、フィールドワークにおいて集められるデータや資料も、たいていの場合は、単独では仮説の妥当性に対する決定的な裏づけとならず、むしろ逆にさまざまな解釈の仕方ができるものです。しかし、フィールドワーカーの主張を支える根拠が、他のタイプの証拠によって補強されている場合は、どうでしょうか。現場観察の結果にもとづくフィールドワーカーの解釈や理論的主張が現地の人々の証言によっても、あるいは、数百人を対象にしたサーベイ・データによっても裏づけられていたとしたら、どうでしょうか。その時にこそ、フィールドワーカーは、裁判官であり検事でもある民族誌の読者に対して**挙証責任**を果たし、自分の主張の妥当性を示すことができるのだと言えます。

漸次構造化法とトライアンギュレーション

このようにしてみると、漸次構造化法によって分厚い記述をめざすためには、「**トライアンギュレーション**（三角測量）」あるいは「**マルチメソッド**（多元的方法）」と呼ばれているアプローチが不可欠であることが明らかになってきます。つまり、フィールドワーカーは、現場調査を通してさまざまな技法を併用し、一方ではそれぞれの技法の長所を生かし他方ではそれぞれの技法に特有の短所を補い合っていきながら、民族誌の文章を通して、自分の主張の裏づけとなるデータや資料をたたみかけるように提示していかなければならないのです。

わたしがこれまでおこなってきたフィールドワークのなかでもトライアンギュレーション的アプローチの重要性について特に意識するようになったのは、暴走族についての取材の時からでした。この背景には、さきにふれたように、一つには分離エラーに満ちた修士論文を書いてしまったという苦い体験とそれに対する反省があります。また、一方では、矯正施設での「面接調査」における被収容者の人々の証言内容という情報だけに頼るしかなく、その証言の「裏をとる」ことが困難な調査方法に対する疑問や不満もありました。このようなこともあって、暴走族についての取材に際しては、できるだけ多くの情報源や取材源にあたるように心がけ、また民族誌を書く時には自分の主張をさまざまな方法で得られた情報によって補強するようにつとめました。

たとえば、暴走族活動の特徴や背景について理解する上で重要な意味をもつ現象の一つに「卒業」というものがあります。一時期「暴走族ははしかのようなものだ」と言われたことがありますが、実際に、暴走族グループの構成員の多くは、青年期の一時期その活動に参加するものの、ある一定の年齢段階になるとギャング活動から卒業して「落ち着いて」いくのが一般的なパターンでした。暴走族グループの活動に参加したりインフォーマルな聞きとりをしていく過程で、この背景には、「年齢規範」、つまり、それぞれの年齢段階にふさわしい行動を規定する、社会規範のような共通の了解事項――たとえば「バイクはごく若いうちに乗るもの。二〇歳過ぎてからバイクに乗っているのは恥ずかしい」「成人になってからまでシンナーやるのはみっともない」――が大きな意味をもっていることが浮かび上がってきました。これに加えて、就職、結婚、第一子の誕生など、青年期から成人期への移行にとって決定的な意味をもつイベントが、重要な意味をもっていることも明らかになってきました。

暴走族グループの活動に参加して半年ほど経った頃に実施した質問紙によるサーベイ調査には、この成人期への移行を示す三つのイベントが起こると思われる時期について尋ねる質問項目が含まれていましたが、これはまさにこの点について確認するために設けたものでした。実際の回答の集計結果は、わたしが当初想定していたとおり、暴走族活動からの卒業にとっての移行イベントの重要性を裏づけるものでした。

しかし、このサーベイ調査の結果だけをもとにして「ヤンキー」たちの「卒業」の背景やそのメカニズムについて類推してしまうのでは、まさに「薄っぺら」な記述に終わってしまいます。『ヤンキー・暴走族・社会人』（暴走族についての二冊目の本）と『カミカゼ・バイカー』（三冊目に書いた英語の本）を書いていく時には、このサーベイの結果をふまえた上で、さらに追加インタビューをおこなった結果や、実際に既に結婚（ないし同棲）や第一子出産を経験した元暴走族メンバーのギャング活動への参加の実態について確認したりして、さまざまな角度から成人期への移行パターンについて検討し、その結果を民族誌の文章としてまとめていきました。

たとえば、次にあげるのは、『ヤンキー・暴走族・社会人』からの引用です。ここでは、ギャング活動からの卒業にとって結婚というものがもつ意味について、サーベイの結果を、フォーマルな聞きとり、インフォーマルな聞きとり、行動観察の結果とつきあわせながら論じています。

［サーベイの結果では］インフォーマントたちにとっての「青春」は、中学卒業前後の十五歳から成人前後の二十歳までと考えられていることが分かる。……しかし、インタビューを通してこの点について更に詳しく尋ねてみると、ほとんどの者は〈本当の意味でオチックのが青春のおわりであるとするならば、それは結婚した時である〉と語った。……調査時点では、十九歳以上のインフォーマントの大部分には「ステディ」あるいはそれに近い関係のガールフレンドがいたが、彼等が将来の伴侶としてつきあう相手を選択する際の規準は〝ひっかける〟相手を物色する時のそれとは全く異なる。

そやなあ、やっぱり結婚する子ォは、自分らと違う子がええなあ。一緒の道歩んでる女はかなん（叶わん）なあ。やっぱり、マジメで、「マジメ」でな……オラ、アホやん。ハッキリいうてアホやさかい、賢い子ォな、賢い子ォの方がええわ。……

ただし、彼らは元ヤンキーであった娘は絶対結婚の対象として考えない、というほど狭量ではない。［実際］かつてヤンキーであった者同士のペアには、将来の結婚を約している者たちも少なくない。[6]

この例に見られるように、異なるテクニックで集めた情報をつきあわせて検討する時には、かなり意識してそれら複数の情報源から得られたデータのあいだにある、一見食い違いや矛盾と見える点について詳しく吟味していくように心がけました。というのも、その矛盾や食い違いこそが、単一のテクニックで得られたデータだけではとうてい明らかにすることができない、社会生活の機微《きび》を明らかにする上で重要な手がかりを握っていると考えたからです。

そして、犯罪捜査においては複数の当事者の証言の食い違いこそがむしろ事件の真相を明らかにする上で有力なカギを握っていることが多いように、そのような複数のデータ・ソースのあいだの一見矛盾と見えるようなパターンについて説明できるロジックを築きあげられた時にこそ、民族誌の記述は分厚いものになり、またフィールドワーカーはその挙証責任を果たすことができるのだと言えるでしょう。

漸次構造化法的アプローチを常に念頭におきながら現場調査を進め、一方では民族誌の骨格を徐々につくりあげ、他方では具体的なデータや資料でそれに肉づけしていくプロセス、それは、とりもなおさずこのような意味での分厚い記述をめざすことに他なりません。

さまざまな書き物《テクスト》の集大成としての民族誌

「民族誌家《エスノグラファー》の仕事は何であろうか?――書くことである」[7]。クリフォード・ギアツの『文化の解釈学』に収録された有名な論文「分厚い記述」には、このような一節があります。前後の文脈を無視して考えれば、これは一見同語反復《トートロジー》、つまり、問いと答えで単に同じ言葉を繰り返しているだけであり、何の答えにもなっていないように見えます。実際、「民族誌家」といえば、民族誌を書く人のことに決まっているわけですから、右の文章は、「書く人の仕事は何か?――書くことである」と言っているようなものだからです。

しかし、クリフォード・ギアツがこの一節の「書く」という言葉にこめた意味について前後の文脈を考慮に入れて注意深く読みとってみると、これは決して同語反復的などではないことが分かります。つまり、ギアツがここで「書く」という言葉で想定しているのは、「民族誌家の仕事」という言葉の連想としてある、章立てや目次などの体裁の整った作品としての民族誌を書く作業ではないのです。ギアツが主張しているのは、民族誌家はまず最初に現場における観察をフィールドノーツという形で「書きとめ」(inscribe, write down)、さらにそれを現地の生活の文脈にすえて理解し解釈し、その結果を分厚い記述として「書きあげる」(write up) べきだ、ということなのです。[8]

このような作業を通して、フィールドワーカーは、放っておけば人々の記憶から薄れてしまい、消え去ってしまう行為や出来事の姿や意味あるいは人々の言動とその意味について、それを文字の形でフィールドノーツや聞きとり記録として書きとめていくことになります。ある行為や出来事や発言の意味は、こうして文字の形でいったん固定されることによって、別の出来事や行為の解釈とつきあわせることによって**再解釈**することができるものになります。**フィールドノーツや聞きとり記録における分厚い記述は、この絶え間ない解釈と再解釈の運動の出発点を提供することになる**わけですが、民族誌の記述はそのフィールドノーツや聞きとり記録に盛り込まれた分厚い記述を編集し集大成したものと考えることができるでしょう。

そして、さきにふれたように、民族誌において分厚い記述を展開するということは、とりもなおさず、現場調査のなかで生産されていく一つひとつの書き物《テクスト》に盛り込まれた分厚い記述を素材として、自分の主張の裏づけとなる証拠をたたみかけるように提示していくことに他なりません。実際、フィールドワークの過程においては、実にさまざまな書き物《テクスト》が生産されていくことになります。この本でこれまで主にとりあげた現場メモ、聞きとりメモ、清書版フィールドノーツ、聞きとり記録などの他に、フィールド日記というテクストもあります。これに加えて、さまざまなタイプの文書資料(雑誌、新聞、公文書、先行研究の文献等)をまとめて整理した文章や表、場合によっては統計資料やサーベイ調査の結果も、貴重なデータになることは言うまでもありません。

漸次構造化法的アプローチというのは、これらさまざまな書き物《テクスト》を相互につきあわせながら、それらのテクスト全体の関係を何度となく編集し直していくプロセスでもあります。図6・2は、漸次構造化法的アプローチを採用した場合にこのフィールドワークにおいて生産されるさまざまなテクストが相互にどのような関係になるか、という

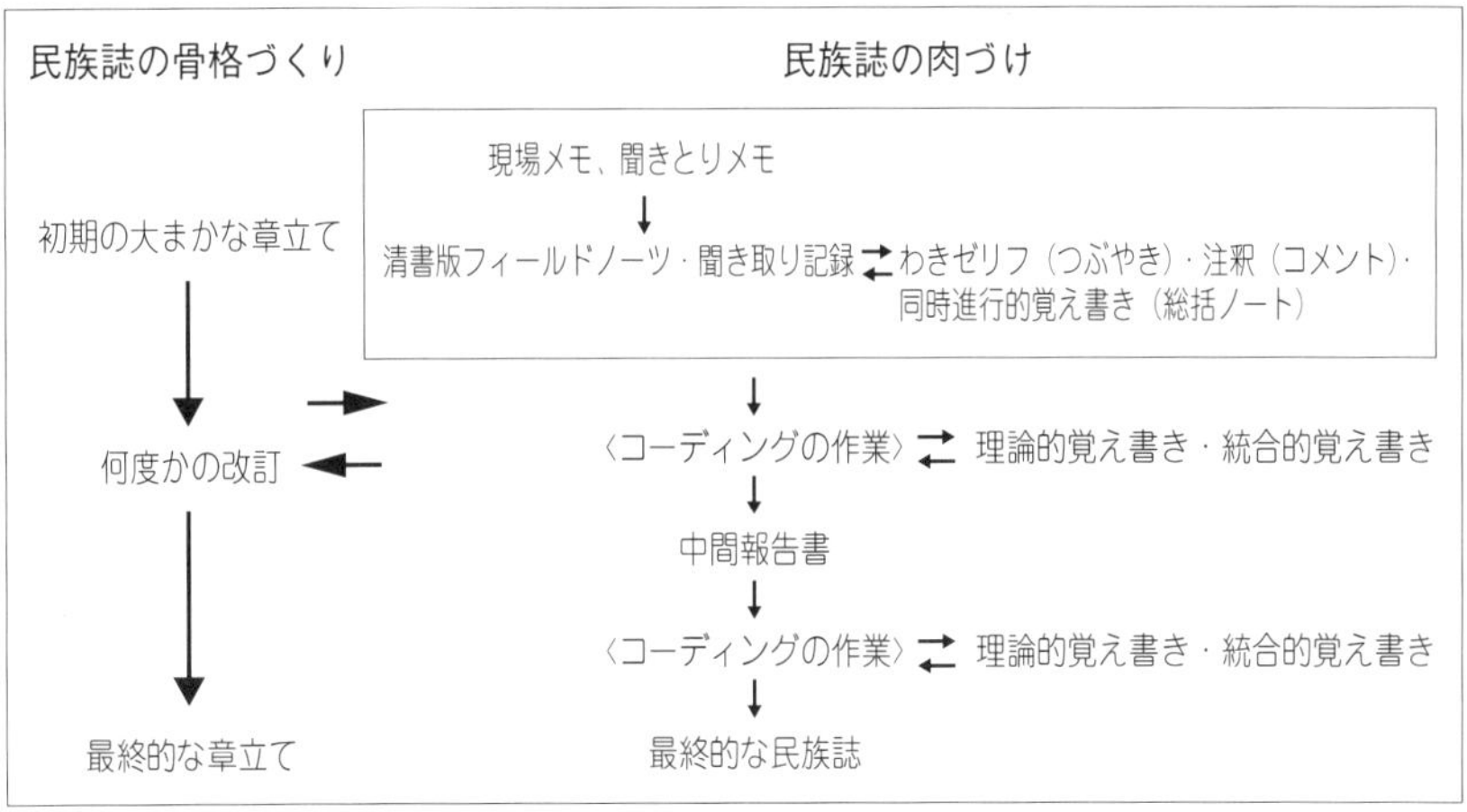

図6・2　フィールドワークにおけるさまざまな書き物《テクスト》の関係

点について、特にフィールドノーツと聞きとり記録に焦点をおいて図示してみたものです。（この本では、文書資料やサーベイ・データ、統計データなどについての解説は省きます。）

第4章と第5章では、主として、現場メモや聞きとりメモをもとにしていかに現場で見聞きしたことや現地の人々から聞いた話を忠実に再現するか、という点を強調してきました。しかし、それだけでは、フィールドノーツや聞きとり記録は「薄っぺらな記述」に終わってしまう可能性があります。現場の出来事や人々の発言の意味を明らかにしていくためには、それらをできるだけ正確に文字に起こしていく作業に加えて、その作業をふまえた上で出来事や発言に対して解釈や分析を加えその結果を書きとめていく、というもう一つの作業が不可欠になってきます。**わきゼリフ、注釈、同時進行的覚え書き**というのは、その清書版フィールドノーツや聞きとり記録を作成する際に並行して書きとめていく理論的考察と分析の記録のことです。

このようにして、解釈と分析を加えられてより分厚いものになった現場観察や聞きとりの記録がかなりの分量になった時には、**コーディング**の作業によってさらにシステマティックな分析をおこなうことになります。コーディングの際には、その分析の結果を**理論的覚え書き**ないし**統合的覚え書き**としてまとめていきますが、それらの文章は、中間報告書をまとめる際の基本的な素材になります。もっとも、中間報告書はあくまでも暫定《ざんてい》的な結論にすぎず、通常は、さらに何度かのコーディングや報告書の作成を経て、最終的な民族誌のテクストが書きあげられていきます。

図6・2の左側には、章立てを中心とした民族誌の「骨格づくり」のあらましについても示しておきましたが、これについては第3章で問題の構造化について検討した時にかなり詳しく説明しておきましたので、以下この章ではその作業についての解説は割愛《かつあい》して、主に民族誌の「肉づけ」の作業について考えていきます。

調査データの分析（1）——わきゼリフ、注釈、同時進行的覚え書き

第4章で指摘したように、現場メモや清書版フィールドノーツを書く時には、自分自身を作家やルポライターのような「物書きモード」において、見聞きしたことについての文章が常に頭に浮かぶようにしておく必要があります。もちろん、作家にもいろいろなタイプがあります。フィールドノーツの記録の場合にモデルになるのは、見聞きしたことをそのままに淡々と記述していくような写実主義《リアリズム》的な作家の文体です。[9] 同じような点は、聞きとり記録を書く時の物書きモードについても指摘できます。

もっとも、実際にフィールドノーツや聞きとり記録を書いている時には、単に見聞きしたことだけでなく、それについての自分の印象や考察を書きとめておきたくなってくることがあります。フィールドノーツに関する講義の際によく出てくる質問にも、たとえば「主観的なことを書いてもかまわないのでしょうか？」というものがあります。第4章でも見たように、「書いていい」どころか、フィールドワーカー自身の感想や考察は現地の社会生活の

意味を探る上でなくてはならない不可欠の要素になります。

しかし、写実主義的な部分と主観的な印象や考察についての文章がごっちゃになっていると、文学作品としてならともかく、現場調査の記録としては非常に読みにくく、またデータとして使い物にならないものになってしまうことも事実です。ですから、感想や考察について書く時には、それと写実主義的な記述の部分とが明確に区別できるような書き方をする必要があります。それが、以下で説明する、**わきゼリフ、注釈、同時進行的覚え書き**という三種類の書き方です。

なお、この分け方は第4章であげた『方法としてのフィールドノート』の用語法にしたがっていますが、ここでは、フィールドノーツだけでなく聞きとり記録における感想や考察の書き方も一緒にして扱います。[10]

わきゼリフ（つぶやき）

清書版フィールドノーツや聞きとり記録を書いていると、現場での出来事や人々の発言に関する自分の印象や、後で清書しているあいだに疑問に思ったことなどを短いコメントのようにして書いてみたくなることがあります。そういう時にごく短いセンテンスあるいは数語で書き込んでおくのが、**わきゼリフ**です。わたしの場合は、わきゼリフは括弧で囲んだ上で「※」印をつけて他の、より記述的な部分と区別して書くようにしています。

たとえば、次の例は、第4章であげた献血に関するフィールドノーツの記述の一部です。ここでは、わきゼリフが二カ所で使われています。


郁哉、ポリ袋を受け取るとメロンジュースを置いてあるテーブルに戻る。ジュースをゆっくり飲みながらさらに部屋の様子を観察する。ふと見るとマガジンラックに「わけ愛、献血」という変形B5くらいの厚手のパンフがあるのを見付け、さっそく一部入手する。（※それにしても、「愛」という字がややくどいと思われるほどに出てくる感じがする）ジュースを飲みおわって退散する前にテーブルの上を見ると、大型のソフトなパスケースに入った資料が目につく。年間の献血者数などをワープロで整理した表である。読んでみると、七月と一二月が二一〇〇人前後の献血者がある（※強化月間？）

聞きとり記録についても、同じようにして、相手の発言から受けた印象などを適宜《てきぎ》記録の中に織りこんでいきます。次にあげるのは、佐和顎堂という「劇団ビヨンドストーン」の主宰者にインタビューした場合を想定した架空の聞きとり記録の例です（この部分については特に逐語録《ちくごろく》にしたと仮定しています）。

佐和「……そういうわけで、僕としては劇団というものは、『一座』とか『疑似家族』的なあ、一枚岩的な集団というよりは、もっと緩やかな、一人ひとりが独立したアーチストのコラボレーションの場として考えたいわけなんですね。だいたい、もうみんな大学も卒業しているのに、ふだんの生活でも劇研の合宿の時みたいに朝から晩まで顔をつきあわせているのはどうも気持ち悪いというか……」（※これには少しビックリ。彼がこれまで著書などで言ってきたこととは少し矛盾するのでは？）

このように、わきゼリフを書いておくと、現場観察や聞きとりの際に感じた印象などについてリアルタイムに近い形で記録に残しておくことができます。さらに、現場における自分自身の反応を一つの物差しとして、現地社会の人々や当事者自身の心理状態や意味づけについて共感的に追体験したり、それについて推測したりすることもできます。たとえば、次にあげるのは、『方法としてのフィールドノート』に引用されていた、学生のノーツです。この学生は、精神障害者向けの短期治療施設に行った時に、そこに通うクライアントがどのような印象を抱くだろうかという点について推測した内容をわきゼリフとして括弧の中に書き込んでいます。

短期救急治療施設のオフィスに続く階段を登っていくと、私はほとんどすべての段がキイキイきしいだ音をたてるのに気づいた。最上段には、コートを何着も山のようにかけてある、古い松のコート掛けが置いてあった。その背後には、掲示板があり、そこにはいろいろな組織やさまざまなサービスについての情報を掲載したビラが貼ってあった。（私は階段を登ってきた場面を考えると、もし私が精神的に動揺し混乱したクライエントだったら、こんな雑然とした場所で役に立つ情報を見つけることなんかほとんどできないだろうと思った。）[11]

注釈（コメント）

わきゼリフでは写実主義的な記述と解釈や感想の部分とが同じ段落に含まれていますが、**注釈**では、記述の部分とは別に独立した段落を設けてもう少しまとまった考察を書き込みます。わきゼリフが観察した出来事や聞きとりにおける発言に直接触発されてその時まさに心の中に「つぶやき」のようにして浮かんできた感想や解釈を書き込むのに対して、注釈の場合は、その出来事と過去の他の出来事とを比較したりしながら、もう少し掘り下げた考察を書き込むことができます。

次にあげる例も、『方法としてのフィールドノート』に引用されていた学生のノーツです。このノーツでは、社会福祉サービス関連の事務所に配属された学生が、自分とスタッフとのあいだの人間関係にとって重要なターニングポイントになった出来事について記述した後で、それについての注釈を別の段落を設けて書いています。

しばしばスタッフだけの内輪の会話の場所になるキッチンに入っていくと、私は昼食の支度をし始めた。すぐに何人かのスタッフがそこに入ってきて、話を始めた。私はそのまわりで所在なげに立っており、自分でもどうしたらいいかよく分からなかった。私はしばらくのあいだスタッフたちと簡単な会話のやりとりをしていたが、その時所長のDさんがみんなに聞こえるような、いつもの大きな声でドラマチックな口調で「Aさん（そこに居合わせたスタッフのメンバー）は、彼女の誕生日のためにどこに行ったと思う？」と聞いた。部屋は一瞬静かになった。彼女が向きを変えると、私は彼女が私に向かって話していることに気づいた。「どこに？」と、私は彼女が私に話しかけているのにいくぶん驚いて聞き返した。「［チョコレート会社直営の］ハーシー・パークよ」と彼女は叫んだ。「そんなばかな！」と私は言って、すこし困惑しながら、笑い始めた。「いや、そのとおりなんです」とDは言った。「彼女は自分の身体をぜんぶチョコレートの中に浸してきて、R（彼女の恋人）が彼女を食べられるようにするのよ」。部屋には笑いの渦が巻き起こった。私もまたくすくす笑いをこらえることができなかった。

（この時点で人々は散り散りになり、そして、私が歩いて自分のデスクまで戻ると、私は初めて彼らのキッチンでの集まりに積極的に関わったと感じ始めた。この経験によって私は、自分が単なる部外者以上の者として見られていると信じるようになった。私はここに適当な居場所をみつけるためには何が必要なのか考えてみた。そしてその一つは、他でもない、ときどきなされるキッチンでの集まりに参加することであり、またそのような慣習に関わらないような素振りを見せないことでもある。）[12]

この例では、ある日の昼休みにあった出来事についての自分の感想だけでなく、この種のインフォーマルなやりとりが仲間意識の形成などに果たしている重要な役割について考察を加えています。

注釈では、これに加えて、今後の現場観察で特に注意して観察しておくべきポイントや、聞きとりを重ねて裏づけをとっていくべきポイントなどについて書いておくこともできます。たとえば、さきにあげた佐和顥堂の発言記録についてのコメントを短いわきゼリフではなく、独立した段落を設けてもう少し詳しい注釈の形で書いていたとしたら、次のようなものになるかも知れません。

（※これには少し驚いた。彼がこれまで著書などで言ってきたこととは少し矛盾するのではないだろうか。この点は、追加インタビューする必要があるかも知れない。それと、最近の記事も要チェック。最近の発言では少しニュアンスが違っているかも知れない。もしかしたら、劇団自体の性格が変わってきたことの影響だろうか？）

こうしてみると、わきゼリフが心の中のつぶやきや感想をそれが消えてしまわないうちに記録にとどめるために急いで走り書きするメモのような性格をもつのに対して、注釈を書く時には、もう少し手のこんだ分析的な観点が加わっていることが分かります。言葉をかえて言えば、ある出来事や発言について注釈を書く時には、〈それらの出来事や発言が最終的に書きあげる民族誌の中にどう位置づけられるのか〉という点が視野に入ることになります。次にあげる同時進行的覚え書きの場合には、観察や聞きとりの記録と最終版の民族誌テクストとの関連はさらに密接なものになります。

同時進行的覚え書き（総括ノート）

これまで見てきたように、わきゼリフと注釈は、一つひとつの出来事や発言に対する感想や考察を中心としています。これに対して、**同時進行的覚え書き**は、一日分のフィールドノーツや聞きとり記録の最後の部分に総括的考察として書かれたり、観察や発言内容のなかでも特に重要だと思われたポイントについてまとめて考察を加えたりするために書かれます。

どちらにしても、同時進行的覚え書きの場合は、フィールドノーツや聞きとり記録に対する直接的なコメントの範囲を越えて、それらとは別の種類のテクストとの関係が密接なものになってきます。具体的に言えば、ノーツや聞きとり記録などに同時進行的覚え書きを書き込んでいる時には、一方では対象となっている調査課題と関連の深い理論文献や先行研究、他方では最終的に書きあげられる民族誌のテクストとの関係が強く意識されるようになるのです。それは同時に、単にフィールドワーカーの心の中のつぶやきを文字にした「独白」でなく、自分以外の読者、すなわち将来自分が書いた民族誌を読むであろうと思われる読者を意識することでもあります。

たとえば、次にあげる、佐和顥堂に対する聞きとり記録の最後に書かれた同時進行的覚え書きの作例では、「集団性」に関する考察が佐和に対するインタビューの内容の範囲を越えて、他の劇団との比較や国際的な比較研究の展望にまで広がっています。

このインタビュー全般を通して彼が語った「集団性」についての話の内容は、明らかに彼の過去の発言とは異質なものである。八〇年代に彼が書いた本では、もう少し「集団性」を強調した発言をしていたし、「集団でなければできないことを追求するのがビヨンドだ」と言っていたはずだ。これは、劇団自体の性格が変わっていったことの影響だろうか？　それとも、最近の他のアーチストとの共同作業の結果として考えが変わってきたのだろうか？　この点は、後でまた追加インタビューする必要があるかも知れない。また、最近の彼の発言が載っている雑誌記事もチェックする必要がある。最近の発言では少しニュアンスが違っているかも知れない。

そういえば、たしか、劇団アンダーカレントの多喜川氏の発言も同じような感じで最近は変化してきていたはずだ。これも要チェック。それと、もしかしたら、佐和氏や多喜川氏とは逆に昔は集団性を強調していなかったのに、最近は強調するようになった主宰者や、昔から一貫して集団性を強調してきた例だってあるかも知れない。少し腰をすえて検討してみる必要がありそうだ[13]。

それにしても、その比較研究のためには、どれくらいの数の劇団について取材する必要があるのだろうか？　この点に関しては、ハマーズレイの本をもう一度見てみる必要がある。

それと、こういう「集団論」みたいな議論は、欧米のカンパニーでも言われていることなのだろうか？　オフとかオフオフブロードウェイの劇団やカンパニーについての事例研究を探してみよう。

このようにして同時進行的覚え書きを書く作業を通して、フィールドワーカーは、一方では特定の出来事についての観察や聞きとりの内容**について**考察を深めていき、他方ではその観察や聞きとり**を通して**調査全体の調査課題あるいは基本的な問題設定の組み直しをおこなっていくことになります。

今日の観察（聞きとり）からある程度明らかになった問題についてさらに詳しく調べるためには、どのような問いを立てたらいいのか？　何か見落としている問題はないのか？　今まで集めてきた資料で仮説は十分に裏づけられたと言えるのか？　今後どのような資料をどのような方法で集めていったらいいのか？　このようにして「問いについての問い」を立てることは、とりもなおさず、一つひとつの調査課題をより明確なものにし、また複数の調査課題や仮説のあいだの関係を整理し構造化していく作業に他なりません。

これまで見たように、わきゼリフ、注釈、同時進行的覚え書きのあいだには、いくつか重要な違いがあります。もっとも、この三つのタイプの分析的記述のあいだの区別は、それほど厳密なものではありません。実際、『方法としてのフィールドノート』の著者たちがフィールドノーツに書き込まれる分析的な記述のタイプに関してこのような区別を設けたのも、特にフィールドノーツや聞きとり記録の「方法論」についての厳密な理論的検討をするためではありません。著者たちが意図していたのは、あくまでも清書版フィールドノーツに直接書き込んでいく分析的記述のバラエティを紹介するための便宜的な区別なのです。

ですから、呼び方にしても、たとえばそれぞれの小見出しの下に括弧《かっこ》書きで示した「つぶやき」「コメント」「総括ノート」といったようなものでも一向にかまわないでしょう。むしろ大切なのは、これら三つのタイプの分析的記述がもっている基本的な役割や機能について認識しておくことです。つまり、重要なのは、分析的記述を通して発言や行動の「意味」について考察を深めてフィールドノーツや聞きとりの記録をより「分厚い」ものにし、同時に調査課題を明確にし構造化していくことの重要性について十分に理解した上で、調査のテーマや自分に最もあった現場記録の書き方について試行錯誤を通して模索していくことなのです。

調査データの分析（2）――コーディングとデータベースの構築

さまざまなタイプの分析的記述を書き込んでいくことは、フィールドノーツの記述や聞きとり記録をより深く分厚いものにしていくための第一歩です。さらに進んで、最終的な民族誌自体の記述をより分厚くかつ体系的なものにしていくためには、現場作業を通して蓄積されてきた膨大な量の資料を何度も読み直し、その作業を通じて浮かび上がってくるいくつかのテーマを整理していかなければなりません。これが、調査データの分析における**コーディング**と呼ばれる作業です。この作業は、現場調査を通して生産されていくさまざまな書き物《テクスト》の総体を一冊の本に見立てて、それに小見出し、索引、目次をつけながら編集していく作業にも似ています。そのコーディングの結果についての考察は、**理論的覚え書き・統合的覚え書き**あるいは中間報告書という形でまとまった文章になっていきます。

準備作業

最初のうちから整理の方針を決めておかないと、フィールドノーツや聞きとり記録の山はすぐに扱いきれないほど膨大《ぼうだい》なものになってきます。「たしか、あの時、〇〇さんに話を聞いたはずだが……」「あの時、あんなことがあったはずなんだけど……」と思っても、すぐにその時の記録を探し出せないこともよくあります。こうなると、何度も資料を注意深く読み直すのがともすれば億劫《おっくう》になってしまい、締切が迫った段階でろくな準備もできないままにいきなり民族誌の執筆にとりかかることにもなります。こうなると、せっかく苦労して集めた資料にほとんど目を通さずうろ覚えの怪しげな記憶だけに頼って、まさに「最後のハッタリ」を利かせた民族誌を書いてしまったりすることにもなりかねません。[14] この結果の一つが、さきにあげた「分離エラー」なのです。

このような失敗を未然に防ぐためには、はじめから一定の方針を立てて資料をファイリングしておかなければなりません。第4章と第5章でも解説したように、フィールドノーツや聞きとり記録は、その日付順に整理しておくのが最も分かりやすいやり方です。これは、紙の形の記録についても、電子的なファイルについても同様です。フィールドノーツや聞きとり記録を印字した資料（これからは、ワープロソフトを使ってパソコンで資料を作成することを前提として話を進めます）については、たとえば、第4章の図4・2（二〇一ページ）で見たようにバインダーに日付順に綴《つづ》りこんでおき、それぞれの日付の記録にはラベル・インデックスをつけておきます。バインダーが増えてきた時には、やはりこれもバインダーの背に、たとえば「フィールドノーツ①」「フィールドノーツ②」……という具合に連番をつけて本棚に並べて整理しておきます。

このように日付順に整理しておくだけでも、後で全体を通して資料を読み直す時に便利なのですが、これに加えて次のページにあげる表6・2A、Bのような一種の「目次」をつくっておくと、探している資料をピンポイント的に見つける上で有効です。この目次は、それぞれフィールドノーツと聞きとり記録について、日付ごとにその内容が思い出せるような見出しのようなタイトルをつけた上で、必要に応じて現場観察の場所や聞きとりの対象者の名前などを加えて一覧表にしたものです。このような一覧表は、「エクセル」などの表計算ソフトを使えば比較的簡単につくることができます。[15]

表6・2A　フィールドノーツ用目次の例

日　付	タイトル	場　所
1998年7月8日	集会初参加・リーダーへのあいさつ	榊駐車場
7月15日	集会暴走・検問突破	榊→市内
7月23日	集会・テツヤの逮捕についての噂	榊駐車場
8月15日	15歳グループのタマリ場・他県グループの噂	ドルソン店内
……	……	……
12月24日	クリスマスイブの暴走	ドルソン→市内→中央高速
……	……	……
1999年1月1日	初日の出暴走・テツヤの事故	榊→中央高速
1月7日	テツヤ入院中の病院へ見舞いに	関東中央病院
……	……	……
4月1日	全関連解散式	榊・喫茶ドナルド
……	……	……
2001年9月13日	国並市再訪・テツヤとの再会	ドルソン
9月15日	テツヤ・ジロウの世代のメンバーへの再取材	喫茶ドナルド

表6・2B　聞きとり記録用目次の例

日　付	タイトル	話し手	場所
分冊①			
1998年8月23日	暴走のフロー感覚:「みんな仏さんみたいないい顔して走ってる」	マサキチ	ドルソン
8月31日	集団の統制とボヘミアン的生活の矛盾	テツヤ	榊
……	……	……	……
9月3日	暴走のフロー感覚とコムニタス	セイコ・キャシー・トモエ	ドナルド
……	……	……	……
分冊③			
1999年2月20日	事故についての感慨と今後の全関連	テツヤ	ドルソン
3月1日	全関連解散の決定・「オチツク」ことのキッカケとしての結婚	テツヤ・ジロウ	テツヤ宅
……	……	……	……
5月5日	解散後の同級生グループの活動:「飲んだり、海に行ったり」	テツヤ	テツヤ宅
……	……	……	……
分冊④			
1999年9月1日	全関連解散の経緯・「オチツク」ことのキッカケとしての結婚	テツヤ・ススム	榊
……	……	……	……
分冊⑤			
2001年9月15日	全関連の黄金時代とテツヤの事故	テツヤ・ジロウ・マキコ	榊
9月17日	レーシング会の結成と「イケイケ」の時代	ススム	ススム宅

コーディング

編集作業としてのコーディング

以上のようにして資料を日付順に並べたり目次をつくったりするということは、フィールドノーツや聞きとり記録の全体を通して見渡せるような、一種の見取り図を作成していく作業に他なりません。第4章や第5章では、その時々の現場観察や聞きとり場面に集中してできるだけ忠実な記録をとることを強調しました。これは、たとえて言えば、詳細な区分地図をつくることにあたるわけですが、これに対して表6・2A、Bのように複数の記録について日付順の「目次」をつくっておくことは、一種の全体地図をつくる作業にあたります。もっとも、ただ日付順に並べたり、目次にそれぞれの日付の観察内容や聞きとりの内容のタイトルをリストアップするだけでは、全体の詳しい構造は見えてきません。実際、一方に日付順に配列され目次をつけられたフィールドノーツや聞きとり記録のバインダーの列をおき、他方に最終的にできあがる一冊の民族誌[16]をおいてくらべた場合を想定してみると、両者のあいだには、まだかなりの隔《へだ》たりがあることがよく分かります。この隔たりを埋めていくのが、**コーディング**という作業であり、後で解説する理論的覚え書きや統合的覚え書きを書いていく作業です。

コーディングは、まず、それらのバインダーの列について、それを全体を通して読み通すことができる一冊の大部の本として見立てることから始まります。じじつ、たとえ実際には何冊かの分冊になっていたとしても、フィールドノーツや聞きとり記録の束は全体として現地社会の文化や社会について一つの物語を語っているのだと考えることができます。もちろん、その物語はまだはっきりと姿を現わしてはいません。最終的にできあがる民族誌を一篇の小説にたとえるならば、フィールドノーツや聞きとり記録は、その小説に現われる登場人物やシーンあるいはテーマの断片が、あまり統一性もないままに散りばめられている素材の山にすぎません。小説家が着想の浮かぶままに書き散らかした構想メモやいくつかのシーンのスケッチなどから一つのまとまった筋立ての小説を仕上げていくように、「民族誌家《エスノグラファー》」は、フィールドノーツや聞きとり記録の断片を一貫した筋立てやテーマに沿って並べ替え、加工し、編集していくことによって一篇の民族誌へと仕立て上げていかなければなりません。[17] このテーマと筋立てを見つけだしていく作業がコーディングなのです。

「天下り式コーディング」と「たたき上げ式コーディング」

ここで注意しておかなければならないのは、民族誌を編集していく作業におけるコーディングは、通常の社会調査でいう場合のいわば「天下り式」のものとは対照的な「たたき上げ」式のコーディングとしての性格をもっている、ということです。

ふつうコーディングという場合には、一定の規則にしたがっていろいろな対象に記号や認識番号をつけていく作業を指します。実際、通常のコーディングでは、最初から一定の規準のもとにつくられた分類コード表とコーディングの方針について書いたマニュアルという二つのものが準備されていて、それにしたがって対象に記号や番号をつけていきます。

たとえば、この本の背表紙の左肩には、「バーコード」が二個ついていますが、これは、一冊一冊の本を機械的に識別できるようにして書籍の流通や販売を効率的におこなうために考案された「書籍ＪＡＮコード」と呼ばれる、本のいわば「背番号」です。さらに、そこには、ＩＳＢＮではじまる数字と記号の列もありますが、これは、日本図書コードというものであり、ＩＳＢＮ（International Standard Book Number）コードと呼ばれる国際的な識別コードに書籍の内容を示す分類コードと価格を示す価格コードを加えたものです。ＩＳＢＮコードにしても分類コードにしても、国際的な機関や個々の出版社などが管理するコード台帳などのマニュアルをもとにして一冊一冊の本に背番号としてのコードがつけられていきます。

社会調査の場合にも、通常はこれと同じようにして、質問紙の設問に対する回答についてたとえばハイという回答だったら1、イイエだったら0というような番号を振る作業がコーディングと呼ばれています。このようにして回答を番号や記号に置き換えておけば、一人ひとりの回答内容をコンピュータに入力する時も簡単ですし、集計や分析もかなり能率的にやれるというわけです。

以上のようなタイプのコーディングは、あらかじめ用意されているリストの中のコードを対象にあてはめていくという意味で、いわば**「天下り式」のコーディング**と呼ぶことができるでしょう。これに対して、民族誌を編集していく際のコーディングは、フィールドノーツや聞きとり記録の分析と整理を進めていくなかで一つひとつのコードおよびコードのリストそれ自体を新たにつくりあげていくという点で、**「たたき上げ式」のコーディング**としての性格をもっています。つまり、フィールドワークにおけるコーディングでは、一方では集めた資料の山から統一した筋立ての物語をつくりあげていく上での手がかりとなるようないくつかの共通のテーマやサブテーマを見つけだしていき、他方では、そのテーマやサブテーマが相互にどのような関係にあるかについて明らかにしたリストを新たにつくりあげていく、という二つの作業が中心になるのです。[18]

この点からすれば、フィールドワークにおけるコーディングの作業は、本の索引（特に「事項索引」）をつくっていく作業に似ています。この本の巻末にも比較的詳しい索引がついていますが、ふつう索引というのは、本を書く前からできているのではなく、一冊の本を書きあげた後にその内容を何度も読み返しながら本文にマークを記入したり付箋《ふせん》をつけたりしながらつくっていくものなのです。これと同じように、現場調査の際のコーディングでは、数冊のバインダーに綴《つづ》りこまれたフィールドノーツや聞きとり記録の束を一冊の書物に見立てて要所要所にかなり細かい小見出しのような言葉やフレーズを書き込んでいきます。この言葉やフレーズが「コード」にあたるわけです。

コーディングによるテーマのあぶり出し

文例6・1が、その一例です。これは、『方法としてのフィールドノート』から引用したものですが、アルツハイマー症患者を介護する家族のサポートにあたっている支援グループをめぐる出来事についてのノーツの原文の横に手書きでコードがつけられています。この例のように、フィールドワーカーは清書版のフィールドノーツや聞きとり記録を初めから終わりまで何度も繰り返して読み返しながら、その余白の部分などに思いつくままにコードを書き込んでいきます。（後で何度もコードの付け方を変えたりすることが多いので、この書き込みは鉛筆で書いておいた方がいいでしょう。）

この例では全部で一三個のコードが書き込まれていますが、『方法としてのフィールドノート』の著者たちは、このコーディングの作業によって次のようないくつかのテーマが浮き彫りにされていると指摘しています。

・アルツハイマー症患者の車の運転は危険なことがある。家族介護者は、運転し続けると言い張る患者に運転を積極的にやめさせるようにしなければならない。
・医学的診断は、患者の活動を管理する介護者の努力において重要な役割をはたすことがある。
・介護者は、医者が家族の悩み事を感じとらず助力もしてくれないことにいらだちをおぼえることがある。
・支援グループのメンバーは、医者の対応が一つの原因となって生じている厄介ごとを何とか克服する様々な方法を示唆することがある。
・支援グループのメンバーはアルツハイマー症患者が車の運転をやめさせるためのさまざまな現実的な対策をすすめることがある。[19]

文例6・1　コーディングの実例

トラブル－記憶喪失 へたな運転 医者は「助けない」 アドバイスを請う 家族が医者に圧力をかける 医学診断→結果ない	ルーシーは、彼女の夫は健康だが、夫の症状は記憶喪失と下手で危険な運転だ、と言う。医者は彼に運転をやめるよう何もいわない。「どうしたらいいでしょうか」と彼女は問う。他のメンバーが「医者を代えなさい」と言う。ルーシーは医者が家族の友人であると説明する。彼女の息子が、父親の運転は危険で、事故でもあったら、自分たちが法律上厄介なことに巻き込まれるだろうと医者に強く言ったことがあった。医者はCTスキャンをしたが、そこからは何の病症の原因もでてこない。
医者に頼るな 介(護者)がDMVに行く 医学的診断がない	グループのリーダーであるパットは「あなた自身の手でひきうけなさい」と勧める。彼女はルーシーがDMVに行くことを示唆する。ルーは、自分はアルツハイマー症を含めて精神的疾患がある者は誰も運転してはいけないことを規定した新しい法律があると思うと述べる。ルーシーは言う。「でも私には病気の名前がわからないの。だからどうしようもないのよ。もうどうしていいかわからない。
アドバイス－医者との連携 実際の対策－だますこと 提案された対策は役に立たないだろう 「夫と話す」	ヴィーは「お医者さんが彼に運転するなということが肝心なんじゃないの？」と言う。ルーシーは「なぜお医者さんはそうしようとしないのか。たぶんその医者はあまりにも親しくて、関わりたくないんだわ。」ルー――「ニコルソンはどうかしら。彼は老人病専門の精神科医よ。」他の人々は彼女が車のキーを隠すようにアドバイスする。ジョーイが言う。「あなたは彼にうそをつく必要があるのよ。」ルーシーは言う「そんなことはこれまでずっとしてきたんです。」ジョーイは言う。「わたしたちだって、みんなそうよ」（中略）ルーシーによれば、夫は別のキーがあることを知っているのだという。別の女性が、夫と話し合ったのか、そうすれば夫ももう運転しないだろうと言う。「もうその事については話し合ったわ。でもうまくいかなかったの。」誰かが言う。「医者からのちゃんとした診断が必要なのね。」ルーシー――「そう、そのとおりよ。」グループの他の人々もそれに同意する。

出所：ロバート・エマーソン他『方法としてのフィールドノート』（新曜社, 1998）pp.321-323

ここで再び注意しておかなければならないのは、通常のコーディングにおけるコードとフィールドワークにおけるコードの形式上の違いです。「コード」にはほんらい暗号という意味もありますが、たしかにバーコードやサーベイ調査の場合のコードを見ると、部外者には意味がよく分からない暗号のような印象を受けます。じじつ、コーディングした人以外がその意味についてはじめて理解できるのは、実際のコードを暗号表やコード・リストと照合してみた時なのです。これに対して、フィールドワークにおけるコードは、文例6・1に見られるように、書いた本人でなくてもある程度理解できそうな言葉やフレーズで書いてあります。この点からすれば、フィールドワークの資料につけていくコードは、コードというよりはむしろ「小見出し」と言った方がふさわしいかも知れません。

もっとも、小見出しはたいていの場合、既に最終的な文章の構成があらかた決まった段階でつけるものです。これに対して、フィールドノーツや聞きとり記録につけていくコードでは、まさにこれからつくっていく民族誌の骨格を明らかなものにしていくために、その民族誌の素材となる下書き的な意味あいをもつ文章に短い語句をつけて目印にしておくことが作業の中心になります。また、小見出しの場合には、同じ語句が何度も現われることは滅多《めった》にありませんが、コードの場合には、むしろ、複数の日付のフィールドノーツに共通して現われるテーマをあぶり出していくための目印として使われることもあって、何度も同じ言葉が登場します。

たとえば、もしこの文例にあげられている「医者に頼るな」というコードが、このアルツハイマー症患者を介護する家族に対する支援グループに関する他の日付のフィールドノーツにも、また、そのグループのメンバーを対象としたフォーマルな聞きとりの記録にも何度か繰り返し現われていたとしたら、どうでしょうか。そういう場合には、この「医師の関与のネガティブな影響に対する介護者の対応行動」とでも要約できるテーマが、この支援グループについての民族誌全体の骨格を決め、また調査課題を構造化していく上でかなり有望なテーマになりそうだ、ということが言えそうです。[20]

コードの体系化と階層化――オープン・コーディングと焦点をしぼったコーディング

文例6・1では、かなり日常語に近い言葉でコーディングがなされており、また、一三個のコード同士の関係は必ずしも明らかではありませんが、ある程度作業が進むと、次第に抽象度の高い語句や概念がコードとして使われるようになり、それと同時に複数のコードのあいだの関係が次第に明確なものになってきます。たとえば、この例では、「医師の関与」が頻繁に現われてくるテーマになっていますが、文例6・1ではコードが羅列的に書き込まれているだけなので、そのテーマに該当するコード間の関係は必ずしも明らかになってはいません。これがさらにコーディングの作業が進んだ段階では、次のページにあげる図6・3に示したようなコード間の関係として整理されることになるかも知れません。

この例にある「医師の専門」に対する「内科」と「神経内科」のように、あるコードに対してより下位にあるコードのことをサブコードと呼んだりします。さらに「神経内科」の下に「診断書の影響」があるように、サブコードのさらに下のサブサブコードやそのさらに下のコードも考えられます。この例からも容易に推測できるように、このようにコード間の関係を階層化し体系化していくことは、それぞれのコードが該当するフィールドノーツや聞きとり記録における特定部分の記述間の関係そのものを構造化していくことでもあります。それはまた、複数の調査課題（およびそれに対応する仮説）のあいだの関係を徐々に構造化し民族誌全体の骨格を明らかにしていく作業にもつながっていきます。

文例6・1に示したような、比較的初期の、日常語によるコーディングの仕方を「**オープン・コーディング**」、それに対して、図6・3のような抽象度の高い言葉を使っておこなわれるコーディングのことを「**焦点をしぼった**

コーディング」という用語で区別することがあります。オープン・コーディングでは、直感的にその時に思いついた言葉を使ってコードをどんどん原文のわきの余白などに書き込んでいきます。これに対して、焦点をしぼったコーディングでは、他の日付のフィールドノーツや聞きとり記録の事例や理論なども考慮に入れながら、慎重に記録を再検討していくことになります。もちろん、コーディングは二度や三度だけで済むとは限りません。むしろ、何度も試行錯誤を繰り返しながら、いくつものテーマをあぶり出し、また、民族誌全体の骨格をつくりあげていくような作業が必要になります。（その試行錯誤のプロセス自体を記録にとどめておくことが後で重要な意味をもってくることもありますので、何度もコーディングするような場合には、鉛筆だけではなく、違う色の筆記用具も使ってコーディングした時期を区別できるようにしておいてもいいかも知れません。）

- アルツハイマー症患者の介護
  - 患者の類型
  - 介護者の類型
  - スティグマ
  - 医師の関与
    - 医師の専門
      - 内科
      - 神経内科
        - 診断書の影響
    - 医師と患者・患者家族との関係
      - 友人
      - 知人
      - その他
    - 医師の対応
      - 診断
        - 検査
          - CTスキャン
          - 髄液
          - 脳波
        - 診断書の作成
          - 診断書の影響
      - 患者に対する指示
        - 無指示
        - 指示
          - 自動車の運転に関して
            - 運転断念のアドバイス
            - 運転自粛のアドバイス
          - 日常生活に関して

図6・3　階層的コードの例

コーディングのための専用ソフトウェア

資料のデータベース化

実は、欧米では右に解説したようなやり方でフィールドノーツや聞きとり記録あるいは既存の文献資料などの文字テクストを整理し分析していくためのソフトウェアが何種類も開発されて市販されています。代表的なものとしては、ATLAS.ti、MAXqda、NVivo、The Ethnograph、HyperRESEARCHなどがあります。現在、これらのソフトの幾つかでは、日本語データの処理もできるようになっています。また、それぞれのソフトの無料体験版については、ほとんどの場合、開発元のウェブサイトからダウンロードすることができます。したがって、もし実際にフィールドワークのデータ処理に関してこの種のソフトを利用することを考えている場合は、幾つかソフトの体験版を試用してみた上で、自分の調査の性格や持っているデータの分析にとって最適のソフトを選択した方がいいでしょう（以上の点について、詳しくは、拙著『定性データ分析入門――QDAソフトウェア・マニュアル』（新曜社 二〇〇六）参照）。

これらのソフトウェアに見られる共通の基本的な発想は、フィールドノーツや聞きとり記録の記述内容を一種の「テキスト型データベース」ないし「文書型データベース」として加工した上で運用しようというものです。この発想は、日本で「ＫＪ法」や「知的生産の技術」などとして知られるテクニックとの共通点が少なくありません[21]。つまり、資料やデータあるいは現場調査の最中に浮かんだアイディアを「京大カード」などと呼ばれるＢ６判の紙のカードに書き込んで整理し体系化していくやり方です。

もっとも、このようなカード方式ではははじめから観察内容をカードに書き込んでいくことが多いのに対して、右にあげたソフトウェアの場合は帳面に書かれたフィールドノーツやインタビュー記録のテクストをもとにして、それをいったんカードのような形に加工した上で整理していくという点が大きく異なります。[22] 実際、パーソナルコンピュータが普及する以前から、野帳（フィールド・ノートブック）の記述をカード化した上で紙メディアのデータベースとして運用する方法については比較的よく知られていました。右にあげたいくつかのソフトウェアは、これを電子メディアに置き換えたものと考えてほぼ間違いありません。[23]

紙メディアによる方法の要点は、フィールドノーツや聞きとり記録の原本をコピーした数百ページ（時にはそれ以上）におよぶ帳面をノリとハサミで切り貼りしてカードにするところにあります。この作業によって雑多な項目を含む、出来事が実際に起きた順番や発言の順番通りに文字化された記録は、項目別にまとめて整理することができるカードの束になるわけです。たとえば、登場人物の誰彼に関する情報をまとめる時には、それに該当するカードだけを集めて整理すればいいわけですし、特定の出来事やテーマ（さきにあげた例で言えば、たとえば、「医師の関与」というテーマ）について何か書きたいと思ったらその記録が書いてあるカードだけをピックアップして読み直せばいいことになります。

この紙メディアのデータベースの作成作業には、基本的に次の三つのプロセスが含まれています——①切り出し、②コーディング、③貼り付け。つまり、帳面に記載されたノーツの記述やインタビュー記録の特定箇所に鉛筆で目印をつけてその部分をハサミで切り取り（切り出し）、カードに設けたコード欄に該当するコードを書き込み（コーディング）、特定のコードをつけたカードを選び出して整理し分析（貼り付け）するのです。

電子化の効用

この一連の作業を頭に思い浮かべてみればすぐに分かるでしょうが、紙メディアの場合には、野帳からカードへの転写にしろハサミとノリを使った切り貼りにしろ相当の手間と時間がかかります。これに対して電子メディアの場合には、この三つの作業をかなり効率的におこなうことができます。どんなワープロソフトにも必ずついている「カット・アンド・ペースト」機能を使えばいいわけですし、第一、電子的な文書ファイルになっていれば、わざわざ手間をかけて原本のフィールドノーツや聞きとり記録を何部か複写しておかなくても、そのままごく簡単な操作で複数のコピーがとれます。

専用ソフトを使ったフィールドノーツやインタビュー記録のデータベース化には、これ以外にもさまざまな利点があります。その一つは、一枚一枚のカードとして切り出された記述の前後の記載内容を瞬時に参照できるという点です。つまり専用ソフトの多くは、単にオリジナルのフィールドノーツや聞きとり記録の必要な部分を（電子的）カードに転写するだけでなく、そのカードの一部にオリジナルな文書の中での切り取り部分の位置を示す情報を追加することによって、必要な時にはフィールドノーツの文書に戻ってその前後の文脈を確認できるような機能がついているのです。

これに加えて、定性的データ分析のための専用ソフトのなかには、コード相互の関係構造を次のページの図6・4に見られるように細かく枝分かれした「ツリー構造」の形式で体系化して図示し、あわせてそれぞれのコードに該当するいくつかの切り出し部分の要約を並べて表示する機能を備えているものもあります。[24] 少し前に「オープン・コーディング」や「焦点をしぼったコーディング」を通してノーツにつけていく特定のコードとそれに従属するいくつかのサブコードのあいだの関係や複数のコードやテーマのあいだの関係を割り出していく作業について解説しましたが、これは、とりもなおさず、カードに転写された何百枚もの原文の記述内容を参考にしながら、このツリー構造を編集していくプロセスに該当することになります。

つまり、欧米で開発されたフィールドノーツや聞きとり記録という文字テクストの分析に特化したソフトウェアというのは、図6・4の例で示したように、① 文書データセットの管理、② 文書データに対する編集およびコー

文書データをいくつかのグループに分けて管理する
項目見出しをつけていくための欄
個々の文書を表示して編集したり、項目見出しをつけていく（画面では、特定の見出しをつけた部分が反転表示されている）
①
②
③
④
項目見出しの例（タイプ別に色を変えることもできる）
項目見出し同士の関係をツリー構造で表示して分析モデルを作成する（項目見出しについては、日本語の文字も使用できる）
同じ項目見出しに対応する文書の部分を集めて表示する（この例では、2ヵ所の部分が表示されている）

図6・4　QDAソフトの画面例
（MAXqdaの場合）

画面に表示されている聞き取りデータは、細江達郎（2002）「下北再訪：平成13年53歳の面接記録」（『岩手フィールドワークモノグラフ』岩手県立大学フィールドワーク研究会）から著者の許可を得て転用させていただいたものである。詳しくは、佐藤郁哉『質的データ分析法』（新曜社，2008）参照。

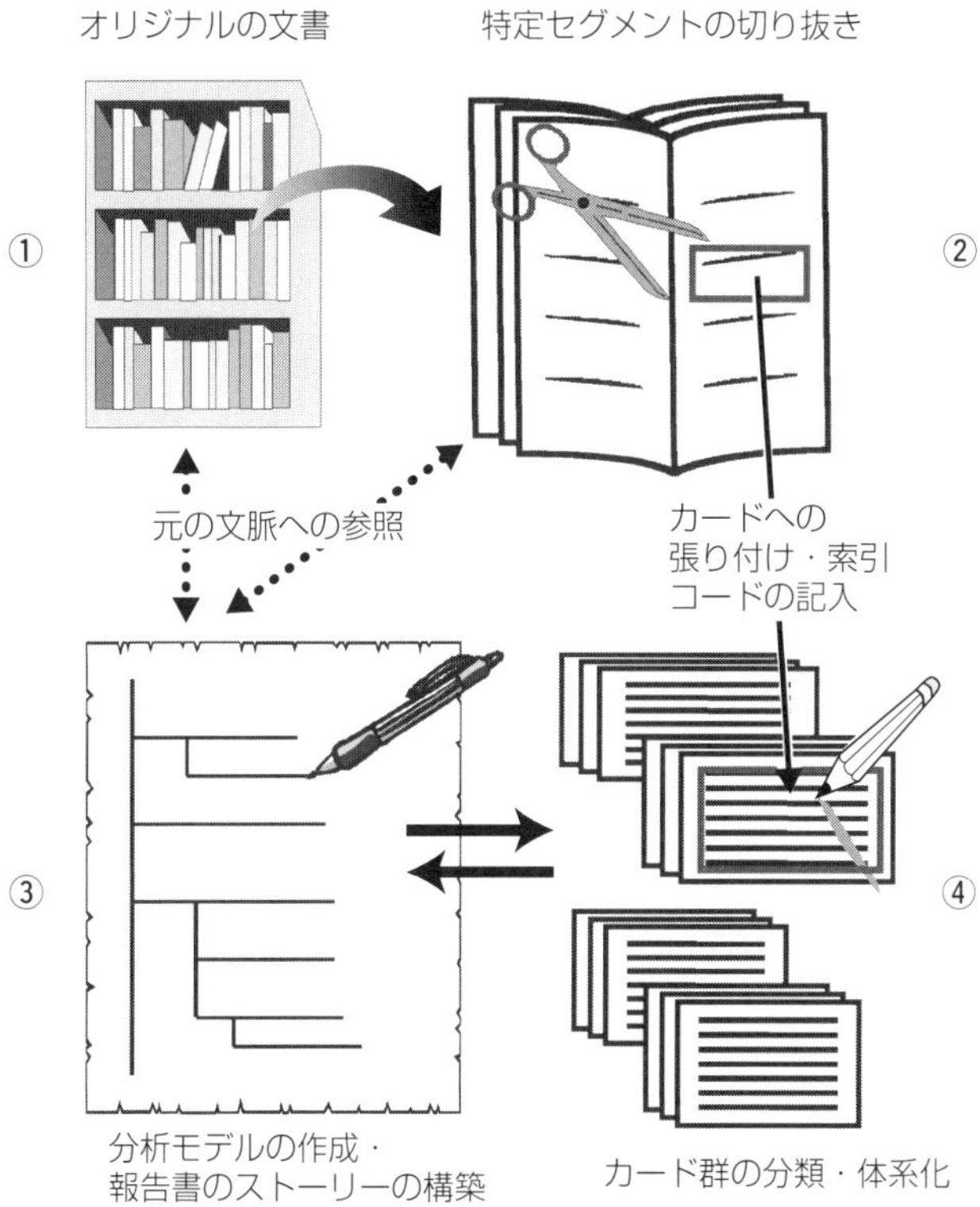

図6・5　紙媒体の場合との対応

ディング、③コード間の関係に対応する分析モデルの構築、④文書のうち特定のコードに対応する箇所の切り出しという、四種類の画面から構成されているのです。言葉をかえていえば、これは、ワードプロセッサ、データベース用ソフト、アイディアプロセッサ（KJ法のようにしてアイディアを体系化していくためのソフト）という三種類のソフトウェアを組み合わせたようなものと考えていいでしょう。そして、これら四つの画面を用いておこなう作業を、従来の紙のカードを利用したフィールドデータ処理の技法と対応させて示すと、図6・5のようになります。

このようにして、これまで紙媒体でおこなっていた作業を電子的な情報処理の手続きに置き換えることによって、単に一つひとつの作業がより効率的になるだけでなく、個々の文書の分析と問題の構造化や民族誌の骨格づくりとを同時並行的に進められるようになります。

アイディアツリーという福音

わたしが現代演劇に関する取材をおこなっていた当時は、以上のような機能を持つ、QDA（Qualitative Data Analysis）ソフトウェアなどと呼ばれる、海外製の質的データ分析用のソフトではまだ日本語のデータを扱うことは出来ませんでした。[25] それで、QDAソフトの代用として使ったのが、日本製の「アイディアツリー」[26] というアイディアプロセッサでした。アイディアプロセッサ自体は、フィールドデータ処理用のソフトでないために、分析モデルとしてのツリー構造と元の文書との連携や切り出し部分の表示などに関しては、幾つかの制約があります。

そのような制約はあるものの、このソフトは、使いようによっては、フィールドワークの資料やデータを体系化していく上できわめて有効なツールになりえます。実際、わたしの現代演劇に関するフィールドワークは、このアイディアツリーというソフトに出会わなければ民族誌として完成しなかったのではなかったかと思えるほどの恩恵を被《こうむ》っています。実は、欧米にフィールドノーツ専用のソフトウェアがあることについては現代演劇についての取材を始める前から知っていて、実際にそのうちの二製品を取り寄せて試用していたのでした。その結果分かったのは、どちらも日本語ではうまく使えないということでした。それでも、現代演劇の取材では最初からフィールドノーツをワープロで作成していたこともあって、どうしてもあきらめきれず、自分なりにいくつかの日本語用のデータベースソフトやワープロソフトを組み合わせてフィールドノーツをデータベースとして運用する手段を模索していました[27]。実際に、一九九四年に助成財団向けに中間報告書を書く前後には、その自己流の方式でそれまでに書いたフィールドノーツを整理してみたのですが、もう一つ使い勝手が悪く、しばらくは、そのようなやり方で資料を体系化することは半ばあきらめていたのでした。

しかし、その間にも聞きとり記録も含めてデータや資料の量は膨大なものになっていき、一九九七年の春にいよいよ『現代演劇のフィールドワーク』の原稿執筆に本格的に取り組みはじめた頃には、フィールドノーツだけでも厚さ四センチメートルほどのA4のバインダーにして一六冊、聞きとり記録の方は四冊という量に達していました。これだけの量の資料をさらに何部かコピーしたり、それをカードに転写して整理していけるとはとうてい思えず、途方に暮れてしまいました。第3章では、一九九五（平成七）年に書いた「敗因分析レポート」を紹介していますが、この、資料の整理の仕方で悩んでいた一九九七（平成九）年当時がわたしにとっては、第二の「敗戦」になりかけていた時期だったと言えます。

そんな時に、たまたま書店で手に入れた本に付録としてついていたCD-ROMに収録されていたソフトの一つがアイディアツリーだったのです。はじめはそれほど期待しないで、論文の構想を練る時などに使っていたのですが、すぐにこのソフトがフィールドノーツの分析にも使えることに気がつき、試しにいくつかのノーツや聞きとり記録の分析に応用してみたのでした。その結果、思ったよりもはるかに効果があることが分かり、さっそくこのソフトを使った本格的な分析に専念することになりました。既に中間報告書の段階である程度フィールドノーツについてはコーディングが済んでおり、またコード間の関係も体系化が進んでいたこともあって、作業は比較的スムーズに進み、その後五ヶ月ほどでフィールドノーツと聞きとり記録についての一応のコーディングとデータベース化の作業を終了することができました。

また、この作業を通じて、『現代演劇のフィールドワーク』で主張したいことの何点かについては、その裏づけとなる資料が手薄であることもよく分かり、同時に、さらに詳しく調べなければならない新しいテーマも浮かんできました。そして、その後の一年半ほどは、さらにその資料の「穴」を埋めたり、新しいテーマについての資料やデータを集める作業が現場取材の中心になりました。もちろん、この作業を通して入手できた資料をアイディアツリーのファイルにどんどんつけ加えていったことは言うまでもありません。こうして、一九九七年にアイディアツリーというソフトに出会うことで、七年半におよぶ長丁場《ながちょうば》のフィールドワークの最終ゴールがようやく見えてきたのでした。

理論的覚え書き（理論的考察）・統合的覚え書き（総合的考察）・中間報告書

アイディアツリーのようなソフトウェアを使う場合にせよ、あるいは、ノリとハサミを使ってフィールドノーツや聞きとり記録をカード化していく場合にせよ、コーディングの作業をしていると、実にさまざまなアイディアがわいてきます。また、「ツリー構造」のような形でコード間の関係を整理してみると、複数の資料やデータのあいだに思いがけない関係があることが見えてきたりもします。さらに、以前に読んだ文献を読んだ時にはよく理解できなかった理論や概念が現場観察や聞きとりの結果を通して納得できたり、逆に、抽象的な理論や概念の「アラ」や不十分さが見えてきたりもします。

このように、データや資料にコードをつけてデータベースとして運用するなかで浮かんできたさまざまなアイディアは、そのままでは、いつの間にか消え去ってしまう泡のようなものでしかありません。このようなアイディアを実際の民族誌の執筆に生かしていくためには、そのアイディア自体を**一続きの文章**の形で書きとめておかなければなりません。それが、**理論的覚え書き**や**統合的覚え書き**と呼ばれる文章です。

何度も繰り返して強調しているのでクドいようではありますが、いくら時間的に余裕がないからと言ってこれらの覚え書きは、**決して箇条書きなどで済ませるべきではない**のです。フィールドノーツや聞きとり記録を書くプロセスについて解説する時に指摘してきたように、比較的長い文章を書く作業は、それ自体が思考と発見のプロセスです。実際、アイディアを書きとめていく作業そのものを通じて思いもよらない全く新しい別のアイディアが浮かんでくることがよくあるものです。これが箇条書きでお茶をにごしてしまうと、その、筆記という行為が思考を深め新たな発想を生み出す上でもつ効果は数十分の一にもならないのではないでしょうか。第一、箇条書きだと後で読み返した時にその時に自分の考えていたことを思い出すのにも苦労することがよくあります。

わきゼリフ、注釈、覚え書きと同じように、この「理論的覚え書き」や「統合的覚え書き」という用語法も、『方法としてのフィールドノート』にしたがっています。理論的覚え書きは、オープン・コーディングをしている最中にフィールドノーツや聞きとり記録の特定部分の記載から触発されて浮かんできたアイディアを書きとめ文章に起こしていったものです。これに対して、統合的覚え書きは、焦点をしぼったコーディングに対応するものであり、「ツリー構造」のような形でコード間の関係や複数の記載の関係を整理していく最中に浮かんできたアイディアを書きとめたり、現場観察と理論や概念との関係についての考察を書きとめていくための覚え書きです。（それぞれのタイプの覚え書きの実例については、『方法としてのフィールドノート』の第六章を見てください。）

わきゼリフ（つぶやき）、注釈（メモ）、同時進行的覚え書き（総括ノート）の場合と同じように、理論的覚え書きや統合的覚え書きの場合も、この二つのタイプのあいだに特に厳密な区別はありません。また、呼び名にしても、実際に作業を進めるときには、もう少し分かりやすいものにしても一向にかまいません。たとえば、それぞれこの節のタイトルの下に括弧書きで示したように「理論的考察」「総合的考察」でもいいでしょうし、読者自身がもっと分かりやすい言葉を考えてみてもいいでしょう。

さきに解説したように、わきゼリフ、注釈、覚え書きは、この順番に次第に私的なメモから、最終的な民族誌の文章と読者とを意識した、公的な性格をもつ文章になっていきます。それと同じように、理論的覚え書きがどちらかといえば私的なメモに近いのに対して、統合的覚え書きはかなりの程度民族誌とその読者を意識したものになります。そして、この二種類の覚え書きの延長線上にあるのが、中間報告書であることは言うまでもありません。言うまでもなく、中間報告書は一篇だけとは限りません。最終的な民族誌を書くまでには、レポートや論文を何本か書くこともあるでしょうし、ある場合にはエッセイに近いような性質の文章の寄稿を求められることもあるかも知れません。

民族誌を意識しているとは言っても、覚え書きの場合には、必ずしもそれほど明確なストーリーラインに沿って議論を展開する必要はありません。これに対して、特定の読者を想定して書く中間報告書では全体の構成を慎重に練りあげた上で一定の筋立てにしたがって議論を展開しなければなりません。また、中間レポートを書いていく過程では、基本的な問題設定がどのようなものであるかという点や、それと一つひとつの調査課題と現場観察や聞きとりの結果とがどうかみ合っているのか（あるいは逆にどうかみ合っていないのか）という点について意識的にならざるを得ません。場合によっては、先行研究と自分の研究における調査結果とがどう関係してくるのかも検討しなければならないでしょう。さらに、中間報告書を書く時には、当然、その報告書が最終的に書きあげられる民族誌のどの部分に該当するのかも意識しておく必要があります。そして、どのような媒体に発表するものであれ、中間レポートは、それを「人の目にさらす」ことを前提としているのであり、読者からのフィードバックを十分に考慮した上で書き進めていかなければなりません。

このようにして、一見紀行文や「見聞録」もしくは個人的な思いをつづったエッセイと何ら変わるところがないようにも見えるフィールドノーツ、あるいは、現地の人々のつぶやきや独白をそのまま書きとめただけにも見える聞きとり記録は、何度にもおよぶ加工と再編集の作業を経て次第に公的な性格を帯びていき、最終的には、現場調査において生み出されるさまざまな書き物の集大成としての民族誌のテクストへと結実《けつじつ》していくことになります。

民族誌を読む

言うまでもなく、民族誌を書くにあたっては、以上で見てきたフィールドノーツや聞きとり記録の整理の仕方についてマスターするだけで十分であるとは言えません。実際に民族誌を書きあげるためには、この他、左にあげるいくつかの重要な問いに対するものも含めてさまざまな問いに対する答えをみずから試行錯誤を通して見つけていかなければなりません。

- 現地の社会や文化について記述する部分とそれについての理論的分析の部分との比率はどの程度にするのが最もふさわしいか?
- 民族誌の中でフィールドノーツや聞きとり記録の文章をそのまま引用する時には、どんな形式がふさわしいか? その時には、インフォーマントに対しては、どのような配慮が必要か?
- 章や節は、どれくらい細かく分けていったらいいか?

・フィールドワークで用いた方法や技法については、どれくらいのスペースを割《さ》いて解説すればいいのか？

さいわい、最近このような点についての手がかりを得る上で参考になる本がいくつか出版されています。特にこの本でも何度か引用した『方法としてのフィールドノート』と『社会状況の分析』には、右にあげた点について比較的詳しい解説が載っています。ですから、以下この章のしめくくりとしては、むしろ、これらの本ではあまり詳しくふれられていない、「民族誌の文章修業としての読書」というポイントにしぼって解説することにします。

文章修業としての読書

シカゴ学派の都市民族誌

「どうしたら、こんなに書き込めるのだろう？」「どうやったらこんなことまで調べられるのだろう？」シカゴ学派と呼ばれた、シカゴ大学社会学部を中心とする社会学者たちが書いた都市民族誌を読みふけっていた時には、何度となくこのような賛嘆の思いを抱きました。嫉妬にも似た気持ちさえおぼえることもありました。一九八〇（昭和五五）年に、アメリカへ行くというよりは、大学院時代に感じていた行きづまりから逃れるために日本から逃れるようにしてシカゴに渡った頃のことです。

日本での大学院時代には、『ストリート・コーナー・ソサエティ』をバイブルのようにしていましたが、渡米してからもっと本格的に都市民族誌を読むようになって、アメリカでは『ストリート・コーナー・ソサエティ』のようなものだけでなく、さまざまなタイプの都市民族誌が分厚い層を形成していることが実感できました。自分がその時学生生活を送っていたのがシカゴという都市だったこともあって、その中でも、特に感銘をおぼえたのはシカゴ学派の黄金時代（一九二〇年代〜一九三〇年代）に書かれた都市民族誌の数々でした。

実際、シカゴ学派の都市民族誌には、良質の探訪記事やルポルタージュといった趣《おもむき》のある、読んでいて面白くまた文学作品のような魅力をもつものが少なくありません。なかでも、ダンスホールの中にもぐりこんで、踊り子たちと客のあいだの人間模様を描いたポール・クレッシイの『タクシー・ダンス・ホール』、成金たちの住む豪華マンション群がある「ゴールド・コースト」地域とそれと隣接するスラム地域「リトル・ヘル」のコントラストを鮮やかに描いてみせたハーベイ・ゾーボーの『ゴールド・コーストとスラム』の二作は、良質のルポルタージュとくらべても少しも遜色《そんしょく》ありません。みずからが渡り鳥労働者（ホーボー）としての経歴をもち後にシカゴ大学で社会学を学んだネルス・アンダーソンが提出した修士論文をもとにして書かれた『ホーボー』を読んだ時にも、当事者ならではの、ほとんど考えつく限りのあらゆるタイプの資料を駆使した迫力のこもった描写にもただただ圧倒される思いがしました。

犯罪社会学者のディビッド・マッツァは、シカゴ学派による都市民族誌の特有の文体上の特徴の一つを指して「マックレイキング」（不正暴露ジャーナリズム）」にたとえています。[28] たしかに、シカゴ学派の都市民族誌には、都市生活における不正や不公平を白日のもとにさらしそれに鋭い分析のメスをあてているようなところがあります。そして、このような民族誌を読みふけっていたせいでしょうか。わたしが書くものの語り口には、マックレイキング的な要素があると指摘されることがよくあります。

文章修業としての読書

マックレイキング的な語り口が身についてしまうことの善《よ》し悪《あ》しは別としても、よく小説家の文章修業の第一歩として手本になるようなすぐれた小説を読むことがあげられるように、民族誌を書くことを志す人々がまずやるべ

著者の民族誌：『暴走族のエスノグラフィー』、*Kamikaze Biker*、『現代演劇のフィールドワーク』

きことは、良質の民族誌を読むことでしょう。じじつ、シカゴ学派のエスノグラフィーに代表されるような良質の民族誌を読み込んでいくと、単にその中に盛られている調査対象についての知識が得られるだけでなく、著者の理論的視点や現場取材をおこなう上での目のつけどころが共感的に理解できるようになってきます。文章のリズムやトーン、データの提示と理論的分析のバランスの取り方についてのセンスも身についてきます。つまり、将来自分自身が民族誌を書いている姿を思い描きながら良質の民族誌を「物書きモード」で読み込んでいくことは、民族誌を書く上で何よりも大切な文章修業の一つになるのです。

もちろん、一口に小説とは言ってもさまざまなスタイルのものがあるように、民族誌とは言っても実にいろいろな文体のものがあります。この章の文献ガイドにあげるジョン・ヴァン＝マーネンの『フィールドワークの物語』には、民族誌におけるさまざまな文体が紹介されていますので、この本などを一つの参考にしながら、いろいろなタイプの民族誌を読んでみるといいかも知れません。そうすれば、自分がどのような文体で書こうとしているのか、書いてしまったのか、書くべきなのかなどという点について、かなり意識的になれるはずです。

シカゴ学派の都市民族誌や『ストリート・コーナー・ソサエティ』あるいは近代民族誌の父とされる人類学者ブラニスラフ・マリノフスキーの『西太平洋の遠洋航海者たち』がそうであるように、すぐれた資料性をもち、他方で面白くかつ読むにたえる民族誌とされてきたエスノグラフィーの多くは、文学と科学という二つのジャンルにまたがる文章としての性格をもっています。実際、この章のはじめに述べたように、民族誌《エスノグラフィー》というのは、文学と科学という二つのジャンルにまたがる性格をもつ文章であり、また同時に、そのような文章を書いていくための調査法でもあるのです。

ルポルタージュ批評課題

残念ながらごく最近までは、『ストリート・コーナー・ソサエティ』のような貴重な例外をのぞけば、読んでも面白くかつ実際に民族誌を書く際に手本になるような社会学的エスノグラフィーはほとんど翻訳されていませんでした。また、日本の現代社会について日本語で書かれた民族誌にもあまり参考になるようなものは存在していませんでした。

このような状況であったために、わたしがよく学生にすすめていたのは、日本語で書かれた良質のルポルタージュを読み込むというやり方です。実際、日本のジャーナリストのなかには、民族誌を書いていく上で参考になるようなすぐれた取材報告を発表してきた人が少なくありません。たとえば、立花隆（『農協』『田中角栄研究・全記録』など）、猪瀬直樹（『ミカドの肖像』『土地の神話』）、鎌田慧（『自動車絶望工場』）、沢木耕太郎（『一瞬の夏』『テロルの決算』）といった人々です。本多勝一（『カナダ・エスキモー』『ニューギニア高地人』『アラビア遊牧民』）のように、本職はだしのすぐれた民族誌的作品を発表してきたジャーナリストもいます。

しかし、一方では、このようなルポルタージュを参考にすることには、注意しなければならない落とし穴もあります。というのも、ルポルタージュでは記述が中心になりがちであり、理論的分析が弱くなる傾向があるからです。これもあって、わたしの担当してきたフィールドワーク関連の演習では、かつて「ルポルタージュ批評課題」という課題を課していたことがあります。これは、ルポルタージュ、特に参与観察的な「密着取材」や「体験取材」をもとにした取材報告を読んだ上で、それを次の三点から批判的に検討するというものです――①記述のもととなったと思われる資料、②参加と観察のバランス、③文体と「現場性」のレトリック。もっとも、このような批評はほんらいルポルタージュだけでなく民族誌にも向けられるべき性格をもっていることは言うまでもありません。つまり、民族誌を読む時にもこのような点に十分注意して批判的に検討していく必要があるのです。(同じような批評課題のテキストに『暴走族のエスノグラフィー』を使ったこともありましたが、この時は、何人かの学生にかなり痛い点をつかれることになりました。)

翻訳書の効用と限界

さいわい、近年、フィールドワークの方法論や「定性的方法」についての議論が一部でちょっとしたブームになり、また、民族誌そのものについての関心が高まってきていることもあって、すぐれたエスノグラフィーの翻訳や新訳が相次いで刊行されるようになってきました。たとえば、『ストリート・コーナー・ソサエティ』は二〇〇〇年に有斐閣から新訳が出ましたし、さきにあげた『ホーボー』『ゴールド・コーストとスラム』に加えてノーマン・ハイナーによる『ホテル・ライフ』の三冊は「シカゴ都市社会学古典シリーズ」の一環として既にハーベスト社から日本語訳が刊行されています。これは、フィールドワークを志す人々にとっては朗報と言えるでしょう。さらにうれしいのは、このシリーズでは、今後『ザ・ギャング』『タクシー・ダンス・ホール』の二点の刊行が予定されているということです。

ただ、このような翻訳書については、いくつか心配な点がないわけでもありません。それは、翻訳書の文体という問題と民族誌が扱っている対象と読者の近さという問題という、二点に関係しています。

まず、文体という点に関して言えば、これは、もしかしたらわたしだけの傾向なのかも知れませんが、どうも昔から翻訳小説というものにはあまりなじめないところがあるのです。いわゆる「翻訳調」の文章が苦手ということもありますが、それに加えて中に出てくる人物の土地の名前がカタカナで書かれていると、それだけでとっつきにくい印象を受けてしまいます。これが、逆に日本を舞台にした小説だと、たいていの場合は、あまり抵抗なくその世界に入っていくことができます。もし、同じようなことが広い層の読者について言えるとするならば、せっかく民族誌の名著の翻訳が出てきたとしても、それが、必ずしも将来みずから日本社会についての民族誌を書こうという志をもったフィールドワーカーを生み出していく刺激になりにくいのではないかという懸念《けねん》があります。

そこで一つの実験として、次に、『ストリート・コーナー・ソサエティ』の一節をそのまま翻訳したもの（わたし自身の訳です）と、その人名を日本のものに置き換えた改作例をあげてみます。これは、この民族誌の主要登場人物の一人チック・モレリがリーダーとなって組織した、カレッジの学生が中心となっている「イタリアン・コミュニティ・クラブ」の役員選挙の様子です。

A　原文（翻訳）

チックは皆に副会長候補の名前をあげるようにと言った。パット・ルッソはトニイ・カルディオの名前をあげた。これを聞いて、ドクやその仲間たちは驚いた。少しのあいだ、沈黙があった。ついで、フレッド・マッケイがアート・テスタを指名した。アートは忙しすぎてやれないとか何とか言ったが、フレッドが説得したのでアートも最終的には辞退しなかった。投票用紙が配られ、各自記入した後、回収された。モレリ会長は皆の見ているところで投票結果を集計し、八対八の同票だと宣言した。チックは少しためらって、投票をやり直した方がいいんじゃないか、と言った。これに対して、ドクや彼の仲間は決定票を投じるのは会長の責任だと主張した。結局、チックは立ち上がって、最初に自分の決定理由について話しておきたいと前置きしてから、どうにも困ったことになってしまったが、自分としては常に個人的な理由よりはクラブ全体の利益のために行動するつもりだと言った。続けて彼は、自分は、副会長の地位に最もふさわしく、これまでもクラブのために最大の貢献をしてきたし、将来もそうだろうと思われる人物、つまりトニイ・カルディオに投票すると言った。これには、ドクとその仲間は仰天した。その他、会計係は全員一致でパット・ルッソに決まり、わたしは書記に選ばれた。

B　改作例

昭良は皆に副会長候補の名前をあげるようにと言った。公雄は聡の名前をあげた。これを聞いて、真理男やその仲間たちは驚いた。少しのあいだ、沈黙があった。ついで、太一郎が秀也を指名した。秀也は忙しすぎてやれないとか何とか言ったが、太一郎が説得したので秀也も最終的には辞退しなかった。投票用紙が配られ、各自記入した後、回収された。昭良会長は皆の見ているところで投票結果を集計し、八対八の同票だと宣言した。昭良は少しためらって、投票をやり直した方がいいんじゃないか、と言った。これに対して、真理男や彼の仲間は決定票を投じるのは会長の責任だと主張した。結局、昭良は立ち上がって、最初に自分の決定理由について話しておきたいと前置きしてから、どうにも困ったことになってしまったが、自分としては常に個人的な理由よりはクラブ全体の利益のために行動するつもりだと言った。続けて彼は、自分は、副会長の地位に最もふさわしく、これまでもクラブのために最大の貢献をしてきたし、将来もそうだろうと思われる人物、つまり聡に投票すると言った。これには、真理男とその仲間は仰天した。その他、会計係は全員一致で公雄に決まり、わたしは書記に選ばれた。[29]

どうでしょうか？　ある程度残っている「翻訳臭さ」は別にしても、Bの方がどちらと言えば民族誌が展開する物語の世界にすんなりと入っていけないでしょうか？

もちろん、今日のようないわゆる「グローバル化」の時代に、日本の中だけに閉じこもってフィールドワークをする必要は必ずしもありません。（また、日本社会におけるマイノリティの人々の社会や文化も重要な研究課題であることは言うまでもありません。）しかし、アメリカの人類学者のクライド・クラックホーンがかつて人類学を鏡にたとえたように、[30]フィールドワークは単に自分たちのものとは異なる社会と文化を理解するだけでなく、その社会や文化を一つの鏡として、その異文化を理解しようとしている自分たちの姿および対象を見つめる物の見方そのものについてよりよく理解するための営みでもありうるのです。

この点に関して興味深いのは、シカゴ大学出身であり、酒場などでジャズ・ピアニストとして働きながらジャズ・ミュージシャンについての修士論文をまとめたアメリカの社会学者ハワード・ベッカーによる、「生活史と科学的なモザイク画」という文章です。彼は、スタンレイ（仮名）という元非行少年の自伝である『ジャック・ローラー』[31]の新装版に序文を寄せて、代表的なシカゴ学派社会学者であったロバート・パークとその弟子たちが活躍していた頃の都市研究の総体をモザイク画にたとえ、次のように述べているのです。

それぞれの研究が主に扱っているデータ自体は、センサスデータ、インタビューによるもの、質問票調査あるいは生活史データなど実にさまざまなものであった。しかし、それらの研究はどれもがシカゴの地域的特殊性を視野に入れており、一九二〇年代のシカゴについて特にあてはまる特徴を明らかにしようとしていた。そうすることによって、一つひとつの調査研究は全体としてきわめて複雑かつ細かく描き込まれたモザイク画の一部になっていたのである。モザイク画が全体として描いていたのは、シカゴという都市そのものであったこともあって、その画《え》は同時に、それによってきわめて多様な理論を検証し、一見相互に何の関係もないように見えるさまざまな現象のあいだの相互関係を（どんな

コラム　実験的異星人《エイリアン》課題——記述の分析性

観察開始後30秒後、Yは屋内の西壁面に40度の角度でもたせかけてあった、1枚の白色紙（縦25、横30センチメートル）と、12色の炭素化合物がそれぞれ中心に入った木製突起物を取りに、秒速85センチメートルで直進、その後、再び先の位置に戻る。10センチメートルから18センチメートルまで長さもさまざまな突起物をYは1本ずつ選び取り、先の白色紙の上に色粉を接着させていく。

これは、わたしが今まで担当してきたフィールドワーク関連の授業の一つでおこなった「実験的異星人《エイリアン》課題」に対するある学生の答案の一節です。この課題に際して学生たちに与えた指示は以下のようなものです——「自分が宇宙人あるいは機械になったつもりで、自分の家庭あるいは近しい関係にある人々との社会関係におけるエピソードを観察し、その結果について文章にまとめよ」。

フィールドワークの報告書である民族誌に対して投げかけられる批判の一つに「主観的な体験報告にすぎない」というものがありますが、〈究極の客観的な報告というのは一体どういうものなのか〉という問題について一度考えてみるために考案したのが、この課題でした。宇宙人や機械のもののような見方に徹して、主観を極力排除して誰（あるいは「何」）にでも全く同じように観察し報告できるような視点と文体をもつことが果たして可能かどうかを体験してもらうのです。この課題をやってみると、特定の言語や文化のフィルターがいかにわれわれの視点に枠をはめているかに気がつくはずです。

実際、特定の言語や文化のフィルターは、わたしたちが何を見て何を見ないか、何を聞いて何を聞かないかという点について、かなりの部分を規定しています。同じようなことは、フィールドワークにおける記述の作業についても言えます。つまり、「何を見て、何を書くか」という問題は「何を見ないで、何を書かないか」つまり「何を省略するか」「どんな言葉で書くか」という問題と不可分なのです。つまり、「見聞きした事実を見聞きしたとおりに淡々と書いていく」という「客観的記述」というのは、ほんらいありえないことなのです。この意味であらゆる記述には一定の視点にもとづく分析的要素が含まれているのだということができます[37]。

フィールドワークをおこなう際には、これらの点について十分に認識し、自分の書いている文章のどの部分がどのような意味で記述的であり、どのような意味で分析的なのかについて常に意識しておく必要があります。

に不十分な形であれ）明らかにすることができる一個の「事例《ケース》」を構成していたのである。[32]

シカゴの場合がそうであったように、日本の現代社会についても、読みやすい日本語で書かれかつ内容的にも面白い民族誌が続々と発表されるようになり、またそれが全体として一つの「モザイク画」のようなものを構成できた時にこそ、日本社会についての民族誌は分厚い層を形成していくに違いありません。そして、それはまた、きっと他の社会や文化を深く理解していく上でも非常に有効な「鏡」になっていくことでしょう。

結論

英語圏では、現在、参与観察法やインフォーマルな聞きとりを中心技法とした社会調査としてのフィールドワークとその報告書を指す言葉として「フィールドワーク」よりも「エスノグラフィー」が使われる傾向がますます強くなってきています。これには、主に二つの理由が考えられます。

一つは、社会や文化を対象とした現場調査《フィールドワーク》と他の学問分野（たとえば、地学や動物学）における「野外調査《フィールドワーク》」とを明確に区別するためにエスノグラフィーという用語が有効だからというものです。また、同じ社会調査としてのフィールドワークでも、文献研究や資料調査などのような「デスクワーク」と対比させるためにサーベイのような調査であってもフィールドワークと呼ぶことがありますから、これらの調査と参与観察法やインフォーマル・インタビューを主体とした「密着取材」的な現場調査とを区別するためにも、エスノグラフィーはまさにうってつけの呼び方ではあります。

もう一つの理由としては、現場調査の報告書としての民族誌がもつ基本的性格や文体的特徴をめぐる議論による影響があげられます。ここ二〇年あまりの傾向なのですが、「フィールドワークにもとづく調査モノグラフは果たして科学論文なのか文学作品に近い性格をもつのか」という、フィールドワークという方法の科学的調査法としての基本的性格をめぐる議論が盛んになってきました。同時に、「民族誌に使われる文体やレトリックあるいは著者の基本的スタンスのあり方がその表現内容にどのような効果をもち、また、対象者や読者との関係においてどのような意味をもちうるのか」という文体論的な議論や民族誌の政治的文脈についての議論も盛んです。このような文章表現をめぐる問題について考える上では、たしかに、単にデータ収集の手続きやプロセスだけを指すものとして受け取られかねない「フィールドワーク」よりは、「民族誌《エスノグラフィー》」という言葉の方がふさわしいと言えるでしょう。

実際、民族誌を書く際にどのような文体を採用するかという選択は、大きな問題をはらんでいます。一方では、できるだけ分かりやすく読者にとっても興味深い文章表現を心がけることは、現場の人々からのフィードバックを得て「現場の人々による確証」をより確かなものにするためには不可欠な戦略でもあり、また、自分自身にもあまりよく理解できていない難解な言葉を安易に使ってしまう傾向を防ぐ意味でもきわめて有効な手段です。しかし、もう一方では、一般に分かりやすい表現や言葉を使うことには、「言葉のあや」という意味でのレトリックに頼った「悪達者《わるだっしゃ》」な文章になり、確かな証拠をあげて自分の論点を裏づける「挙証責任」をあいまいなものにしてしまう危険性もあります。[33]

残念ながら、一部の民族誌ないし民族誌的文章にはこのような傾向があることも、また事実です。だからこそ、フィールドワークの科学性はサーベイや実験などの手法を専門とする人々からしばしば疑問視されてきたのだとも言えます。たとえば、わたしがあるところで「エスノ・エッセイ」という造語を使ってふれた、エッセイ的な民族誌は、たしかに読み物としては面白いのですが、著者の解釈の裏づけとなるような大切な情報が十分に書き込まれてはいませんし、当然ながら理論的な詰《つ》めも甘くなっています。[34] わたし自身、修士論文の一部では民族誌的な記述を試してみたこともありました。第1章でもふれたように、その時はかなり及び腰だったこともあって、結果としてその部分の文体はあまり質の良くない報道記事や小説の記述をまねたようなものになってしまいました。[35]

この章を通して、あえて「挙証責任」や「漸次構造化法」という仰々《ぎょうぎょう》しい言葉を何度も使ってきたのも、まさに、このような安易なレトリックに頼りがちな傾向に対して読者の注意を喚起したかったからに他なりません。

漸次構造化法のポイントを要約すれば、それは次のようなものになるでしょう――「現場調査をしている最中にフィールドノーツや聞きとり記録を分析しながら問いと答えの対応について練りあげていき、さらにそれを折にふれて文章にまとめていくこと」。このように要約してしまうと、ごく当たり前の、常識以前の心得のようにすら見えるかも知れません。[36] しかし、実際に現場に入ってフィールドワークをしてみると、これがいかに困難な課題であるかが分かってきます。また、漸次構造化法の発想にもとづくフィールドワークには一見実に無駄な作業が多いようにも見えます。集めた資料のうち、実際に民族誌をまとめる際に直接使えるのは一〇のうち一もないと言っても過言ではありません。

しかし、実は、これは決して徒労でもなければ無駄でもありません。というのも、フィールドワークには、生きた人間や日々変わりつつある社会や文化をできるだけ現地の人々と同じ位置から見つめて記録にとどめていこうとする作業としての側面があるからです。当然のことですが、調査地の社会や文化は、決してフィールドワーカーに都合のいいようにつくられたものではありません。また、そこに住む人々の生活が、インタビューをされたりどこか高い所から観察されることを目的として営まれているわけではないことは言うまでもありません。フィールドワーカーは、その生きた社会生活にみずから入りこんでそこに住む人々と出来事の体験を共有し、現場に流れる時間のリズムやテンポに身を添わせることを通して、調査地の社会と文化を丸ごと理解し、またそこに住む人々を理解しようとします。そのような作業には、どうしても試行錯誤がつきものなのです。

この意味でフィールドワークというのは、その訳語の一つである「野良仕事」に似ているのかも知れません。実際の野良仕事が生きた自然に逆らわないように、また自然との共同作業を通して作物をつくりあげていくように、フィールドワークは、生きた人間、社会、文化との協同のなかで異文化についての深い理解とそれをまとめた「民族誌《エスノグラフィー》」という豊かな実りを生み出していく上で最も有効な方法の一つなのです。

著者略歴

佐藤郁哉（さとう　いくや）

1955年　宮城県に生まれる

1977年　東京大学文学部心理学科卒業

1984年　東北大学大学院博士課程中退（心理学専攻）

1986年　シカゴ大学大学院修了（Ph. D.）（社会学専攻）

1998年　一橋大学商学部助教授

1999年－2013年　一橋大学商学部教授

2000年－2001年　プリンストン大学社会学部客員研究員

現　在　同志社大学商学部教授。一橋大学名誉教授。

専　攻　文化社会学，定性的調査方法論

著訳書『暴走族のエスノグラフィー――モードの叛乱と文化の呪縛』（新曜社）（1987年度国際交通安全学会賞受賞）

Kamikaze Biker（University of Chicago Press）（*Choice* 誌1993年優秀学術図書選出）

『方法としてのフィールドノート――現地取材から物語《ストーリー》作成まで』（共訳，新曜社）

『現代演劇のフィールドワーク』（東京大学出版会）（AICT演劇評論賞・第43回日経・経済図書文化賞受賞）

『制度と文化　組織を動かす見えない力』（共著，日本経済新聞社）

『数字で語る――社会統計学入門』（新曜社）

『ワードマップ　フィールドワーク 増訂版――書を持って街へ出よう』（新曜社）

『質的データ分析法――原理・方法・実践』（新曜社）

『実践 質的データ分析入門――QDAソフトを活用する』（新曜社）

『本を生みだす力――学術出版の組織アイデンティティ』（新曜社）

『質的テキスト分析法』　など。

新曜社

フィールドワークの技法

問いを育てる，仮説をきたえる

初版第1刷発行　2002年2月22日

初版第14刷発行　2024年1月22日

著　者　佐藤郁哉

発行者　塩浦　暲

発行所　株式会社 新曜社

〒101-0051　東京都千代田区神田神保町3-9

電話(03)3264-4973・Fax(03)3239-2958

e-mail info@shin-yo-sha.co.jp

URL http://www.shin-yo-sha.co.jp/

印刷所　銀　河

製本所　積信堂

ISBN978-4-7885-0788-3　C1036

人名索引

〈五十音順〉

ア　行

カ　行

サ　行

タ　行

ナ　行

ハ　行

マ　行

ヤ　行

ラ　行

ワ　行

〈アルファベット順、外国人名〉

A

B

C

D

E

F

G

H

J

K

L

M

P

R

S

T

V

W

Z

事項索引

や 行

ら 行

わ 行

文献ガイド

第1章　暴走族から現代演劇へ――体験としてのフィールドワーク

- 須藤健一編『フィールドワークを歩く――文科系研究者の知識と経験』嵯峨野書院　1996年

社会学，民俗学，文化人類学，文学，歴史学，人文地理学の6つの分野におけるフィールドワークについて，それぞれの分野で活躍する気鋭の研究者38名が自らの研究実践例を紹介しながら解説した入門書。随所にフィールドワークにおけるエピソードや実践的なアドバイスが盛り込まれており，読み物としてもガイドブックとしても読むことができます。

- 尾見康博・伊藤哲司編『心理学におけるフィールド研究の現場』北大路書房　2001年

19人の心理学者が自らのフィールドワーク経験について，その舞台裏まで含めて率直に語った論集。狭い意味での「実証主義」的研究法を超えた現場調査のあり方について考える上で多くの示唆を含んでいます。また，本書の出版をめぐる経緯について解説した最終章は，民族誌の公表のあり方に関してさまざまな問題を提起しています。

- 高根正昭『創造の方法学』講談社　1979年

20代に左翼的な平和運動にのめりこんで深刻な挫折を経験した著者は，30代には渡米して社会科学の基本的な方法論について学ぶことになります。著者自身の体験を通して社会科学における問題設定と仮説検証の方法について，非常に分かりやすく解説した好著です。また，実際の研究の経緯と社会科学の方法論を重ね合わせて論じており，コンパクトな新書の割には読みごたえ十分です。ただ，この本における「記述」と「説明」についての対比的な見方や参与観察および事例研究についての見解は，今となっては若干時代にそぐわない感がしないでもありません。この点については，本書第6章のコラム参照。

- 好井裕明・桜井厚編『フィールドワークの経験』せりか書房　2000年

参与観察やライフヒストリー法を中心として現場調査をおこなってきた11人の社会学者が自らのフィールドワーク体験について率直に語った論文集。著者の多くは，エスノメソドロジーという社会学的理論の実践者ですが，それ以外の理論的立場に立つ場合でも十分に参考になる内容を含んでいます。

第2章　他者との出会いと別れ――人間関係としてのフィールドワーク

- 好井裕明・桜井厚編『フィールドワークの経験』せりか書房　2000年

第1章でもあげた本ですが，この章との関連では特にこの本に訳出されているジェラルド・サトルズ教授によるシカゴ大学における授業資料「フィールドワークの手引き」が重要です。じっさい，第2章の内容は，かなりの部分，同資料とサトルズ教授から受けた授業の内容を下じきにしています。

- ウィリアム・ホワイト（奥田道大・有里典三訳）『ストリート・コーナー・ソサエティ』有斐閣　2000年

この本については本文の方でも何度もふれていますので，詳しい紹介は省きますが，現地社会に対するアクセスや現場における人間関係のマネジメントについて考えるうえでこの本の巻末の方法論に関する付録は必読です。余裕があったら民族誌本体の方も是非読んでみましょう。

●ジョン・ロフランド，リン・ロフランド（進藤雄三・宝月誠訳）『社会状況の分析——質的観察と分析の方法』恒星社厚生閣　1997年

英語圏で最も定評ある社会学的フィールドワークに関する実践的入門書の一冊。フィールドへの入り方や現地の人々との関係の取り方からデータ収集・記録・分析の方法あるいは理論構築とレポートの書き方にいたるまで，調査の各段階における具体的な方法，テクニック，ノウハウについて懇切丁寧に解説しています。比較的大部な本でもあり，初学者の場合は，実際にフィールドワークをおこなう前に全体を斜め読みして大体の内容を頭の中に入れておき，調査の各段階で疑問や悩みや不安を持った時にそのつど該当個所にあたるというような使い方がすすめられるかもしれません。つまり，この本も基本的には「読む」本というよりは，「使う」べき本としての性格を持っているのです。

●ブロニスラフ・マリノフスキー（谷口佳子訳）『マリノフスキー日記』平凡社　1987年

原題は『日記——ことばの厳密な意味において』。マリノフスキーが1914年から1918年にかけてつけていた，書かれた時には後で刊行することなど全く考えていなかった純粋にプライベートな日記をもとに，彼の死後25年後に妻の手で（！）公表されたものです。この日記は刊行直後に一部でスキャンダルを巻き起こしましたが，これは決して興味本位で読まれるべき本でなく，むしろすぐれた自己洞察の記録として読まれるべきです。また，この日記の随所にはきわめてすぐれた理論的着想が記録されています。

第3章　「正しい答え」と「適切な問い」——問題構造化作業としてのフィールドワーク

●バーニー・グレイザー，アンセルム・ストラウス（後藤隆・大出春江・水野節夫訳）『データ対話型理論の発見』新曜社　1996年

質的調査の方法論に関する古典的著作。既存理論の検証のみに傾きがちないわば天下り式の実証研究の方法論に対する批判にもとづきデータや資料をもとにしてたたき上げ式の「理論の生成」を提唱する革命的な主張を含んでいます。基本的にはマニュアルとしての性格をもちますが，読解には1960年代までのアメリカ社会学についての知識が前提となる部分も少なくありません。同じ著者たちによる実証研究の成果をまとめた『死のアウェアネス理論と看護——死の認識と終末期ケア』（木下康仁訳，医学書院，1988年）に目を通した上でとりかかるのが最も効果的な読み方でしょう。また最近，アンセルム・ストラウス，ジュリエット・コービン『質的研究の基礎——グラウンデッド・セオリー開発の技法と手順』（南 裕子・操 華子訳，医学書院，2004年）という，よりマニュアル的な本の翻訳も出ています。このアプローチをめぐる「本家あらそい」については，『グラウンデッド・セオリー・アプローチ』（木下康仁，弘文堂，1999年）に詳しい解説が載っています。

●箕浦康子編著『フィールドワークの技法と実際』ミネルヴァ書房　1999年

東京大学教育学部箕浦ゼミにおけるフィールドワークに関する授業の記録。主に教育社会学と教育心理学関係の研究の実践例が紹介されています。特に，3章と4章は，フィールドワークにおける問題構造化のプロセスについて知る上で示唆的です。ただ，文体がやや漢語調で硬い感じするのが難と言えば難。

●谷岡一郎『「社会調査」のウソ』文藝春秋　2000年

世にはびこる安直な世論調査や意識調査に対する徹底的な批判を激越かつ小気味よい文体でつづった快著。「誤った問題」を解くことのワナと危険性を知る上で最適の本です。また，意図的に誤った問題設定で調査がおこなわれることがあるという点についても警鐘を鳴らしています。もっとも，問題を含む社会調査はサーベイだけに限られないことは言うまでもありません。著者には，ぜひ民族誌的研究についても同様のスタイルで評価を下してもらいたいものです。

●石川淳志・佐藤健二・山田一成編『見えないものを見る力』八千代出版　1998年

単なる技法論を越えて社会調査の「論理」にまで掘り下げて解説した社会調査についての論文集。具体的な調査の実践例も盛りこまれており，自分で調査計画を立てる際にも参考になるところが多いでしょう。また，この本の第3部では，問題の構造化について「問題の明確化」という言葉で真正面から取り組んでいるだけでなく，論文を書く際に心得ておくべき注意点などについても解説されています。ただ，全体としては比較的読みやすい本ではあるものの文章がときどき漢語調になったり，またページ数の制約からか図の説明などを端折《はしょ》っているような箇所があるのが惜しまれます。

第4章　フィールドノートをつける――「物書きモード」と複眼的視点

●ロバート・エマーソン，レイチェル・フレッツ，リンダ・ショウ（佐藤郁哉・好井裕明・山田富秋訳）『方法としてのフィールドノート』新曜社　1998年

カリフォルニア大学ロサンゼルス校などいくつかの大学におけるフィールドノーツを中心にした演習の授業をもとにして書かれたフィールドノートの書き方についての実践的マニュアル。象徴的相互作用論とエスノメソドロジーという理論的立場にもとづいていますが，他の理論的立場で調査をおこなう場合も十分に参考になる内容です。なお，第1章にあるやや専門的な議論の方から読みはじめるとこの本について「食わず嫌い」になる恐れもありますので，とりあえずマニュアル的な解説が中心になっている第2章からはじめるのがいいかも知れません。

●ジョン・ロフランド，リン・ロフランド（進藤雄三・宝月誠訳）『社会状況の分析――質的観察と分析の方法』恒星社厚生閣　1997年

第2章で紹介した本です。この本の5章には，フィールドノーツの書き方と分析法についてのかなり具体的な解説があります。

●箕浦康子編著『フィールドワークの技法と実際』ミネルヴァ書房　1999年

第3章で紹介した本です。この本では，3章および5章と6章でフィールドノーツを使った観察法を中心としたいくつかの研究例について解説されています。

●やまだようこ『ことばの前のことば』新曜社　1987年

発達心理学者である著者が自分の子どもの零歳から3歳までの言語発達の過程について日記を用いた観察記録によって分析した研究報告。日誌ないし日記による観察記録は，フィールドノーツを用いた現場調査とならんで「偶発的観察法」と呼ばれる研究方法の一つですが，この本は，日記による偶発的観察にもとづく研究成果として第一級の評価を受けています。観察法とよばれる研究法にもさまざまなタイプのものがあります。その中でも，チェックリストなどを使った「システマティックな観察」や実験室での「実験的観察」あるいはビデオ機器などを使った「間接的観察」がきわめて科学的で客観的な観察法に見えるのに対して，偶発的観察法は科学性が疑われることが多いものです。しかし，実際には，科学的な観察法が現象の特定の側面にシャープに焦点をあてて観察を進めるのに対して，偶発的観察は，そもそもどの側面に注目して観察すべきなのかを明らかにする上できわめて効果的な観察法であり，問題発見や問題の構造化という点においてはかりしれない価値を持っています。この点については，5人の経営者の行動をつぶさに観察した記録をもとにして書かれたヘンリー・ミンツバーグ『マネジャーの仕事』（奥村哲史・須貝栄訳，白桃書房，1993年）も参考になります。

第5章　聞きとりをする――「面接」と「問わず語り」のあいだ

●小池和男『聞きとりの作法』東洋経済新報社　2000年

労働経済学の第一人者である著者が，はじめてその「手の内」を明かした，企業を対象とす

る聞きとり調査についての画期的な手引き書。「聞きとりの技法」ではなく「聞きとりの作法」であるところに，この本の最大の特徴があります。つまり，この本では，単に短時間のインタビューで有効な情報を引き出すためのテクニックだけでなく，聞きとりのマナーに関して注意しておくべき点について詳しく解説してあるのです。また，この本を読むと，著者は機会を見つけて工場見学をしたり聞きとりじたいを工場や会社事務所の現場でおこなったりしており，一口に聞きとりとは言いながらも実際には現場観察がきわめて重要な役割をしめていることが分かります。

●加藤秀俊『取材学』中央公論社　1975年

情報の洪水に溺れてしまうことなく，能動的かつ主体的に「取材」していく，つまり情報を使いこなしていくためのコツやヒントがふんだんに盛り込まれています。特に，「耳学問のすすめ」と題された聞きとりの技法と作法について解説した章は現場調査をする前にぜひ目を通しておきたいものです。この他，立花隆『知のソフトウェア』（講談社，1984年）にも，聞きとりにおける基本的な心得やマナーについての貴重なアドバイスが盛り込まれています。

●マーク・グラノヴェター（渡辺深訳）『転職』ミネルヴァ書房　1998年

アメリカにおける専門職，管理職，技術職従事者の転職行動について地道な聞きとりと質問紙を使った郵送式サーベイを併用して明らかにした調査モノグラフであり，社会学的ネットワーク理論にもとづく実証研究の古典的名著でもあります。フォーマル・インタビューが主体ですが，この本では，聞きとりにもとづく事例報告と聞きとりとサーベイの統計分析の結果が相互に補完しあうような形で証拠として示されており，きわめて説得力ある議論が展開されています[1]。また，本書の付録にある調査方法についての解説は，さまざまな技法を組み合わせて理論的主張を展開する「トライアンギュレーション」（第6章参照）という研究アプローチについて考える上で非常に参考になります。なお，原著自体は平明な文章で書かれているにもかかわらず，訳文はどういうわけか全体としてややかたい印象のものになっています。惜しまれるところです。

●沼上幹『液晶ディスプレーの技術革新史』白桃書房　1999年

気鋭の経営学者による日本における液晶ディスプレイの産業と技術についてのモノグラフ。丹念な聞きとりと綿密で徹底した資料調査とを組み合わせて，液晶ディスプレイをめぐる技術革新の歴史を，日本の企業システムおよび技術革新システムとの関連において重層的に浮かびあがらせています。同じ著者には，方法論について解説した好著『行為の経営学』（白桃書房，1999年）がありますが，こちらは，科学哲学や組織論，経営学などに関する予備知識が必要です。

第6章　民族誌を書く――漸次構造化法のすすめ

●加藤典洋『言語表現法講義』岩波書店　1996年

『アメリカの影』『敗戦後論』などの刺激的な著作で知られる文芸評論家の著者が，大学での講義の実践をもとに書いた「活字による模擬授業」。達者な文章や「名文」を書くためのテクニックについて解説するというよりは，むしろ書くことを通して自分自身と向き合い経験を深めていくことを第一の目的としています。学生の論文指導をしていると，形式的には整っていて達者な文章なはずなのに面白みがなく，読む者の心に訴えかけてくる力があまり感じられない論文に出会うことがよくあります。この本を読むと，そのような文章を書いてしまうことになる背景がよく分かるだけでなく，自分の経験を通して他人に伝えたいことが一体何であるのかについて見きわめていくための手がかりが見つけられるにちがいありません。

●ハワード・ベッカー（佐野敏行訳）『論文の技法』講談社（文庫）　1996年

洋の東西を問わず，社会科学者（特に社会学者）は，難解で生硬《せいこう》な文書を書くことで評判が

悪いようです。この本で著者はまず，学術文献の文章が悪文になってしまう社会的背景について学界組織や大学院教育課程の構成という見地から検討を加えます。その上で，もってまわった表現が目立つ難解な文章を書かざるを得なくなる圧力や誘惑をはねのけるためにはどのようにしたらいいか，また，どのようにして明快な文章を書けばいいかという点について，実践的なアドバイスを提供しています[2]。同じ著者が最近出した*Tricks of the Trade*（University of Chicago Press, 1998）は，問題発見や問題構造化というトピックを含めて研究の進め方について分かりやすく解説しています。邦訳の出版が待望されるところです。

- **ジョン・ヴァン - マーネン（森川渉訳）『フィールドワークの物語』現代書館　1999年**

フィールドワークによる組織研究の第一人者である著者が，民族誌を修辞《レトリック》という点からとらえた画期的な入門書。民族誌の基本的な語り口を写実主義，告白体，印象主義に分けて論じ，それぞれの特質や落とし穴について検討しています。著者が強調するように，民族誌においては，何が報告されているか（what）だけでなく，それがどのような文章表現で報告されているか（how）についても十分注意を払う必要がありますが，これは，読者として民族誌を読む場合にも，みずから民族誌を書く場合にも非常に重要なポイントになるでしょう。

- **クリフォード・ギアツ（森泉弘次訳）『文化の書き方／読み方』岩波書店　1996年**

解釈学的人類学の創始者である著者が，マリノフスキー，レヴィ - ストロース，ルース・ベネディクト，エバンス・プリッチャードなど人類学の大家の書いた民族誌をその文体や社会背景などとの関連で論じた好著。この本の出版は，人類学や社会学で民族誌の作品論や文体論が盛んになる上での決定的な要因の一つになりました。ジェイムズ・クリフォード，ジョージ・マーカス編著（春日直樹他訳）『文化を書く』（紀伊国屋書店，1996年）もこのラインの書籍としては代表的なものの一つです。民族誌の著書が自分の文章の背後にあるものについて自覚的になれるという点に関していえば，このような議論の流れは一つの望ましい方向だとは言えるのですが，これがあらぬ方向に進むと，「現場調査についての書斎派」という奇妙な存在や「方法論オタク」を生み出す懸念がないでもありません。文芸作品がまだそれほど存在していないのに，批評理論だけが飛躍的な発展をとげたり文芸評論家の数だけが増えるというのは決して健全なこととは思えませんが，それと同じようなことが民族誌についての批評に関しても言えるでしょう[3]。

注

第1章　暴走族から現代演劇へ――体験としてのフィールドワーク

1　この章は好井裕明・桜井厚編『フィールドワークの経験』（せりか書房, 2000）所収の拙稿に修正加筆したものである。

2　この授業資料の邦訳は，好井裕明・桜井厚編の上掲書に収録されている。

3　もっとも，実際には第3章でみるように，演劇に関するフィールドワークにおいては，その後も何度か基本的な問題設定と具体的なリサーチクェスチョンの練り直し（仕切直し）があった。

4　また，そのようなルポルタージュと学術論文の混成ジャンルとしての語り口を採用すると，どうしても原稿枚数がかさんでしまう。暴走族について日本語で書いたモノグラフの原稿の総枚数は，2冊あわせて本文だけで1000枚近くになってしまったが，『現代演劇のフィールドワーク』の場合には1100枚を越えることになり，出来上がりも500ページ以上の本になってしまった。それだけの枚数を費やしたとしても，言いたいことのすべてを言い尽くせたとはとうてい思えない。

5　Everette Huges. “Sociologists and the Public” In *The Sociological Eye*.（Transaction, 1984）. 川嶋太津夫神戸大学教授の示唆による。

6　これらの主張には，当然，「だから私の報告を信用すべきである」という暗黙の主張が含まれることになる。

第2章　他者との出会いと別れ――人間関係としてのフィールドワーク

1　矯正施設の場合には，さらにそれぞれの行政区の施設を統括する矯正管区という機関があるが，施設長の方々は，管区から面接調査についての了承を得ているようであった。

2　沼上幹一橋大学教授の示唆による。

3　アメリカ合衆国の飛行機会社ロッキード社と日本の商社丸紅が，全日空にロッキード社の飛行機を売り込もうとして，当時の田中角栄総理大臣に巨額の金銭を渡したことで，関係者が贈収賄罪などに問われた事件。この事件では，ロッキード社からの資金は全日空サイドからも橋本登美三郎運輸大臣と佐藤孝行運輸政務次官にわたっており，この件に関しても関係者が有罪判決を受けている。

4　「調査」という言葉じたい，しばしばそのような意味合いを持っている。本書でしばしば調査にかえて取材という言葉を使っているのも，そのような意味あいを避けたいからであるが，「取材」にも多かれ少なかれ同じようなニュアンスがあることは言うまでもない。

5　これも施設長のご配慮の中にあったことだと思われる。じっさい，施設で調査をしている期間中は施設長との接触はごく限られたものであり，たまに施設内での懇親会などで同席する場合でも，施設長はわたしを他の職員の人たちと同じような形で扱っていた。

6　もちろん，複数の場合もある。

7　もっとも，現地社会の人々が自分たちについて何かを書かれることそれ自体に対して常に警戒的だというわけではない。たとえば，郷土史家に対する地元での好意的な

対応やテレビ局が自分たちの地域の映像を撮ることを歓迎する傾向などに典型的にみられるように，多くの場合，自分の住んでいる社会について部外者が書いたものを読んでみたいという願望があることも，また事実なのである。じっさい，文字社会の場合には，調査者は，現地の人々に自己紹介する時に，しばしば調査の目的についてその種の物語や歴史を書くという点をあげることがある。

8　この点については，Martyn Hammersley & Paul Atkinson, *Ethnography.*（Routledge, 1983）pp.55-57 が詳しい。

9　現代演劇に関する調査の際には，特にお世話になった劇団の制作チーフの方が理科系出身だったこともあって，演劇関係者に対してわたしのことを紹介する時には，よく冗談まじりに「うち（の劇団）は，まあ，サンプル（モルモット）のようなもんで……」というような言い方をされていたが，わたしは即座にこれに対して次のようにこたえるようにしていた――「いえ，体験実習というか，実地研修というか，とにかく演劇に対しては何も知らないものですから……」。

10　William Whyte, *Street Corner Society.*（University of Chicago Press, 1993）pp.305-306.

11　たとえば，Robert Cole, *Japanese Blue Collar.*（University of California Press, 1971）; Gerald Curtis, *Election Campaigning: Japanese Style.*（Columbia University Press, 1991）.

12　この点で大学教員が研究活動の一環としてフィールドワークをおこなう場合には，教師という立場が不利に働く可能性がある。フィールドワークの現場においてはむしろそのインフォーマントの方が師匠なのであるが，どうしても「専門知識を持ち，人を教える立場にある教師」というイメージがつきまとうのである。わたしの場合も，最初のうちは劇団で「佐藤先生」とよばれることが多かったが，これを「佐藤さん」に変えてもらうのには数ヶ月かかった。

13　フィールドワーカーの方から能動的に働きかけて，ある意味でインフォーマントを師匠として「訓練」していく必要もある。つまり，調査者の側にとって知りたい知識や情報をインフォーマントが常に意識しているようにしてもらう必要があるのである。ジェラルド・サトルズ・シカゴ大学名誉教授の示唆による。

14　「制作」にはさまざまな意味があるが，この場合は，チケットの管理や接客，劇場との折衝など主に劇団のマネジメントにかかわる業務を指す。

15　トライアンギュレーションについて詳しくは拙著『フィールドワーク　増訂版』（新曜社, 2006）参照。

16　この点に関しては，ピーター・ブラウの官僚制組織におけるフィールドワークについての体験などが参考になる。Peter Blau, *The Dynamics of Bureaucracy.*（University of Chicago Press, 1963）pp.282-283. また，折にふれて現地の人々との関係をリストアップしたり図示してみて反省してみてもいいかも知れない。

17　この点からすれば，フィールドワークにおける対象（相手）との関係は，むしろ恋愛に似ているのかも知れない。

第3章　「正しい答え」と「適切な問い」――問題構造化作業としてのフィールドワーク

1　Russell Ackoff, *Redesigning the Future.*（John Wiley & Sons, 1974）p.8; Howard Raiffa, *Decision Analysis.*（Addison-Wesley, 1970）, p.264 と Lew Mills（http://world.std.com/~lo/95.08/0092.html）はともに，探索的データ解析の主導者として知られる数学者John Tukeyの提唱したアイディアとして（もっとも，Raiffa も Mills も正確な書誌

情報をあげていない)，問題設定じたいの誤りを指す言葉として「タイプⅢのエラー」をあげている。これは，統計的仮説検定において，帰無仮説が真にもかかわらずこれを否定してしまう誤りを「タイプⅠのエラー」，帰無仮説が偽であるにもかかわらずこれを受容してしまう誤りを「タイプⅡのエラー」と呼ぶことにちなんでいる。これについては，宮川公男『政策学の基礎』(東洋経済新報社, 1994) も参照。

2 Robert Merton, "Notes on Problem-Finding in Sociology" In Merton, Robert et al. Eds. *Sociology Today*, volume 1. (Harper, 1959) p.ix.

3 これについては，Howard Becker, *Tricks of the Trade*. (University of Chicago Press, 1998) pp.120-123 が参考になる。

4 もっとも，フィールドワークによって仮説検証をおこなう事も可能である。フィールドワークの意義を仮説生成や探索的段階にのみに認めるのは，根拠薄弱な俗論に過ぎない。

5 『ストリート・コーナー・ソサイェティ』は，まさに，現場に入りこんで調査を進める中で調査対象と問題設定が大幅に変わってしまったにもかかわらず，最終的にはすぐれた民族誌を書き上げることが出来た典型的な例である。調査の途中で調査対象や問題に変更が生じた他の例については，Martyn Hammersley & Paul Atkinson, *Ethnography*. (Routledge, 1983) Ch.2 参照。

6 この点については，Ikuya Sato, *Kamikaze Biker*. (University of Chicago Press, 1991) pp.2, 207 参照。

7 中部博編『暴走族一〇〇人の疾走』(第三書館, 1979) pp.182, 142.

8 この点については，拙著『フィールドワーク 増訂版』「ルポルタージュ」の項参照。なお，当時は，「戦後非行第三の波」が指摘されていたこともあって，「非行少年」の「本音」を盛り込んだとされる同種の聞き書きが盛んに出版されたが，それらの本にも同じような傾向がある。

9 したがって，日本の「遊び型非行」論とは対照的に，遊びの要素を含む非行は必ずしも豊かな社会にのみ生じるものではないことが明らかであった。

10 調査を進める中で最初に立てていた仮説が練りあげられ，また新たな仮説が構成されていった例としては，Peter Blau, *The Dynamics of Bureaucracy*. (University of Chicago Press, 1963) 参照。

11 ここでは，暴走族調査の問題設定のごく一部である「暴走族の遊び」の内容の解明について扱った部分の問題設定について述べている。その遊びの社会背景そしてまたより一般的な問題設定である「遊びとしての犯罪」というアイディアについての検討については，拙著 *Kamikaze Biker* の第2部以降参照。

12 この点については，石川淳志・佐藤健二・山田一成編『見えないものを見る力』(八千代出版, 1998) pp.247-251 参照。もちろん，全く異なる叙述スタイルで民族誌の構成を考えることもできる。たとえば，序章では「正直に」最初の段階での漠然とした問題意識について書いておいて，結論の部分で最後に到達した問題設定について書く，というようなやり方である。

13 実際のタイトルは「これまでの調査の反省点と今後の進め方」。

14 文化生産論というのは，文化をつくり出す社会制度的基盤について組織社会学，産業社会学，職業社会学などの知識を動員して明らかにしようという，1970年代中頃から盛んになってきた理論的枠組みである。これについては，Richard Peterson, *Production of Culture*. (Sage, 1976) 参照。一方，芸術界論というのは，主にアメリカの社会学者ハワード・ベッカーを中心として，1980年頃から提唱されてきた理論的視点で

あり，芸術関係者がつくり出す組織やネットワークのあり方やその社会的世界（演劇界，音楽界，「美術シーン」など）を規制する約束事について主に職業社会学の見地から明らかにしようとするところが大きな特徴となっている。これについては，Howard Becker, *Art Worlds.*（University of California Press, 1982）参照。

15 また，敗因分析レポートを書いた1995年の時点から『現代演劇のフィールドワーク』の脱稿までの間に調査がスムーズに進んだわけでは，決してない。むしろ，その後も壁に突き当たって調査を放棄しようと思ったことは何度もあるのである。

16 この種の調査の典型的な例については，谷岡一郎『「社会調査」のウソ』（文藝春秋, 2000）が参考になる。

17 より詳しくは，「問題の所在・研究の目的・調査方法・調査の結果・考察」。

18 この点からすれば，問題構造化という意味での「定性的」な作業は，フィールドワークを典型とするいわゆる定性的調査に限らず定量的調査を含めてほとんどあらゆるタイプの社会調査に含まれているのだと言えよう。この点については，John Van Maanen, *Qualitative Studies of Organizations.*（Sage, 1998）p.xiii および小池和男『聞きとりの作法』（東洋経済新報社, 2000）p.149 参照。また，図3・5Cに示したのは，あくまでも良質のサーベイの一例に過ぎない。このようなアプローチの他に，一つのデータセットをさまざまな角度から二次分析して問題を構造化し仮説を構築していくようなアプローチもある。これについては，佐藤博樹・石田浩・池田謙一編『社会調査の公開データ——二次分析への招待』（東京大学出版会, 2000）参照。

19 西田春彦・新睦人編著『社会調査の理論と技法』（川島書店, 1976）p.59.

20 「作業仮説としての目次」については，ウンベルト・エーコ（谷口勇訳）『論文作法』（而立書房, 1991）pp.131-141 参照。なお，章立て案には単に章や節のタイトルだけでなく，その内容の要約を一続きの文章で書いておく必要がある。

21 この，フィールドワークに典型的な，徐々に問題の焦点と仮説をしぼりこんでいくプロセスについては，Michael Agar, *The Professional Stranger.*（Academic Press, 1980）pp.9, 13, 136 では，「漏斗型アプローチ」という呼び名が与えられている。同様の点については，ジェイムズ・ピーコック（今福龍太訳）『人類学と人類学者』（岩波書店, 1988）参照。

22 データ対話型理論は厳密な意味では帰納的理論であるとは言えない。この点については，Anselm Strauss, *Qualitative Analysis for Social Scientists.*（Cambridge University Press, 1987）p.12 参照。ただし，データ対話型理論には既存の理論を洗練させていくという面がやや稀薄な点もまた事実である。この点に関しては，Michael Burawoy, "The Extended Case Method." *Sociological Theory*, 16（1998）: 4-33. およびロバート・エマーソン，レイチェル・フレッツ，リンダ・ショウ（佐藤郁哉・好井裕明・山田富秋訳）『方法としてのフィールドノート』（新曜社, 1998）pp.303-305 参照。

23 もっとも，その中心的な問いと答えのペアを頭に入れてそれまで集めてきたデータや資料をもう一度総点検してみると，今まで明確に見えてこなかったパターンが見えてくることもある。

24 たとえば，Eric Hirsch, *Validity in Interpretation.*（Yale University Press, 1967), pp.203-204; Paul Ricœur, "The Model of the Text" In Paul Rainbow & William Sullivan Eds., *Interpretive Social Science: A Reader.*（University of California Press, 1979), p.89.

25 これについては，ホワイトの「方法論的覚え書き」の他に，たとえば，Phillip Hammond Ed., *Sociologists at Work.*（Basic Books, 1964); Peter Blau, 前掲書, および高根正昭

『創造の方法学』（講談社, 1979）などが特に参考になる。ただし，いくら他人のおこなった調査を並べ立ててみても，そこからすぐれた仮説や適切な問いをつくり出すための法則のようなものを導き出せるわけではない。しかし，たとえ「いい問題」や「いい仮説」をつくり出す手順そのものをマニュアル化したり公式化することはできなくても，結果として実りある問題構造化と仮説構成を生み出すようないくつかの手続きや条件について指摘することはできる。その一つに，先にあげた文献の綿密な読みこみという作業があることは，言うまでもない。もう一つ，日頃から自分の専門とは違う領域も含めてさまざまな人々の話が聞ける「耳学問」的な環境を意識的に自分のまわりにつくっておくことも，問題に対して思いがけない角度からアプローチしたり，アイディアを発酵させて具体的なリサーチクェスチョンとして結晶化させていく上できわめて有効である。

第4章　フィールドノートをつける——「物書きモード」と複眼的視点

1　人間の経験や社会生活には，たしかに言葉だけではどうしても伝達し切れない，いわゆる「暗黙知」的な部分がある。そして，たしかにフィールドワークの醍醐味は，言語化可能な「形式知」だけでなく暗黙知や「阿吽《あうん》の呼吸」を実際の体験を通して「体得」していく，というところにあることもまた事実である。もっとも，暗黙知と形式知の区別は，必ずしも絶対的なものではない。また，ある現象が言語化不能であり，「言外の意味」を含むというのは，もしかしたら実はその現象がもつ本質的な性格ではなく，単に調査者の怠慢あるいは言語化する上での技量不足や努力不足によるのかも知れないのである。

2　Roger Sanjek, Ed., *Fieldnotes.*（Cornell University Press, 1990）.

3　さらに『藪の中』の原典は『今昔物語』である。

4　観察記録の対象として献血を選ぶというのは，一人の受講生のアイディアだった。はじめてフィールドノーツのとり方について練習するときの観察対象としては，なるべく誰でもその場に参加できてしかも30分から1時間程度で完結するようなエピソードがふさわしい。サトルズ教授の演習の時は，教会の日曜礼拝が対象だったが，日本ではそのような対象を選ぶのが難しく，観察対象の選定にはいつも苦労させられる。

5　網羅的な記述の重要性については，Howard Becker, *Tricks of the Trade.*（University of Chicago Press, 1998）Ch.3 が参考になる。

6　もっとも，これは，実際にフィールドワークをおこなう前に，人前でメモをとる行為がいかにあやしげなものに見えるかを体験的に学んでおくという意味では決して「失敗」でもないし，また無駄な作業でもない。なお，この引用中の人物名等は仮名であり，さらに他の点についても若干の修正を加えている。

7　ロバート・エマーソン，レイチェル・フレッツ，リンダ・ショウ（佐藤郁哉・好井裕明・山田富秋訳）『方法としてのフィールドノート』（新曜社, 1998）p.73.

8　いうまでもなく，これは翻訳した文章である。実際のメモと清書版の記載の対応については，原著を参照されたい。

9　もっとも，これはあくまでも文面からの推測に過ぎない。実際にはこのノーツを用いた研究課題の場合には特に発言内容を再現することが重要だという理由によるものかも知れない。

10　英語では “the first day in the field”。

11　RASHOMON 課題で受講者に指示されるのは観察をおこなう場所と対象だけである。2回目の観察課題では，観察の枠組みと観察対象を絞りこんで観察と記録をおこなう

という課題が与えられる。

12　つまり，フィールドノーツを書きあげるプロセスにおいては，観察した内容を記録する作業と観察のための視点を模索しながらつくりあげていく作業の2つが同時進行的に進むのだということができる。さらに言葉をかえていえば，フィールドノーツをとる作業においては，「対象についての情報を集める作業」と「その対象から情報を集めるための方法についての情報を集めるための作業」が同時進行的に進むのである。フィールドノーツの記録に何と何を盛りこみ，また全体としてどのような筋立てで書けばいいのか，という問題について理解するには，この点が最も重要なポイントになってくる。

13　ここでは，資料がテキストファイルになっていることを仮定している。テキストファイルというのは，ファイル名の拡張子が本文の例のように「TXT」になるもので，文字のサイズやその他の文字飾りなどの情報を除く文字情報のみが保存される形式のファイルのことである。標準的なワープロソフトでいえば，マイクロソフト・ワードの場合は「保存形式」で「テキストのみ」というオプションを，一太郎では，「テキスト形式」を選択すればテキストファイルで保存できる。わたしの場合は，後で検索が高速にできて便利なのでこの形式のファイルで保存しているが，画像や音声情報なども一緒に入れておきたい場合には他のファイル形式でも構わない。

14　Gerald Suttles, "Some Rules of Thumb for Doing Field Research." この資料の邦訳は好井裕明・桜井厚編『フィールドワークの経験』(せりか書房, 2000) に所収。

15　この例は受講生が授業用に作成したレポートであることもあって，ほんらいフィールドノーツの記録としては不可欠の年号の情報が欠けている。また，観察の背景情報としては，最初の「集合」の時の描写はもっと簡単にして，肝心の観察のプロセス（書店のどこをどのように見て回ったかなど）についての記述があった方がいいだろう。

16　解説の便のため，この図からは，現場の社会生活および社会理論という2つの重要なテクストが省略されている。現場の社会生活は現場メモおよび清書版フィールドノーツと密接な対応関係があり，社会理論というテクストは民族誌と最も密接に対応している。フィールドワークの作業において構成されるフィールドノーツをはじめとするさまざまなテクストは，現場の社会生活と社会理論というテクストを媒介する役割を担うことになる。これについては，ロバート・エマーソン，レイチェル・フレッツ，リンダ・ショウ（佐藤郁哉・好井裕明・山田富秋訳）『方法としてのフィールドノート』（新曜社, 1998）第7章参照。

17　したがって，この段階であまりにも性急にその日の出来事について一貫した筋立てで記述してしまうのには問題がある。観察記録のストーリーとは言ってもあくまでも記録と場面の再現のための便宜的なテクニックとして物語形式を使うのである。出来事じたいには明確なストーリー性が含まれていないにもかかわらず強引にいわゆる「起承転結」的な筋立てでノーツをまとめてしまうと，その場面の性格を不正確に記録してしまうことにもなりかねない。実際には，その場で出来事（物語）が進行しているのにもかかわらず，単に記録者がその場を離れたというその理由だけで現場記録の方のストーリーが終わってしまう場合も少なくないのである。じじつ，清書版フィールドノーツを仕上げる時には，ストーリー性よりはとりあえず現場で見聞きしたことをできるだけ早く文章にしてしまうことが最優先されることも多く，そのような場合には一貫した筋立てにはそれほど配慮する必要はない。この点については，前掲の『方法としてのフィールドノート』p.109 参照。

18　もちろん，これは通常の意味での「共感」ではない。むしろ，一定の視点からの解釈行為であると言える。これについては，Clifford Geertz, *The Interpretation of Cultures.*（Basic Books, 1973）および前掲『方法としてのフィールドノート』参照。

19　拙著『フィールドワーク　増訂版』（新曜社, 2006）「分厚い記述」の項参照。

第5章　聞きとりをする——「面接」と「問わず語り」のあいだ

1　谷岡一郎『「社会調査」のウソ』（文藝春秋, 2000）pp.164-165 掲載の例を若干手直しした。

2　この点については Martyn Hammersley & Paul Atkinson, *Ethnography.*（Routledge, 1983）pp.115-116 参照。

3　実は，この本は，暴走族の取材をする前にも何度か読んでいたはずなのだが，実際に，著者であるアメリカの社会学者ウィリアム・ホワイトの失敗談がわたし自身の調査のやり方にとってどんな教訓を含んでいるかについて本当の意味で理解できたのは，わたし自身が何度か失敗をくり返してからだった。

4　William Whyte, *Street Corner Society.*（University of Chicago Press, 1993）pp.305-306. 強調は筆者。

5　英語では unsolicited account がこれに最も近いだろう。これについては，Hammersley & Atkinson の上掲書 pp.107-112 参照。

6　第3章でも指摘したように，この点は，『暴走族一〇〇人の疾走』のような聞き書きの記録についても言える。もっとも，これは，必ずしもインタビューの時には「建前」で話す傾向があるのに対して，問わず語りの場合には「本音」が出やすい，というような事を意味しない。むしろ，ここで強調しておきたいのは，問わず語りの場合には，インタビューという形で話を聞いた時よりも証言内容の背景についての「裏づけ」をとれる可能性がはるかに高いということなのである。

7　ロバート・エマーソン，レイチェル・フレッツ，リンダ・ショウ（佐藤郁哉・好井裕明・山田富秋訳）『方法としてのフィールドノート』（新曜社, 1998）pp.168-169。

8　これは単に自分自身の研究成果の発表という問題にかぎらない。社会調査の実習などの指導にあたっている場合は，受講者に対して調査対象者のプライバシーの保護に関して念を押しておく必要があるのである。というのも，第1章でもふれたように，フィールドワークや質的な調査法に対する関心がたかまってきている現状から考えてみると，これから現代の日本社会を対象にした民族誌がさかんに刊行されることも十分ありうると思われるからである。もし，その民族誌の中に一つでも対象者の人々の信頼関係を損ね，スキャンダルや訴訟にまで発展するようなケースがあった場合には，フィールドワークという方法それ自体に対して不信の目が向けられる可能性が無いとは言えないのである。民族誌的研究に対して向けられてきた「のぞき趣味 voyeurism」などの批判に関しては，たとえば以下の文献を参照——Laud Humphreys, *Tearoom Trade.*（Aldine, 1970）; Jack Douglas, Paul Rasmussen, & Carol Flanagan, *The Nude Beach.*（Sage, 1977）; Richard Mitchell, *Secrecy and Fieldwork*（Sage, 1993）.

9　記録じたいをどのように保存するかという問題も重要である。というのも，フィールドワーカーが急病になったり不慮の事故などにあって亡くなったりした場合には，インフォーマルな聞きとりの記録が外部にもれる可能性があるからである。この点に関しては，一定の期間が経過したら記録じたいを破棄するというポリシーもありうるし，なるべく安全な場所に厳重に保管するというやり方もある。

10　筒井康隆『断筆宣言への軌跡』（光文社, 1993）pp.148-149.

11　これに加えて，特にデリケートな性格を持ちそうな質問については，それを相手に聞いていいものかという点について自分なりの判断をしておく必要があるし，もし聞くとしたらどのようなタイミングで，どのような質問の仕方で聞くかが重要になってくる。

12　劇団夢の遊眠社や第三舞台の場合は，それぞれある時期までの劇団の活動をまとめた本が市販されていたため，それを利用して比較的容易にこのような表を作成することが出来たが，他の劇団については，主に公演チラシを劇団事務所から送ってもらったりして作成した。

13　もちろん，フィールドノーツや他の対象者に対する聞きとり記録の一部を同じように1行ないし2行程度に要約したものを貼り込んでもかまわない。

14　もっとも，日本の場合には，いわゆる商業演劇のプロデューサーが必ずしも商業主義的であるとは限らない。

15　もしそれが可能な場合には，このような年表や一覧表を依頼文や質問リストと一緒に事前に相手に送っておいた方がいいことは言うまでもない。また，聞きとりの当日には，たとえ相手に既に送っている場合でも，自分の分も含めて少なくとも2部はその資料を持っていった方が無難である。というのも，いくら事前に送っておいたとしても，相手がインタビューの場に質問文やそれらの資料を持ってきてくれるとは限らないからである。

16　聞きとりの内容を要約する作業は，単に検索の便だけでなく，要約という筆記行為によって，聞きとり内容についての理解が深まるという効果があることも忘れてはならないだろう。じっさい，聞きとりの要約を作成している時には，単にそのインタビューの内容だけでなく，その内容と他のインタビューの内容あるいはフィールドノーツの記載などとの関係が見えてきたりするものである。

17　もちろん，同じような調査の知見にもとづく解釈や結論の暫定的性格は，フィールドワークについても指摘できる。だからこそ，「トライアンギュレーション」が必要なのであり，また，異なる技法を専門とする研究者や調査者のあいだの協力関係が必要になると言えるのである。この点に関して，欧米では近年ますますフィールドワーカーと他のタイプの調査法を専門とする人々のあいだにより生産的な協力関係が生まれてきているようである。それにひきかえ，日本の現状はかなり不幸なものであると言わざるを得ない。

第6章　民族誌を書く――漸次構造化法のすすめ

1　John Lofland & Lyn Lofland, *Analyzing Social Settings*.（Wadsworth, 1984）p.146.

2　もちろん，民族誌の作成は狭い意味でのデータ分析にとどまることなく，問題設定そのものに大きな影響を与えていくことになるのだが，ここでは，議論をわかりやすくするためにあえてこのように単純化しておいた。

3　章立て案を書く時には，ただ単に章や節のタイトルを箇条書き的に書くのではなく，内容の要約を一続きの文章で書いておく必要がある。クドいようだが，箇条書きは，発想のアウトラインを示す上ではある程度有効であっても，さらに思考を深めていくためには，ほとんど役に立たない。

4　ここでは，いわゆる「分析的帰納」の発想を用いている。分析的帰納については，Florian Znaniecki, *The Method of Sociology*.（Farrer & Rinehart, 1934); Donald Cressey, *Other People's Money*.（Free Press, 1953); Martyn Hammersley, *The Dilemma of Qualitative Method*.（Routledge, 1989); Howard Becker, *Tricks of the Trade*.（Univer-

sity of Chicago Press, 1998）参照。

5　検事はフィールドワーカー自身でもある。つまり，フィールドワーカーはそれまでに自分の集めたデータに対して懐疑的に検討していく必要があるのである。

6　拙著『ヤンキー・暴走族・社会人』（新曜社, 1985）pp.218-220. また，Ikuya Sato, *Kamikaze Biker*.（University of Chicago Press, 1991）pp.170-172 も参照されたい。

7　Clifford Geertz, *The Interpretation of Cultures*.（Basic Books, 1973）p.19.

8　James Clifford, "Notes on Fieldnotes" In Roger Sanjek Ed., *Fieldnotes*.（Cornell University Press, 1990）pp.67-68.

9　ただし，写実主義的記述は必ずしも「客観的」な記述ではない。この点については，この章のコラム参照。

10　また，訳書では同時進行的覚え書き（in-process memo）を「同時進行的メモ」と訳しているが，「メモ」だとかなり長めの記述の意味あいが薄れてしまうおそれがあるので，この本では「覚え書き」という訳語をあてた。

11　ロバート・エマーソン，レイチェル・フレッツ，リンダ・ショウ（佐藤郁哉・好井裕明・山田富秋訳）『方法としてのフィールドノート』（新曜社, 1998）p.223.

12　上掲書『方法としてのフィールドノート』p.225.

13　この覚え書きの作例では，分析的帰納アプローチを意識してみた。

14　これに関しては，Roger Sanjek, *Fieldnotes*.（Cornell University Press, 1990）Ch.1 参照。

15　表計算ソフトの並べ替えの機能などを駆使すれば簡単な集計も出来る。

16　もちろん，民族誌は何冊かにわたる場合もある。ここでは話を分かりやすくするために単純化している。

17　もっとも，民族誌家は自分自身が書いたフィールドノーツや聞きとり記録に対して突き放して見ることができなければならない。この点で，作家というよりはむしろ編集者の目でより批判的なスタンスをとらなければならない。この点に関しては，前掲書『方法としてのフィールドノート』pp.307-308.

18　キャシー・シャルマズは，これについて次のように解説している――「コーディングという言葉の通常の連想からして誤解が生じがちである。質的コーディングは，量的調査におけるコーディングとは違って，論理的に演繹された既存のコードにデータをあてはめていくのではなく，カテゴリー自体をつくりあげていくところに特徴がある。」Kathy Charmaz, "The Grounded Theory Method: An Explication and Interpretation" In Robert Emerson Ed., *Contemporary Field Research*.（Waveland Press, 1988）p.111. なお，これに関しては，『方法としてのフィールドノート』pp.319-320 をも参照。

19　『方法としてのフィールドノート』p.323.

20　ただし，特定のコードの出現頻度じたいはかならずしもそのコードの重要性をはかるモノサシにはならない。この点については，『方法としてのフィールドノート』p.341 参照。

21　川喜田二郎『発想法』（中央公論社, 1967），梅棹忠夫『知的生産の技術』（岩波書店, 1969）。

22　じっさい，この本で紹介してきたようなやり方で，現地の人々のやりとりについてかなり詳細な記録をとったり，聞きとりの記録についても話の内容についてその文脈を重視しながら文字に起こしていく場合には，はじめからカードにノーツを書き込むやり方はあまりふさわしい方法とは言えない。

23　この他に，カードに転写する手間を省いて，直接フィールドノーツにコードを書き

こみ，複数のコード間の関係について割り出した上で，ノートなどを利用して目次ないし索引のようなものをつくり，該当個所に原文の要約をどんどん書き込んでいくというやり方もある。暴走族調査の時は，このやり方でフィールドノーツと聞きとり記録を整理し，『暴走族のエスノグラフィー』と『ヤンキー・暴走族・社会人』を書きあげていった。

24　切り出し部分については，時間的余裕がある場合には，原文だけでなく要約も作成しておいた方がいい。そうすると，要約という作業を通して，単にその切り出し部分だけでなく，その部分の内容と他のフィールドノーツやインタビュー記録の部分との関連が浮き彫りにされてくるものである。じっさい，要約を作成する作業は，単に「情報を圧縮」するという作業にとどまらず，〈情報と情報を関連づける〉という，より能動的・積極的な機能があることが多いのである。

25　先に述べたように，現在では，幾つかのQDAソフトウェアについては，日本語での使用が可能になっている。具体的な操作法等については，佐藤郁哉『定性データ分析入門』（新曜社, 2006）および『質的データ分析法』（新曜社, 2008）参照。

26　古原伸介氏作のシェアウェアであり，http://www.dicre.comで入手可能。また，ＳＣＣライブラリーズ編『アイデアツリー パソコン発想法』（株式会社ＳＣＣ, 1999）にも詳しく解説されている。

27　これについては，佐藤郁哉「フィールドノーツについての覚え書き」『茨城大学人文学部紀要』第27号，pp.23-41 参照。

28　David Matza, *Becoming Deviant*.（Prentice-Hall, 1969).

29　William Whyte, *Street Corner Society*.（University of Chicago Press, 1993）pp.75-76.

30　Clyde Kluckhohn, *Mirror for Man*.（McGraw-Hill, 1949).

31　この本の邦訳はクリフォード・ショウ（玉井眞理子・池田覚訳）『ジャック・ローラー』（東洋館出版社, 2001）。ジャック・ローラー（jack-roller）というのは，戸外で酔いつぶれたり寝込んでいたりする人々を襲う強盗のこと。なお，この本の著者であるスタンレイ（仮名）のその後の人生については，The Jack-Roller & Jon Snodgrass, *The Jack-Roller at Seventy*.（D.C. Heath and Company, 1982）参照。

32　Howard Becker “The Life History and the Scientific Mosaic” In *Sociological Work*.（Aldine, 1970）p.66.

33　アリストテレスは，『弁論術』の中で修辞と説得の技法について，法廷での弁論，儀式での弁論，議会での弁論に分けているが，いわゆる「科学的」な論文においては第一のタイプの技法を用いた話法が支配的であるのに対して，社会科学者の悪達者な文章においては，第二および第三のタイプの修辞技法が科学としての社会科学者の「挙証責任」を曖昧にしていると言えよう。

34　拙著『フィールドワーク 増訂版』（新曜社, 2006）pp.50-51 参照。

35　また，ちゃんとした説明をしなかったせいかも知れないが，フィールドワークの演習レポートや卒論や修士論文には，時々ある意味でこれによく似たジャーナリスティックな記述が登場してきたりする。そのたびに，自分の修士論文を思い出して赤面してしまう。

36　このようなアプローチをとることの重要性じたいは，フィールドワーカーたちによって昔から十分に認識されてきたことである。たとえば，マリノフスキーは，ニューギニア近辺のトロブリアンド諸島でおこなった調査の際に実際に自分がそれ以前に書いたフィールドノーツを詳しく分析しながら，1922に年発表された『西太平洋の遠洋航海者たち』と1935年の『珊瑚畑とその魔術』などに盛りこまれることになるいくつ

ものアイディアを形成している。これについては，Branislow Malinowsky, *Coral Gardens and Their Magic*. Vol. 1.（George Allen & Unwin, 1935）pp.317-340, 452-482 および前掲の Roger Sanjek Ed., *Fieldnotes* pp.209-235, 389-392 参照。

37　この点からすれば，「フィールドワークは物事の記述には向いているが，説明には向いていない」とするような，よく聞かれる見解も事実の半分を述べているに過ぎないと言える。じっさい，「なぜ why」や「どのように how」という説明に関わる問いは，そもそも「何が what」という問いを前提としているのだが，この点が，社会調査においてはしばしば忘れ去られ，説明すべき肝心の問題や対象についての記述やいい意味での「実態調査」がおろそかにされる傾向がある。つまり，説明されるべき従属変数が明確にされないままに独立変数の特定にのみ関心が寄せられる傾向があるのである。この問題については，Robert Merton, "Notes on Problem-Finding in Sociology" In Merton, Robert et al. Eds., *Sociology Today*, volume 1.（Harper, 1959）参照。また，記述の分析性および「分析的記述」については，Martyn Hammersley and Paul Atkinson, *Ethnography*.（Routledge, 1983）p.208 および George McCall & J. Simmons, *Issues in Participant Observation*.（Addison-Wesley, 1969），pp.1-5 および『方法としてのフィールドノート』p.231-234, 第八章参照。

文献ガイド

1　この点においてこの本は，一次的な集計結果について延々と解説しているに過ぎないサーベイ・レポートや，フォローアップのための調査をおこなうことなどは全く念頭にないにもかかわらず，単なる「当て推量」や憶測としか思えないような事後解釈を羅列して済ませている報告書とはきわめて対照的である。

2　『論文の技法』に盛り込まれているアドバイスの中でも最も重要なものの一つに，次のようなものがある――〈データや資料が十分に揃っていなくても，調査が完了したつもりになって，またデータとの矛盾などにも目をつぶってとりあえず報告書全体の文章をひと通り書いてしまう。その後で，データとつきあわせたり文章のおかしいところをチェックしながら何度も書き直しをする〉。第6章では，主にフィールドノーツや聞きとり記録を丹念に検討しながら分析する手順について解説したが，半面では，ベッカーが指摘するように，思い切って一通り民族誌のあらましを書いてしまうというのは，「最初の一行」を書き出せずに前に進めなくなってしまうことを防ぐ上でも非常に有効である。

3　民族誌的方法じたい，俗流の科学主義や実証主義に対する痛烈な批判になりうるが，フィールドワーカーの基本的な訓練の段階では，いい意味での実証主義的発想や仮説検証法的アプローチを生かしかつ文体として写実主義的な語り口を採用したフィールドノーツや民族誌の書き方をまずマスターする必要があるだろう。同じようなことは，民族誌をめぐる「業界」の現状についても指摘できるかも知れない。つまり，写実主義的語り口の民族誌が歴史的に分厚い層を形成してきたとは言えない日本において，それに対する批判的見解やオルタナティブだけが流行するのはあまり健全な方向性とは思えないのである。これは，「後衛」であるリアリズム演劇の成果が十分に蓄積されないままに，「前衛」演劇が突出していった日本の戦後演劇史に喩えられるかも知れない。（拙著『現代演劇のフィールドワーク』（東京大学出版会, 1999 ）参照。）また，これについては，John Van Maanen, *Tale of the Field*.（University of Chicago Press, 1988）pp.139-140 参照。